中华译学馆

莫言题

中华译学信言信字与

以中华为根 译与学并重

弘扬优秀文化 促进中外交流

拓展精神疆域 驱动思想创新

丁酉年冬月许钧撰 罗卫东书

中华译学馆·中华翻译家代表性译文库

许　钧　郭国良 / 总主编

鲁　迅　卷

卢巧丹 / 编

ZHEJIANG UNIVERSITY PRESS
浙江大学出版社

总　序

考察中华文化发展与演变的历史,我们会清楚地看到翻译所起到的特殊作用。梁启超在谈及佛经翻译时曾有过一段很深刻的论述:"凡一民族之文化,其容纳性愈富者,其增展力愈强,此定理也。我民族对于外来文化之容纳性,惟佛学输入时代最能发挥。故不惟思想界生莫大之变化,即文学界亦然。"[①]

今年是五四运动一百周年,以梁启超的这一观点去审视五四运动前后的翻译,我们会有更多的发现。五四运动前后,通过翻译这条开放之路,中国的有识之士得以了解域外的新思潮、新观念,使走出封闭的自我有了可能。在中国,无论是在五四运动这一思想运动中,还是自1978年改革开放以来,翻译活动都显示出了独特的活力。其最重要的意义之一,就在于通过敞开自身,以他者为明镜,进一步解放自己,认识自己,改造自己,丰富自己,恰如周桂笙所言,经由翻译,取人之长,补己之短,收"相互发明之效"[②]。如果打开视野,以历史发展的眼光,

---

① 梁启超.翻译文学与佛典//罗新璋.翻译论集.北京:商务印书馆,1984:63.
② 陈福康.中国译学理论史稿.上海:上海外语教育出版社,1992:162.

从精神深处去探寻五四运动前后的翻译,我们会看到,翻译不是盲目的,而是在自觉地、不断地拓展思想的疆界。根据目前所掌握的资料,我们发现,在 20 世纪初,中国对社会主义思潮有着持续不断的译介,而这种译介活动,对社会主义学说、马克思主义思想在中国的传播及其与中国实践的结合具有重要的意义。在我看来,从社会主义思想的翻译,到马克思主义的译介,再到结合中国的社会和革命实践之后中国共产党的诞生,这是一条思想疆域的拓展之路,更是一条马克思主义与中国革命相结合的创造之路。

开放的精神与创造的力量,构成了我们认识翻译、理解翻译的两个基点。在这个意义上,我们可以说,中国的翻译史,就是一部中外文化交流、互学互鉴的历史,也是一部中外思想不断拓展、不断创新、不断丰富的历史。而在这一历史进程中,一位位伟大的翻译家,不仅仅以他们精心阐释、用心传译的文本为国人打开异域的世界,引入新思想、新观念,更以他们的开放性与先锋性,在中外思想、文化、文学交流史上立下了一个个具有引领价值的精神坐标。

对于翻译之功,我们都知道季羡林先生有过精辟的论述。确实如他所言,中华文化之所以能永葆青春,"翻译之为用大矣哉"。中国历史上的每一次翻译高潮,都会生发社会、文化、思想之变。佛经翻译,深刻影响了国人的精神生活,丰富了中国的语言,也拓宽了中国的文学创作之路,在这方面,鸠摩罗什、玄奘功不可没。西学东渐,开辟了新的思想之路;五四运动前后的翻译,更是在思想、语言、文学、文化各个层面产生了革命性的影响。严复的翻译之于思想、林纾的翻译之于文学的作用无须赘言,而鲁迅作为新文化运动的旗手,其翻译动机、翻译立场、翻译选择和翻译方法,与其文学主张、文化革新思想别无二致,其翻译起着先锋性的作用,引导着广大民众掌握新语言、接受新思想、表达自己的精神诉求。这条道路,是通向民主的道路,也是人民大众借助掌握的新语言创造新文化、新思想的道路。

回望中国的翻译历史,陈望道的《共产党宣言》的翻译,傅雷的文学翻译,朱生豪的莎士比亚戏剧翻译……一位位伟大的翻译家创造了经典,更创造了永恒的精神价值。基于这样的认识,浙江大学中华译学馆为弘扬翻译精神,促进中外文明互学互鉴,郑重推出"中华译学馆·中华翻译家代表性译文库"。以我之见,向伟大的翻译家致敬的最好方式莫过于(重)读他们的经典译文,而弘扬翻译家精神的最好方式也莫过于对其进行研究,通过他们的代表性译文进入其精神世界。鉴于此,"中华译学馆·中华翻译家代表性译文库"有着明确的追求:展现中华翻译家的经典译文,塑造中华翻译家的精神形象,深化翻译之本质的认识。该文库为开放性文库,入选对象系为中外文化交流做出了杰出贡献的翻译家,每位翻译家独立成卷。每卷的内容主要分三大部分:一为学术性导言,梳理翻译家的翻译历程,聚焦其翻译思想、译事特点与翻译贡献,并扼要说明译文遴选的原则;二为代表性译文选编,篇幅较长的摘选其中的部分译文;三为翻译家的译事年表。

需要说明的是,为了更加真实地再现翻译家的翻译历程和语言的发展轨迹,我们选编代表性译文时会尽可能保持其历史风貌,原本译文中有些字词的书写、词语的搭配、语句的表达,也许与今日的要求不尽相同,但保留原貌更有助于读者了解彼时的文化,对于历史文献的存留也有特殊的意义。相信读者朋友能理解我们的用心,乐于读到兼具历史价值与新时代意义的翻译珍本。

许　钧

2019 年夏于浙江大学紫金港校区

目　录

第二编　儿童文学

第三编　剧本与诗歌

第四编　文艺随笔与文艺理论

导　言

横眉冷对千夫指,俯首甘为孺子牛。

——鲁　迅

一、鲁迅生平

鲁迅(1881—1936),原名周樟寿(后改名周树人),字豫才,1881年出生在浙江绍兴府大户人家,幼年生活优越,后家道中落。鲁迅在其写作生涯中,自取笔名180多个。1918年5月,他首次使用"鲁迅"的笔名,发表了中国现代文学史上第一篇白话文小说《狂人日记》,奠定了新文化运动的基础,后来人们习惯称他为"鲁迅"。

鲁迅7岁入私塾启蒙读书,11岁入三味书屋,就学于方正博学的寿镜吾老先生,博览众多中国古籍,尤其是熟读四书五经、《尔雅》等典籍,为日后从事翻译和创作奠定了扎实的语言基础。

1898年,鲁迅满怀人生新的希望,离开故乡,进入南京江南水师学堂学习洋务。一个学期后,因不满学堂的"乌烟瘴气",转入同在南京的江南陆师学堂附设的矿路学堂,学习采矿。鲁迅在此学习了整整三年,掌握了一些科学知识,也接触到了"西学",吸收了自然科学与社会科学的新鲜空气,深受维新思潮和进化论学说的影响。

1902年年初,鲁迅以优异的成绩从矿路学堂毕业,获得"第一等"文凭,得到官费留学日本的机会。鲁迅怀着探求救国救民真理的理想,踏上了异国求学之旅。到日本后,鲁迅先入东京弘文学院,主要攻读日语,同时涉猎大量自然科学与人文科学图书,进一步开阔了视野,思想也变得更加活跃。两年后,鲁迅从弘文学院毕业,进入仙台医学专门学校,希望能学习医术,为苦难的同胞解除病痛。鲁迅刻苦学习,还和教员藤野先生结下了深厚的友谊。但他有感于国内同胞的愚昧软弱,最终决定弃医从文,以文学为武器来唤醒麻木沉睡的民众,改变国民精神。鲁迅用笔战斗了一生,被誉为"民族魂"。

1909 年 8 月,鲁迅从日本回国,在杭州的浙江两级师范学堂任化学和生理学教员,第二年又到绍兴中学堂任教务长。他一方面教书育人,一方面积极投身于辛亥革命。1912 年后,鲁迅应教育总长蔡元培的邀请,赴南京中华民国临时政府教育部供职,后又随部迁至北平。1918 年开始,鲁迅先后任教于北京大学、北京高等师范大学、北京女子高等师范学校。俄国十月革命胜利后,鲁迅深受鼓舞,与李大钊、陈独秀等当时许多先进知识分子一起,写文章,办杂志,揭开了五四运动的序幕。他站在反帝反封建的前列,积极提倡新文化、新思想、新道德,猛烈抨击几千年来的旧文化、旧思想、旧道德。他以彻底的不妥协的姿态,创作了《孔乙己》《药》《阿 Q 正传》等小说和大量杂文、随笔、评论,从而成为五四运动的先驱和中国现代文学的奠基者。

1926 年,鲁迅南下任教于厦门大学;1927 年,赴广州任教于中山大学。1927 年年底,他来到上海,定居下来,集中精力从事革命文艺运动。1936 年 10 月 19 日,鲁迅在上海大陆新村寓所与世长辞,终年 55 岁。

鲁迅是伟大的文学家、思想家和革命家,也是一位杰出的翻译家。他在文学创作、文学翻译、文学批评、思想研究、文学史研究、美术理论引进、基础科学介绍等多个领域都做出了卓越的贡献,他是现代中国思想文化巨人,是中国现代文学的奠基者,是当之无愧的大师。下面让我们走进文学家鲁迅和翻译家鲁迅的世界,这也是我们走近思想家鲁迅和革命家鲁迅的一个重要视角。

二、文学家鲁迅

文学家是鲁迅的第一身份。鲁迅的作品在中国文学中具有不可动摇的经典地位,著名的鲁迅学家彭定安就曾指出:"读鲁迅,就是读中国。"[①]鲁迅的作品经得起时间的冲刷,对民族的成长产生了不可估量的作用。文学评论家王彬彬说:"作为一个文学家的鲁迅,其意义远远没有被认识。我们过去总是不把鲁迅作为文学家,而作为一个文学家的鲁迅,其价值是被低估的,还没有被认识得很充分。他的作品里巨大的文学性,他用现代汉语进行文学表达的能力,没有得到很好的认识。比如他的语言艺术,用现代汉语进行文学表达的才华,实在是无与伦比的。"[②]鲁迅被认为是小说家鲁迅、散文家鲁迅、杂文家鲁迅。"鲁迅的创作,除《坟》《呐喊》《野草》数种外,均成于一九二五至一九三六年中,其文体除小说三种、散文诗一种、书信一种外,均为杂文与短评,以十二年光阴成此多许的作品,他的感想之丰富,观察之深刻,意境之隽永,字句之正确,他人所苦思力索而不易得当的,他就很自然地写出来,这是何等天才!又是何等学力!"[③]

鲁迅是我国第一位用西式新体写小说的人,其作品风格朴实无华、思想深广、富有进取精神,在世界上具有深远的影响。在夏志清的《中国现代小说史》中,介绍的第一位作家就是鲁迅,尤其是《阿Q正传》被给予了极高的评价。鲁迅小说先后被译成英、法、日、德、俄等50多种语言,英译者多达18位,其中蓝诗玲的译本《〈阿Q正传〉及其他中国故事:鲁迅小说全集》(*The Real Story of Ah-Q and Other Tales of China*:*The Complete Fiction of Lu Xun*)被收录进了著名的"企鹅经典"(Penguin Classics)丛

① 彭定安.鲁迅的经典意义与当代价值.辽宁大学学报(哲学社会科学版),2014(2):5.
② 邵岭.作为一个文学家的鲁迅,其价值尚未被充分认识.文汇报,2016-06-21(11).
③ 鲁迅.鲁迅全集(第一卷).北京:人民文学出版社,1973:全集序3.

书。该丛书在世界各地深具影响力,能够被收录就表明鲁迅小说在国外也已进入了经典之列。

　　鲁迅最优秀的小说都收录在小说集《呐喊》和《彷徨》里。这两部小说集代表着当时中国小说的最高成就。著名汉学家葛浩文曾经评价道:"短篇小说集如《呐喊》和《彷徨》,对 20 世纪 20 年代的年轻中国读者产生了巨大的影响,在改变人们对民族和文化的意识方面发挥了历史性作用,它们明显优于同时代的其他作品。"①《呐喊》包括鲁迅在 1918 年至 1922 年创作的 14 篇短篇小说及 1 篇自序,而《彷徨》包括鲁迅在 1924 年至 1925 年创作的 11 篇短篇小说。小说针砭时弊,人物形象典型鲜明,语言幽默诙谐,包含大量文化信息。他在生命的最后时期还完成了一部小说集《故事新编》(1936 年出版),除序言外,共收录了《奔月》《理水》《采薇》《铸剑》《出关》《非攻》《起死》《补天》②等 8 篇小说。这部小说集取材于中国古代神话、传说和历史事实,但鲁迅没有拘泥于原有的故事,而是加进了他自己的理解和想象,他在一些故事中还采取了古今交融的写作手法,使古代人和现代人发生直接的对话,这些小说同样是我国现代小说的光辉典范。

　　鲁迅小说的经典价值来自作品的民族性与世界性的统一。

　　首先,鲁迅小说深具民族性。彭定安从"鲁迅:20 世纪中国的民族寓言与民族文本"的视角,热情洋溢地赞美了鲁迅作品的民族性:"他的小说作品,无论是《呐喊》《彷徨》还是《故事新编》,都充溢着、灌输了、洋溢着丰富、厚重、深沉的民族性,反映的是民族的历史—文化—社会—生活,是民族生存发展中的'母题',是苦难中的人民的呻吟、叹息、呼号和啸叫;而其文学形式、风格、文化范型以及语言,都是中华民族的。"③鲁迅作品深具中国文化血脉,有着深刻的文化内涵和浓郁的地方色彩,其中不少故事都以鲁迅的故乡绍兴为背景,乡土情调在字里行间自然地流泻出来。《孔乙

---

① Goldblatt, H. *Worlds Apart*: *Recent Chinese Writing and Its Audiences*. New York: M. E. Sharpe, Inc., 1990: 182-183.

② 收入《呐喊》时使用其原名《不周山》。

③ 彭定安.鲁迅的经典意义与当代价值.辽宁大学学报(哲学社会科学版),2014(2):3.

己》《明天》和《风波》的故事都发生在鲁镇,《阿 Q 正传》发生在未庄,小说里面的咸亨酒店曲尺形的大柜台、茴香豆、乌篷船、短衣帮、佃户、秀才、湘妃竹烟管、辫子、狗杀气、裹脚、祭祖、社戏,以及孔乙己的满嘴"之乎者也",仿佛把读者带回了当年的江南水乡。

再者,鲁迅的小说还深具世界性。这么说的原因有二。

其一,他的小说与外国文学有着极其深厚的因缘。他翻译过大量外国文学名著,其中以俄苏文学为最。文学翻译对他的创作影响深远。在创作中,他或借鉴,或进行某种程度的模仿——不管是哪一种情况,都是取其精华而去其糟粕的过程,也是一个边消化吸收边创作的过程。

其二,鲁迅对西方文化一直以崇高的情怀和开放的胸襟来接受,同时,他认为我们应该积极改造本民族文化。因此,贯穿他一生的文化观是"对中华民族文化中优化因素(打破了传统文化的整体性结构功能之后)的传承以及对外来文化中先进文化因素的'拿来主义'"[1]。鲁迅曾留洋日本,也曾致力于介绍和翻译外国文学,具有深厚的外国文学修养。

可见,世界性和民族性在鲁迅那里达到了高度的统一。鲁迅主张"拿来主义",他敢于吸收外国短篇小说精华,完成具有本民族特色的作品,因而具有兼容并包的特点,这样的作品也才是真正有艺术生命的经典之作。

鲁迅小说的经典价值还在于思想性和艺术性的高度融合。

鲁迅的小说深入浅出,熔铸了博大精深的思想内容。鲁迅的伟大之处在于他面对中国悲剧时的清醒,还在于他永不妥协的正直坚毅。他在回忆他从事文学创作的最初动因时曾明确表示:"所以我的取材,多采自病态社会的不幸的人们中,意思是在揭出病苦,引起疗救的注意。"[2]他力图打破旧社会那无时无刻不禁锢人民的枷锁,力图"改造国民性",《呐喊》也罢,《彷徨》也罢,一篇篇小说都是他思考的结晶,是他求索与抗争的武器。小说的深度就在于它们能穿透黑暗的表面,直抵精神层面,让人们对

① 朱晓进,杨洪承,唐纪如,等.鲁迅研究.北京:中华书局,2011:4.
② 鲁迅.鲁迅全集(第四卷).北京:人民文学出版社,1981:512.

习以为常的现实产生怀疑,引发思考。

跟上述思想性交相辉映的是鲁迅作品中的艺术性。

鲁迅博学多才,艺术个性鲜明,风格独特。他离开这个世界已逾80年,但他的影响力却从未消失过,也从未减弱过。他的作品的艺术性在于小说内在的张力,在于他塑造的一个个经典的形象,在于小说生动丰富的语言,在于他对小说技巧的灵活运用,也在于小说一反传统的创新结构。

一言以蔽之,鲁迅小说的经典性不仅来自深刻的思想性,还源于与之交融的艺术性。

在写作《呐喊》《彷徨》的同时,鲁迅还创作了散文集《朝花夕拾》和散文诗集《野草》。如果说《呐喊》《彷徨》中的小说是鲁迅对现实社会人生的冷峻的刻画,意在警醒沉睡的国民,那么《朝花夕拾》中的散文则是鲁迅温馨的回忆,优美和谐,朴实感人。《朝花夕拾》原名《旧事重提》,收录了鲁迅于1926年创作的10篇回忆性散文,1928年由北京未名社出版。他在《朝花夕拾》小引中写道:"这十篇就是从记忆中抄出来的,与实际内容或有些不同,然后我只记得是这样。文体大概很杂乱,因为是或作或辍,经了九个月之多。"[1]阅读这一篇篇散文,听鲁迅娓娓道来,我们触摸到了鲁迅柔和的内心世界。

《野草》收录了鲁迅于1924年至1926年所作的散文诗23篇,书前有《题辞》1篇,1927年7月由北新书局出版,列为他所编的"乌合丛书"之一。鲁迅曾对人说,《野草》里有他的"哲学"[2]。学者钱理群认为鲁迅的才华最光辉、最辉煌的表现是在《野草》,"这是空前绝后的精神历险,也是空前绝后的语言历险……鲁迅的《野草》是在生命体验和语言试验这两个层面上,占据了中国现代文学,也是世界文学的高地"[3]。诗集以独语

---

① 鲁迅.鲁迅全集:编年版(第5卷,1927—1928).北京:人民文学出版社,2014:66.
② 章衣萍.章衣萍集:随笔三种及其他.上海:汉语大辞典出版社,1993:93.
③ 钱理群.和钱理群一起阅读鲁迅.北京:中华书局,2015:6-7.

似的抒情散文形式,以奇特的构思,直逼自己灵魂的最深处,把内在的孤独、苦闷和焦灼,通过变幻无穷的艺术变异,化成了超世间的想象。在鲁迅创造的令人惊叹的艺术世界里,他的作品散发出极强的艺术张力。

最能体现鲁迅创造力和战斗力的还应该首推他的杂文。杂文也是鲁迅创作的主体,他一生写了《坟》《热风》《华盖集》《华盖集续编》《华盖集续编的续编》《而已集》《三闲集》《二心集》《南腔北调集》《伪自由书》《准风月谈》《花边文学》《且介亭杂文》《且介亭杂文二集》《且介亭杂文末编》《集外集》《集外集拾遗》《集外集拾遗补编》等18部杂文集。他的杂文可以说构成了中国现代文化的一部"诗史",尽管他曾谦虚地说他的杂文"不敢说是诗史,其中有着时代的眉目,也决不是英雄们的八宝箱,一朝打开,便见光辉灿烂"①。钱理群认为,"杂文不但不是鲁迅才华衰竭的表现,恰恰好是他终于找到的一种最适合他自己,以及他和自己时代关系的一种文体"②。它通过"社会批评"与"文明批评",嬉笑怒骂,针砭时弊,与反对新文化的各种不同的论调进行斗争。鲁迅说,杂文"是感应的神经,是攻守的手足",它能够"对于有害的事物,立刻给以反响或抗争"③,从而为新文化、新思想的发展在旧文化、旧思想的荆棘丛莽中开辟出一条蜿蜒曲折的道路,让我们看到"时代的眉目"。在这18部杂文集中,鲁迅把笔触伸向了各种不同的文化现象、各种不同阶层的各种不同的人物,或辛辣讽刺,或激情抒发,或无情揭露,或痛苦呐喊,形式丰富多样,手法不拘一格,笔锋驰骋纵横,发人深思,催人省悟。

无论是作为小说家的鲁迅,还是作为散文家的鲁迅、作为杂文家的鲁迅,他都是中国现代文学史上最优秀、最有影响力的文学家。鲁迅的作品具有独特的思想价值和审美价值,有着不朽的艺术魅力。他的作品会带

---

① 鲁迅.鲁迅杂文全集(下).北京:群言出版社,2016:196.
② 钱理群.和钱理群一起阅读鲁迅.北京:中华书局,2015:118.
③ 鲁迅.鲁迅杂文全集(下).北京:群言出版社,2016:196.

给我们心灵震撼,也会让我们触摸到一个活生生的鲁迅,感受到他的所思所想所感、他的愤懑、他的呐喊、他的焦虑。

三、翻译家鲁迅

1. 鲁迅翻译概况

鲁迅不仅是一位伟大的文学家,还是一位杰出的翻译家。鲁迅的文学生涯始于翻译,也终于翻译。据统计,鲁迅在 1903 年到 1936 年的 33 年里翻译了俄国(苏联)、日本、捷克、匈牙利、保加利亚、波兰、罗马尼亚、芬兰、西班牙、奥地利、德国、法国、荷兰、比利时、美国、英国等 16 个国家、13 个语种、110 位作家的 251 种(部、篇)、共计 330 万字的外国文学作品。[①] 鲁迅的译作占据了他全部作品的一半,可以说,没有鲁迅的翻译,就没有鲁迅的创作。鲁迅的一生是为我国现代翻译事业披荆斩棘、辛勤耕耘的一生。蔡元培先生在《鲁迅全集》序中高度评价鲁迅的翻译人生:“先生阅世既深,有种种不忍见不忍闻的事实,而自己又有一种理想的世界,蕴积既久,非一吐不快。但彼既博览而又虚衷,对于世界文学家之作品,有所见略同者,尽量的移译,理论的有卢那卡尔斯基、蒲力汗诺夫之《艺术论》等,写实的有阿尔志跋绥夫之《工人绥惠略夫》、果戈理之《死魂灵》;描写理想的有爱罗先珂及其他作者之童话等,占全集之半,真是谦而勤了。”[②]

鲁迅的翻译生涯可以分为三个阶段:早期(1903 年—1918 年),这是

---

① 王家平.《鲁迅译文全集》翻译状况与文本研究.北京:社会科学文献出版社,2018: 1-2. 学界对鲁迅翻译文学字数的统计不尽相同,这里主要参考了王家平的统计,该数据依据福建教育出版社 2008 年出版的《鲁迅译文全集》统计,去掉了鲁迅翻译的非文学作品集《药用植物》等著作,去掉了鲁迅为自己的译著和单篇译作写的前言、后记,并去掉了鲁迅译著中的插图、空白最后得出。

② 蔡元培.鲁迅先生全集序//鲁迅.鲁迅全集(第一卷).北京:人民文学出版社, 1973:序 2.

青年鲁迅用文言文译介外国文学的阶段;中期(1919 年—1928 年上半年),这是鲁迅用白话文致力于"弱小民族文学"和日本文学翻译的阶段;晚期(1928 年下半年—1936 年 10 月去世),这是鲁迅集中精力从事苏联无产阶级文艺理论和苏联小说翻译的阶段。①

从翻译的不同国家的作品占比看,鲁迅译介最多的是俄国和苏联的作品,约占全部译作的 59.5%,日本作品比重约为 28.3%,"弱小民族"的作品约占 8.5%,法国作品约占 3.2%,德国作品约占 0.5%。②

鲁迅是一位杰出的翻译家,更是一位特别的翻译家。

第一,鲁迅精通日语,能够使用德语,但他凭着这两门外语,翻译了 16 个国家、13 个语种的外国文学作品,很大比例的译文都是从日语或德语转译的。

第二,鲁迅所译的作品,涉及领域广泛,包括科技、史学、医学、文学和美术等。文学作品中有小说、诗歌、散文、杂文、戏剧和童话等多个类别。他一生中传译了文艺论文集 5 部、文艺政策集 1 部、美术史专著 1 部、文艺随笔集 1 部、童话集 5 部、长篇小说 2 部、中篇与短篇小说 66 篇、科幻小说 2 部、剧本 3 部、诗歌 10 首、论文 30 篇、杂文 20 篇、其他作品 4 篇。③

第三,鲁迅译介的大多是小人物的作品,名著较少。他倾注极大的热情翻译东欧"弱小民族"的文学,成为中国现代翻译文学史上一道亮丽的风景线。

第四,鲁迅的译介策略和方法是在动态变化的。译文语言从文言文到白话文再到现代文,翻译策略从归化到异化,鲁迅的理想追求也从启蒙"末人"到"超人"再到"世界人"。

---

① 鲁迅翻译生涯一般分为早期、中期、晚期三个时期,但不同学者有不同的划分法。这里的分法主要参阅:王家平.《鲁迅译文全集》翻译状况与文本研究.北京:社会科学文献出版社,2018:18.
② 王友贵.翻译家鲁迅.天津:南开大学出版社,2016:299.
③ 林煌天.中国翻译词典.武汉:湖北教育出版社,1997:437-438.

2.鲁迅翻译思想

要了解鲁迅的翻译思想,首先要了解鲁迅的翻译目的。在他的重要翻译论文《关于翻译的通信》里,鲁迅谈到了理想的译作"不但在输入新的内容,也在输入新的表现法"①。后来,鲁迅在《"题未定"草(一至三)》中指出,"如果还是翻译,那么,首先的目的,就在博览外国的作品,不但移情,也要益智"②。在《一个青年的梦》的译者序二中,鲁迅说道:"所以我以为这剧本也很可以医许多中国旧思想上的痼疾,因此也很有翻成中文的意义。"③鲁迅通过译介大量外国文学,尤其是"弱小民族"文学来启发民智,帮助民众摆脱彼此冷漠的态度,建立起同情同感的现代性感情互动方式。④ 吴钧指出,"鲁迅的翻译,是出自民族救亡的立场,从别国'盗取'振兴民族的'火种'来点燃新的希望,他这种崇高的翻译目的正像为人类盗取火种的普罗米修斯一样悲壮和伟大"⑤。

在译本取材上,鲁迅偏重俄苏文学和日本文学,也关注"弱小民族"文学。从《〈竖琴〉前记》中我们可以看到他对译介俄国文学的兴趣:"俄国的文学,从尼古拉斯二世时候以来,就是'为人生'的……这一种思想,在大约二十年前即与中国一部分的文艺绍介者合流,陀思妥夫斯基,都介涅夫,契诃夫,托尔斯泰之名,渐渐出现于文字上,并且陆续翻译了他们的一些作品。那时组织的介绍被压迫民族文学的是上海的文学研究会,也将他们算作为被压迫者而呼号的作家的。"⑥他又说道:"我向来是想介绍东欧文学的一个人。"⑦另外,鲁迅也特别关注那些"贫穷、流

① 鲁迅.鲁迅全集(第四卷).北京:人民文学出版社,2005:391.
② 鲁迅.鲁迅全集(第六卷).北京:人民文学出版社,2005:364.
③ 北京鲁迅博物馆.鲁迅译文全集(第一卷).福州:福建教育出版社,2008:437.
④ 王家平.《鲁迅译文全集》翻译状况与文本研究.北京:社会科学文献出版社,2018:564.
⑤ 吴钧.鲁迅翻译文学研究.济南:齐鲁书社,2009:前言2.
⑥ 北京鲁迅博物馆.鲁迅译文全集(第六卷).福州:福建教育出版社,2008:5.
⑦ 北京鲁迅博物馆.鲁迅译文全集(第六卷).福州:福建教育出版社,2008:7.

亡、遭迫害、英年早逝、精神孤寂或思想苦楚等"的作家,如爱罗先珂、巴罗哈,以及苏联"同路人"作家等①,这同样显示了鲁迅对世界文学家群体里的弱小者的关切。

在鲁迅采用的翻译策略和方法上,最有名的是他提出的"直译说"。但实际上鲁迅在不同的翻译阶段用了不同的策略和方法,而策略与方法的采用也受到了鲁迅的翻译目的和选材立场等因素的影响。鲁迅早期的文学翻译实践主要包括留日前期、留日后期和归国后 10 年这三个阶段的翻译实践。鲁迅最早开始译介文学作品时,采用归化的策略、意译和编译的方法,在翻译《月界旅行》《地底旅行》时用文言文翻译,转译时有较多删改。留日后期逐渐过渡到遵循直译的翻译原则。他和周作人合译《域外小说集》时,就开始采用异化策略、直译译法。1928 年是鲁迅 33 年翻译生涯从中期到晚期的过渡之年。从 1928 年下半年到 1936 年的晚期翻译阶段,鲁迅的译介工作围绕着无产阶级文艺理论和俄苏文学作品两个中心进行。他倡导直译,甚至可以说是"硬译"或"死译",坚守不辍。文艺理论本来就难懂,再加上他为了输入外来文化,引进外来思想的火种,有意"输入新的表现法",因此译文晦涩难懂。

鲁迅在完成大量翻译实践的同时,在其译作的序、跋、译后记及杂文里较为详尽地陈述了自己对翻译的见解,其中有影响深远的直译理论,另外还有重译和复译理论。他在 20 世纪 30 年代初与瞿秋白讨论翻译问题以及纠正译界不正之风的过程中,发表了《几条"顺"的翻译》《关于翻译的通信》《为翻译辩护》《关于翻译》《论重译》《再论重译》《非有复译不可》与《"题未定"草》等文,提出了不少精辟的翻译主张,是现代翻译史上一笔宝贵的财富。鲁迅翻译思想中最为核心的是他的"中间物"的生命哲学思想。② 鲁迅在 1926 年就提出了"中间物"这一概念:"在进化的链子上,一

---

① 冯玉文.鲁迅翻译思想研究.北京:中国社会科学出版社,2015:104.
② 吴钧.鲁迅翻译文学研究.济南:齐鲁书社,2009:5.

切都是中间物。"①这一思想对他的翻译理论和实践具有极大的指导作用。鲁迅在与瞿秋白关于翻译问题的通信中,把翻译作品的读者划分为三类,即受过良好教育的、略微识字的和不识字的。对于第一类读者,鲁迅主张提供"宁信而不顺"的译著,他解释说:"自然,这所谓'不顺',决不是说'跪下'要译作'跪在膝上','天河'要译作'牛奶路'的意思,乃是说,不妨不像吃茶淘饭一样几口可以咽完,却必须费牙来嚼一嚼。"②1935 年,他虚心接受了瞿秋白的批评,更正了自己一度提过的"宁信而不顺"这一偏颇的说法。他说:"凡是翻译,必须兼顾着两面,一当然力求其易解,一则保存着原作的丰姿。"③后来鲁迅的这一主张被概括为"以信为主,以顺为辅"。除此之外,鲁迅还提倡翻译与创作并重、直译之外要有意译、输入新的表现法、重译与复译并举、开展翻译批评等。④

四、编选说明

鲁迅译著浩瀚,鲁迅译文曾被收入 1938 年版《鲁迅全集》,后于 1958 年由人民文学出版社辑为 10 卷出版。2011 年,长江文艺出版社出版了《鲁迅大全集》,共 33 册,由李新宇和周海婴主编,其中 8 册为译文编。2008 年,福建教育出版社出版了 8 卷本《鲁迅译文全集》,收录了鲁迅的全部译作,单行本和散篇分别按初次出版或发表时间顺序编排。北京鲁迅博物馆的研究人员利用博物馆的馆藏优势,对鲁迅译文进行了全面整理、校勘,并辑入了 50 年来新发现的鲁迅翻译佚文。整部全集洋洋 300 余万字,为了便利读者,全部译文均写有题注,并配有许多珍贵的插图,是目前收录最全并且校订最精良的鲁迅翻译著作全集,对鲁迅翻译研究者来说是弥足珍贵的材料,但是不一定适合大众读者。为了能够让更多普通读

① 鲁迅.鲁迅全集(第一卷).北京:人民文学出版社,2005:302.
② 鲁迅.鲁迅全集(第四卷).北京:人民文学出版社,2005:391.
③ 鲁迅.鲁迅全集(第六卷).北京:人民文学出版社,2005:364.
④ 林煌天.中国翻译词典.武汉:湖北教育出版社,1997:438-439.

者了解、感悟鲁迅译作曾带来的巨大震撼力,我们选编了最能代表鲁迅精神和思想、最能表现其才华的译作来呈现给读者,希望为大众读者、研究者阅读和研究鲁迅译作提供更多的方便。在遴选译文时,我们遵循了以下几条原则。

(1)译文力求全面化,力求选择不同翻译阶段、不同国别的译文。所选译作包含了鲁迅翻译生涯三个阶段译自日本、俄国(苏联)、英国、法国、德国、芬兰、匈牙利等国的文学作品。

(2)译文力求多样化,突出鲁迅对不同文学体裁的译介活动。鲁迅所译作品,包括小说、诗歌、散文、戏剧、童话、文艺随笔和文艺理论等多种文类。为了便于阅读,本书按照文体分类编排,分小说(包括长篇、中篇和短篇小说)、儿童文学、剧本与诗歌、文艺随笔与文艺理论四编。虽然儿童文学可以归到小说编,但因为儿童文学的翻译是鲁迅译作很重要的一部分,所以还是单独成编。剧本与诗歌收入的篇目不是很多,所以合为一编。

(3)鲁迅译作浩瀚,由于篇幅所限,一些中长篇小说或剧本等的全貌无法完全展示,因此采用节选的方式。

本书虽然收录篇目有限,但均为公认的精品,具有代表性。通过它们可以透视鲁迅译著的轨迹和全貌,适合广大文学爱好者阅读。

本书中的译文以福建教育出版社 2008 年版的 8 卷本《鲁迅译文全集》为底本,同时参考人民文学出版社 1973 年版的 20 卷本《鲁迅全集》、长江文艺出版社 2011 年版的 33 卷本《鲁迅大全集》等资料。

另外,在社会发展的历史进程中,语言文字的使用也是在不断发展变化的。在鲁迅所处的时代,社会急剧变化,新事物、新思想层出不穷,新表达、新语言随处可见。但是,当时白话文处于初创阶段,尚不够成熟,一些语言文字的使用习惯到如今有了不少变化,有的旧的用法已经不符合当今规范,主要如下。

第一是字词使用方面。鲁迅译文中较为明显的如"的""地""得"不加区分地使用,"做"和"作","像"和"象","他""她"和"它"也时常不严格区分。又如一些词语的写法、搭配、语法规范也与当今通用的不同,如"预先"写作"豫先","抽屉"写作"抽替","氢气"写作"轻气","一只青蛙"写作"一匹青蛙",等等。一些人名、地名、作品名等专有名词与现代通行的译法也有较大差异,如"雩俄"(即"雨果")、"恶斯佛"(即"牛津")、"哈谟列德"(即"哈姆雷特")等。

第二是标点符号使用方面。一些标点的用法和当代有一定的差异,因为现代汉语的标点是五四以后从西方引进的,当时还没有形成完善的规范。例如,鲁迅译文中引号的位置和现在的不完全一样,人名中的间隔号时有时无,经常有冒号套冒号的现象。又如,表示并列时有时使用顿号,有时使用逗号,有时没有标点符号,无一定规律。再如,有时一个句子语义不完整,却在末尾使用了句号。

另外,由于鲁迅翻译与写作跨越时间长,一些字词、标点符号在不同阶段的用法也不一致,如出现了"伊大利""意太利"和"意大利","沙士比亚"和"莎士比亚"等不同写法。

这些"不规范"的地方,是特殊时期产生的语言现象,考虑到原来的表述对当今读者的阅读理解并不会造成太大的困难,但有助于读者更贴近当时的语言原貌,读到原汁原味的鲁迅译文,所以本书中这些情况基本上保持不变,仅对部分繁体字和异体字、外文作品名的标注格式、当时的排印错误等根据现有的规范做了修改。

鲁迅研究已有百年历史,著述汗牛充栋,关于鲁迅翻译研究的著述也颇多,本书的编撰,参阅了众多鲁迅翻译研究专家的成果,如王家平的《〈鲁迅译文全集〉翻译状况与文本研究》(社会科学文献出版社,2018)、王友贵的《翻译家鲁迅》(南开大学出版社,2016)、顾钧的《鲁迅翻译研究》(福建教育出版社,2009)、吴钧的《鲁迅翻译文学研究》(齐鲁书社,2009)等。本书在译事年表整理时也主要参考了《鲁迅译文全集》以及王家平、顾钧、吴钧等专家的著作,特此致谢。

鲁迅是位影响深远的翻译家。所以,让我们一起追随这样一位杰出而且独特的翻译家的足迹,走进他的翻译丛林,了解其选译的深刻用意,解读其作为译者的心路历程,探讨翻译对其创作的影响,感受其超越国界、超越语言藩篱的震撼力量,从而进一步走近鲁迅,认识鲁迅,更好地领略其译作的价值和意义。

第一编

小　说

月界旅行[①]

[法国]儒勒·凡尔纳

辨　言

在昔人智未辟,天然擅权,积山长波,皆足为阻。递有刳木剡木之智,乃胎交通;而桨而帆,日益衍进。惟遥望重洋,水天相接,则犹魄悸体栗,谢不敏也。既而驱铁使汽,车舰风驰,人治日张,天行自逊,五州同室,交贻文明,以成今日之世界。然造化不仁,限制是乐,山水之险,虽失其力,复有吸力空气,束缚群生,使难越雷池一步,以与诸星球人类相交际。沉沦黑狱,耳窒目朦,爰以相欺,日颂至德,斯固造物所乐,而人类所羞者矣。然人类者,有希望进步之生物也,故其一部分,略得光明,犹不知餍,发大希望,思斥吸力,胜空气,泠然神行,无有障碍。若培伦氏,实以其尚武之精神,写此希望之进化者也。凡事以理想为因,实行为果,既葆厥种,乃亦有秋。尔后殖民星球,旅行月界,虽贩夫稚子,必然夷然视之,习不为诧。据理以推,有固然也。如是,则虽地球之大同可期,而星球之战祸又起。呜呼! 琼孙之"福地",弥尔之"乐园",遍觅尘球,竟成幻想;冥冥黄族,可

[①] 该小说的作者为法国作家儒勒·凡尔纳(Jules Verne,1828—1905)。1903年10月,鲁迅据日本井上勤译本转译,由日本东京进化社出版,署"美国培伦原著,中国教育普及社译印"(日译者误为美国查理士·培伦著)。本书收录辨言、第一回至第六回。——编者注

以兴矣。

培伦者,名查理士,美国硕儒也。学术既覃,理想复富。默揣世界将来之进步,独抒奇想,托之说部。经以科学,纬以人情。离合悲欢,谈故涉险,均综错其中。间杂讥弹,亦复谭言微中。十九世纪时之说月界者,允以是为巨擘矣。然因比事属词,必洽学理,非徒摭山川动植,侈为诡辩者比。故当觥觥大谈之际,或不免微露遁辞,人智有涯,天则甚奥,无如何也。至小说家积习,多借女性之魔力,以增读者之美感,此书独借三雄,自成组织,绝无一女子厕足其间,而仍光怪陆离,不感寂寞,尤为超俗。

盖胪陈科学,常人厌之,阅不终篇,辄欲睡去,强人所难,势必然矣。惟假小说之能力,被优孟之衣冠,则虽析理谭玄,亦能浸淫脑筋,不生厌倦。彼纤儿俗子,《山海经》《三国志》诸书,未尝梦见,而亦能津津然识长股奇肱之域,道周郎、葛亮之名者,实《镜花缘》及《三国演义》之赐也。故掇取学理,去庄而谐,使读者触目会心,不劳思索,则必能于不知不觉间,获一斑之智识,破遗传之迷信,改良思想,补助文明,势力之伟,有如此者!我国说部,若言情谈故刺时志怪者,架栋汗牛,而独于科学小说,乃如麟角。智识荒隘,此实一端。故苟欲弥今日译界之缺点,导中国人群以进行,必自科学小说始。

《月界旅行》原书,为日本井上勤氏译本,凡二十八章,例若杂记。今截长补短,得十四回。初拟译以俗语,稍逸读者之思索,然纯用俗语,复嫌冗繁,因参用文言,以省篇页。其措辞无味,不适于我国人者,删易少许。体杂言庞之讥,知难幸免。书名原属"自地球至月球在九十七小时二十分间"意,今亦简略之曰《月界旅行》。

癸卯新秋,译者识于日本古江户之旅舍。

月界旅行

第一回
悲太平会员怀旧　破寥寂社长贻书

凡读过世界地理同历史的,都晓得有个亚美利加的地方。至于亚美利加独立战争一事,连孩子也晓得是惊天动地;应该时时记得,永远不忘的。今且不说,单说那独立战争时,合众国中,有一个麦烈兰国,其首府名曰拔尔祛摩,是个有名街市。真是行人接踵,车马如云。这府中有一所会社,壮大是不消说,一见他国旗高挑,随风飞舞,就令人起一种肃然致敬的光景。原来是时濒年战斗,人心恟恟,经商者捐资财,操舟者弃舟楫,无不竭力尽心考究兵事。那在坡茵兵学校的,更觉热心如炽。这个说我为大将,那个说我做少将。此外一切,真是视而不见,听而不闻,食而不知其味的了。尔后,费却许多兵器弹药,金资人命,遂占全胜,脱了奴隶的羁轭,造成一个烈烈轰轰的合众国。诸君若问他得胜原因,却并无他故。古人道:工欲善其事,必先利其器;美国也不外自造兵器,十分精工,不比不惜重资,却去买外国废铁,当作枪炮的;所以愈造愈精,一日千里,连英、法诸强国极大钢炮,与他相比,也同僬侥国人遇着龙伯一般,免不得相形见绌了。此时说来,似乎过于夸大。其实美国人炮术,天下闻名。犹如伊大利人之于音乐,德国人之于心理学一般。既已在世界上独一无二,他偏又聚精会神,日求进步。所以连欧洲新发明的“安脱仑格”“排利造”“波留”等有名大炮,也不免要退避三舍了。……诸君,你想!偌大一个地球,为什么独有美国炮术,精妙一至于此呢?前文说那拔尔祛摩府中,不是有一座壮大无匹,花旗招贴的会社吗?这便是制造枪炮的所在。当初设立时,并不托官绅势力,也不借富商巨资;单是一个大炮发明家,同一个铸铁师,商量既定,又招一个钻手,立下这枪炮会社的基础,行过开社的仪式。不料未及一月,就有尽力社员一千八百三十三人,同志社员三万五千六十五人。当下立定条约,说是万一新发明大炮难以成功,则须别出心裁,制造别种崭新利器。至于手枪短铳等细小物件,却并不介意,惟有专心致志铸造大炮,便是这会社的宗旨。到后来会社中社员,越聚越多,也有大将,也有少将,一切将校,无所不有。若把这会社社员题名簿一翻,不是写着战死,就是注着阵亡;即偶有几个生还,亦复残缺不完,疮痍遍体:有扶着拐杖的,有用木头假造手足的,有用树胶补着面颊的,有用银嵌着脑盖骨的,有用白金镶着鼻子的,蹒跚来往,宛然一座废人会馆。从前有名政治家卑得刻儿曾说道:"把枪炮会社中人四个合在一处,没一条完全臂膊;六个合在一处,没一双满足的腿。"可想见这些社员情形了! 虽然,老骥伏枥,志在千里;他们虽五体不全,而雄心未死,常抚着弹创刀痕,恨不得再到战场,将簇新大炮对敌军一试。晋人陶渊明先生有诗道:

> 精卫衔微木,将以填苍海;
>
> 刑天舞干戚,猛志固常在。

像是说这会社同社员的精神一样。那晓得世事循环,战争早毕,大炮炸弹,尽成无用长物。当初杀人成阜的沙场,也都变了桑麻如林的沃壤。老幼熙熙,欢声载道。只有枪炮会社社员,却像解馆先生,十分烦闷。虽是只管制造,想发明空前绝后的大炮;无奈不能实地试验,只好徒托空言罢了。加之会社零落,堂室荒芜,新闻纸堆累几上,霉菌氄氄,竟无一人过问。可怜从前车马络绎、议论嚣嚣的所在,竟变做荒凉寂寞的地方。回想当初,硝烟惨淡,铁雨纷飞的情形,不是做梦,还遇得着么? 人说可喜的是天下太平,四海无事,那晓得上马杀贼的壮士,却着实伤心呢! ……一日天晚,有一会员叫做汉佗的,走进自己的休息所,把木镶的假腿向火炉上一烘,说道:"目下时势,岂不怪极了吗! 我辈竟无一事可为,岂不是一可悲叹的世界吗! 不知什么时候,才能够有霹雳似的炮声,给我畅畅快快的听一听呢?"旁边坐着的毕尔斯排,本来极其洒落,把断腕一伸，连忙答道："如此快事，那里还有呢！虽然遇着过愉快的时候，谁料半途中竟把战争中止了。从前的大将，仍然去做商贾；弹丸的仓库，竟堆了棉花。唉，将来亚美利加炮术，怕还绝迹的了。"有名的麦思敦，把树胶作的头盖骨且搔且说道："是的。此刻时势太平，已非研究炮术学的时候，所以我想造一种叫做臼炮的，今日已制成雏形，此炮一出，倒可以一变将来战争模样。"汉佗忽然记起麦思敦新发明的第一回就打死三百七十三人的大炮，忙问道："当真吗？"麦思敦道："决非虚言。然须加一层工夫精神，故尚未成就。目下亚美利加景况，百姓悠然，只想过太平日子；然而人口非常增多，有的说恐怕又要闹事了。"大佐白伦彼理道："这些事，总是为欧罗巴洲近时国体上的争论罢了。"麦思敦道："不错不错！我所希望，大约终有用处，而且又有益于欧罗巴洲。"毕尔斯排大声道："你们做甚乱梦！研究炮术，却想欧洲人用么？"大佐白伦彼理答道："我想给欧洲人用，比不用却好些。"麦思敦道："不错。然而以后不去尽力研究他，亦无不可。"大佐白伦彼理道："为什么呢？"麦思敦道："想欧罗巴的进步，却同亚美利加人思想相反，他不从兵卒渐渐升等，是不能做大将的。不是自造铁炮，是不能打的。"汉佗正拿着小刀，在那里削椅子的靠手，一面说道："可笑得很！要是这般，我们只好种烟草榨鲸油了。"麦思敦发恨道："那是什么话呢！难道以后就没有改良火器的事情吗？就没有试验我们火器的好机会吗？难道我们的炮火，辉映空中的时候，竟会没有吗？同大西洋外面国度的国际上纷争，就永远绝迹了吗？或者法国人把我们的汽船撞沉了，或者英国人不同我们商量竟把两三人缢杀了，这宗事情，就会没有吗？……倘若我新发明的臼炮，竟没实地试验的好机会，惟有诀别诸君，葬身于爱洱噶尼沙的平野罢了。"众人齐声答道："果然如此，则我们亦当奉陪。"大家无情无绪，没精打彩的谈了一会，不觉夜深，于是各人告别回房，各自安寝不表。到了次日，忽见有个邮信夫进来，手上拿着书信，放下自去。社员连忙拆开看时，只见上写道：

本月五日集会时，欲议一古今未有之奇事。谨乞同盟诸君子贲临,勿迟是幸!

　　十月三日,书于拔尔祛摩。枪炮会社社长巴比堪。

社员看毕,没一个晓得这哑谜儿,惟有面面相觑。那性急的,恨不能立刻就到初五,一听社长的报告。正是:

　　壮士不甘空岁月,秋鸿何事下庭除。

究竟为着甚事,且听下回分解。

第二回
搜新地奇想惊天　　登演坛雄谭震俗

却说社员接了书信以后,光阴迅速,不觉初五。好容易挨到八点钟,天色也黑了,连忙整理衣冠,跑到纽翁思开尔街第二十一号枪炮会社。一进大门,便见满地是人,黑潮似的四处汹涌。原来住在拔尔祛摩的社员,多已先到;外加赶热闹的百姓,把个极大会社,满满的塞个铁紧,尚且源源而来。没坐处的是不消说,连没立处的也不知多少,有的立在边室,有的立在廊下,乱推乱挤,各自争先,要听古今未有的奇事。美国人民本来是用"自治说"教育出来的,所以把人乱推,还说这是自由的弊病,是不免的了。至于"自由者以他人之自由为界"的公理,那里能个个明白呢! 会堂里面,单是尽力社员,同着同志社员,簇齐的坐着,一排一排,如精兵布阵一般,井井有条,一丝不乱。其余不论是外国人,是做官的,一概不能进内,只好也混在百姓里边,伸着脖子,顺势乱涌罢了。惟有身材高大的,却讨便宜,看得见里面情景,说是诸般装饰,无不光采夺目,壮丽惊人。上边列着大炮,下面排着臼炮,古今火器,不知有几千万样,罗列满屋。照着汽灯,越显得光芒万丈,闪闪逼人。正中设一张社长坐的椅子,是照三十四寸臼炮台的样式做的,脚下有四个轮子,可以前后左右随意转动。前面是"恺儿乃德"炮式的铁镶六足几,几上放着玻璃墨汁壶,壁上挂着新式最大自鸣钟。两边分坐着四名监事,静悄悄的只待社长的报告。……这社长,年纪不过四旬，是美洲人，幼年贩买木材，获了巨利，到独立战争时，当了一个炮兵长，极有盛名。且发明许多兵器，虽是细小事情，也精心考究，不肯轻易放过，所以远近闻名，无不佩服的。等了许久，那壁上挂的大自鸣钟，忽然当当的打了八下，社长像被发条弹机弹起来似的，肃然起立。众人看得分明：是戴着黑缘峨冠，穿着黑呢礼服，身材魁伟，相貌庄严。对台下大众行过礼，把手按在几上，默然停了一会，便朗朗的说道：

"我最勇敢的同盟社员诸君！你看世上久已承平，我们遂变了无用的长物。战争久已绝迹，我们遂至事业荒芜，不能进步。若是兵器有用，果然是我们的好机会。然而看现在的事情同形势，那里还有非常之事呢！唉，我们大炮震动天地的时候，在几年之后，是不能豫料的了。所以我想，与其株守无期的机会，空抛贵重的光阴，反不如研磨精神，奋励志力，做件在太平世界上能占个好地位的事业。……以前几月间，我曾把全副精神，注在一个大目的上，常常以心问心道：十九世纪的文明世界，还没时有这样大事业吗？炮术极其精微的时候，还做不成这大事业吗？此后细心研究推算，遂晓得这各国都做不成的大事业，是可以成功，而且确凿有据的。今日奉邀诸君者，就是报告此事。且此事不但有益于现今诸人，连枪炮会社的将来，都大有利益。倘若事竟成功，量这全世界也要震动呢！……"

刚才说毕，社员同听众像加一层气力似的，满堂动摇起来。社长把峨冠整一整，又向天指了一指，慢慢说道：

"我最勇敢的同盟社员诸君！请观这苍穹上，不是一轮月吗？今晚演说，就为着这'夜之女王'可做一番大事业的缘故。这大事业是什么呢？请诸君勿必惊疑，就是搜索这众人还没知道的月界，要同哥伦波发见我邦一般。然而做这大事业，断不是一人独力可以成功的，所以报告诸君，想诸君协力赞助，精查这秘密世界，把我合众三十六联邦版图中，加个月界给大家看。（拍手）从前日夜焦心苦虑，把那月界的重量，以及周围、直径、组织、运动，连那距离同占有位置，都算得明明白白，画了一幅太阴图，其精密完全，虽不能胜于地图，却还不亚于他呢。关系月界的事情，现在虽大都明白，然而自古迄今，还没见有从我地球到那月界开条通路的事业。（大喝采）只有理想上想着探捡月界的，却也不少。今日约略述给诸君听一听：当初一千七百年时，有个叫飞勃力的，常常说肉眼看见月界的居民。再往前说，则一千六百四十九年，有法国人波端，曾做过一册《西班牙大胆者公石力子氏月界旅行》。同时又有个陪儿格拉也是法国人，也做一册叫什么《法国成功月界旅行》的。后来有部《多数世界》，著者就是法国风耐儿，极有盛名，说'地球之外尚有许多世界。'到一千八百三十五年，有一本小册子出版，讲的是'有个约翰哈沙，于天文学上，算得极其致密。在喜望峰头，立一个大望远镜，镜里照着火，因为装置极精，遂把月的距离缩成了八十码，里面情形，看得十分清楚：有许多河马进出的大洞，有黄金色笸缘似的东西圈着山麓的青山，有角如象牙的羊，有浑身白色的鹿，而且有人两腋生着肉翅，宛然一只蝙蝠。'著者就是我国洛克先生。他的书倒是销流甚广的。还有一书说：'古时有个排尔，坐着盛满淡气的气球，过了十九点钟，遂到月界。'著者也是美国人，那有名的亚波就是了。（大喝采）然总不过纸上的理论，不能确信。至于今日报告诸君的，却是实地研究，真要对月界开一条通路。五六年前，普国有个算术家，说要研究大学术，到了西伯利亚平原，用光线反射的性质，造了一幅算学图，内中也有同'弦之平方'相关的道理，就是法国人叫做'爱斯勃力其'的。那算术家曾说道：'聪明人看了这算图，是没有不解的。倘要同月界开条通路，不能不依这道理。至于交通之后，对月界居民说话，新造一种字母，也甚容易。'那算术家话虽如此，总没实行。从纪元到今日，连同月界结个定约的也没见过。到今日，月界交通的事情，我美国人实地研究的结果，同勇敢不挠的精神，应该自任，是不消说的了。至于到月界的方法，极其简便，确实决没差误，这便是想对诸君商议的一大要点。（喝采舞蹈）五六年来，炮术进步的迅速，是诸君所熟知的，不消细说。若讲大略，则大炮的抵抗力，同火药的弹拨力，没有限量的道理，已经确凿明白，所以据这原理，用装置精巧的弹丸，能否到达月界的问题，自然因此而起了。"

社长说完，听众都呆着出神，静悄悄的像没有人一般。过一会，渐渐解过演说的意思，不觉又霹雳似的拍手喝采起来，把好大会堂，震得四壁飒飒乱动。社长再要往下说，连一字也听不清楚了。过了半点钟，才觉稍稍镇静，只听得社长又说道：

"请诸君少安，给我说完罢。我于此事，常自问自答，精细研钻，才晓得把弹丸用第一速力每秒走一万二千码的时候，可以射入月界，是确实无疑的。我最勇敢的同盟社员诸君！鄙意便是要试做这一番极大事业，所以特来报告，诸君以为何如呢？"

社长还没说完，那众人欢喜情形，早已不可名状，呼的，叫的，笑的，吼的，嚣嚣嗷嗷，如十万军声，如夜半怒涛，就是堂中陈列的大炮，一齐发射，也不至此。正是：

莫问广寒在何许，据坛雄辩已惊神！

要知以后情形，且待下回分解。

第三回
巴比堪列炬游诸市　观象台寄简论天文

却说社长坐在听众之间，睁着眼看他们狂呼乱叫，再想说话，站起身来，众人那里还理会得。也有打击呼钟，想镇定大众；无如大众呼声，却高过钟声几倍，竟全然不觉，反跑上来，围着社长，称誉赞美，不胜其烦。当下依美国通例，社员列成行伍，点着松明，到各街市巡行了一遍。住在麦烈兰的外国人，都交口称誉，叫喊不止，直有除却华盛顿，便算巴比堪的样子。加之天又凑趣，长空一碧，星斗灿然，当中悬着一轮明月，光辉闪闪，照着社长，格外分明。众人仰看这灿烂圆满的月华，愈觉精神百倍，那临时抱佛脚,买望远镜的,更不知其数。听说福尔街远镜店,就因此获了巨利的。到了半夜,仍是十分热闹,扰扰攘攘,引动了街市人民,不论是学者,是巨商,是学生;下至车夫担夫,个个踊跃万分,赞叹这震铄古今的事业。凡是住在岸上的,则在埠头;住在船上的,则在船坞;都举杯欢饮,空罐如山。那欢笑声音,宛如四面楚歌,嚣嚣不歇。社长在如疯如狂的大众里面,拉的,推的,抬的,像不倒翁一般,和着赞叹声音,四处乱转。到两点钟,才觉渐渐平静,远处来的外国人,也坐着火车各自散去。社长忙了一夜,然正在欢喜,也不觉得辛苦,归家去了。到第二日,众人议论,愈加纷纷不一,原来美国人的性质,最是坚定,听了巴比堪的报告,不但没一人惊怪,却都说确实无疑,必可成功的。当初拿坡仑道:"因字典中有'不能成'三字,人都受欺,其实地球上那里有不能成的事呢!"美国人人佩服这话,所以不论什么事,亚美利加人民,是从不大惊小怪的。报告传将开去,自然是个个欢喜。五百种新闻杂志,都执笔批评,也有据形体上立说的,也有以气象学为主的,也有从政治上发议的,也有从政治上立论归到开化的,有的道:"月界竟同我地球一般,样样完全吗?有同地球相似的空气吗?发见月界之后,就该移住吗?"并说:"月界统属美国,则欧洲国权,不能平均,恐肇事端"的,亦复不少。可惜这本书里,载不尽那些名言伟论,没奈何只好割爱了。此外有薄斯东的博物学社,亚尔白尼的学术社,纽约的地理国志社,飞拉特非亚的理学社,华盛顿的斯密敦社,都从邮局纷纷寄信,祝贺枪炮会社的大事业。还有醵合金资,补助一切费用的,也不知多少。社长的名誉,真如旭日初升一般,竟个个赞美崇拜起来。五六日之后,拔尔祛摩有座英商开的戏园,造一本戏,暗中含着讥刺的意思。大众说他毁损社长,几乎把戏园打得落花流水。英商没奈何,谢过众人,改了关目,却奉承起来,倒获了大利。这是细事,按下不表。……却说社长归家之后,真是食不下咽,寝不安席,没昼没夜,总是计画着月界旅行一件事业。屡次招集同盟社员,议了又议,解释了许多疑问。若是天文上的关系,商酌清楚;然后再把器械决定,这大试验,就算毫无缺陷了。当下大家议妥,连夜修书,把关着天文上的疑问,写在里面,寄到沭设克谁夫府的侃勃烈其天象台,求他帮助解决。这府是从前联邦合众的第一处,最有名的,而且好本领的天文家,多在此处。庞多氏决定彗星的星云,克拉克发见雪留星的卫星,曾得了大名誉,他们所用至精极微的望远镜,也都是这天文台制造的。接到枪炮会社书信之后,自然是大家欢喜,极力赞成。不到三日,巴比堪家中,就接得回函,一切疑问,都解释了。回函道:

> 本月六日,获贵社来书,辱询一切,即日招集同人,互相讨论,折衷众言,拟为答议,并撮其要旨,作约言五则,附诸简末,以俟采择。我侃勃烈其天象台同人,于天文理论上之关系,既经剖析,并为美国人民,祝此伟业!

第一问曰:弹丸能否送入月界? 答议曰:若令弹丸每秒具一万二千码之第一速力,则必能达其目的,盖离地上升,则吸力递减,与距离成逆比例。——即距离三尺,则较一尺时,其吸力必减少九倍。故弹丸重量,亦因之减轻。迨月球与地球之吸力两相平均,则成零点。其处即弹丸飞路之五十二分中之四十七分也。是时弹丸全失其重量,既越零点,则仅受月界吸力,必向月界而下堕矣。由理论观之,自必成功无疑,既如上述;然亦不能不关于所用之机械力。

第二问曰:月与地球之精密距离凡几何? 答议曰:月之环行我地球也,其轨道非真圆而椭圆,地适居椭圆轨道之中,故太阴周回地球,其距离远近不相等。天文家有谓"胚利其"(意即月球运行时与地球最近之处)或"爱薄其"(意即月球运行时与地球最远之处)者即此。其最远最近两距离差之浩大,有为思虑所难及者,据近来确算:月地距离,最远则二十四万七千五百五十二英里;最近则二十一万八千六百五十七英里,两距离之差,凡二万八千八百九十五英里,即多于全距离之九分之一也。故应以最近最远,为计算之根。

第三问曰:具第一速力之弹丸,令达月界,需几何时? 又应何时放射,则可达月界之一点? 答议曰:若令弹丸一秒时恒具一万二千码之第一速力，则惟九小时，即达月界。然第一速力，必至减小，故达月与地两吸力之平均点，需时三十万秒即八十三时二十分。再由此点直达月界，需时五万秒，即十三时五十三分二十秒也。故若对瞄定之一点，放射弹丸，应于太阴未到前之九十七时十三分二十秒。

第四问曰：月球行至最适于弹丸到达处，应在何时？　答议曰：解答第三疑问外，有尤要者，即择月与地距离最近之时刻，及经过天心之时刻是也。届时，其距离可减去等于地球半径长率。（即三千九百十九英里）弹丸直达月界之飞路，仅余二十一万四千九百七十六英里而已。然月至地球最近处，虽月必一次，而又同时适经天心则甚鲜，非历多年，不能遇之，是事当以选同时适遇右二事为第一义。所幸者机会适至，来年十二月四日夜半，月球正为"胚利其"，即至地球最近处而又同时适经天心。

第五问曰：放射弹丸时所用大炮，应瞄准天之何一点？　答议曰：来年适遇良机，既如上述，则大炮自应瞄准其处之天心。故若置大炮，令成垂线，则临放射时弹丸可速离地球吸力之感触点，然因月球到达发炮处之天心，故其处以在超过月球倾斜之纬度为良，即零度及北纬或南纬二十八度间是也。否则弹丸必须斜射，为起业一大妨害。

第六问曰：弹丸发射时，月悬天之何处？　答议曰：当弹丸飞行天际时，月亦每日进行十三度十分三十五秒，故与天心相距，凡四倍于每日进行之度数，共五十二度四十分二十秒是即弹丸达月，及月球进行相等之时刻也。然因地球运转，而弹丸进路，遂不得不复生差异，其差由地球十六半径即月之轨道推之，凡十一度，此十一度中，应加右之五十二度四十分二十秒。（令分秒数进位，则几近六十四度。）故弹丸放射时，发炮处之垂线，应令与月球半径成六十四度角。

约言：（一）置炮地应在零度及北纬或南纬二十八度间。（二）大炮发射时,应以天心为目的,而瞄准之。(三)放射弹丸,应令每秒具一万二千码之第一速力。(四)放射弹丸,应在来年十二月朔日午后十时四十四秒。(五)弹丸发射后四日,当达月界,即十二月四日夜半,恰经天心之时也。

拔尔祛摩枪炮会社社长巴比堪君阁下:

天象台职员总代理侃勃烈其天象台司长培儿斐斯顿首。

众人读过来书,于天文上的疑问,都不觉涣然冰释,自然是称誉不迭的。各种学术杂志上,也登载殆遍,并加上许多批评议论的话,引动了世人注目,又都纷纷赞美起来。正是:

天人决战,人定胜天。人鉴不远,天将何言!

天文上的疑问,都已解释;那器械却如何商量呢?下回再说。

第四回
喻星使麦氏颂飞丸　废螺旋社长定巨炮

却说社长接到天象台回书的次日,正是初八,便摆设盛宴,招集尽力社员,都到立柏勃力康街第三号巴比堪的本宅,开一大会,决定大炮弹丸硝药三大要件。当下依投票选举法,选于学术上有大智识者四人,担当各种事务。少刻检票看时,最多数的是社长巴比堪,大将穆尔刚,少将亚芬斯东,那盛名鼎鼎的社员麦思敦,是不消说,一定有分的,而且是个监事之职。四人也不推辞,都慨然应允了。社长先说道:“诸君!我们今日,应把炮术学来决这最紧要的问题,第一次会合时,于论定所用器械为第一步的意见,已经都无异议的。然而再三思索,却不如先议弹丸,后议大炮的妥当。因为大炮大小,是不能不依着弹丸做的。”大众还未答应,麦思敦慌忙起立,大声说道:“兄弟尚有一言,社长说先议弹丸,鄙意亦复如是。为什么呢?这回到月界的弹丸,是同派遣的使节一般,倘若内中不学无术,便是外貌庄严,也不免受外人嘲骂。所以据兄弟的意思,应以修身为第一义。外形果然要壮丽精工,内中也应该坚强缜密。诸君以为何如呢? 那创造星辰的是造化,制造弹丸的是我们;造化常以电气光线风籁等之迅速自负;我们不该以弹丸速率捷于奔马或汽车数百倍自负吗? 况且驾着一秒时走七英里的新制弹丸,向月界进发,是何等名誉呢! 诸君! 怕那月界居民,不用大礼迎我地球的使节吗?"这雄辩家说完,稍觉疲乏,返身归坐,把几上摆的盐肉,又一片吃了。社长道:"我们已说过颂词,该研究实事了。"大众一面吃肉,一面都应个"是"。社长又道:"此刻应议者,是用什么法子,可以使弹丸一秒时有一万二千码的速力。故从古迄今,经验过的速力,不可不详细说明。此事是要劳穆尔刚君了。"大将穆尔刚答道:"此事兄弟颇知一二,当从前战争时,曾任炮术试验职员,所以至今也还记得。那达路格连氏百磅炮放射以后,经过五千码距离,尚有每秒五百码的第一速力,还有浩特曼哥仑比亚炮,用半吨弹丸,每秒速力八百码,也达六英里的距离。这等结果,究竟非英国巨炮'安脱仑格''排利造'所能及的。"麦思敦叹息道:"唉,这样弹丸,加上这样速力,就是我发明的臼炮,也未免破裂的了。"社长徐徐答道:"是定要破裂的。然而我们这事业,八百码的速力,未免过小,还该增加二十倍呢。要议增加二十倍速力的方法,就先要注意,同这大速力比例适当的弹丸大小,应该如何。至于半吨重的小弹丸,于我们的事业,毫无用处,谅诸君都知道的。"少将亚芬斯东问道:"何故呢?"麦思敦代答道:"何故吗,便是以弹丸之巨大,令月界居民惊惧的意思。"社长道:"还有一层不能不用巨大弹丸的缘故,从我地球启行,直达月界,旅路甚遥,所以我们不可不时时了望的。"大将穆尔刚,少将亚芬斯东大惊,齐声问道:"这是怎讲呢?"社长道:"弹丸向月界进发的时候,若不能从地球上察看,则这回的大试验,如何晓得成功与否呢?"少将亚芬斯东忙应道:"然则君的意见,是要造古今无比的巨大弹丸了?"社长道:"否,否! 听我说完罢。目下视学上的机械,竟已非常精巧,有一种望远镜,可以把视物放大六千倍,月地的距离,缩近至四十英里了。故此距离之内,观察六十尺平面物体,是毫无疑难的。惟不把望远镜的视力增加,而物体又比六十尺较小,则仅借着月球的极弱光线,却不能看这小物体了。"大将穆尔刚道："是的。然则阁下要如何呢？难道就要制造直径六十尺的弹丸吗？"社长摇摇头。穆尔刚又说道："然则阁下的卓见，是要增加月球的光线力吗？"社长道："君言甚是！这光线薄弱，全因空气浓厚的缘故，所以把蔽塞光线线路的空气弄稀薄了，那月光自然而然的增加起来。再把望远镜装置在最高的山顶，一定可以成功的。兄弟意见，就是如此。"少将问道："如此说来，要用放大几倍的望远镜呢？"社长道："若用放大四万八千倍的机械，则月球可以缩到五英里之近，此时有直径不小于九尺的物体，必能看见的。"麦思敦道："然则我们大试验时用的弹丸，其直径不必大于九尺了。"少将亚芬斯东接口道："请诸君想一想。这直径九尺的弹丸，该有若干重量呢？"社长道："我的亲友！且莫讲弹丸的重量，让我把古人的奇事说一说罢。然鄙意并不以为炮术之学，今不如古，无非因中世时古人做的事业，颇可惊奇，却像今人远不及的样子。约略说来，似非无益的。从前一千四百五十三年，蓦哈默德二世，围孔泰诺波儿的时候，曾用过重量一千九百磅的石弹丸。又在叫马尔佗的地方的沁胎耳木砦时，放射的弹丸，重量直有二千五百磅。你说奇不奇呢！至于兄弟亲见的，则有安脱仑格炮，放射过五百磅的弹丸。洛特曼炮，也放射过半吨的弹丸。若察古推今，观炮术上的进步，目下就造比蓦哈默德二世的石弹丸，并洛特曼炮弹大十倍的，也不至十分为难罢。"少将连连称"是"。又问道："制造弹丸，用什么金属呢？"大将道："自然是熔铁了。"少将道："弹丸的重量，同容量，有比例的这直径九尺的铁丸，岂非要有非常的重量么？"大将道："那是实丸了。这回用的是空丸，不至于此。"少将道："这弹丸侧面该厚多少呢？"大将答道："直径一百八英寸的弹丸，常例不过二尺。"社长也答道："我们此回用的弹丸，并非攻石砦击铁舰者可比。只要厚量胜得过空气压力就好了。此刻的问题，是制一直径九尺的中空铁丸，而不能重于二万磅。其侧该厚多少，请麦君确实推算，说给我们听罢。"麦思敦道："不过二寸有余。"少将听了，满心惊疑，忙问道："够么？"社长道："必不够的。"少将双眉一蹙，睁着眼道："怎好呢？只得把他种金属来代熔铁了。"大将道："铜吗？"麦思敦只是摇头，说道："还重，还重！"少将急甚，正想开口，社长道："莫妙于用铝。"大将少将及麦思敦,齐声问道:"真用铝么?"社长道:"这个金属,有银之色泽,金之坚刚,轻如玻璃,粘如精铁,易熔如铜一般,轻于铁者三倍。这样看来,我们大事业上,用他制造弹丸,最是恰当的。"少将道:"社长,这种金属,不是很贵么?"社长道:"初发见时,果然很贵,此时也不过每磅九圆,并非我们力所不及的。"大将道:"然则弹丸的重量多少呢?"社长道:"前经算定,凡径一百八英寸,厚十二英寸之弹丸,如用铁制,应重六万七千四百四十磅;如用铝制,只有一万九千二百五十磅了。至于价值呢,大约十七万三千五百圆之谱。兄弟都已算定,不过用去这回大事业资本的九牛一毛,诸君可不必疑虑的。"三位社员,齐答道:"君言极是。就此决定用铝一事。此外一切,明日再议罢。"说毕,大家行过礼,退会出来,早已红日沉山,暝烟四起了,按下不表。……再说次日,社员又纷纷聚会。凡欧美人最重要的是时刻,第一天约定,从不失信的,所以不一会儿,便都齐集。社长便道:"同盟诸君! 今日且不论别的,单把从大炮制造法至长短,及物质重量等项,先行决定。然制造大炮,虽说只要无比的巨大就好,不知其间却有许多难处,要望诸君指教了。此次应议的,是令重量二万磅的空丸,每秒有一万二千码的第一速力,该用如何方法便是? 还有同弹丸相关的三力,不能不先行说明:一,硝药之激发力;二,地球之吸力;三,空气之抵抗力是也。这三力中,空气抵力,无甚妨碍,包地球面的空气,不过厚四十英里,若有上次所说一般速力的弹丸,不消五秒时,就能飞过空气圈,这抵抗力是微乎其微的。至于吸力呢,从前已说过,弹丸重量,与去地距离为逆比例,渐渐减轻,譬如有一件物体,全不加力而落于地面,则一秒时,落下五尺;然照离地渐高,落下渐慢的公理推去,则离地二十五万七千五百四十二英里时(即月与地之距离),那堕落尺度,自然大减,竟同不动一般了。所以使硝药力胜得地球吸力,则我们的鸿业,必得成功,毫无疑义的。"少将道:"这却有点难处。"社长道:"诚然诚然! 这激发力,同大炮的长短及硝药力相关,所以应把大炮的大小长短论定。虽是古来大炮,总没越过二十五尺,我们却不必拘此为例。况且大炮短小,则弹丸在空气中飞路加长,故总以非常长大为妙。"少将应道:"然则应长几许呢? 寻常大炮之长率,约弹丸直径的二十倍,或二十五倍;其重量是二百三十五倍,或二百四十倍。"麦思敦大声道:"不够!"少将道:"据这比例,则直径九尺,重二万磅的弹丸,其炮该长二百二十五尺,重七百二十万磅。"麦思敦又大声道:"可笑得很,这是手枪了!"社长也笑道:"正是呢。我的愚见,就再加上三倍,造个九百尺长的,还恐未足。"少将道:"把如此巨炮,用车转运的方法,阁下似未虑及?"麦思敦道:"真可谓奇想天开了。"社长道:"并无方法,然而想在炮身上加许多铁轮,埋在地里,用大石或漆灰装置坚固,至于铸造大炮时,该精细穿成一直线炮孔,弹丸同炮孔之间,教他间不容发,则火药向横边的激发力,便可变为前进力了。"少将道:"炮膛中不用螺旋线么?"社长道:"此次所用弹丸,不比战争,惟有第一速力,最为要着。从螺旋炮中出来的弹丸,不是比没螺旋炮中出来的慢多么?"少将点头称"是"。此时已议论许久,大众都觉饥饿,只得停会,各人用膳。不一刻,渐渐归坐,重新议论起来。社长道:"铸炮的金属,不可不有最大粘力,及强坚易熔等质,该用什么呢?"少将答道:"必须如此,然因为数过巨,反觉难于选择了。"大将穆尔刚道:"有种最好的混合金属,是用铜百分,锡十二分,黄铜六分合成的。"社长道:"这种金属,虽极合用,无奈价值过贵,不若用熔铁罢。价值既廉,熔铸又易,就用沙模也铸造得。不但经济上简便,并省却许多工夫。听说从前围阿兰陀的时候,用铁制大炮,二十分时,放射一千次,还没一丝破损:如此看来,这熔铁是最适当的。"社长一面说着,一面对麦思敦道:"厚六尺,穿过直径九尺炮孔的铁炮,该重多少,请算一算罢,麦思敦君!"麦思敦毫不踌躇,即刻答道:"六万八千四十吨,其价每磅二钱,共二百五十一万七百另一圆。"众人听了,大惊失色,都目不转睛的觑着社长。社长会意,便道:"昨日已对诸君说了,这数百万元资本金,都在兄弟手中,可以不必过虑。"社员始各安心,约定会期,怅然散去。次日再把硝药决定,就算圆满功德。那月界居民,免不得要——

　　　　吴质不眠倚桂树,泉明无计觅桃源。

　　要知后事如何,且看下回分解。

第五回

闻决议两州争地　逞反对一士悬金

前回说过,弹丸大小,及大炮长短,不费两日工夫,都已议定,所缺的只有硝药问题了。世人都想先晓得决议如何,热心探问的,不知多少。然而不晓得火药的道理,就是坐在傍听席上,也不免头绪毫无,味如嚼蜡,不若趁此时尚未开议,先把火药起原,说给诸君听听,这火药起原,有说是上古时支那人发明的,有说是千四百年时,僧侣修华之发明的,然都是后来臆说,不足凭信。惟从前希腊国曾用过硝石与硫黄和合的烟火,却是史上确据,凿凿可信的。此外还有一层紧要的,就是火药之机械力,凡火药一里得(量名,计重二十一磅),燃烧起来,便变成气质四百里得。这气质又受二千四百度热力的振动,质点忽然膨胀,变了四千里得。如此看来,火药的容量,可以骤然增至四千倍,所以把炮孔闭住的时候,这里边激发力之强大,就可不言而喻了。是日会议,首先发论的,是少将亚芬斯东。少将在独立战争时,曾当火药制造厂主任之职,故关于火药的理法,无所不知。他说道:“余先把经验过的事业,略举一二,做个计算的基础罢。如旧制二十四磅弹丸,是用火药百六十一磅发射的。”社长大叫道:“确实么?”少将道:“实是如此。还有安脱仑格的八百磅弹丸,只用了七百五十磅火药;洛特曼哥仑比亚炮,用千六百另一磅火药,把半吨弹丸,射至六英里之遥,这皆是亲身实验,确凿无误的。”大将在旁,也帮着说毫无差误。少将又道:“如此看来,这火药容量,明明不依弹丸重量而增加的。据二十四磅弹丸,用百六十一磅火药算来,半吨弹丸,该用三千三百三十一磅火药;然而只用千六百另一磅,不是铁证么!”麦思敦怔怔的看着少将道:“亚芬斯东君! 把阁下说的道理,扩而充之,则具无上重量的弹丸,定然用不着火药了。”少将忍不住又气又笑,大声说道:“麦先生,如此紧要的时候,你还播弄人么! 我在独立战争时,实是试验过的:最巨大炮所用火药,只要弹丸重量的十分之一,便能奏效了。”大将道:“其实如是。然我的意见……”

少将不等说完,便接着说道:"还该用大粒火药,因颗粒稍大,则堆积起来,空处便多,易于发火。"大将道:"只是损害大炮,未必有甚益处。"少将道:"果然不免有些损害,然而此次事业,只要发火迅速就佳,所以还可用得。"麦思敦道:"不若多设火门,以便几处同时发火。"少将道:"铸造时必然为难,还是用大粒火药的好。那洛特曼氏哥仑比亚炮用的火药,颗粒有栗子般大小,单是从铁锅中烧干的柳炭制成的,质既坚固,又有光泽,内含轻气淡气很多,发火亦易,虽炮膛略有损伤,然炮口倒决不会破裂的。"是日社长并没多说,只是默默的坐着,静听大众议论,听到此处,突然问道:"究竟用多少火药呢?"三个社员正谈得高兴,忽然来个不及料的问题,都面面相觑,不能立时答应。大将想了良久,才说道:"二十万磅。"少将也接口道:"五十万磅。"麦思敦大声道:"该用八十万磅。"三人挨次说完,便默然不语,社长慢慢说道:"诸君!据'大炮抵力实无限量'这句原理,直可吓煞麦君,并证明麦君推算,未免过于懦怯。我想所用火药,该八十万磅的二倍才是。"麦思敦大呼道:"一百六十万磅么?"社长道:"是的! 火药百六十万磅,其容量凡二万立方尺。我们所造大炮的炮膛,不过五万四千立方尺,装上火药,炮膛便所余无几,不能有很强的激发力加到弹丸了,所以大炮若无半英里之长,是断断不行的!"大将道:"这怎好呢!"社长道:"惟有存其力而减其量之一法而已。"大将道:"果然妙法,然怎能够呢?"社长答道:"把这巨大容量减至四分之一,亦非难事。凡一物含有多种原质者,世上极稀,是尽人知道的;然而棉花却内含许多原质,若浸入冷硝强水时,便生出难熔,易烧,爆发等性,这是纪元千八百三十二年顷,法国化学家勃辣工拿氏发明的,名曰'奇录特因。'到千八百四十二年,舍密家司空培英氏始用之战争,那叫'滒录奇儿'的,就是此物了('滒录奇儿'译言'棉花火药')。至于制法,倒也颇为简便,惟将干净棉花,浸入硝强水内,经十五分钟后,尽行取出,用冷水洗净,缓缓晾干,就能应用了。"大将道:"果然简便得很!"社长又道:"这种火药,无潮湿之患,大炮装药后,不能即刻放射的,用之最佳。且遇着一百七十度的热度,便立时发火,其燃烧之容易,直同点火于寻常火药一般。"少将拍手道:"好,好! 可惜……"麦思敦连忙道:

"勿愁价贵!"少将便不言语了。社长道:"用寻常火药,百六十万磅,若代以棉花火药四百万磅,就尽够了。每棉花五百磅,可压成二十七立方尺,所以四万磅棉花装入哥仑比亚炮时,不出百八十尺以上,装弹丸的地位,便绰有余裕了。"此时麦思敦早已如飞的离座起立,手舞足蹈起来,闹得大众都难静坐。幸而会议既毕,便趁势闭会,渐渐散去。于是三大要件,都已决定,所余者只有置炮的所在,未曾议妥。据侃勃烈其天象台回书道,大炮应向天心放射,而月球非纬度之零度与二十八度间,则不经天心;所以议决铸造哥仑比亚巨炮该在地球上什么所在的问题,亦颇紧要。到了十月二十日,社长重复腾出工夫,招集社员,拿着一册合众国地图,且翻且说道:"诸君,我们起业的所在,该在合众国版图中,是不消再说的。幸而我合众国正亘北纬二十八度,请细看这页地图,这狄克石与莅罗理窦南方全部是最好的。"社长说完,大众多半同意,立时就决定在两处之中,任择一处,行铸造巨炮的事业。原来二十八度的纬线,乃是横截美国海岸的莅罗理窦半岛中央,入墨西哥湾,于爱耳白漠,米斯西比,路衣雪那,恰成弓状,沿狄克石而成角度,横断梭诺拉,加利福尔尼,以迄于太平洋。这莅罗理窦南部,并无繁华城市,只有几个小砦,是为防漂流土人之攻击而设的。其中的天波地方,原野荒芜,人烟寥落,是好个兴行工业的所在。狄克石却并不然,人口很多,繁华的城邑,亦复不少,只有纬度,甚为相合。这日枪炮会社的决议,传扬出来,不料惹得两处人民,起了极烈的争竞,各举代表人,连夜赶进拔尔祛摩府,把会社团团围着,甲道请到我们这里去;乙道该到我们这里来;互相竞争,两不相下,甚至执着兵器,横行街市。会社社员,怕闹出事来,都怀忧惧,幸而两处人民,把竞争场都移到新闻纸上,纽约府的《海拉德》及《芝立宾新闻》,是左祖狄克石人民的;《泰晤士》及《亚美利坚立日》是都帮着莅罗理窦的人说话。这边狄克石人联合二十六邦,还自负着产物精良;那边莅罗理窦人,也与十二国同盟,常说沙地平旷,宜于铸炮,在新闻纸上,揭载数日,终没分出胜负,看看竟要械斗起来。亏得调数队民兵,到来弹压,才觉渐渐平静。社长百忙中忽遇如此风潮,也不免束手无策。加之各种书信,雨点似的递来,把书室里面,堆成一座小阜,这也是两处人民寄来,内中无非都夸奖本地风光,要请他兴铸炮的事业。社长没奈何,又招集同志,细细推敲。而社员的意见,都不相同,仍然不能结局。社长独自想去想来,决意择荑罗理窦同天波间地方。那晓得狄克石人听了,个个暴躁如雷,强迫会社社员,定要改变这番决议。幸而社长的口才生得好,设法慰谕劝解,好容易才慰解转来,都点头应允,坐着一点钟走三十英里的临时汽车,回狄克石去了。如此万苦千辛,才把天文,机械,地理三个大疑问,渐次决定。美国人民,都不胜之喜,无论民家,旅店,茗馆,酒楼,所议论传说的,不是月界旅行的大事业,便是社长巴比堪的言论行为,个个磨拳摩掌,巴不得立时訇的一声,看这颗大弹丸向月界如飞而去,便好拍手大叫,把多日的盼望热情,向长空吐个爽快罄尽。话虽如此,这热情像怒涛般的人民中,终不免有主张反对者,羼杂在内。此等人或生性拘迂,或心怀嫉妒,某诗说什么,"高峰突出诸山妒,"这是在在皆是的。即如社长巴比堪,学问渊深,是不消说,便是月界旅行的问题,也算得剖析详明,毫无疑窦了。谁料正在殚心竭力,惨憺经营的时候,忽然跳出一个人来,拼命攻击,竟说得一文不值。你道懊恼不懊恼呢!若是个庸碌无能的,便加几千万倍,也无妨害;无奈这人,正是美国的硕儒,社长的敌手,家居飞拉特非亚,名曰臬科尔,学术精深,性情勇敢,草成数十篇驳论,揭在各种新闻纸上,痛说社长不明炮术的原理。可惜的是过于激烈些了,所以反对起来,未免不留余地,有一篇驳论的大略道:"任何物体,有令其速力每秒得万二千码之法耶?即具此速力矣,而若干重量之弹丸,必不能越我地球之气界。设更进而谓有与以如此速力之方法,则蕞尔一弹丸,宁能支百六十万磅火药所生气质之压力乎?借曰能支,亦必不能敌气质之大热度。其出哥仑比亚炮口时,必将熔解变形,飞铁成雨,灼灼然喷薄于观者之头矣!"云云,可喜的是社长连日甚忙,接了驳论,并不理会。若在平日,定要争辩起来,或竟两下会面,则两人性质,都是一样激烈,闹出不测来,都不能料的。然而臬科尔却仍不干休,又把论锋一转,说什么"会社之大业,危险与否姑勿言;而近地居民,必因是而蒙不可名状之巨害。且若不幸而弹丸不入月界,复堕地球,则地球虽不至于破裂,而世界人民,因是而蒙如何之巨灾,实有难于逆料者。故抑制因游戏而殃及全球人民之事业,不得谓非我政府之义务也!"等语,絮絮滔滔,说个不了。幸而还只臬科尔一人,此外并没人随声附和,倒省却会社社员,四处作书辩解的许多气力。臬科尔没法,竟开列五条用金赌赛的条约,登在《栗起蒙德》新闻纸上,说若不应其言,便把这项巨资输与枪炮会社,那金额是:

第一金一千圆　会社大业之切要资本未经筹定。

第二金二千圆　铸造九百尺大炮不能告成。

第三金三千圆　哥仑比亚炮内之棉花火药,因弹丸重量而爆发。

第四金四千圆　哥仑比亚炮于第一次放射时,忽然破裂。

第五金五千圆　弹丸不能升至六英里以上,发射后经数秒时而堕落。

共计悬了一万五千圆的巨额彩金,要同会社决个胜负。若是没学问的顽固起来,倒不打紧,惟有那有学问的顽固起来,就顽固得不可救药,这臬科尔就是个铁证了。登报的次日,枪炮会社社员,便修一封解辩驳论的书信,交邮局带去。这封书信,给臬科尔收将起来,作者未曾寓目,故而不能将全文录出,给诸君一阅;惟听说是委宛周详,言简意尽的。正是:

啾啾蟪蛄,宁知春秋! 惟大哲士,乃逍遥游。

要知后事如何,且听下回分解。

第六回
觅石丘联骑入山　鼓洪炉飞铁成瀑

然而资本一事,却果甚烦难。若豫算起来,如铸炮、建厂、造药等,约需五百万弗左右。忆从前南北战争时,因用值一千弗的弹丸,已声动全世界耳目。此番工业,却加上五千倍,真非一家一国所能独立措办的了。那晓得社长却早成竹在胸,豫先已草就一张募启,说道:探月大举,实于世界万国,均有鸿益,且亦诸国应尽之义务,不可旁观云云。交邮局分寄亚、欧、非各处,并在拔尔祛摩设一所募金总局,此外分局,更难枚举。果然不到三日,美国各地捐金,已满三百万圆之谱;尚有从各国寄来,络绎不绝。那各国是:

俄罗斯	三十六万八千七百三十三罗卜
法兰西	一百二十五万三千九百三十佛郎
澳地利	二十一万六千勿罗林
瑞典瑙威	五万二千弗
日耳曼	二十五万打儿
土耳其	百三十七万二千六百四十比斯多
白耳义	五十一万三千佛郎
丁抹	九千求卡
意大利	二十万黎儿
葡萄牙西班牙等	若干
总计	五百四十万六千六百七十五弗

刹时间募集了如许重金,会社事业,早已十分巩固。至十月二十日,便为纽约府司泼灵商会,订定合同,社长巴比堪同司泼灵制造局长飞孙,各捺了印章。交换毕,就将设置望远镜的费用,交给侃勃烈其天象台;制造铅弹,托了亚尔白尼的布拉维商会;自己却偕麦思敦、亚芬斯东并司泼灵制造局副长,向荓罗理窦进发。翌日,四人到纽械林地方,换坐丹必哥汽船,刹时鼓轮前进,回顾路衣雪那海岸的绝景,渐觉依微,同残烟而消失了。不满三日,已越四百八十英里,遥见荓罗理窦海岸,宛如一发,青出波涛间,旅客皆拍手称快。少顷泊岸,四人鱼贯而登。细察地形,颇见平坦,草木不繁,沿岸有一带细流,海老牡蛎,繁殖甚伙。迨至十月二十二日,午后七时,船入三多港,四人上陆,天波居民,来迎者几三千人,延入弗兰克林旅馆。社长道:"我们无暇闲居,明日黎明,就要探捡地势的。"众人答应。第二日清晨,果有荓罗理窦骑兵一队,军装执铳,待立门外,一则保护

社长,一则导引路途。社长等四人,跨马居中。有一少年道:"此处是有'奢米诺儿'的。"社长不解。少年又道:"这就是漂泊平原的蛮夷,劫物杀人,无所不至。我们五十人,便为此而来的。"麦思敦不信道:"未必有罢。"少年道:"实是有的。"社长忙道:"诸君高谊,可感之至!然从前虽有,今日已无,亦不可料。"诸人谈笑之间,不觉已过爱耳非亚河畔,再策马向东而进。……这茀罗理窦地方,本为雷翁所发见,初名摆襄茀罗理窦,以高燥得名。行进数里,渐见地质膏腴,绿畴万顷,欣欣草木,均有迎人欲笑之状。其他烟叶木棉,蕃椒松杉等,森然成林,极目一碧。社长大喜,回首说道:"非如此地形,断不能作置炮场的。"麦思敦道:"因与月球相近么?"社长道:"否,否!君不知土地高燥,则兴业更宜。若不然,掘一深坑时,水忽涌出,就难办了。"麦思敦点头称是。到午前十时,不觉又行了十二英里,深林郁郁,不见日光,更有蜜柑,无花果,橄榄,杏,甘蕉,佛手柑等,幽香缕缕,随微风扑鼻。观树下幽禽成队,婉转飞鸣。麦思敦及亚芬斯东两人,对此天然美景,不觉点头太息,疑入仙源,勒马不复前进。无奈社长无心眺望,只促趱行,只得加上一鞭。又过了许多沼泽。社长忽大声道:"幸而我们已到松林了。"亚芬斯东道:"怕就是野蛮的巢穴呢。"说还未毕,果见野蛮一大队,奇形怪状,执刀驰来。然见社长等无加害之意,又有骑兵保护,也就呼啸一声,四下散去了。又前进一里余,已到一岩石高原,草木不生,日光如火,而地势却甚高燥。社长勒马问道:"此地何名?"茀罗理窦人答道:"司通雪尔。"(译言石丘)社长默然下马,取测量器械,细测置炮场所。诸人肃然正列,寂无微声。少顷,社长道:"此地高于海面千八百尺,约北纬二十七度七分,华盛顿子午线约西径五度余也。岩石既多,又无草木,宛然造化豫造,以供我们试验之用似的。"大众听了,都欢喜无量,拍手赞叹,欣欣然归了天波。此外有许多社员工人,尚留住在司通雪尔,豫备兴工诸事。机械师马起孙,又坐丹必哥汽船,运造器械工人,由纽械林进发,过了八日,到三多港,工人都带妻孥,像迁居似的,万分杂沓;外加工作用的器械等,直到五六日后,方才搬运完毕。十一月初旬,社长亦到,筑一条十五英里长的铁路,以联络司通雪尔与天波两地消息。又在石丘周围,建造铁屋,外围铁栏,竟同一座小都府无异了。准备完后,又把地质调查多次,遂定于十一月四日开工。是日招集工人,聚立一处,社长演说道:"招集诸君,到如此荒僻地方的意思,想诸君早已了然,不必再说。须说明的,是此番工业,最小也应铸直径九尺厚六尺的巨炮,故其周围,当筑厚一丈九尺五寸的石壁。据此算来,则大坑直径应宽六十尺,深九百尺。而此工业,复必须在八个月告成,即每日应凿二千立方尺也。还祈诸君努力!"说毕,作礼而退。至午前八时,遂各开工。工人凡五十名,每三小时,换班一次。起手六英尺,纯是黑泥;次二尺,都是细沙,质甚纯净,可作铸炮模型;其下为一种粘土,颇与英国白垩相类;深约四尺,再下便是坚土,须兴凿石工业了。如是逐日作工,顷刻不息,到翌年的六月初十,居然共成。四周均砌石块,底面是排着三十尺长的木材,比社长豫约时期,反早了二十日。社长社员,及机械师马起孙,见竣工之速,都喜出望外,夸奖不已。……再说这八个月间,一边凿坑,一边便连日运铁。以前第三回会议时,应用熔铁一事,已经社长决定,此铁粘质最多,用石炭融解后,比他种金属更好。所以大炮汽机及制书机等,凡要极大抵抗力者,大都用此。然铁质融解后,原质不能不变,若要他复原,必须再融一次。故这回用的铁质,系先拣极佳铁矿,在司泼灵制铁厂大反射炉内融化,再加石炭,并含水矽养,添助最高热度,且分离杂质,便成了纯净的熔铁,于是铸成长条,共重一亿三千六百万磅。厂主早在纽约府捡选船舶,共借得体质坚牢,容积千吨的六十八只,装满熔铁。第五月三日,便由纽约一齐开轮,但见黑烟卷水,白浪掀天,电吼雷鸣一般,破万里浪而去。本月十日,已溯三多港,直至天波的港湾,也不纳税,安然上陆,渐渐运至置炮场近地。这大坑四边,已设立大反射炉一千二百座,每炉相隔三尺,各容熔铁十四万磅,距坑六百码,算计周围,共长两英里,炉式系不等边平行方形,上有椭圆承尘,全用不融青石砌成,以便焚烧石炭;下置熔铁,底面倾斜三十五度,可以令已融的熔铁流过笕筒,注入坑内……。却说大坑凿成的次日,社长便令在中心筑造圆柱,系用粘土细沙两种混合后,再用切短藁草,羼入搅匀,便能格外坚固。高凡九百尺,对径九尺,与炮孔粗细相同;离坑边六尺,亦与炮身的厚薄相等。周围绕着数十个铁轮,系在坑边的铁纽,令圆柱悬挂当中,毫无偏倚。到六月八日,圆柱也告成功,遂议定次日铸铁。麦思敦忽问社长道:"铸造大炮,岂不是大礼么?"社长道:"自然是大礼,然不能算公众的。"麦思敦又问道:"铸炮之日,听说君想闭栅,不准外人参观,可是真的?"社长道:"真的。我想铸造哥仑比亚炮时,虽没危险,然工业却甚精密。众庶杂沓,狠不相宜。发射时也是如此。"社长话虽如是,其实此番工业,真有万分危险,若众人喧哗起来,惹出大祸,也未可料的。所以终以不许参观,使工人得运动自由,不误工作为妙。到铸炮日期,果然除会社委员外,不许外人阑入,那委员中最有力的是:

　　毕尔斯排　　汉陀　　大佐白伦彼理　　少将亚芬斯东　　大将穆尔刚

　　当时麦思敦居先,导引诸人,察看器械库,工作局诸处,迨把千二百座反射炉一一看完,诸人早已目眩神疲,不能再走了。此时各炉中,已分装熔铁十一万四千磅,将铁条纵横排列,令火焰易入空隙,热力更猛,又因铁汁入坑,非在同时不可,另备信炮一尊,以传号令。倘信炮鸣时,便把这千二百座反射炉的漏孔,同时拽开,使炉中铁汁,齐注坑内。诸事准备已完,大众权且休息。到次日黎明,各炉一齐举火,上有千二百支烟筒,下有六万八千吨石炭,只见齐吐浓烟,刹时间已如黑绒天幕,把太阳光线,遮得一丝不露了。加以炉内热力无量,直冲空际,鸣声如雷,火光闪灼,又有通风机械,招集天风,增加势力,吹得呼呼作响。炉中熔铁,便沸滚起来,渐与空中的养气化合。此时工人,都已挥汗如雨,喘息不已,连站在远处的各委员,也都头晕眼花,热不能耐,眼巴巴的只望信炮一声,当服清凉良剂。然而铁质虽融,其中尚含有许多杂质,必待分离以后,方能注入。好容易才听得自鸣钟锵锵的打了十二下,信炮忽响,硝烟一缕,直上太空,千二百座反射炉中的铁汁,登时齐由笕筒奔出,如尼格拉大瀑布一般,明晃晃直落在九百尺深的坑内。声如巨雷,土地震动,刹时间黑烟卷地而起,直上霄汉,把近地草木,都摧残零落,如遭飓风。复从炮心圆柱中逼出一股水气,酿成浓云,恰如盛夏时顽云蔽天,暴雨将至情景。各委员虽然胆识有余,无所恐惧,然而不知不觉的皮肤上生起粟来,颤动不止。还有莿罗理窦近地几个野蛮,都疑火山喷火,吓得漫山遍野,奔避不迭。正是:

心血为炉熔黑铁,雄风和雨暗青林。

要知铸造哥仑比亚巨炮能否成功,且待下回再说。

死魂灵①

[俄国]果戈理

第一部

第一章

　　省会 NN 市的一家旅馆的大门口,跑进了一辆讲究的,软垫子的小小的篷车,这是独身的人们,例如退伍陆军中佐,步兵二等大尉,有着百来个农奴的贵族之类,——一句话,就是大家叫作中流的绅士这一类人所爱坐的车子。车里面坐着一位先生,不很漂亮,却也不难看;不太肥,可也不太瘦,说他老是不行的,然而他又并不怎么年青了。他的到来,旅馆里并没有什么惊奇,也毫不惹起一点怎样的事故;只有站在旅馆对面的酒店门口的两个乡下人,彼此讲了几句话,但也不是说坐客,倒是大抵关于马车的。"你瞧这轮子,"这一个对那一个说。"你看怎样,譬如到莫斯科,这还拉得

---

① 该长篇小说作者为俄国著名作家果戈理(N. V. Gogol,1809—1852)。鲁迅根据德文译本,并参照日文译本和英文译本转译。1935 年 10 月译讫第一部,当年 11 月由上海文化生活出版社列为"译文丛书"之一出版。第二部的残稿三章,1936 年 5 月译讫(第三章未完)。1938 年上海文化生活出版社将第二部残稿三章并入第一部,出版了增订本。本书收录第一部的第一章至第二章。——编者注

到么?"——"成的,"那一个说。"到凯山可是保不定了,我想。"——"到凯山怕难,"那一个回答道。谈话这就完结了。当马车停在旅馆前面的时候,还遇见一个青年。他穿着又短又小的白布裤,时式的燕尾服,下面露出些坎肩,是用土拉出产的别针连起来的,针头上装饰着青铜的手枪样。这青年在伸手按住他快要被风吹去的小帽时,也向马车看了一眼,于是走掉了。

马车一进了中园,就有侍者,或者是俄国客店里惯叫作伙计的,来迎接这绅士。那是一个活泼的,勤快的家伙,勤快到看不清他究竟是怎样一副嘴脸。他一只手拿着抹布,跳了出来,是高大的少年,身穿一件很长的常礼服,衣领耸得高高的,几乎埋没了脖颈,将头发一摇,就带领着这绅士,走过那全是木造的廊下,到楼上看上帝所赐的房子去了。——房子是极其普通的一类;因为旅馆先就是极其普通的一类,像外省的市镇上所有的旅馆一样,旅客每天付给两卢布,就能开一间幽静的房间:各处的角落上,都有蟑螂像梅干似的在窥探,通到邻室的门,是用一口衣橱挡起来的,那边住着邻居,是一个静悄悄,少说话,然而出格的爱管闲事的人,关于旅客及其个人的所有每一件事,他都有兴味。这旅馆的正面的外观,就说明着内部:那是细长的楼房,楼下并不刷白,还露着暗红的砖头,这原是先就不很干净的了,经了利害的风雨,可更加黑沉沉了。楼上也像别处一样,刷着黄色。下面是出售马套,绳子和环饼的小店。那最末尾的店,要确切,还不如说是窗上的店罢,是坐着一个卖斯比丁①的人,带着一个红铜的茶炊②,和一张脸,也红得像他的茶炊一样,如果他没有一部乌黑的大胡子,远远望去,是要当作窗口摆着两个茶炊的。

这旅客还在观察自己的房子的时候,他的行李搬进来了。首先是有些磨损了的白皮的箱子,一见就知道他并不是第一次走路。这箱子,是马

---

① Sbiten 是一种用水,蜜,莓叶或紫苏做成的饮料,下层阶级当作茶喝的。——译者注
② Samovar 是一种茶具,用火暖着茶,不使冷却,像中国的火锅一样。——译者注

夫绥里方和跟丁彼得尔希加抬进来的。绥里方生得矮小,身穿短短的皮外套;彼得尔希加是三十来岁的少年人,穿一件分明是主人穿旧了的宽大的常礼服,有着正经而且容易生气的相貌,以及又大又厚的嘴唇和一样的鼻子。箱子之后,搬来的是桦木块子嵌花的桃花心木的小提箱,一对靴楦和蓝纸包着的烤鸡子。事情一完,马夫绥里方到马房里理值马匹去了,跟丁彼得尔希加就去整顿狭小的下房,那是一个昏暗的狗窠,但他却已经拿进他的外套去,也就一同带去了他独有的特别的气味。这气味,还分给着他立刻拖了进去的袋子,那里面是装着侍者修饰用的一切家伙的。他在这房子里靠墙支起一张狭小的三条腿的床来,放上一件好像棉被的东西去,蛋饼似的薄,恐怕也蛋饼似的油;这东西,是他问旅馆主人要了过来的。

用人刚刚整顿好,那主人却跑到旅馆的大厅里去了。大厅的大概情形,只要出过门的人是谁都知道的:总是油上颜色的墙壁,上面被烟熏得乌黑,下面是给旅客们的背脊磨成的伤疤,尤其是给本地的商人们,因为每逢市集的日子,他们总是六七个人一伙,到这里来喝一定的几杯茶的;照例的烟熏的天花板,照例的挂着许多玻璃珠的乌黑的烛台,侍者活泼的轮着盘子,上面像海边的鸟儿一样,放着许多茶杯,跑过那走破了的地板的蜡布上的时候,它也就发跳、发响;照例是挂满了一壁的油画;一句话,就是无论什么,到处都一样,不同的至多也不过图画里有一幅乳房很大的水妖,读者一定是还没有见过的。和这相像的自然的玩笑,在不知道从什么时候,从什么人,从什么地方弄到我们俄国来的许多历史画上,也可以看见;其中自然也有是我们的阔人和美术爱好者听了引导者的劝诱,从意大利买了回来的东西。这位绅士脱了帽,除下他毛绒的虹色的围巾,这大抵是我们的太太们亲手编给她丈夫,还恳切的教给他怎样用法的;现在谁给一个鳏夫来做这事呢,我实在断不定,只有上帝知道罢了,我就从来没有用过这样的围巾。总而言之,那绅士一除下他的围巾,他就叫午膳。当搬出一切旅馆的照例的食品:放着替旅客留了七八天的花卷儿的白菜汤,还有脑子烩豌豆,青菜香肠,烤鸡子,腌王瓜,以及常备的甜的花卷儿;无论热的或冷的,来一样,就吃一样的时候,他还要使侍者或是伙计来讲种种的废话:这旅馆先前是谁的,现在的东家是谁了,能赚多少钱,东家可是一个大流氓之类,侍者就照例的回答道:"啊呀! 那是大流氓呀,老爷!"恰如文明了的欧洲一样,文明的俄国也很有一大批可敬的人们,在旅馆里倘不和侍者说废话,或者拿他开玩笑,是要食不下咽的了。但这客人也并非全是无聊的质问:他又详细的打听了这市上的知事,审判厅长和检事——一句话:凡是大官,他一个也没有漏;打听得更详细的是这一带的所有出名的地主:他们每人有多少农奴,他住处离这市有多么远,性情怎样,是不是常到市里来;他也细问了这地方的情形,省界内可有什么毛病或者时疫,如红斑痧,天泡疮之类,他都问得很担心而且注意,也不像单是因为爱管闲事。这位绅士的态度,是有一点定规和法则的;连醒鼻涕也很响。真不知道他是怎么弄的,每一醒,他的鼻子就像吹喇叭一样。然而这看来并不要紧的威严,却得了侍者们的大尊敬,每逢响声起处,他们就把头发往后一摇,立正,略略低下头去,问道:"您还要用些什么呀?"吃完午膳,这绅士就喝一杯咖啡,坐在躺椅上。他把垫子塞在背后,俄国的客店里,垫子是不装绵软的羊毛,却用那很像碎砖或是沙砾的莫名其妙的东西的。他打呵欠了,叫侍者领到自己的房里,躺在床上,迷糊了两点钟。休息之后,他应了侍者的请求,在纸片上写出身分,名姓来,给他可以去呈报当局,就是警察。那侍者一面走下扶梯去,一面就一个一个的读着纸上的文字:"六等官保甫尔·伊凡诺维支·乞乞科夫,地主,私事旅行。"当侍者还没有读完单子的时候,保甫尔·伊凡诺维支·乞乞科夫却已经走出旅馆,到市上去逛去了,这分明给了他一个满足的印象;因为他发见了这省会也可以用别的一切省会来作比例的:最耀人眼的是涂在石造房子上的黄色和木造房子上的灰色。房子有一层楼的,有两层楼的,也有一层半楼的,据本地的木匠们说,是这里的建筑,都美观得出奇。房子的布置,是或者设在旷野似的大路里,无边无际的树篱中;或者彼此挤得一团糟,却也更可以分明的觉得人生和活动。到处看见些几乎完全给雨洗清了的招牌,画着花卷,或是一双长统靴,或者几条蓝裤子,下面写道:阿小裁缝店。也有一块画着无边帽和无遮帽，写道："洋商华希理·菲陀罗夫"①的招牌。有的招牌上，是画着一个弹子台和两个打弹子的人，都穿着燕尾服，那衣样，就像我们的戏院里一收场，就要踱上台去的看客们所穿的似的。这打弹子人画得捏定弹子棒，正要冲，臂膊微微向后，斜开了一条腿，也好像他要跳起来。画下面却写道："弹子房在此！"也有在街路中央摆起桌子来，卖着胡桃，肥皂，和看去恰如肥皂一样的蜜糕的。再远一点有饭店，挂出来的招牌上是一条很大的鱼，身上插一把叉。遇见得最多的是双头鹰的乌黑的国徽，但现在却已经只看见简单明了的"酒店"这两个字了。石路到处都有些不大好。这绅士还去看一趟市立的公园，这是由几株瘦树儿形成的，因为看来好像要长不大，根上还支着三脚架，架子油得碧绿。这些树儿，虽然不过芦苇那么高，然而日报的"火树银花"上却写道："幸蒙当局之德泽，本市遂有公园，遍栽嘉树，郁苍茂密，虽当炎夏，亦复清凉。"再下去是："观民心之因洋溢之感谢而战栗，泪泉之因市长之热心而奔进，即足见其感人之深矣"云。绅士找了警察，问过到教会，到衙门，到知事家里的最近便的路，便顺着贯穿市心的河道，走了下去。——途中还揭了一张贴在柱上的戏院的广告，这是豫备回了家慢慢的看的。接着是细看那走在木铺的人行道上的很漂亮的女人，她后面还跟着一个身穿军装，挟个小包的孩子。接着是睁大了眼睛，向四下里看了一遍，以深通这里的地势，于是就跑回家，后面跟着侍者，轻轻的扶定他，走上梯子，进了自己的房里了。接着是喝茶，于是向桌子坐下，叫点蜡烛来，从衣袋里摸出广告来看，这时就总是睐着他的右眼睛。广告却没有什么可看的。做的是珂者蒲②的诗剧，波普略文先生扮罗拉，沙勃罗瓦小姐扮珂罗。别的都是些并不出名的脚色。然而他还是看完了所有的姓名，一直到池座的价目，并且知道了这广告是市立印刷局里印出来的；接着他又把广告翻过来，看背后可还有些什么字。然而什么也没有，他擦擦眼睛，很小心的把广告叠起，收在

---

① 这是纯粹的俄国姓名，却自称外国人，所以从他们看来，是可笑的。——译者注
② Kotzebue（1761—1819），德国的戏曲作家。——译者注

提箱里,无论什么,只要一到手,他是一向总要收在这里面的。据我看来,白天是要以一盘冷牛肉,一杯柠檬汽水和一场沉睡收梢了,恰如我们这俄罗斯祖国的有些地方所常说的那样,鼾声如雷。——

第二天都化在访问里。这旅客遍访了市里的大官。他先到知事那里致敬,这知事不肥也不瘦,恰如乞乞科夫一样,制服上挂着圣安娜勋章,据人说,不远就要得到明星勋章了;然而是一位温和的老绅士,有时还会自己在绢上绣花。其次,他访检事,访审判厅长,访警察局长,访专卖局长,访市立工厂监督……可惜的是这世界上的阔佬,总归数不完,只好断定这旅客对于拜访之举,做得很起劲就算:他连卫生监督和市的建筑技师那里,也都去表了敬意。后来他还很久的坐在篷车里,计算着该去访问的人,但是他没有访过的官员,在这市里竟一个也想不出来了。和阔人谈话的时候,他对谁都是恭维。看见知事,就微微的露一点口风,说是到贵省来,简直如登天堂,道路很出色,正像铺着天鹅绒一样;又接着说,放出去做官的都是贤明之士,所以当轴是值得最高的赞颂和最大的鉴识的。对警察局长,他很称赞了一通这市里的警察,对副知事和审判厅长呢,两个人虽然还不过五等官,他却在谈话中故意错叫了两回"大人",又很中了他们的意了。那结果是,知事就在当天邀他赴自己家里的小夜会;别的官员们也各各招待他,一个请吃中饭,别个是玩一场波士顿①或者喝杯茶。

关于自己,这旅客回避着多谈。即使谈起来,也大抵不着边际。他显着惊人的谦虚,这之际,他的口气就滑得像背书一样,例如:他在这世界上,不过是无足轻重的一条虫,并没有令人注意的价值。在他一生中,已经经历过许多事,也曾为真理受苦,还有着不少要他性命的敌人。现在他终于想要休息了,在寻一块小地方,给他能够安静的过活。因此他以为一到这市里,首先去拜谒当局诸公,并且向他们表明他最高的敬意,乃是自己的第一义务云。市民对于这忙着要赴知事的夜会的生客所能知道的,就只有这一点。那赴会的标准,却足足费了两点钟,这位客人白天里的专

① Partie Boston 是叶子牌的一种。——译者注

心致志的化装,真是很不容易遇见的。午后睡了一下,他就叫拿脸盆来,将肥皂抹在两颊上,用舌头从里面顶着,刮了很久很久的时光。于是拿过侍者肩上的手巾,来擦他的圆脸,无处不到,先从耳朵后面开头,还靠近着侍者的脸孔,咕咕的哼了两回鼻子。于是走到镜面前,套好前胸衣,剪掉两根露出的鼻毛,就穿上了越橘色的红红的闪闪的燕尾服。他这样的化过装,即走上自己的篷车,在只从几家窗户里漏出来的微光照着的很阔的街道上驰过去。知事府里,却正如要开夜会一样,里面很辉煌,门口停有点着明灯的车子,还站着两个宪兵。远处有马夫们的喊声;总而言之,应有尽有。当乞乞科夫跨进大厅的时候,他不得不把眼睛细了一下子,因为那烛,灯,以及太太们的服饰的光亮,实在强得很。无论什么都好像浇上了光明。乌黑的燕尾服,或者一个,或者一群,在大厅里蠢动,恰如大热的七月里,聚在白糖块上的苍蝇,管家婆在开着的窗口敲冰糖,飞散着又白又亮的碎片:所有的孩子们都围住她,惊奇的尽看那拿着槌子的善于做事的手的运动,苍蝇的大队驾了轻风,雄赳赳地飞过来,仿佛它们就是一家之主,并且利用了女人的近视和眩她眼睛的阳光,就这边弄碎了可口的小片,那边撒散了整个的大块。丰年的夏天,吃的东西多到插不下脚,它们飞来了,却并不是为了吃,只不过要在糖堆上露脸,用前脚或后脚彼此摩一摩,在翅子下面去擦一擦,或者张开两条前脚,在小脑袋下面搔一搔,于是雄赳赳的转一个身,飞掉了,却立刻从新编成一大队,又复飞了回来。乞乞科夫还不及细看情形,就被知事拉着臂膊,去绍介给知事夫人了。当此之际,这旅客也不至于胡涂:他对这太太说了几句不亢不卑,就是恰合于中等官阶的中年男子的应酬话。几对跳舞者要占地方,所有旁观的人们只好靠壁了,他就反背着两只手,向跳舞者很注意的看了几分钟。那些太太们大都穿得很好,也时式,但也有就在这市里临时弄来应急的。绅士们也像别处一样,可以分成两大类:一类很瘦,始终钉着女人;有几个还和彼得堡绅士很难加以区别;他们一样是很小心的梳过胡子,须样一样是很好看,有意思,或者却不过漂亮而已,一张刮得精光的鸡蛋脸,也一样是拼命的跟着女人,法国话也说得很好,使太太们笑断肚肠筋,也正如在彼得堡一样。别一类是胖子,或者像乞乞科夫那样的,不太肥,然而也并不怎么瘦。他们是完全两样的,对于女人,不看,避开,只在留心着知事的家丁,可在什么地方摆出一顶打牌的绿罩桌子来没有。他们的脸都滚圆,胖大,其中也有有着疣子或是麻点的;他们的发样既不挂落,也不卷缩,又不是法国人的 à la Diable m'emporte^① 式,头发是剪短的,或者梳得很平,他们的脸相因此就越加显得滚圆,威武。这都是本市的可敬的大官。唉唉!在这世界上,胖子实在比瘦子会办事。瘦子们的做官大抵只靠着特别的嘱咐,或者不过充充数,跑跑腿;他们的存在轻得很,空气似的,简直靠不住。但胖子们是不来占要路的旁边之处的,他们总是抓住紧要的地位,如果坐下去,就坐得稳稳当当,使椅子在他们下面发响,要炸,但他们还是处之泰然。他们不喜欢好看的外观,燕尾服自然不及瘦子们的做得好,但他们的钱柜子是满满的,还有上帝保佑。只要三年,瘦子就没有一个还未抵债的农奴了,胖子却过得很安乐,看罢——忽然在市边的什么地方造起一所房子来了,是太太出面的,接着又在别的市边造第二所,后来就在近市之处买一块小田地,于是是连带一切附属东西的大村庄。凡胖子,总是在给上帝和皇上出力,博得一切尊敬之后,就退职下野,化为体面的俄罗斯地主,弄一所好房子,平安地,幸福地,而且愉快地过活的。但他的瘦子孙却又会遵照那很好的俄罗斯的老例,飞毛腿似的把祖遗产业化得一干二净。我们的乞乞科夫看了这一群,就生出大概这样的意思来,是瞒也瞒不过去的,结果是他决计加入胖子类里去,这里有他并不陌生的脸孔:有浓黑眉毛的检事,常常眨着左眼,仿佛是在说:"请您到隔壁的房里来,我要和您讲句话。"——但倒是一个认真,沉静的人。有邮政局长,生得矮小,但会说笑话,又是哲学家;还有审判厅长,是一个通世故,惬人心的绅士——他们都像见了老朋友似的欢迎他,乞乞科夫却只招呼了一下,然而也没有失礼貌。在这里他又结识了一个高雅可爱的绅士,是地主,姓叫玛尼罗夫的,以及一个绅士梭巴开维支,外观有些鲁莽,立刻踏了他一

① 法国话,直译是"恶魔捉我",意译是"任其自然"。——译者注

脚,于是说道"对不起"。人们邀他去打牌,他照例很规矩的鞠一鞠躬,答应了。大家围着绿罩桌子坐下,直到夜膳时候还没有散。认真的做起事来,就话也不说了,这是什么时候全都这样的。连很爱说话的邮政局长,牌一到手,他的脸上也就显出一种深思的表情,用下唇裹着上唇,到散场都保持着这态度,如果打出花牌来,他的手总是在桌子上使劲的一拍,倘是皇后,就说:"滚,老虔婆!"要是一张皇帝呢,那就叫道,"滚你的丹波夫庄家汉!"但审判厅长却回答道:"我来拔这汉子的胡子罢! 我来拔这婆娘的胡子罢!"当他们打出牌来的时候,间或也漏些这样的口风:"什么:随便罢,有钻石呢!"或者不过说:"心! 心儿! 毕克宝宝,"或者是"心仔,毕婆,毕佬!"或者简直叫作"毕鬼"。这是他们一伙里称呼大家压着的牌的名目。打完之后,照例是大声发议论。我们的新来的客人也一同去辩论,但是他有分寸,使大家都觉得他议论是发的,却总是灵活得有趣,他从来不说:"您来呀……"说的是"请您出手……"或者"对不起,我收了您的二罢"之类。倘要对手高兴,他就递过磁釉的鼻烟壶去,那底里可以看见两朵紫罗兰,为的是要增加些好香味。我们的旅客以为最有意思的,是先前已经说过的两位地主,玛尼罗夫和梭巴开维支。他立刻悄悄的去向审判厅长和邮政局长打听他们的事情。看起他所问的几点来,就知道这旅客并非单为了好奇,其实是别有缘故的,因为他首先打听他们有多少农奴,他们的田地是什么状态;然后也问了他俩的本名和父称。① 不多工夫,他就把他们俩笼络成功了。地主玛尼罗夫年纪并不大,那眼睛却糖似的甜,笑起来细成一条线,佩服他到了不得。他握着他的手,有许多工夫,一面很热心的请他光临自己的敝村,并且说,那村,离市栅也不过十五维尔斯他②,乞乞科夫很恭敬的点头,紧握着手,说自己不但以赴这邀请为莫大的荣幸,实在倒是本身的神圣的义务。梭巴开维支却说得很简洁:"我也请您

---

① 俄国旧例,每人都有两个名字,例如这里的保甫尔·伊凡诺维支·乞乞科夫,末一个是姓,第一个是他自己的本名,中间的就是父称,译出意义来是"伊凡之子",或是"少伊"。平常相呼,必用本名连父称,否则便是失礼。——译者注
② Versta,俄里名,每一俄里,约合中国市里二里余。——译者注

去,"于是略一弯腰,把脚也略略的一并,他穿着大到出人意外的长靴,在俄国的巨人和骑士已经死绝了的现在,要寻适合于这样长靴的一双脚,恐怕是很不容易的了。

第二天,乞乞科夫被警察局长邀去吃中饭并且参加夜会了。饭后三点钟,大家入坐打牌,一直打到夜两点。这回他又结识了一个地主罗士特来夫,是三十岁光景的爽直的绅士,只讲过几句话,就和他"你""我"了起来。罗士特来夫对警察局长和检事也这样,弄得很亲热;但到开始赌着大注输赢的时候,警察局长和检事就都留心他吃去的牌,连他打出来的,也每张看着不放松了。次日晚上,乞乞科夫在审判厅长的家里,客人中间有两位是太太,主人却穿着有点脏了的便衣来招呼。后来他还赴副知事的晚餐,赴白兰地专卖局长的大午餐会和检事的小小的午餐会,但场面却和大宴一样;终于还被市长邀去赴他家里的茶会去了,这会的化费,也不下于正式的午餐。一句话,他是几乎没有一刻工夫在家里的,回到旅馆来,不过是睡觉。这旅客到处都相宜,显得他是很有经验很通世故的人物,每逢谈天,他也总是谈得很合拍的;说到养马,他也讲一点养马;说到好狗,他也供献几句非常有益的意见;讲起地方审判厅的判决来罢——他就给你知道他关于审判方面,也并非毫无知识;讲到打弹子——他又打得并不脱空;一谈到道德,——他也很有见识,眼泪汪汪的谈道德;讲到制造白兰地酒呢,他也知道制造白兰地酒的妙法——或者讲到税关稽查和税关官吏罢——他也会谈,仿佛他自己就做过税关官吏和税关稽查似的。但在谈吐上,他总给带着一种认真的调子,到底一直对付了过去,却实在值得惊叹的。他说得不太响,也不太低,正是适得其当。总而言之:无论从那一方面看,他从头到脚,是一位好绅士。所有官员,都十分高兴这新客的光临。知事说他是好心人——检事说他是精明人——宪兵队长说他有学问——审判厅长说他博学而可敬——警察局长说他可敬而可爱,而警察局长太太则说他很可爱,而且是知趣的人。连不很说人好话的梭巴开维支,当他在夜间从市里回家,脱掉衣服,上床躺到他那精瘦的太太旁边去的时候,也就说:"宝贝,今天我在知事那里吃夜饭,警察局长那里吃中饭,认识了六等官保甫尔·伊凡诺维支·乞乞科夫:一个很好的绅士!"他的太太说了一声"嗡",并且轻轻的蹬了他一脚。

对于我们的客人的,这样的夸奖的意见,在市里传布,而且留存了,一直到这旅客的奇特的性质,以及一种计画,或是乡下人之所谓"掉枪花",几乎使全市的人们非常惊疑的时候。关于这,读者是不久就会明白的。

第二章

这客人在市里住了一礼拜以上了,每天是吃午餐,赴夜会,真是所谓度着快乐的日子。终于他决心要到市外去,就是照着约定,去访问那两位地主,玛尼罗夫和梭巴开维支了。但他的下了这决心,似乎骨子里也还有别的更切实的原因,更要紧的事故……但这些事,读者只要耐心看下去,也就自然会慢慢的明白起来的,因为这故事长得很,事情也越拉越广,而且越近收场,也越加要紧的缘故。马夫绥里方得到吩咐,一早就在那篷车上驾起马匹来;彼得尔希加所受的却是留在家里,守着房子和箱子的命令。就在这里把我们的大脚色的两个家丁,给读者来介绍一下,大约也不算多事的罢。当然,他们俩并不是什么重要人物,仅仅是所谓第二流或者第三流的人们,而且这史诗的骨干和显著的展开,也和他们无关,至多也不过碰一下,或者带一笔;——但作者是什么事都极喜欢精细的,他自己虽然是一个很好的俄国人,而审慎周详却像德国人一样。但也用不着怎么多的时光和地方,读者已经知道,例如彼得尔希加,是穿着他主人穿旧的不合身的灰色常礼服,而且有着奴仆类中人无不如此的大鼻子和厚嘴唇的,这以外,也没有加添什么的必要了。至于性质,是爱沉默,不爱多言,还有好学的高尚的志向,因为他在拼命的读书,虽然并不懂得内容是怎样:"情爱英雄冒险记"也好,小学的初等读本或是祷告书也好,他完全一视同仁——都一样的读得很起劲;如果给他一本化学教科书,——大约也不会不要的。他所高兴的并非他在读什么,高兴的是在读书,也许不如说,是在读下去,字母会拼出字来,有趣得很,可是这字的意义,却不懂也不要紧。这读书,是大抵在下房里,躺在床上的棉被上面来做的,棉被也因此弄得又薄又硬,像蛋饼一样。读书的热心之外,他还有两样习惯,也就是他这人的两个特征:他喜欢和衣睡觉,就是睡的时候,也还是穿着行立时候所穿的那件常礼服,还有一样是他有一种特别的臭味,有些像卧房的气味,即使是空屋,只要他搭起床来,搬进他的外套和随身什物去,那屋子就像十年前就已经住了人似的了。乞乞科夫是一位很敏感的,有时简直可以说是很难服侍的主子,早上,这臭味一扑上他灵敏的鼻子来,他就摇着头,呵斥道:"该死的,昏蛋! 在出汗罢? 去洗回澡!"彼得尔希加却一声也不响,只管做他的事;他拿了刷子,刷刷挂在壁上的主人的燕尾服,或者单是整理整理房间。他默默的在想什么呢? 也许是在心里说:"你的话倒也不错的! 一样的话说了四十遍,你还没有说厌吗……"家丁受了主人的训斥,他在怎么想呢,连上帝也很难明白的。关于彼得尔希加,现在也只能说述他这一点点。

马夫绥里方却是一个完全两样的人……但是,总将下流社会来绍介给读者,作者却实在觉得过意不去,因为他从经验,知道读者们是很不喜欢认识下等人的。凡俄国人:倘使见着比自己较高一等的人,就拼命的去结识,和伯爵或侯爵应酬几句,也比和彼此同等的人结了亲密的友谊更喜欢。就是本书的主角不过是一个六等官,作者也担心得很。假使是七等官之流,那也许肯去亲近的罢,但如果是已经升到将军地位的人物——上帝知道,可恐怕竟要投以傲然的对于爬在他脚跟下的人们那样的鄙夷不屑的一瞥了,或者简直还要坏,即是置之不理,也就制了作者的死命。但纵使这两层怎么恼人,我们也还得回到我们的主角那里去。他是先一晚就清清楚楚的发过必要的命令的了,一早醒来,洗脸,用湿的海绵从头顶一直擦到脚尖,这是礼拜天才做的——但刚刚凑巧,这一天正是礼拜天——于是刮脸,一直刮到他的两颊又光又滑像缎子,穿起那件闪闪的越橘色的燕尾服,罩上熊皮做的大外套,侍者扶着他的臂膊,时而这边,时而那边,走下楼梯去。他坐上马车,那车就格格的响着由旅馆大门跑出街上去了。过路的牧师脱下帽子来和他招呼;穿着齷齪小衫的几个野孩子伸着手，"好心老爷呀，布施点我们可怜的孤鬼罢！"的求乞。马夫看见有一个总想爬上车后面的踏台来，就响了一声鞭子，马车便在石路上磕撞着跑远了。远远的望见画着条纹的市栅，这高兴是不小的，这就是表示着石路不久也要和别的各种苦楚一同完结。乞乞科夫的头再在车篷上重重的碰了几回之后，车子这才走到柔软的泥路上。一出市外，路两边也就来了无味而且无聊的照例的风景：长着苔鲜的小土冈，小的枞林，小而又低又疏的松林，焦掉的老石楠的干子，野生的杜松，以及诸如此类。间或遇见拖得线一般长的村落。那房屋的造法，仿佛堆积着旧木柴。凡有小屋子，都是灰色的屋顶，檐下挂着雕花的木头的装饰，那样子，好像手巾上面的绣花。几个穿羊皮袍子的农夫，照例的坐在门口的板凳上打呵欠。圆脸的束胸的农妇，在从上面的窗口窥探；下面的窗口呢，露出小牛的脸或者乱拱着猪子的鼻头。一言以蔽之：千篇一律的风景。走了十五维尔斯他之后，乞乞科夫记得起来了，照玛尼罗夫的话，那庄子离这里就该不远了；但又走过了第十六块里程牌，还是看不见像个村庄的处所。假使在路上没有遇见两个农夫，恐怕他们是不会幸而达到目的地的。听得有人问萨玛尼罗夫村还有多么远，他们都脱了帽，其中的一个，显得较为聪明，留着尖劈式胡子的，便回答道："你问的恐怕是玛尼罗夫村，不是萨玛尼罗夫村罢？"

"哦哦，是的，玛尼罗夫村。"

"玛尼罗夫村！你再走一维尔斯他，那就到了，这就是，你只要一直的往右走。"

"往右？"马夫问道。

"往右，"农夫说，"这就是上玛尼罗夫村去的路呀。一定没有萨玛尼罗夫村的。它的名字叫作玛尼罗夫村。萨玛尼罗夫村可是什么地方也没有的。一到那里，你就看见山上有一座石头的二层楼，就是老爷的府上。老爷就住在那里面。这就是玛尼罗夫村。那地方，萨玛尼罗夫村可是没有的，向来没有的。"

驶开车，寻玛尼罗夫村去了。又走了两维尔斯他，到得一条野路上。

于是又走了两,三,以至四维尔斯他之远,却还是看不见石造的楼房。这时乞乞科夫记起了谁的话来,如果有一个朋友在自己的村庄里招待我们,说是相距十五维尔斯他,则其实是有三十维尔斯他的。玛尼罗夫村为了位置的关系,访问者很不多。邸宅孤另另的站在高冈上,只要有风,什么地方都吹得着。冈子的斜坡上,满生着剪得整整齐齐的短草;其间还有几个种着紫丁香和黄刺槐的英国式的花坛。五六株赤杨处处簇作小丛,扬着它带些小叶的疏疏的枝桠。从其中的两株下面,看见一座蓝柱子的绿色平顶的园亭,扁上的字是"静观堂";再远一点,碧草丛中有一个池子,在俄国地主的英国式花园里,这是并不少见的。这冈子的脚边,沿着坡路,到处闪烁着灰色的小木屋,不知道为什么,本书的主角便立刻去数起来了,却有二百所以上。这些屋子,都精光的站着,看不见一株小树或是一点新鲜的绿色;所见的全是粗大的木头。只有两个农妇在给这村落风景添些活气,她们像图画似的撩起了衣裙,池水浸到膝弯,在拉一张缚在两条木棍上头的破网,捉住了两只虾和一条银光闪闪的鲈鱼。她们仿佛在争闹,彼此相骂着似的。旁边一点,松林远远地显着冷静的青苍。连气候也和这风景相宜,天色不太明,也不太暗,是一种亮灰的颜色,好像我们那平时很和气,一到礼拜天就烂醉了的卫戍兵的旧操衣。来补足这幅图画的豫言天候的雄鸡,也并没有缺少。它虽然为了照例的恋爱事件,头上给别的雄鸡们的嘴啄了一个几乎到脑的窟窿,却依然毫不措意,大声的报着时光,拍着那撕得像两条破席一般的翅子。当乞乞科夫渐近大门的时候,就看见那主人穿着毛织的绿色常礼服,站在阶沿上,搭凉棚似的用手遮在额上,研究着逐渐近来的篷车。篷车愈近门口,他的眼就愈加显得快活,脸上的微笑也愈加扩大了。

"保甫尔·伊凡诺维支!"乞乞科夫一下车,他就叫起来了。"您到底还是记得我们的!"

两个朋友彼此亲密的接过吻,玛尼罗夫便引他的朋友到屋里去。从大门走过前厅,走过食堂,虽然快得很,但我们却想利用了这极短的时间,成不成自然说不定,来讲讲关于这主人的几句话。不过作者应该声明,这样的计画,是很困难的。还是用大排场,来描写一个性格的容易。这里只好就是这样的把颜料抹上画布去——发闪的黑眼睛,浓密的眉毛,深的额上的皱纹,俨然的搭在肩头的乌黑或是血红的外套,——小照画好了;然而,这样的到处皆是的,外观非常相像的绅士,是因为看惯了罢,却大概都有些什么微妙的,很难捉摸的特征的——这些人的小照就很难画。倘要这微妙的,若有若无的特征摆在眼面前,就必须格外的留心,还得将那用鉴识人物所练就的眼光,很深的射进人的精神的底里去。

　　玛尼罗夫是怎样的性格呢,恐怕只有上帝能够说出来罢。有这样的一种人:恰如俄国俗谚的所谓不是鱼,不是肉,既不是这,也不是那,并非城里的波格丹,又不是乡下的绥里方。① 玛尼罗夫大概就可以排在他们这一类里的。他的风采很体面,相貌也并非不招人欢喜,但这招人欢喜里,总很夹着一些甜腻味;在应酬和态度上,也总显出些竭力收揽着对手的欢心模样来。他笑起来很媚人,浅色的头发,明蓝的眼睛。和他一交谈,在最初的一会,谁都要喊出来道:"一个多么可爱而出色的人呵!"但停一会,就什么话也不能说了,再过一会,便心里想:"呸,这是什么东西呀!"于是离了开去;如果不离开,那就立刻觉得无聊得要命。从他这里,是从来听不到一句像别人那样,讲话触着心里事,便会说了出来的泼刺或是不逊的言语。每个人都有他的玩意儿:有的喜欢猎狗,有的以了不得音乐爱好者自居,以为深通这艺术的奥妙;第三个不高兴吃午餐;第四个不安于自己的本分,总要往上钻,就是一两寸也好;第五个原不过怀一点小希望,睡觉就说梦话,要和侍从武官在园游会里傲然散步,给朋友,熟人,连不相识的人们都瞧瞧;第六个手段很高强,至于起了要讽刺一下阔人或是傻子的出奇的大志,而第七个的手段却实在有限得很,不过到处弄得很整齐,借此讨些站长先生或是搭客马车夫之流的喜欢。总而言之,谁都有一点什么东西的,就是他的个性,只有玛尼罗夫却没有这样的东西。在家里他不

① Bogdan 和 Selifan 都是人名。这两句话,犹言既非城里的绅士,又非乡下的农夫。——译者注

大说话,只是沉思,冥想,他在想些什么呢,也只有上帝知道罢了。说他在经营田地罢,也不成,他就从来没有走到野地里去过,什么都好像是自生自长的,和他没干系。如果经理来对他说:"东家,我们还是这么这么办的好罢,"他那照例的回答是"是的,是的,很不坏!"他仍旧静静的吸他的烟,这是他在军队里服务时候养成的习惯,他那时算是一个最和善,最有教养的军官。"是的,是的,实在很不坏!"他又说一遍。如果一个农夫到他这里来,搔着耳朵背后,说:"老爷,可以放我去缴捐款么?"那么,他就回答道:"去就是了!"于是又立刻吸他的烟,那农夫不过去喝酒,却连想也没有想到的。有时也从石阶梯上眺望着他的村子和他的池,说道,如果从这屋子里打一条隧道,或者在池上造一座石桥,两边开店,商人们卖着农夫要用的什物,那可多么出色呢。于是他的眼睛就愈加甜腻腻,脸上显出满足之至的表情。但这些计画,总不过是一句话。他的书房里总放着一本书,在第十四页间总夹着一条书签;这一本书,他是还在两年以前看起的。在家里总是缺少着什么;客厅里却陈设着体面的家具,绷着华丽的绢布,化的钱一定是很不在少的;然而到得最后的两把靠手椅,材料不够了,就永远只绷着麻袋布;四年以来,每有客来,主人总要豫先发警告:"您不要坐这把椅子,这还没有完工哩。"在别一间屋子里,却简直没有什么家具,虽然新婚后第二天,玛尼罗夫就对他的太太说过:"心肝,我们明天该想法子了,至少,我们首先得弄些家具来。"到夜里,就有一座高高的华美的古铜烛台摆在桌上了,铸着三位希腊的格拉支①,还有一个罗钿的罩,然而旁边却是一个平常的,粗铜的,跛脚的,弯腰的,而且积满了油腻的烛台,主人和主妇,还有做事的人们,倒也好像全都不在意。他的太太……他们是彼此十分满足的。结婚虽然已经八年多,但还是分吃着苹果片,糖果或胡桃,用一种表示真挚之爱的动人的娇柔的声音,说道:"张开你的口儿来呀,小心肝,我要给你这一片呢。"这时候,那不消说,她的口儿当然是很优美的张了开来的。一到生日,就准备各种惊人的赠品——例如琉璃的牙

---

① Grazie,是神女们,分掌美,文雅和欢喜,出希腊神话。——译者注

粉盒之类。也常有这样的事,他们俩都坐在躺椅上,也不知为了什么缘故,他放下烟斗来,她也放下了拿在手里的活计,来一个很久很久的身心交融的接吻,久到可以吸完一枝小雪茄。总而言之,他们是,就是所谓幸福,自然,也还有别的事,除了彼此长久的接吻和准备惊人的赠品之外,家里也还有许多事要做,各种问题也是层出不穷的。例如食物为什么做得这样又坏又傻呀?仓库为什么这么空呀?管家妇为什么要偷呀?当差的为什么总是这么又脏又醉呀?仆人为什么睡得这么没规矩,醒来又只管胡闹呀?但这些都是俗务,玛尼罗夫夫人却是一位受过好教育的闺秀。这好教育,谁都知道,是要到慈惠女塾里去受的,而在这女塾里,谁都知道,则以三种主要科目,为造就一切人伦道德之基础:法国话,这是使家族得享家庭的幸福的;弹钢琴,这是使丈夫能有多少愉快的时光的;最后是经济部份,就是编钱袋和诸如此类的惊人的赠品。那教育法,也还有许多改善和完成,尤其是在我们现在的这时候:这是全在于慈惠女塾塾长的才能和力量的。有些女塾,是钢琴第一,其次法国话,末后才是经济科。但也有反过来:首先倒是经济科,就是编织小赠品之类,其次法国话,末后弹钢琴。总之,教育法是有各式各样的,但这里正是声明的地方了,那玛尼罗夫夫人……不,老实说,我是很有些怕敢讲起大家闺秀的,况且我也早该回到我们这本书的主角那里去,他们都站在客厅的门口,彼此互相谦逊,要别人先进门去,已经有好几分钟了。

"请呀,您不要这么客气,请呀,您先请,"乞乞科夫说。

"不能的,请罢,保甫尔·伊凡诺维支,您是我的客人呀,"玛尼罗夫回答道,用手指着门。

"可是我请您不要这么费神,不行的,请请,您不要这么费神;请请,请您先一步,"乞乞科夫说。

"那可不能,请您原谅,我是不能使我的客人,一位这样体面的,有教育的绅士,走在我的后面的。"

"那里有什么教育呢!请罢请罢,还是请您先一步。"

"不成不成,请您赏光,请您先一步。"

"那又为什么呢?"

"哦哦,就是这样子!"玛尼罗夫带着和气的微笑,说。这两位朋友终于并排走进门去了,大家略略挤了一下。

"请您许可我来绍介贱内,"玛尼罗夫说。"心儿! 这位是保甫尔·伊凡诺维支。"

乞乞科夫这才看见一位太太,当他和玛尼罗夫在门口互相逊让的时候,是毫没有留心到的。她很漂亮,衣服也相称。穿的是淡色绢的家常便服,非常合式;她那纤手慌忙把什么东西抛在桌子上,整好了四角绣花的薄麻布的头巾。于是从坐着的沙发上站起来了。乞乞科夫倒也愉快似的在她手上吻了一吻。玛尼罗夫夫人就用她那带些粘舌头的调子对他说,他的光临,真给他们很大的高兴,她的男人,是没有一天不记挂他的。

"对啦,"玛尼罗夫道。"贱内常常问起我:'你的朋友怎么还不来呢?'我可是回答道:'等着就是,他就要来了!'现在您竟真的光降了。这真给我们大大的放了心——这就像一个春天,就像一个心的佳节。"

一说到心的佳节的话,乞乞科夫倒颇有些着慌,就很客气的分辩他并不是一个什么有着大的名声,或是高的职位和衔头的人物。

"您都有的,"玛尼罗夫含着照例的高兴的微笑,堵住他的嘴。"您都有的,而且怕还在其上哩!"

"您觉得我们的市怎么样?"玛尼罗夫夫人问道。"过得还适意么?"

"出色的都市,体面的都市!"乞乞科夫说。"真过得适意极了;交际场中的人物都非常之恳切,非常之优秀!"

"那么,我们的市长,您以为怎样呢?"玛尼罗夫夫人还要问下去。

"可不是吗? 是一位非常可敬,非常可爱的绅士呵!"玛尼罗夫夹着说。

"对极了,"乞乞科夫道。"真是一位非常可敬的绅士! 对于职务是很忠实的,而且看得职务又很明白的! 但愿我们多有几个这样的人才。"

"大约您也知道,要他办什么,他没有什么不能办,而且那态度,也真的是漂亮,"玛尼罗夫微笑着,接下去说,满足得细眯了眼,好像有人在搔它耳朵背后的猫儿。

"真是一位非常恳切,非常文雅的绅士!"乞乞科夫道。"而且又是一个怎样的美术家呀! 我真想不到他会做这么出色的刺绣和手艺。他给我看过一个自己绣出来的钱袋子;要绣得这么好,就在闺秀们中恐怕也很难找到的。"

"那么,副知事呢? 是一位出色的人! 可对?"玛尼罗夫说,又细眯了眼。

"是一位非常高超,极可尊敬的人物呀!"乞乞科夫回答道。

"请您再许可我问一件事:您以为警察局长怎么样? 也是一位很可爱的绅士罢? 可是呢?"

"哦哦,那真是一位非常可爱的绅士! 而且又聪明,又博学! 我和检事,还有审判厅长,在他家里打过一夜牌的。实在是一位非常可爱的绅士!"

"还有警察局长的太太,您觉得怎么样呀?"玛尼罗夫夫人问。"您不觉得她也是一位非常和蔼的闺秀么?"

"哦哦,在我所认识的闺秀们里面,她也正是最可敬服的一位了!"乞乞科夫回答说。

审判厅长和邮政局长也没有被忘记;全市的官吏,几乎个个得到品评,而且都成了极有声价的人物。

"您总在村庄里过活么?"乞乞科夫终于问。

"一年里总有一大部份!"玛尼罗夫答道。"我们有时也上市里去,会会那些有教育的人们。您知道,如果和世界隔开,人简直是要野掉的。"

"真的,一点不错!"乞乞科夫回答说。

"要是那样,那自然另一回事了,"玛尼罗夫接着说。"如果有着很好的邻居,如果有着这样的人,可以谈谈譬如优美的礼节,精雅的仪式,或是什么学问的,——您知道,那么,心就会感动得好像上了天……"他还想说下去,但又觉得很有点脱线了,便只在空中挥着手,说道:"那么,就是住在荒僻的乡下,自然也好得很。可是我全没有这样的人。至多,不过有时看看《祖国之子》①罢了。"

乞乞科夫是完全同意的,但他又加添说,最好不过的是独自过活,享用着天然美景,有时也看看书……

"但您知道,"玛尼罗夫说,"如果没有朋友,又怎么能够彼此……"

"那倒是的,不错,一点也不错!"乞乞科夫打断他。"就是有了世界上一切宝贝,又有什么好处呢?贤人说过,'好朋友胜于世上一切的财富'。"

"但您知道,保甫尔·伊凡诺维支,"玛尼罗夫说,同时显出一种亲密的脸相,或者不如说是太甜了的,恰如老于世故的精干的医生,知道只要弄得甜,病人就喜欢吃,于是尽量的加了糖汁的药水一样的脸相,说,"那就完全不同了,可以说——精神的享乐……例如现在似的,能够和您扳谈,享受您有益的指教,那就是幸福,我敢说,那就是难得的出色的幸福呵……"

"不不,怎么说是有益的指教呢?……我只是一个不足道的人,什么也没有,"乞乞科夫回答道。

"唉唉,保甫尔·伊凡诺维支!我来说一句老实话罢!只要给我一部分像您那样的伟大的品格,我就高高兴兴的情愿抛掉一半家财!"

"却相反,我倒情愿……"

如果仆人不进来说食物已经准备好,这两位朋友的彼此披肝沥胆,就很难说什么时候才会完结了。

"那么,请罢,"玛尼罗夫说。

"请您原谅,我们这里是拿不出大都市里,大第宅里那样的午饭来的:我们这里很简陋,照俄国风俗,只有菜汤,但是诚心诚意。请您赏光罢。"

为了谁先进去的事,他们又争辩了一通,但乞乞科夫终于侧着身子,横走进去了。

食堂里有两个孩子在等候,是玛尼罗夫的儿子;他们已经到了上桌同

---

① 完全中立的关于历史,政治,文学的杂志,一八一二年至一八五二年,在彼得堡发行。——译者注

吃的年纪了,但还得坐高脚椅。他们旁边站着一个家庭教师,恭恭敬敬的微笑着鞠躬。主妇对了汤盘坐下,客人得坐在主人和主妇的中间,仆人给孩子们系好了饭巾。

"多么出色的孩子呵!"乞乞科夫向孩子们看了一眼,说。"多大年纪了?"

"大的七岁,小的昨天刚满六岁了,"玛尼罗夫夫人说明道。

"绥密斯多克利由斯!"玛尼罗夫向着大的一个,说,他正在把下巴从仆人给他缚上了的饭巾里挣出来。乞乞科夫一听到玛尼罗夫所起的,不知道为什么要用"由斯"收梢的希腊气味名字,就把眉毛微微一扬;但他又赶紧使自己的脸立刻变成平常模样了。

"绥密斯多克利由斯,告诉我,法国最好的都会是那里呀?"

这时候,那教师就把全副精神都贯注在绥密斯多克利由斯身上了,几乎要跳进他的眼睛里面去,但到得绥密斯多克利由斯说是"巴黎"的时候,也就放了心,只是点着头。

"那么,我们这里的最好的都会呢?"玛尼罗夫又问。

教师的眼光又紧钉着孩子了。

"彼得堡!"绥密斯多克利由斯答。

"还有呢?"

"莫斯科,"绥密斯多克利由斯道。

"多么聪明的孩子呵! 了不得,这孩子!"乞乞科夫说。"您看就是……"他向着玛尼罗夫显出吃惊的样子来。"这么小,就有这样的智识。我敢说,这孩子是有非凡的才能的!"

"阿,您还不知道他呢!"玛尼罗夫回答道。"他实在机灵得很。那小的一个,亚勒吉特,就没有这么灵了,他却不然……只要看见一点什么,甲虫儿或是小虫子罢,就两只眼睛闪闪的,钉着看,研究它。我想把他养成外交官呢。绥密斯多克利由斯,"他又转脸向着那孩子,接着说,"你要做全权大使么?"

"要,"绥密斯多克利由斯回答着,一面正在摇头摆脑的嚼他的面包。

但站在椅子背后的仆人，这时却给全权大使擦了一下鼻子，这实在是必要的，否则，毫无用处的一大滴，就要掉在汤里了。谈天是大抵关于幽静的退隐的田园生活的风味的，但被主妇的几句品评市里的戏剧和演员的话所打断。教师非常注意的凝视着主客，一觉得他们的脸上有些笑影，便把嘴巴张得老大，笑得发抖。大约他很有感德之心，想用了这方法，来报答主人的知遇的。只有一次，他却显出可怕的模样来了，在桌上严厉的一敲，眼光射着坐在对面的孩子。这是好办法，因为绥密斯多克利由斯把亚勒吉特的耳朵咬了一口，那一个便挤细眼睛，大张着嘴，要痛哭起来了；然而他觉得也许因此失去好吃的东西，便使嘴巴恢复了原状，开始去啃他的羊骨头，两颊都弄得油光闪闪的，眼泪还在这上面顺流而下。

主妇常常向乞乞科夫说着这样的话："您简直什么也没有吃，您可是吃得真少呀，"这时乞乞科夫就照例的回答道："多谢得很，我很饱了。愉快的谈心，比好菜蔬还要有味呢。"于是大家离开了食桌。玛尼罗夫很满足，正想就把客人邀进客厅去，伸手放在他背上，轻轻的一按，乞乞科夫却已经显着一副大有深意的脸相，说是他因为有一件很重要的事情，必须和他谈一谈。

"那么，请您同到我的书房里去罢，"玛尼罗夫说着，引客人进了一间小小的精舍，窗门正对着青葱的闪烁的树林，"这是我的小窠，"玛尼罗夫说。

"好一间舒适的屋子，"乞乞科夫的眼光在房里打量了一遍，说。这确是有许多很惬人意的：四壁抹着半蓝半灰的无以名之的颜色；家具是四把椅子，一把靠椅和一张桌子，桌上有先前说过的夹着书签的一本书，写过字的几张纸，但最引目的是许多烟。烟也各式各样的放着：有用纸包起来的，有装在烟盒里面的，也有简直就堆在桌上的。两个窗台上，也各有几小堆从烟斗里挖出来的烟灰，因为要排得整齐，好看，很费过一番心计的。这些工作，总令人觉得主人就在借此消遣着时光。

"请您坐在靠椅上，"玛尼罗夫说，"坐在这里舒适点。"

"请您许可，让我坐在椅子上罢！"

"请您许可,不让您坐椅子!"玛尼罗夫含笑说。"这靠椅是专定给客人坐的。无论您愿意不愿意——一定要您坐在这里的!"

乞乞科夫坐下了。

"请您许可,我敬您一口烟!"

"不,多谢,我是不吸的!"乞乞科夫殷勤的,而且惋惜似的说。

"为什么不呢?"玛尼罗夫也用了一样殷勤的,而且惋惜的口气问。

"因为没有吸惯,我也怕敢吸惯;人说,吸烟是损害健康的!"

"请您许可我说一点意见,这话是一种偏见。据我看起来,吸烟斗比嗅鼻烟好得多。我们的联队里,有一个中尉,是体面的,很有教育的人物,他可是烟斗不离口的,不但带到食桌上来,说句不雅的话,他还带到别的地方去。他现在已经四十岁了,谢上帝,健康得很。"

乞乞科夫分辩说,这是也可以有的,在自然界中,有许多东西,就是有大智慧的人也不能明白。

"但请您许可我,要请教您一件事……"他用了一种带着奇怪的,或者是近于奇怪模样的调子,说,并且不知道为什么缘故,还向背后看一看。玛尼罗夫也向背后看一看,也说不出为的什么来。"最近一次的户口调查册,您已经送去很久了罢!"

"是的,那已经很久了,我其实也不大记得了。"

"这以后,在您这里,死过许多农奴了罢?"

"这我可不知道;这事得问一问经理。喂! 人来! 去叫经理来,今天他该是在这里的。"

经理立刻出现了。他是一个四十岁上下的人;刮得精光的下巴,身穿常礼服,看起来总像是过着很舒服的生活,因为那脸孔又圆又胖,黄黄的皮色和一对小眼睛,就表示着他是万分熟悉柔软的毛绒被和毛绒枕头的。只要一看,也就知道他也如一切管理主人财产的奴子一样,走过照例的轨道;最初,他是一个平常的小子,在主人家里长大,学些读书,写字;后来和一个叫作什么亚喀式加之类的结了婚,她是受主妇宠爱的管家,于是自己也变为管家,终于还升了经理。一上经理的新任,那自然也就和一切经理一样:结识些村里的小财主,给他们的儿子做干爹,越发向农奴作威作福,早上九点钟才起床,一直等到煮沸了茶炊,喝茶。

"听哪,我的好人! 送出了最末一次的户口调查册以后,我们这里死了多少农奴了?"

"您说什么? 多少? 这以后,死了许多,"经理说,打着饱嗝,用手遮着嘴,好像一面盾牌。

"对啦,我也这么想,"玛尼罗夫就接下去,"死了许多了!"于是向着乞乞科夫,添上一句道,"真是多得很!"

"譬如,有多少呢?"乞乞科夫问道。

"对啦,有多少呢?"玛尼罗夫接着说。

"是的,怎么说呢——有多少。那可不知道,死了多少,没有人算过。"

"自然,"玛尼罗夫说,便又对乞乞科夫道:"我也这么想,死亡率是很大的;死了多少呢,我们可是一点也不知道。"

"那么,请您算一下,"乞乞科夫说,"并且开给我一张详细的全部的名单。"

"是啦,全部的名单!"玛尼罗夫说。

经理说着:"是是!"出去了。

"为了什么缘故? 您喜欢知道这些呢?"经理一走,玛尼罗夫就问。

这问题似乎使客人有些为难了,他脸上分明露出紧张的表情来,因此有点脸红——这表情,是显示着有话要说,却又说不出口的。但是,玛尼罗夫也终于听到非常奇怪,而且人类的耳朵从来没有听到过的东西了。

"您在问我:为什么缘故么? 就为了这缘故呀:我要买农奴,"乞乞科夫说,但又吃吃的中止了。

"还请您许可我问一声,"玛尼罗夫说,"您要农奴,是连田地,还是单要他们去,就是不连田地的呢?"

"都不,我并不是要农奴,"乞乞科夫说,"我要那已经……死掉的。"

"什么? 请您原谅……我的耳朵不大好,我觉得,我听到了一句非常奇特的话……"

"我要买死掉的农奴,但在最末的户口册上,却还是活着的,"乞乞科夫说明道。

玛尼罗夫把烟斗掉在地板上面了,嘴张得很大,就这样的张着嘴坐了几分钟。刚刚谈着友谊之愉快的这两个朋友,这时是一动不动的彼此凝视着,好像淳厚的古时候,常爱挂在镜子两边的两张像。到底是玛尼罗夫自去拾起烟斗来,趁势从下面望一望他的客人的脸,看他嘴角上可有微笑,还是不过讲笑话:然而全不能发见这些事,倒相反,他的脸竟显得比平常还认真。于是他想,这客人莫非忽然发了疯么,惴惴的留心的看,但他的眼睛却完全澄净,毫没有见于疯子眼里那样狞野的暴躁的闪光:一切都很合法度。玛尼罗夫也想着现在自己应该怎么办,但除了细细的喷出烟头以外,也全想不出什么来。

"其实我就想请教一下,这些事实上已经死掉,但在法律上却还算活着的魂灵,您可肯让给我或者卖给我呢,或者您还有更好的高见罢。"

但玛尼罗夫却简直发了昏,只是凝视着他,说不出一句话。

"看起来,您好像还有些决不定罢!"乞乞科夫说。

"我……阿,不的,那倒不然,"玛尼罗夫道,"不过我不懂……对不起……我自然没有受过像您那样就在一举一动上,也都看得出来的好教育;也没有善于说话的本领……恐怕……在您刚才见教的说明后面……还藏着……什么别的……恐怕这不过是一种修辞上的词藻,您就爱这么使用使用的罢?"

"阿,并不是的!"乞乞科夫活泼的即刻说。"并不是的,我说的什么话,就是什么意思,我就确是说着事实上已经死掉了的魂灵。"

玛尼罗夫一点也摸不着头脑。他也觉得这时该有一点表示,问乞乞科夫几句,但是问什么呢,却只有鬼知道。他最末找到的惟一的出路,仍旧是喷出烟头来,不过这回是不从嘴巴里,却从鼻孔里了。

"如果这事情没有什么为难,那么,我们就靠上帝保佑,立刻来立买卖合同罢,"乞乞科夫说。

"什么?死魂灵的买卖合同?"

"不的！不这样的！"乞乞科夫回答道。"我们自然说是活的魂灵，全照那登在户口册上的一样。我是无论如何，不肯违反民法的；即使因此在服务上要吃许多苦，也没有别的法；义务，在我是神圣的，至于法律呢……在法律面前，我一声不响。"

最后的一句话，很惬了玛尼罗夫的意了，虽然这件事本身的意思，他还是不能懂；他拼命的吸了几口烟，当作回答，使烟斗开始发出笛子一般的声音。看起来，好像他是以为从烟斗里，可以吸出那未曾前闻的事件的意见来似的，但烟斗却不过嘶嘶的叫，再没有别的了。

"恐怕您还有点怀疑罢？"

"那可没有！一点也没有！请您不要以为对于您的人格，我有……什么批评似的偏见，但是我要提出一个问题来：这计画……或者说得更明白些……是这交易……这交易，结局不至于和民法以及将来的俄国的面子不对么？"

说到这话，玛尼罗夫就活泼的摇一摇头，显着极有深意的样子，看定了乞乞科夫的脸，脸上还全部露出非常恳切的表情来，尤其是在那紧闭了的嘴唇上，这在平常人的脸上，是从来看不到的，除非是一个出类拔萃的精明的国务大臣，但即使他，也得在谈到实在特别困难的问题的时候。

然而乞乞科夫就简单地解释，这样的计画或交易，和民法以及将来的俄国的体面完全不会有什么相反之处，停了一下，他又补足说，国家还因此收入合法的税，对于国库倒是有些好处的。

"那么，您的意见是这样……？"

"我以为这是很好的！"

"哪，如果好，那自然又作别论了。我没有什么反对，"玛尼罗夫说，完全放了心。

"现在我们只要说一说价钱……"

"什么？说价钱？"玛尼罗夫又有些发昏了，说。"您以为我会要魂灵的钱的么……那些已经并不存在了的？如果您在这么想，那我可就要说，是一种任意的幻想，我这一面，是简直奉送，不要报酬，买卖合同费也归我出。"

倘使这件故事的记述者在这里不叙我们的客人当听到玛尼罗夫的这一番话的时候,高兴的了不得,那一定是要大遭物议的。他虽然镇定,深沉,这时却也显出想要山羊似的跳了起来的样子,谁都知道,这是只在最大高兴的发作的时候,才会显出来的。他在靠椅上动得很厉害,连罩在那上面的羽纱都要撕破了;玛尼罗夫也觉得,惊疑的看着他。为了泉涌的感激之诚,这客人便规规矩矩的向他淋下道谢的话去,一直弄到他完全失措,脸红,大摇其头,终于声明了这全不算一件什么事,不过想借此表示一点自己的真心的爱重,和精神的相投——而死掉的魂灵呢——那是不足道的——是纯粹的废物。

"决不是废物,"乞乞科夫说,握着他的手。

他于是吐了很深的一口气。好像他把心里的郁结都出空了;后来还并非没有做作的说出这样的话来:"阿!如果您知道了看去好像琐细的赠品,给了一个无名无位的人,是怎么的有用呵!真的!我什么没有经历过呢!就像孤舟的在惊涛骇浪中……什么迫害我没有熬过呢!什么苦头我没有吃过呢!为什么呢?就因为我忠实于真理,要良心干净,就因为我去帮助无告的寡妇和可怜的孤儿!"这时他竟至于须用手巾,去擦那流了下来的眼泪了。

玛尼罗夫完全被感动了。这两个朋友,继续的握着手,并且许多工夫不说话,彼此看着泪光闪闪的眼睛。玛尼罗夫简直不想把我们的主角的手放开,总是热心的紧握着,至于使他几乎不知道要怎样才可以自由自在。后来他终于温顺的抽回了,他说,如果买卖合同能够赶紧写起来,那就好,如果玛尼罗夫肯亲自送到市里来,就更好;于是拿起自己的帽子就要告辞了。

"怎么?您就要去了?"玛尼罗夫好像从梦里醒来似的,愕然的问。

这时玛尼罗夫夫人适值走进屋里来。

"丽珊加!"玛尼罗夫显些诉苦一般的脸相,说,"保甫尔·伊凡诺维支要去了哩!"

"保甫尔·伊凡诺维支一定是厌弃了我们了,"玛尼罗夫夫人回答道。

"仁善的夫人!"乞乞科夫说,"这里,您看这里,"——他把手放在心窝上——"是的,这里是记着和您们在一起的愉快的时光的! 还要请您相信我,和您们即使不在一所屋子里,至少是住在邻近来过活,在我也就是无上的福气了!"

"真是的,保甫尔·伊凡诺维支!"玛尼罗夫说,他分明佩服了这意见了。"如果我们能够一起在一个屋顶下过活,在榆树阴下彼此谈论哲学,研究事情,那可真是好透……"

"阿,那就像上了天!"乞乞科夫叹息着说。"再见,仁善的夫人!"他去吻玛尼罗夫夫人的手,接着道。"再见,可敬的朋友! 您不要忘记我拜托过您的事呀!"

"呵,您放心就是!"玛尼罗夫回答说。"不必两天,我们一定又会见面的!"

他们跨进了食堂。

"哪,再会再会,我的可爱的孩子!"乞乞科夫一看见绥密斯多克利由斯和亚勒吉特,就说,他们正在玩着一个臂膊和鼻子全都没有了的木制骠骑兵。"再会呀,可爱的孩子们! 对不起,我竟没有给你们带一点东西来,但我得声明,我先前简直没有知道你们已经出世了呢。但再来的时候,一定要带点来的。给你是一把指挥刀。你要指挥刀么? 怎么样?"

"要的!"绥密斯多克利由斯回答道。

"给你是带一个鼓来。对不对,你是喜欢一个鼓的罢?"乞乞科夫向亚勒吉特弯下身子去,接着说。

"嗡,一个堵,"亚勒吉特小声说,低了头。

"很好,那么,我就给你买一个鼓来。——你知道,那是一个很好的鼓呵,——敲起来它就总是蓬的……蓬……。咚的,咚,咚,咚的,咚咚。再见,小宝贝! 再会了呀!"他在他们头上接一个吻,转过来对玛尼罗夫和他的夫人微微一笑,如果要表示自己觉得他们的孩子们的希望,是多么天真烂漫,那么,对着那些父母是一定用这种笑法的。

"唉唉,您还是停一会罢,保甫尔·伊凡诺维支!"当大家已经走到阶沿的时候,玛尼罗夫说。"您看呀,那边上了多少云!"

"那不过是些小云片,"乞乞科夫道。

"但是您知道到梭巴开维支那里去的路么?"

"这正要请教您呢。"

"请您许可,我说给您的马夫去!"玛尼罗夫于是很客气的把走法告诉了马夫,其间他还称了一回"您"。

马夫听了教他通过两条十字路,到第三条,这才转弯的时候,就说:"找得到的了,老爷,"于是乞乞科夫也在踮着脚尖、摇着手巾的夫妇俩的送别里,走掉了。

玛尼罗夫还在阶沿上站得很久,目送着渐渐远去的马车,直到这早已望不见了,他却依然衔着烟斗,站在那里。后来总算回进屋子里去了,在椅子上坐下,想着自己已经给了他的客人一点小小的满足,心里很高兴。他的思想又不知不觉的移到别的情事上面去,只有上帝才知道要拉到那里为止。他想着友谊的幸福,倘在河滨上和朋友一起过活,可多么有趣呢,于是他在思想上就在这河边造一座桥,又造一所房子,有一个高的眺望台的,从此可以看见莫斯科的全景,他又想到夜里在户外的空旷处喝茶,谈论些有味的事情,这才该是愉快得很;并且设想着和乞乞科夫一同坐了漂亮的篷车,去赴一个夜会,他们的应对态度之好,使赴会者都神迷意荡,终于连皇帝也知道了他们俩的友谊,赏给他们每人一个将军衔,他就这样的梦下去;后来呢,只有天晓得,连他自己也不十分清楚了。但乞乞科夫的奇怪的请求,忽然冲进了他的梦境,却还是猜不出那意思来:他翻来复去的想、要知道得多一些,然而到底不明白。他衔着烟斗,这样的还坐了很多的时光,一直到晚膳摆在桌子上。

三

造人术①

［米国］路易斯托仑

疏林居中，与正室隔。一小庐，三面围峻篱。窗仅一，长方形，南向，垂青缟幔。光灼然，常透照庭面。内燃劲电，无间昼夜，故然。

此宅，为波士顿理化大学非职教授化学士伊尼他氏邸。此庐，婢仆勿俟言，即妻子亦不得入，为氏治化学之秘密地。

伊尼他氏，六年前辞教授，力避交际。二六时中，恒守此庐，如有所治。

世传伊尼他氏，乃造人芽，力冀发明，震耸世界。顾词支离甚，孰信？氏在公宴偶自信，皆大喝以摈。虽氏素心固未作斯想，终无和者。若戚友，则以氏长者故，意所执主的，将益人，将利世，曷效力欤。作如是想，劳心者亦非无有。

而实若何？

实则伊尼他氏，因以造人芽为毕生志，负大造之意气，以从事兹。往六年，二千一百九十日，未尝一日忘是事。

是故资产半罄，世事就荒，众笑喳喳然而不怒。验实重数十百次，败而不挠。惟曰：此可就，吾竟能之。

自信如金石。

夫献身学术，悉谢欢娱之学者，尘俗喜怒不撄心，何待言说。不撄心

---

① 该译文载于 1906 年《女子世界》第 4，5 期合刊，署"索子译"。鲁迅根据日本原抱一庵主人日译本翻译，翻译的是日译本第一部分的译文。其英文原作是路易斯·J.托仑（Louise J. Strong）著的短篇小说"An Unscientific Story"。——编者根据译者注和宋声泉《鲁迅译〈造人术〉刊载时间新探》等资料整理加注。

则喜怒不形面,更何待言说。二十五龄之昔,三十八龄之今,瞻伊尼他氏面,容光绝无异其旧,两皆云然。

虽然,今竟何如? 今日今时竟何如? 彼之容止,将日冷淡耶?

视之! 彼颊晕矣。呼翕暴,故彼肩低且昂。

彼握显镜之手,粟粟颤,彼视线所注,赫然横者何物?

此何物耶!?

伊尼他氏前,陈独立几,上有波黎器,弯曲有口似水注,正横卧。

有白色波,自横卧屈曲水注状器之口出,流以滞。端见玄珠,极黑,极微。伊尼他视线所注者此。

视之! 视之!

此小玄珠,如有生,如蠕动,如形成,乃弥硼(膨)大,乃如呼翕,乃能驰张。此实质耶? 实物耶? 实在耶? 幻视幻觉,罔我者非耶? 我目非狂瞀耶? 我脑非坏乱耶?

否否——重视之,重视之。

隆然者非颅欤? 翘然者非腕欤? 后萌双角,非其足欤? 咄咄! 怪玄珠渐起,乃将离液,乃将遵回。

伊尼他氏,若觉有凉气来袭,未几愈,又觉欲狂。虽然,质学智力,使复故我。乃定脑平意,复注眸子,以检此怪玄珠。

检弥久,时弥进,怪玄珠之体,从而弥备。

视之! 视之! 视之!

其隆然者,倏生二纹,纹弥大。咄咄! 裂矣,生罅隙矣。噫嘻! 此非双眸子耶?

怪珠之目,瞤而睫,如椒目。

于是伊尼他氏大欢喜,雀跃绕室疾走。噫吁嚱,世界之秘,非爱发耶? 人间之怪,非爱释耶? 假世界有第一造物主,则吾非其亚耶? 生命,吾能创作! 世界,吾能创作! 天上天下,造化之主,舍我其谁! 吾人之人之人也,吾王之王之王也! 人生而为造物主,快哉!

感谢之冷泪,累累然循新造物主颊……

四

域外小说集①

序　言

　　《域外小说集》为书，词致朴讷，不足方近世名人译本。特收录至审慎，移译亦期弗失文情。异域文术新宗，自此始入华土。使有士卓特，不为常俗所囿，必将犁然有当于心，按邦国时期，籀读其心声，以相度神思之所在。则此虽大涛之微沤与，而性解思惟，实寓于此。中国译界，亦由是无迟莫之感矣。

　　己酉正月十五日。

---

① 《域外小说集》为短篇小说集，由鲁迅与周作人两兄弟合译，收录19世纪末20世纪初欧美12位小说家的16篇作品。第一册收录小说7篇，于1909年3月由东京神田印刷所印刷出版；第二册收录小说9篇，于同年7月出版。该书署"会稽周氏兄弟纂译"。本书收录序言、略例，以及小说1篇。——编者注

略 例

— 集中所录,以近世小品为多,后当渐及十九世纪以前名作。又以近世文潮,北欧最盛,故采译自有偏至。惟累卷既多,则以次及南欧暨泰东诸邦,使符域外一言之实。

— 装钉均从新式,三面任其本然,不施切削;故虽翻阅数次绝无污染。前后篇首尾,各不相衔,他日能视其邦国古今之别,类聚成书。且纸之四周,皆极广博,故订定时亦不病隘陋。

— 人地名悉如原音,不加省节者,缘音译本以代殊域之言,留其同响;任情删易,即为不诚。故宁拂戾时人,移徙具足耳。地名无他奥谊。人名则德,法,意,英,美诸国,大氏二言,首名次氏。俄三言,首本名,次父名加子谊,次氏。二人相呼,多举上二名,曰某之子某,而不举其氏。匈加利独先氏后名,大同华土;第近时效法他国,间亦逆施。

— !表大声,?表问难,近已习见,不俟诠释。此他有虚线以表语不尽,或语中辍。有直线以表略停顿,或在句之上下,则为用同于括弧。如"名门之儿僮——年十四五耳——亦至"者,犹云名门之儿僮亦至;而儿僮之年,乃十四五也。

— 文中典故,间以括弧注其下。此他不关鸿旨者,则与著者小传及未译原文等,并录卷末杂识中。读时幸检视之。

谩①

[俄国]安特来夫

一

吾曰:"汝谩耳!吾知汝谩。"

曰:"汝何事狂呼,必使人闻之耶?"

此亦谩也。吾固未狂呼,特作低语,低极耳耳然,执其手,而此含毒之字曰谩者,乃尚鸣如短蛇。

女复次曰:"吾爱君,汝宜信我。此言未足信汝耶?"遂吻我。顾吾欲牵之就抱,则又逝矣。其逝出薄暗回廊间,有盛宴将已,吾亦从之行。是地何地,吾又安知者。惟以女祈吾苢止,则遂来,观彼舞偶如何婆娑至终夜。众不顾我,亦弗交言,吾离其群,独茕然坐室隅,与乐工次。巨角之口,正当吾坐,自是中发滞声,而每二分时,辄有作野笑者曰:呵——呵——呵!

白云馥郁,时复近我,则彼人也。吾不知胡以能辟除众目,来贡媚于吾一人。顾一刹那间,乃觉其肩与吾倚。一刹那间,吾下其目,乃见颈色皎洁,露素衣华缝中。上其目,乃见辅颊,其白如象齿,发亦盛制。计惟天神,屈膝幽垅之上,为见忘于世之人悲者,始有之也。吾又视其目,则美大而靖,惝于流光,目睛蔚蓝,抱黑瞳子。方吾相度时,其为黑常尔,为深邃不可彻常尔。特能视者又止一时,恐且不逾吾心一跃。惟所感至悠之久,至大之力,皆不前经。吾为之恂栗痛苦,似全生命自化微光,见摄于眸子,以至丧我,——空虚无力,几死矣。而彼人复去,运吾生俱行。偕一伟美

---

① 本文原作发表于 1898 年,鲁迅据德文转译,署"树人译"。安特来夫(1871—1919),俄国作家,十月革命后流亡国外。——编者注

傲岸者舞,吾因得审谛其纤微,凡履之形,膊之广,以至卷发回旋同一之状皆悉。时是人忽目我,初不经意,而几迫吾入于壁。吾受目,亦自平坦无有,若室壁也。

众渐灭火,吾始进就之曰:"时至矣,请导君归。"女愕然曰:"第吾偕斯人往耳。"随指一高华美丽,目不瞬及吾辈者相示。次入虚室,乃复吻我。吾低语曰:"汝谩耳。"而女对曰:"今日尚当相见,君其访我矣。"

及吾就归路时,碧色霜晨,已见屋山之背,而全衢止二生物,其一御者,一我也。御者坐而沉思,首前屈,吾坐其后,亦垂首至匈。御者自有其思,吾亦自有,而吾辈所过长衢垣后,睡者百千,又莫不自具所思,自见所梦。吾方思彼人,思彼人谩,复思吾死,时则若崇垣之浴曙色者,实已前见吾死,故其森然鹄立有如此也。吾殊不识御者何思,亦不识睡垣阴者何梦,而吾何思何梦,人亦弗能知。时经大道,既长且直,晨光登于屋脊,万物未动,其色皓然,有冷云馥郁,忽来近我,接耳则闻笑作滞声曰:呵——呵——呵!

二

彼人竟弗至,吾期虚矣,暮色降自旻天,而吾殊弗知如何自昏入夕,夕复入夜,一切特如一遥夜,思之栗然。吾惟运期人之步,反复往来,第又不敢近吾欢所居,仅往来相对地而止。每当面进,目必注琉璃小窗,退则又延伫反顾者屡。雪华如针,因刺吾面,而针复铦冷且长,深入心曲,以愆期之嗔恚苦恼,来伤吾心。寒风起于白朔,径趣玄南,拂负冰屋山,则挟雪沙俱下,乱打人首;复扑路次虚镫,镫方有黄焰茕茕,负寒而伏。伤哉焰也!黎明而死耳。以是则得吾怜,念彼乃必以孤生留此道上,况吾亦且去矣。居孤虚凛冽中,焰颤未已,而雪华互逐,正满天下也。

吾待彼矣,而彼乃弗至,时思孤焰与我,殆有甚仿佛者,独吾镫未虚已耳。前此往来大道,已见行人。往往窃起吾后,渐过吾前,状巨且黯,次忽没入白色大宅之隅，旋灭如影。而隅次行人复见，益益密迩，终又入缁色寒空而隐。人悉重裹，弗辨其形，且寂然，甚与吾肖。意往来者十余人，盖无不类我矣。皆有待，皆寒冻，皆寂然，又方深思，悲哀而闷。

吾待彼矣，而彼乃弗至！

吾不知陷苦恼中，胡为不泣且呼也！

吾不知胡以时复大乐，破颜而笑，指则拳曲如鹰爪，中执一小者，毒者，鸣者，——厥状如蛇，——谩也。谩蜿蜒夺手出，进啮吾心，以此啮之毒，而吾首遂眩。嗟夫，一切谩耳！——

既往方在，方在将来之界域泯矣。时劫之识，如吾未生，与吾生方始，其在我同然，无不似吾常生，或未生，或常生既者。——盖吾未生与吾生方始时，彼实已君我。而思之尤殊异者，乃以彼为有名与质，有始与终。然不也，彼安有名，彼特常谩，彼特常令人待而弗至耳。吾不知吾何忽破颜而笑，时雪镞方刺吾心，接耳则有笑作滞声者，曰：呵——呵——呵！

逮吾张目，乃见巨室明窗出青赤舌作微语曰："汝见诳矣。当汝孤行期待惆怅时中，彼方在是，妖冶谩诒，与伟美丈夫之侮汝者语。使汝能疾入杀之，则甚善，缘汝所杀，特谩而已。"吾力握匕首，莞尔答曰："诺，誓杀之。"而窗愀然目我，又愀然言曰："汝弗能杀，盖汝手中匕首，谩亦犹彼肠也。"时吾影已失，独小黄焰尚战栗于冽寒断望中，与吾并留道上。寺钟忽动，声泣且颤。雪华方狂踊，则排之直度皓气。吾计其数，乃哑然，钟凡十五击。盖萧寺已古，钟亦如之，其指时虽诚，击乃恒妄，每迫守伺者疾登，急掣其痉挛之槌止之。嗟此耆艾战栗悲凉之音，自且制于严霜，抑又为谁谩者？如是徒谩，不甚愚且惨耶！

末击已，宅门随辟，有华美者降阶，吾仅见其背，顾立识之，此骄蹇之状，昨已视之审矣。吾又识其步，视昨益轻，且有胜态。因念昔者自出此门，步亦常尔。盖凡有男子，使方自善谩女子之唇，得其歆唉，则步之为状皆然矣。

三

吾切齿迫之曰:"语我诚!"而面目依然如冰雪,惊扬其眉,顾盼亦复幽闳不可彻,曰:"吾尝谩耶?"彼知吾不能示之谩,则仅以一言,——以一新谩,——摧吾覃思弘构,俾无孑遗。吾固期之,彼亦终尔。其外满敷诚色,而内乃暗然,曰:"吾爱君,——吾悉属汝,非耶?"

吾居遥在市外,大野被雪,进瞰幽窗,环野皆黯黯,此外亦惟黯黯屹立,茂密无声。野乃自发清光,如死人面目之在深夜。——巨室盛热,一烛方然,其红焰中,死野又投以碧采。吾曰:"求诚良苦,苟知此,吾其死矣。顾亦何伤,死良胜于罔识。今在汝拥抱歆唉中,独觉谩存,……吾且见诸汝眸子,……幸语我诚,则吾亦从此别矣。"顾彼默然,目睐睐直贯吾心,斯裂吾神魂,第以探奇之心视我。吾乃呼曰:"答之,不者杀汝。"曰:"趣杀我,吾生亦太久矣。特汝以迫挼求诚,误亦甚哉。"吾闻长跽,握其手,泣祈相感,——并以求诚,彼则加手吾顶曰:"可怜哉!"吾曰:"幸柔汝心,吾但欲知诚耳。"遂视其额,思此薄壁之后,诚乃攸居,因不觉作异念,顿欲披其头颅,俾得见诚于此。而跃然隐匈次者,心房也,——又安得以此爪裂其匈,俾一观人心何状。时红焰突发悲光,下然及跂,四壁渐入暗中,寂漠悲凉,怖人欲绝。

女低语曰:"可怜哉!"

黄焰忽转作青赤光,一闪而灭,全室黯然,吾已不见彼人颜色,特觉有纤手触肤,遂亦并忘其谩。吾阖目,去想离生,只觉其手,而手乃诚甚。在幽靖中,独闻私语怅然曰:"君拥我,吾甚怖也。"——次复幽靖,次私语怅然又继之,——曰:"君求诚耶?顾我岂知诚者?吾岂自不欲知诚耶?幸护我,吾甚怖也。"逮吾张目,而微黯已苍皇离罦罭,渐集垣上,继乃自匿于屋角。有巨物作死色,临窗来窥,似死人二目,冷如坚冰,来相踪迹。吾辈乃战栗互抱,女则低语曰:"吁,吾甚怖也。"

四

吾杀彼矣。吾既杀彼,且目击其僵死,当窗横陈,白野外曜,则加足尸上,笑屑屑然。

咄,此笑岂狂人耶!吾所为唉,以匈臆朗然,呼吸顿适,且中心闿彻,蛊之啮吾心者亦坠耳。吾乃屈身临彼人之上,观其目,此巨而憬于流光者,时已洞辟,既大且浊,状如蜡人,吾能以指开阖之,绝不生怖。盖此幽黑瞳子中,已无复药叉,司谩诪疑忌,且啜吾血者寓之矣。比人牵我行,吾复失笑,众遂恟惧,多毕瑟退去,或则先来相吓,顾其目一与吾目大欢喜光遇,辄又变色止立,足若丁于大地者。

曰:"狂人也!"吾知众作是言,盖自谓已解幽隐之半,而一人独不然。其人肥壮和易,颊如渥丹,乃以他辞目我。顾此辞也,则沉我九渊,目亦弗睹光曜矣。曰:"此可怜人也!"言时至有情,不为恶谑,盖吾已前言之,是人固肥壮而和易者耳。

曰:"此可怜人也!"

吾呼曰:"否否,汝不当以是名我!"吾不知胡为狂呼,则自缘不欲令斯人怅恨耳。而众鰌生之谓吾狂者,乃又大怖而叫,吾视之咥然。

迨众牵吾出陈尸之室,吾即迹得此肥壮和易人,断断作大声曰:"吾实福人!唯唯,福人也!"

而此诚甚……

五

吾幼尝见豹动物苑中,致碍构思之力,且梗塞吾思久久。此豹甚异他兽,状不恫然,或怒目睨观者,特往来两隅间,由此涉彼,行迹反复相同,合于数术。胁黄金色,每行必触槛阑之一,不及他阑,其首下锐,俯而行,目不旁睐。槛前聚观者,或谈或笑,而豹往来自如,视众人蔑尔。众对此阴沉不可救之生象,晒者二三,其太半状乃甚虔,色甚阂,喟然径行,次复反顾而叹,若已悟世所谓自由人,阴实有类于柙兽者。迨吾长而读书,且闻人言无穷之事,则陡念此豹,似无穷暨其苦恼,吾已蚤识之矣。

而今者已亦往来石柙中,弗殊此豹矣。吾行且思,……行两隅间,由此涉彼,思路至促,所思亦苦不能申,似大千世界,已仔吾肩,而世界又止成于一字,是字伟大惨苦,谩其音也。时则匍匐出四隅,蜿蜒绕我魂魄,顾鳞甲灿烂,已为巴蛇。巴蛇啮我,又纠结如铁环,吾大痛而呼,则出吾口者,乃复与蛇鸣酷肖,似吾营卫中已满蛇血矣。曰:"谩耳。"

吾行且思,足次缁色之地,俄乃化为深渊,其底不可极,吾足着蹈虚,身亦越烟雾昏冥,出于天外。匆作一息,则深处徐起反响,闻之栗然。响既徐且嘶,似本历劫相传,而每一刹那,辄留其力少许于烟雾质点中者。吾知其物固如迅风,能拔大木,顾入吾耳,乃不过一低语,曰:"谩耳。"

低语怒我,顿足叱之曰:"讵复有谩,吾杀之矣。"言已疾退,冀答不入吾耳,而答仍徐出深渊中,曰:"谩耳。"

嗟夫,吾误矣! 吾杀女手,而使谩乃弗死。吁,使未以祈求讯鞫,黏诚火于汝心,则慎毋杀女子矣! 吾往来柙之两隅,由此涉彼,反复思且行。

六

彼人之判分诚谩也,幽暗而怖人,然吾亦将从之,得诸天魔坐前,长跪哀之曰:"幸语我诚也!"

嗟夫,惟是亦谩,其地独幽暗耳。劫波与无穷之空虚,欠申于斯,而诚不在此,诚无所在也。顾谩乃永存,谩实不死。大气阿屯,无不含谩。当吾一吸,则鸣而疾入,斯裂吾匈。嗟乎,特人耳,而欲求诚,抑何愚矣! 伤哉!

援我! 咄,援我来!

五

现代小说译丛①

连 翘②

［俄国］契里珂夫

阿阿,春天一清早,连翘花香得怎样的芬芳呵,当太阳还未赶散那残夜的清凉,从夜的花草上吸尽了露水的时候!

是年青时候的一个早晨。我和一个温文美丽的少女,正在野外散步之后的归途。愉快的小鸟的队伙似的,他们跳出小船,便两个两个的分开,各因为送女人回家去,都在街上纷纷走散了。

太阳才照着街市,那金色的光线,正闪闪的晃耀在教会的屋顶和十字架以及高的房屋的窗间。道路还静默而且风凉,人家的窗户里都垂着帷幔。……那窗后面的人们还都落在沉睡中。……我们的足音在早晨的寂静里便听得高声的发响……

从密密的攒着铁钉的长围墙上,沉钿钿的垂着湿润的,盛开着紫的和白的球花的连翘。

---

① 《现代小说译丛》为短篇小说集,1922 年 5 月由商务印书馆出版,由鲁迅与周作人、周建人合译。该书收录 18 位外国作家的 30 篇作品,鲁迅译其中的 9 篇。本书收录其中 3 篇鲁迅译文。——编者注
② 该小说作者为俄国著名作家契里珂夫(Evgeni Tshirikov,1864—1932)。——编者注

阿阿,春天一清早,连翘花香得怎样的非常呵!当你才二十岁,和温文美丽的少女同了道。每一互相瞥视,互相微笑,便喜孜孜的发抖的时候。……

"给我拗一枝那连翘花罢。……"

我们立住了。围墙又高又滑。而且簇着钉。想用手杖钩下那著花最盛的枝条,终于不如意。下雨一般,在我们上,连翘洒下了香露的珠玑。……

"一枝也可以!……"

"白的?"

"就是,……不不,——紫的!……"

我为了温文美丽的少女,去偷连翘花,将自做了牺牲,爬上围墙去了。我被锈的钉刺破了手腕,然而我绝不留心;因为我丝毫没有觉得痛。香气很强烈,我的头便不由的转向了旁边。露滴从枝头直洒在我脸上,捏着的手杖嘟嘟的响,少女欣然的微笑着,我在伊头上,香雨似的降下了凌晨的清露。……我想将凡是著花的连翘,尽折给伊,白的,以及紫的。……

"已经够了!……"

我便勇士一般的跳下围墙来。那高兴快活的含着爱情的眼睛,以沉默的感谢向了我晃耀。

"这给你……做个……记念。……"

伊不说了,而且将红晕起来的脸藏在连翘里。

"记念!什么的?"

"今朝的散步的记念呵!……连翘的,而且,一清早,这花怎样的香得非常的事。……"伊说着,向我的脸这一面,递过那润泽的连翘的花束来。

"你的手怎么了?那血?……"

这时我才知道,自己的腕上有着渗出鲜血的伤痕。

"痛么?"

"并不,……这也是记念罢。……"

伊给我一块小小的绢手巾。我用这包了手。于是仿佛为了爱人的名誉的战斗,因而受伤的勇士似的前进了。我们站住,刚要话别的时候,伊讨回手巾去。……

"将这个还了我罢。……"

"不。这存在我这里,……做记念。……"

我还给伊了,是让了步的。这手巾不是已经被我的血染得通红了的么?……

然而,唉唉,所谓人生这一种卑下的散文,……这常常干涉我们的生活,我们向着辽远的太空的莽苍苍的高处,刚刚作势要飞,正在这瞬间,这便来打断了我们的翅子了。

我在眼睛里,浮着心的弛放和幸福的颜色,捏着那纤细的发抖的少女的手,没有放,以为数秒钟也好,总想拖延一点离别的时光。我凝视着两颊通红的,一半遮在连翘的花束里的少女的脸;而且仿佛觉得酩酊了。但不知道,这是因为连翘的香气,还因为少女的红晕的两颊和娇怯的双眸。……睡得太多的懒洋洋的门丁出来了,而且搔着脑后说:

"唉唉,先生,裤子撕破了,……得缝缝,……这不好……"

我回头向背后看。少女挣出了捏着的手,高声笑着,跑进院子的里面去了。

"伊逃掉了,这是怎的?喂,管门的,你刚才怎么说?你没有怎么样么?"

门丁委细的说明了理由:

"挂在钉子上了似的!……这不好……"

我一看自己的衣服。于是因为惭愧和屈辱和卑下,脸上仿佛冒出火来……全然,在我那白的连翘花上,似乎被谁唾了一口唾沫。……我向着家,静静的在街上走。早晨的祷告的钟发响了。虽然很少,却已有杂坐马车在石路上飞跑。大门的探望扉开合着……现世的生活已经开始了。……

便到现在,我还记得那一个春天的早晨,……攒着铁钉的围墙,垂下的连翘的盛开的枝条,馥郁的露水的瀑布,掩映在紫的和白的连翘花间的娇怯的少女的脸。……

而且便到现在,在我的耳朵里,也还听得赶走了幻想和春日清晨的香气的,那粗卤的门丁的声音。

阿阿,一清早,连翘怎样的香得非常呵,在太阳还未从连翘上吸尽了露水的时候,而且你才二十岁,一个温文美丽的少女和你并肩而立的时候!

契里珂夫(Evgeni Tshirikov)的名字,在我们心目中还很生疏,但在俄国,却早算一个契诃夫以后的智识阶级的代表著作者,全集十七本,已经重印过几次了。

契里珂夫以一八六四年生于凯山,从小住在村落里,朋友都是农夫和穷人的孩儿;后来离乡入中学,将毕业,便已有了革命思想了。所以他著作里,往往描出乡间的黑暗来,也常用革命的背景。他很贫困,最初寄稿于乡下的新闻,到一八八六年,才得发表于大日报,他自己说:这才是他文事行动的开端。

他最擅长于戏剧,很自然,多变化,而紧凑又不下于契诃夫。做从军记者也有名,集成本子的有《巴尔干战记》和取材于这回欧战的短篇小说《战争的反响》。

他的著作,虽然稍缺深沉的思想,然而率直,生动,清新。他又有善于心理描写之称,纵不及别人的复杂,而大抵取自实生活,颇富于讽刺和诙谐。这篇《连翘》也是一个小标本。

他是艺术家,又是革命家;而他又是民众教导者,这几乎是俄国文人的通有性,可以无须多说了。

一九二一年十一月二日,译者记。

幸　福①

［俄国］阿尔志跋绥夫

自从妓女赛式加霉掉了鼻子，伊的标致的顽皮的脸正像一个腐烂的贝壳以来，伊的生命的一切，凡有伊自己能称为生命的，统统失掉了。

留在伊这里的，只是一种异样的讨厌的生存，白天并不给伊光明，变了无穷无尽的夜，夜又变作无穷无尽的苦闷的白天。

饿与冻磨灭伊的羸弱的身体，这上面只还挂着两个打皱的乳房与骨出的手脚，仿佛一匹半死的畜生。伊不得不从大街移到偏僻的地方，而且做起手，将自己献与最龌龊最惹厌的男人了。

一晚上，是下霜的月夜，伊来到一条新街，是秋末才造好的。这街在铁路后面，已经是市的尽头，一直通到遍地窟窿的荒凉的所在，在这里几乎没有人家。这地方绝无声响。街灯的列，混着平等静肃的落在死一般的建筑物上的月光，只是微微的发亮。

黑影，那从地洞里爬出来的，咄咄逼人的横在地上，还有电报柱，由电线连结着，白白的蒙了霜，月神一般闪烁。空气是干燥的，但因为严霜，刺得人皮肤烧热。

这宛然是，在这寒冷之下，全世界都已凝结，而且身上的各圆部都用着烧红的铁刺穿。于是身体碎了，皮肤的小片，全从身上离开。从口中呼出的气，像一片云，略略升作青色的亮光，便又凝冻了隐去。

赛式加已经是第五日没有生意了。在这以前，伊就被人从伊的旧寓里打出，并且扣下了伊的最末的好看的腰带。

缓缓的怯怯的动着伊瘦小低弯的形体，在空虚的月下的路边；伊很觉得，仿佛伊在全世界上已经成了孤身，而且早不能通过这荒凉的境地了。

---

① 该小说作者为俄国作家阿尔志跋绥夫（Mikhail Artsybashev, 1878—1927），本篇及译者附记曾发表于 1920 年 12 月《新青年》月刊第 8 卷第 4 号。——编者注

伊的脚冻得一刻一刻的加凶,在索索作响的雪上,每一步都引起伊痛楚,似乎露出了鲜血淋漓的骨胳在石头上行走似的。

走到这惨淡的区处中间,赛式加才悟到了伊的没意义的生存的恐怖,伊于是哭了。眼泪从伊的发红的冷定的眼睛里迸出,凝结在暗的烂洞里面,就是以前安着伊的鼻子的地方。没有人看见这眼泪,月亮也同先前一样在大野上亮晶晶的浮着,散布出一样的明朗的青色的光辉。

没有人到来。说不出的感情,在伊只是增高增强起来,而且已经达到了这境界,就是以为人们际此,便要陷入野兽的绝望,用了急迫的声音,狂叫起来。叫彻全原野,叫彻全世界。然而人是默着,只是痉挛的咬紧了牙关。

赛式加祈愿说:"我愿意死,只是死,"但伊忽又沉默了。

这时候,在白色的路上,忽地现出一个男人的黑魆魆的形象,很快的近前,不久便听到雪野踏实的声音,也看见月亮照在他羔皮领上发闪。

赛式加知道,那是在道路尽头的工厂里的一个仆人。

伊在路旁站定,等候着他,用麻木的手交换的拽着袖口,将头埋在肩膀中间,脚是一上一下的顿着。伊的嘴唇似乎是橡皮做的了,只能牵扯的钝滞的动。伊很怕,怕要说不出一句话来。

"大爷～～～～①,"伊才能听到的低声说。

走来的人略略转过脸来,便又决然的赶快走了。赛式加奋起绝望的勇气,直向前奔,伊跟住他走,一面逼出不自然的亲热的声音劝他说:

"大爷～～～～……你同来,……真的。……好罢,就去……我们去罢。我给你看一件东西,会笑断你的肚肠的。……好,我们去。……总之,一定,我什么都做给你看……我们去罢,爱的人。……"

过客仍旧只是走,对伊并不给一点什么注意。在他板着的脸上圆睁着眼睛,很不生动,似乎是玻璃做的。

① Kava-j-ier 本是 Kavalier,因为冷了,发不出的音。～～～～表声音的引长。——译者注

赛式加从他的前面跳到后面，又紧缩了双肩，声音里是钝滞的呻吟，而且冷得只是喘气：

"你不要单看这，大爷～～～～，我现在这模样了……我的身子是干净的。……我的住家并不远，我们去罢。……怎？……"

月亮高高的站在平野上，赛式加的声音在霜气的月光中异样的微弱的响。

"好，我们去罢，"赛式加喘息着又踢绊着说，但还是用了跳步在他前面走。"好，你不愿意……那就求你给两个格利威涅克①就是了。买点面～～～～包，我整一日还没有吃呢。……你给罢。……好，一个格利威涅克，大爷～～～～……爱的人。……"

他们来到一处极冷静的地方的时候，那过客默默的和伊走近了。他的异样的玻璃似的眼睛还是毫无生气的瞪在月光里。

"好，你就只给一个格利威涅克，……我的好大爷～～～～……这在你算什么呢。"

一个最末的绝望的思想，忽然在伊的脑里想到了。

"我做，什么你乐意的。……真的，……我给你看这么一件东西，……我是会想法儿的。……你愿意，我揭起衣服来，……便坐在雪里；……我坐五分钟，……你可以自己瞧着表，……真的，……我只要十戈贝克就坐了。……你真会好笑哩，大爷～～～～"

这过客站住了，他的玻璃样的眼睛也因为一种感觉而生动起来，他用了短的断续的声音笑了。

赛式加正对他站着，冷得发抖，伊的眼睛紧紧的钉住他手上或脸上，竭力的陪笑。

"但你可愿意，我却给五卢布，不是十戈贝克么？"过客四顾着说。

赛式加冷得发抖，不信他，也不开口。

"你……听着，……脱光了衣服站在这里。我打你十下。——每一下

---

① Griwenik 是十戈贝克币的通称，一戈贝克约值中国十文。——译者注

半卢布,你愿么?"

他不出声的笑而且发抖。

"这冷呢,"赛式加哀诉似的说,惊讶和饿极和疑惑的恐怖,也神经的痉挛的穿透了伊的全身。

"这算什么,……你因此就赚到五卢布,就因为冷。"

"这也很痛罢,你的打,"赛式加含含胡胡的并且十分苦恼的吞吐着说。

"唔,什么,什么——痛?你只要熬着,你就赚到五卢布。"

这过客往前走去了。

赛式加愈抖愈厉害:

"你……那就给五戈贝克罢。……"

这过客往前走去了。

赛式加想拉住他的手,但他擎上来便要打,而且忽然大怒起来,吓得伊倒跳。

这过客已经走远了两三步了。

赛式加哀诉的叫道,"大爷～～～～……大爷～～～～……这就是了,大爷～～～～。"

那人站住了,回过身来。

他从齿缝里简截的说道,"唔。"

赛式加迷迷惑惑的站着。于是伊慢慢的解了身上的结束。伊的冻着的手指,在伊仿佛是别人的了,而且自己也不知道,为什么缘故,伊的眼光总不能离开了那玻璃似的眼睛。

"喂,你……赶快,……有人会来,……"过客从齿缝里不耐烦的说。

寒气四面八方的包围了赛式加的裸体。伊的呼吸要堵住了,似乎有烧得通红的铁忽然粘着了伊的全身,冰冻的皮肤,都撕裂下来了。

"你快打罢,"赛式加喃喃的说,便自己转过背来向着男人;伊的牙齿格格的厮打。

伊一丝不挂的站在他面前,这精赤的小小的身体,在月光寒气和夜里的大野中间,皎洁的雪上,显得非常别致。

"喂,"他鸣动着喉咙喘吁吁的说,"瞧这……要是你能熬,……在这里,五卢布;……要是不能,你叫了,那就到鬼里去!……"

"是了,……你打。……"伊的冻坏的嘴唇喃喃的说;伊全身因为寒冷,都痉挛蜷缩起来了。

过客走到身旁便打,突然间举起他细的手杖,使了全力,落在赛式加的瘦削伶仃的脊梁上。刀割似的创伤从伊身上直钻到脑子里。伊的周围的一切仿佛都成了怕人的痛楚的感觉,合凑着奔流。

"阿,"赛式加的嘴唇里迸出一个短的惊怖的声音来。伊前走了两三步,用伊的两手痉挛的去按那遭打的处所。

"拿开手,……拿开手!……"他跟在伊后面,喘吁吁的叫喊说。

赛式加抽回膊肘,第二下便忽然的又将一样的难当的痛楚烙着伊了。伊呻吟倒地,两手支拄着。正倒下去时,又在伊裸体上,加上了白热的刀剜似的打扑。伊的裸露的肚子便匍在地面,并且几乎失了知觉的咬着积雪。

"九,"有钝滞的喉鸣的声音计着数;同时在伊的身体上又飞过了新的闪电,发出一个新的湿的响声。有东西迸裂了,极像是冰冻的芜菁,于是鲜血喷在雪上。赛式加辗转着像一条蛇,翻过脊梁去,积雪都染了血;伊的洼下的肚皮,在月光底下发亮。正在这一刻,又打着伊左边的胸脯,噗的破了。

"十,"有人在远地里叫。于是赛式加失了神。

但伊又即刻苏醒过来了。

"喂,起来,你这死尸,拿去,"一个急躁不过的声音叫喊说,"我去了,……唔?"

裸体的赛式加将发抖的手痉挛的爬着地面,跄跄踉踉的想站起身,鲜血顺了伊的身子往下滴。伊已经不很觉得寒冷,只在伊所有的肢节里,都有一种未尝经历过的衰弱,不快,苦闷的颤抖,和拉开。

伊惘惘的摸着打过的湿的处所,去穿伊的衣裳。待到伊穿上那冰着的褴褛衣服,很费却许多工夫;伊在月光皎洁的大原野上静静的蠢动。

当过客的黑影已经消灭,伊穿好了衣裳之后,伊才摊开伊捏着拳头的手来。在血污的手掌上,金圆像火花一般灿烂。

——五个,伊想,伊便抱了大的轻松的欢喜的感情了。伊迈开发抖的腿向市上走去,金圆在捏紧的手中。衣服擦着伊身体,给伊非常的痛楚。但伊并不理会这件事。伊的全存在已经充满了幸福的感情,……吃,暖,安心和烧酒。不一刻,伊早忘却,伊方才被人毒打了。

——现在好了;不这么冷了——伊喜孜孜的想,向狭路转过弯去,在那里是夜茶馆的明灯,忽然在伊面前辉煌起来了。

阿尔志跋绥夫(Mikhail Artsybashev)的经历,有一篇自叙传说得很简明:

"一八七八年生。生地不知道。进爱孚托尔斯克中学校,升到五年级,全不知道在那里教些甚么事。决计要做美术家,进哈尔科夫绘画学校去了。在那地方学了一整年缺一礼拜,便到彼得堡,头两年是做地方事务官的书记。动笔是十六岁的时候,登在乡下的日报上。要说出日报的名目来,却有些惭愧。开首的著作是 *V Sljozh*,载在 *Ruskoje Bagastvo* 里。此后做小说直到现在。"

阿尔志跋绥夫虽然没有托尔斯泰(Tolstoi)和戈里奇(Gorkij)这样伟大,然而是俄国新兴文学的典型的代表作家的一人;他的著作,自然不过是写实派,但表现的深刻,到他却算达了极致。使他出名的小说是《阑兑的死》(*Smert Lande*),使他更出名而得种种攻难的小说是《沙宁》(*Sanin*)。

阿尔志跋绥夫的著作是厌世的,主我的;而且每每带着肉的气息。但我们要知道,他只是如实描出,虽然不免主观,却并非主张和煽动;他的作风,也并非因为"写实主义大盛之后,进为唯我",却只是时代的肖像;我们不要忘记他是描写现代生活的作家。对于他的《沙宁》的攻难,他寄给比拉尔特的信里,以比先前都介涅夫(Turgenev)的《父与子》,我以为不错的。攻难者这一流人,满口是玄想和神闳,高雅固然高雅了,但现实尚且茫然,还说什么玄想和神闳呢?

阿尔志跋绥夫的本领尤在小品;这一篇也便是出色的纯艺术品,毫不多费笔墨,而将"爱憎不相离,不但不离而且相争的无意识的本能",浑然写出,可惜我的译笔不能传达罢了。

这一篇,写雪地上沦落的妓女和色情狂的仆人,几乎美丑泯绝,如看罗丹(Rodin)的雕刻;便以事实而论,也描尽了"不惟所谓幸福者终生胡闹,便是不幸者们,也在别一方面各糟蹋他们自己的生涯"。赛式加标致时候,以肉体供人的娱乐,及至烂了鼻子,只能而且还要以肉体供人残酷的娱乐,而且路人也并非幸福者,别有将他作为娱乐的资料的人。凡有太饱的以及饿过的人们,自己一想,至少在精神上,曾否因为生存而取过这类的娱乐与娱乐过路人,只要脑子清楚的,一定会觉得战栗!

现在有几位批评家很说写实主义可厌了,不厌事实而厌写出,实在是一件万分古怪的事,人们每因为偶然见"夜茶馆的明灯在面前辉煌"便忘却了雪地上的毒打,这也正是使有血的文人趋向厌世的主我的一种原因。

一九二〇年十月三十日记。

疯姑娘①

［芬阑］明那·亢德

　　人叫伊"疯姑娘"。伊住在市街尽头的旧坟地后面,因为人在那里可以付给较为便宜的房价。伊只能节俭的过活,因为伊的收入只是极微末:休养费二百八十马克和手工挣来的一点的酬劳。在市街里,每一间每月要付十马克,伊租伊的小房子只七个,这当然是不好而且住旧的了,火炉是坏的,墙壁是黑的,窗户也不严密。但伊在这里已经住惯,而且自从伊住了十年之后,也不想再搬动;于伊仿佛是自己的家乡了。

　　伊没有一个可以吐露真心的人,然而伊倘若沉思着坐在伊的小房子里,将眼光注定了一样东西,这房子在伊眼睛里便即刻活动起来,和伊谈天,使伊安静。伊现在和别的人们少有往来了。伊觉得躲在这里,伊因此只在不得已时才出外,只要伊的事务一完结,伊便用急步跑了回来,并且随手恨恨的锁了门,似乎是后面跟着一个仇敌。

　　人并非历来叫伊"疯姑娘"。伊曾经以伊的名字赛拉赛林出过名,而且有过一时期,这名字是使心脏跳动起来,精神也移到欢喜里。然而这久已过去了。伊现在是一个瘦削的憔悴的老处女。孩子们,那在街上游戏的,倘看见伊,便害怕,倘伊走过了,却又从后面叫道:"疯姑娘!疯姑娘!"先生们走过去,并不对伊看,还有妇女们,是伊给伊们做好了绣花帐幔的,使伊站在门口,而且慈善的点一点头,倘伊收过工钱,深深的行了礼。再没有人想到,伊也曾经年青过,美丽过的。在那时认识伊的,已经没有多少,而且即此几个,也在生活的迫压里将这些忘却了。

　　然而伊自己却记得分明,而且那时的记念品也保存在伊那旧的书架

---

① 该小说为芬兰女作家明那·亢德(Minna Canth,1844—1897)的作品。该小说及译者附记最初发表于1921年10月《小说月报》第12卷第10号"被损害民族的文学号",系从德国勃劳绥惠德尔著的《在他的诗和他的诗人的影象里的芬阑》一书翻译的。——编者注

抽屉里。在那里放着伊那时的照相,褪色而且弯曲,至于仅能够看出模样来。然而却还能看出,伊怎样的曾经见得穿着伊的优美洁白的舞蹈衣服,并那曼长的螺发,露出的臂膊,和花缘的绫衫。伊当这衣服的簇新的华丽时,在伊一生中最可宝贵而且最大成功的日子里,穿着过的。伊那时和伊的母亲在腓立特力哈文。一只皇家的船舶巡行市镇的近旁,一天早晨在哈泰理霍伦下了锚。人说,一个年青的大公在船上,并且想要和他的高贵的随员到陆地来。市镇里于是发生了活泼的举动了。家家饰起旗帜花环和花卉来,夜间又在市政厅的大厅上举行一个舞蹈会。

在这舞蹈会上赛拉得了一个大大的忘不掉的光荣:年青的大公请伊舞蹈而且和伊舞蹈!他只舞蹈了一次,只和伊——那夜的愉快是没有人能够描写。赛拉到现在,倘伊一看照相,还充满着当时享用过的幸福的光辉。伊当初似乎是昏惯了,但此后不久大公离开宴会,众人都赶忙来祝贺伊的时候,伊的心灌满了高兴和自负。伊被先生们环绕着,都称伊为“舞蹈会的女王”,希求伊的爱顾,从此以后,伊便无限量的统治了男人的心了。

在这“记念品”中,又看见一堆用红绳子捆着的,从伊的先前的崇拜者们寄来的信札,而且满是若干平淡若干热烈的恋爱的宣言。但当时伊对于这些现已变黄褪色的信札并不给以偌大的价值,伊只是存起来当作胜利的留痕。他们里面没有一个能够温暖了伊的心,伊对于写信者至多也不过有一点同情罢了。

“你究竟怎样想呢?”伊的母亲屡次说。“你总须选定一个罢!”

但赛拉惦着大公并且想,“我已经选好了!”伊就是幻想,对于大公生了深刻的印象了。他何以先前只和伊舞蹈呢;这岂不能,他一旦到来而且向伊求婚么?这类的事不是已经常有么?有着怎样的自负,伊便不对他叙述伊的诚实的恋爱,只使他看伊的崇拜者的一切的信札,给他证明,伊已经抛掉了几多的劝诱了。

年代过去了,但大公没有来。赛拉读些传奇的小说而且等候。伊深相信,倘使大公能够照行他本身的志向,他便来了。然而人自然是阻挠他,所以他等着。赛拉是全不忧愁,虽然伊的母亲已经忍不下去了。母亲实在不知道,伊抱着怎样的大希望,打熬在寂寞里;这希望倘若实现出来,伊才更加欢喜的。

但有一回,母亲说出几句话,这在伊似乎剑尖刺着心坎了,当伊又使一个很有钱很体面的材木商人生了大气,给母亲一个钉子的时候:"你便会看见了,你要成一个老处女!"

最初,赛拉过分的非笑这句话,但这便使伊懊恼起来;因为伊忽然觉得诧异,近来那些先生们并不专是成群的围在伊身边了。这因为这里钻出了两个小丫头来,人说,那是很秀丽,但据赛拉的意思是不见得的。那还是"全未发育的,半大的雏儿",没有体统和规矩。而人以为这秀丽!这是一种不可解的嗜好!倘伊对于这事仔细的想,伊觉得是不至于的。男人们追随着女孩儿其实只是开玩笑,而伊们因为呆气却当作真实了;伊对于这些并不怕。但是伊决计,在其次的舞蹈会上伊因此要立起一个赫赫的证据来。为了这目的,伊便定好一件新的,照着最近的时装杂志做出来的衣裳,用白丝绸,没有袖子,前后面深剪截,使可以显出伊的腴润的身段。

满足着而且怀抱着伊的胜利,伊穿过明晃晃的大厅去。那些小女孩们可敢,和伊来比赛么?

还没有!伊们都逗留在大厅的最远的屋角里,互相密谈,瞥伊一眼,又窃窃的嘻笑,用手掩着嘴,正是在这一种社会生活里没有阅历的很年青的女儿所常做的。伊们里面能有一个是"舞蹈会的女王"么?不会有的,只要伊在这里!

但伊们的嘻笑激刺了伊,伊有这兴趣,要对伊们倨傲一回,而这事在舞蹈的开初便提出一个便当的机会了,当伊在圆舞之后走进梳装室去,整理伊的额发的时候。伊们在这里站立和饶舌,那时是最适当的。伊直向桌子去,并且命令的说:"离开镜子罢,你们小女孩!"

人叫伊们"小女孩"的时候,不会怎样触怒的,这赛拉很知道。但是伊们不能反抗,该当服从,并且给伊让出一个位置来。在镜中伊能看见,那些人怎样的歪着嘴而且射给伊愤怒的眼光呵。这在伊都一样;然而伊看见一点别的东西,使伊苦痛起来了:伊看见一个金闪闪的卷螺发的头,澄蓝的眼睛和一副年少清新的脸——这该便是那个,是人所特别颂扬的那个了。赛拉转过身去,为要正对着伊看,伊实在不见得丑。在伊这里,对于赛拉确可以发生一个危险的竞争者,因为伊有一点东西是赛拉所不能再有的——最初的青年的魔力。一种忧惧的感情将伊威逼的抓住了,伊再受不住对着这面貌更久的看。伊们为什么站在门口,伊们为什么不让伊只剩一个人呢? 或者伊还应该给伊们一个"钉子"罢。

"这间屋是专为着完全的成人的,"伊说,向伊们转过背去。

女孩子懂了,便开了门,为的是要出去。但伊们出去时喃喃的说,赛拉听到了这句话:"伊多少大模大样呵,这老处女!"

其时伊追向伊们,闪电一般,而且不及反省,便给那金卷螺发的一个发响的嘴巴。这瞬间,从聚着许多女士们的邻室中,起了一种惊愕的叫喊。

那金卷螺发的啼哭了。赛拉推伊出去,跟着关了门。

老处女! 她们敢于叫伊老处女! 血液涌上伊的头,而且在伊血管里发沸。痉挛的紧握了伊的手。伊的心动悸,伊的颞颥,伊的脉突突的跳了。伊从官能里,寻不出一个明白的思想来。在伊耳朵里只是反复的响着这不幸的言语:老处女!

伊无意的走到镜前面。阿,怕人,伊什么模样了! 脸色灰白,眼睛圆睁,眼光粗野,脖颈紫涨了。这一照又使伊发起反省来。这形相是伊不能回到舞蹈厅里去的。伊试使伊平静下去,喝些水,又在房里面往来的走。伊听到音乐的合奏了。

老处女! 伊们对伊不得再是这样叫! 伊的最近的求婚者,材木商人,现就在场的。伊赶紧决了意,再喝一杯水,再向镜里看一回伊的象,见得那形相已经回复伊的平常模样了。伊匆匆的从桌上取起伊的扇子来,用快步走进大厅去。那时正奏法兰西,而且伊还没有被邀请。

伊站在厅门口的近旁,用眼光向四处只一溜。这里站着材木商人。

赛拉招呼他过来："我和你舞这法兰西,倘你有这兴致?"伊同时微笑,伊相信,这话是给他一个大大的印象了。

木材商人诚实的鞠躬,然而冷冷的。"可惜我对于这娱乐定该放弃了,我这里已经约好了一位女士!"于是他退回去了。

对偶都排成了。许多先生们仿佛还没有女士,但没一个到伊这里来。这是什么意思呢? 伊满抱了坏的猜疑向各处看。而且的确,现在伊觉得:女人都用了伊的眼光打量伊并且互相絮絮的说。人分明谈着梳装室里的事。但那些先生们也听到了这事么? 这在伊,仿佛是绞住了伊的喉咙了。

人发一个信号,法兰西便开场。伊还是永远站在伊的地位上。伊内中满怀了忧惧。这能么? 伊的确不被邀请么? 这类的事在伊是未曾有过的! 伊的眼前发了黑,伊仅能够支持了。各样变换的感情在伊这里回旋,被损的自负,气忿,苦痛,羞辱,最末是顾虑,怕伊的魔力会要永远过去了。这似乎一个重担子搁在伊身上。

当伊看见各对偶穿插的舞出变化多端的动作的时候,伊忽而觉得无力,至于怕要躺下了。女人们的近旁是一把空椅子,伊想走到那边去,但这瞬间又看到了乐祸的眼睛和叵测的微笑。伊缩住了,转向门口去。伊只得走了,出去空地里!

伊穿上外衣,经过了整条的长路来到家里,自己并没有知道。待到进了伊的屋子里,这才慢慢的有起意识,能寻出清楚的思想来。伊究竟做了什么呢? 不过惩治了一个崛强的女孩子。最先伊们又实在太不识羞了,但伊们自然不肯对人说。为什么大家相信伊们呢? 为什么没有一个人来询问伊,究竟这事实是怎样的呢? 唉,人们统统是这样之坏而且恶呵!

伊哭出来了,而且自己觉得平静点。伊觉得女人们统在伊的眼前,以及在伊们脸上的这高兴! 人嫉妒伊,所以伊们喝着采。但那些向来先意承志的,伊的所有的崇拜家,伊的武士,在那里呢? 他们也都是可怜的骗子。但伊要对他们报仇。伊决不再到宴会那里去,假使在街上遇到他们,伊也不看他们了,他们在这晚上还须想!

伊从此留在家里许多时。舞蹈会有了多次了;伊永是等候着,等人来通知,来约会,但是总没有这宗事。没有人到伊这里来,倘伊有时遇见了伊的旧相识,他们对伊也异常的冷淡而且拒绝。伊自然也不招呼了。

伊觉得不幸而且寂寞。伊未曾感受过,也并不知道,伊须怎样的救伊的忧愁。母亲是从早到晚管理着家务。赛拉不能帮助伊,这在伊觉得干燥,平常,没风韵!伊还不如坐在伊房里,做梦而且痴想,或者看些冒险的小说,借此忘却伊的生活的无聊。伊在这中间发见了伊的将来的新希望和新信仰。大公便是不来,也可以有一天有一个富足的高贵的旅客,看见伊而且即刻爱上伊的。他们即刻结了婚,而这富翁便携伊远走了去,这时市镇上的少年先生们可就要根本的懊恼了。

伊的避暑庄旁有一个小小的丘样的土堆,汽船在这前面经过。每逢好天气,伊便走到那里,白装束,披着长的卷螺发,头上戴一顶优美的夏帽子。伊躺在丘上面,用肘弯支拄起来,将衣服安排好许多的襞积,卷螺发的小圈子在肩膀周围发着光,而且那一只手,那支着脸的,是耀眼的白。在自己前面伊摊着一本翻开的书;但眼光并不在这里,却狂热的射在水面上。伊这样的等着伊的豪富的高贵的新郎,伊的幻想的目的。只要他在船上,他便应该看出伊在山上的了。他们看见而且感动而且赶到伊这里来,那只是一眨眼间的事。

船舶永远是驶过去,每天,望远镜和镜子正在照看伊;但伊仍然保着原模样,也不敢将眼光太向那边看;他该是狂热的在水面上远远地浮过去了。然而伊却也看,谁在船上,尤其是怎样的先生们;因为伊委实在他们中间搜寻着盼望者,豫想者,不识者,在他全生涯中对伊眷爱,崇拜,仰慕的人。

然而日子过去了。伊的热望更加强。伊永是切实的候在山上。星期去的快,夏天消失,秋天近来了。伊早不半躺在那里了,捏了手端正的坐着。眼睛早不止在水面上,却向那边搜索汽船去了。倘这一出现,伊便抱了恐怖和希望迎头的看,一直到近来。伊满腔恐惧的看那些伊在舱面上寻出来的各旅客。难道他永久不来么?

没有人来。人都回市镇去了。冬天携了他的长串的宴会又开首，——这时节，是伊向来满抱了欢喜的盼望，而且总是给伊新的胜利的。但现在多少各别呵！伊和市镇的"社会"早没干系了。现在伊满装了愤恚，从外面眺望着这生活和活动；人并不缺少伊，人不愿意和伊在一处。而且伊也不愿意迁就，无论如何——不能，也不愿的！伊尽其所能之多，咒骂那意见有这样坏这样下等的人间，并且为自己领到一种安静的封锁的生活里去。一个孤独的老女人的无欢的日子横在伊面前，早已无可挽救了。这一天一天的向伊逼进来的，是一件确实的事。在男人们的冷淡的招呼里，女人们的轻视的眼光里，伊读出这话来：老处女！而且这话对于伊的效力是蛇咬一般了。

接着这些年只是形成了一长串的无效的希望。伊的生活是没有采色的凄凉的灰色了。并没有发生一点事，来打断这单调，并没有高兴的印象来刷新伊的精神。伊当初是接连的瞒着自己的相信着，后来便不然，因为伊已经不希望了。然而又来了运命的一击，使伊的生活更加悲哀：伊的母亲死了，伊的唯一的扶助，伊的最末的朋友。伊没有一个可以申诉伊的忧患的人，没有一个为伊担心，没有一个问起伊的事。伊啼哭而且悲叹，伊不愿意饮食了。伊咒骂这嫌憎伊驱逐伊的，侮慢那除伊之外，对于一切全都大慈大悲的神明的世界。然而母亲躺着，又僵又冷，合着眼睛，死色盖了脸，没有听到伊的哀鸣。

终于是伊的气力耗尽了。伊再也不觉得悲哀或忧患。伊的心，伊的将来，一切啼哭和忧苦之后的伊的脑，是空虚了。伊并无感觉的坐在那里，而且向前看。债主到来，卖去伊的衣裳和家具，伊并不关心了。凡有不称心的事，都不能惹起伊的注意或愤激来。伊的房屋是荒凉而且空虚；但在伊也全一样。后来有人对伊说，伊应该搬走了。当初伊没有懂，人将这说给伊许多回；于是伊大声的笑了，歇了片时，凝视他们而且又是笑。

自此以后，伊便称为"疯姑娘"而且孩子们见伊便害怕。

最初，人给伊在蒸溜巷里备了一所住屋。伊搬到那边去，带着一张床，一张桌子和一个旧书架，这抽屉里放着打皱的造花，花带，糖果说明书，伊少年时候的照相和信札，是伊一直后来收集起来并且捆在一处的。

当伊后来搬出市外的时候,伊也带了这些东西去。在这些的观览时,伊便想到伊一生中短期的欢乐,而且暂时之间,忘却伊现在是一个老处女和"疯姑娘"。

勃劳绥惠德尔(Ernst Brausewetter)作《在他的诗和他的诗人的影象里的芬阑》(*Finnland im Bilde Seiner Dichtung und Seine Dichter*),分芬阑文人为用瑞典语与用芬阑语的两群,而后一类又分为国民的著作者与艺术的著作者。在艺术的著作者之中,他以明那亢德(Minna Canth)为第一人,并且评论说:

"……伊以一八四四年生于单湄福尔(Tammerfors),为一个纺纱厂的工头约翰生(Gust. Wilh. Johnsson)的女儿,他是早就自夸他那才得五岁,便已能读能唱而且能和小风琴的'神童'的。当伊八岁时,伊的父亲在科庇阿(Kuopio)设了一所毛丝厂,并且将女儿送在这地方的三级制瑞典语女子学校里。一八六三年伊往齐佛斯吉洛(Tyväskylä)去,就是在这一年才设起男女师范学校的地方;但次年,这'模范女学生'便和教师而且著作家亢德(Joh. Ferd. Canth)结了婚。这婚姻使伊不幸,因为违反了伊的精力弥满的意志,来求适应,则伊太有自立的天性;但伊却由他导到著作事业里,因为他编辑一种报章,伊也须'帮助'他;但是伊的笔太锋利,致使伊的男人失去了他的主笔的位置了。

"两三年后,寻到第二个主笔的位置,伊又有了再治文事的机缘了。由伊住家地方的芬阑剧场的邀请,伊才起了著作剧本的激刺。当伊作《偷盗》才到中途时,伊的男人死去了,而剩着伊和七个无人过问的小孩。但伊仍然完成了伊的剧本,送到芬阑剧场去。待到伊因为艰难的生活战争,精神的和体质的都将近于败亡的时候,伊却从芬阑文学会得到伊的戏曲的奖赏,又有了开演的通知,这获得大成功,而且列入戏目了。但是伊也不能单恃文章作生活,却如伊的父亲曾经有过的一样,开了一个公司。伊一面又弄文学。于伊文学的发达上有显著的影响的是勃兰兑思（Georg Brandes）的书，这使伊也知道了泰因，斯宾塞，弥尔和蒲克勒（Taine，Spencer，Mill，Buckle）的理想。伊现在是单以现代的倾向诗人和社会改革家站在芬阑文学上了。伊辩护欧洲文明的理想和状态，输入伊的故乡，且又用了极端急进的见解。伊又加入于为被压制人民的正义，为苦人对于有权者和富人，为妇女和伊的权利对于现今的社会制度，为博爱的真基督教对于以伪善的文句为衣装的官样基督教。在伊创作里，显示着冷静的明白的判断，确实的奋斗精神和对于感情生活的锋利而且细致的观察。伊有强盛的构造力，尤其表见于戏曲的意象中，而在伊的小说里，也时时加入戏曲的气息；但在伊缺少真率的艺术眼，伊对一切事物都用那固执的成见的批评。伊是辩论家，讽刺家，不只是人生观察者。伊的眼光是狭窄的，这也不特因为伊起于狭窄的景况中，又未经超出这外面而然，实也因为伊的理性的冷静，知道那感情便太少了。伊缺少心情的暖和，但出色的是伊的识见，因此伊所描写，是一个小市民范围内的细小的批评。……"

现在译出的这一篇，便是勃劳绥惠德尔所选的一个标本。亢德写这为社会和自己的虚荣所误的一生的径路，颇为细微，但几乎过于深刻了，而又是无可补救的绝望。培因（R. N. Bain）也说，"伊的同性的委曲，真的或想象的，是伊小说的不变的主题；伊不倦于长谈那可怜的柔弱的女人在伊的自然的暴君与压迫者手里所受的苦处。夸张与无希望的悲观，是这些强有力的，但是悲惨而且不欢的小说的特色。"大抵惨痛热烈的心声，若从纯艺术的眼光看来，往往有这缺陷；例如陀思妥夫斯奇（Dostojevski）的著作，也常使高兴的读者不能看完他的全篇。

一九二一年八月十八日记。

六

现代日本小说集①

挂 幅②

[日本]夏目漱石

　　大刀老人决计在亡妻的三周年忌日为止,一定给竖一块石碑。然而靠着儿子的瘦腕,才能顾得今朝,此外再不能有一文的积蓄,又是春天了。摆着赴诉一般的脸,对儿子说道,那忌日也正是三月八日哩,便只答道,哦,是呵,再没有别的话。大刀老人终于决定了卖去祖遗的珍贵的一幅画,拿来做用度。向儿子商量道,好么? 儿子便淡漠到令人愤恨的赞成道,这好罢。儿子是在内务省的社寺局里做事的,拿着四十圆的月给。有妻子和两个小孩子,而且对大刀老人还要尽孝养,所以很吃力。假使老人不在,这珍贵的挂幅,也早变了便于融通的东西了。

　　这挂幅是一尺见方的绢本,因为有了年月,显着红黑颜色了。倘挂在暗的屋子里,黯淡到辨不出画着什么东西来。老人则称之为王若水所画的葵花。而且每月两三次,从柜子里取了出来,拂去桐箱上的尘埃,又郑重的取出里面的东西,立刻挂在三尺的墙壁上,于是定睛的看。诚然,定

---

① 《现代日本小说集》1923 年 6 月由商务印书馆出版,其中收录鲁迅的 11 篇译作,本书收录其中 4 篇。——编者注
② 该小说为日本作家夏目漱石(1867—1916)的作品。《现代日本小说集》一书共收录夏目漱石 2 篇小说:《克莱喀先生》和《挂幅》。——编者注

睛的看着时,那红黑之中,却有瘀血似的颇大的花样。有几处,也还微微的剩着疑是青绿的脱落的瘢痕,老人对了这模糊的唐画的古迹,就忘却了似乎住得太久了的住旧了的人间。有时候,望着挂幅,一面吸烟,或者喝茶。否则单是定睛的看。祖父,这什么? 孩子说着走来,想用指头去触了,这才记起了年月似的,老人一面说道动不得,一面静静的起立,便去卷挂幅。于是孩子便问道,祖父,弹子糖呢? 说道是了,我买弹子糖去,只是不要淘气罢,嘴里说,手里慢慢的卷好挂幅,装进桐箱,放在柜子里,便到近地散步去了。回来的时候,走到糖店里,买两袋薄荷的弹子糖,分给孩子道,哪,弹子糖。儿子是晚婚的,小孩子只六岁和四岁。

和儿子商量的翌日,老人用包袱包了桐箱,一清早便出门去,到四点钟,又拿着桐箱回来了。孩子们迎到门口,问道,祖父,弹子糖呢? 老人什么也不说,进了房,从箱子里取出挂幅来,挂在墙上,茫然的只管看。听说走了四五家骨董铺,有说没有落款的,有说画太剥落的,对于这画,竟没有如老人所豫期的致敬尽礼的人。

儿子说,骨董店算了罢。老人也道,骨董店是不行的。过了两星期,老人又抱着桐箱出去了。是得了绍介,到儿子的课长先生的朋友那里去给赏鉴。其时也没有买回弹子糖来。儿子刚一回家,便仿佛嗔怪儿子的不德义似的说道,那样没有眼睛的人,怎么能让给他呢,在那里的都是赝物。儿子苦笑着。

到二月初旬,偶然得了好经手,老人将这一幅卖给一个好事家了。老人便到谷中去,给亡妻定下了体面的石碑,其余的存在邮局里。此后过了五六天,照常的去散步,但回来却比平常迟了二时间。其时两手抱着两个很大的弹子糖的袋。说是因为卖掉的画,还是放心不下,再去看一回,却见挂在四席半的啜茗室里,那前面插着透明一般的腊梅。老人便在这里受了香茗的招待。这比藏在我这里更放心了,老人对儿子说。儿子回答道,也许如此罢。一连三日,孩子们尽吃着弹子糖。

沉默之塔①

［日本］森鸥外

高的塔耸在黄昏的天空里。

聚在塔上的乌鸦，想飞了却又停着，而且聒耳的叫着。

离开了乌鸦队，仿佛憎厌那乌鸦的举动似的，两三匹海鸥发出断续的啼声，在塔旁忽远忽近的飞舞。

乏力似的马，沉重似的拖了车，来到塔下面。有什么东西卸了下来，运进塔里去了。

一辆车才走，一辆车又来，因为运进塔里去的货色很不少。

我站在海岸上看情形。晚潮又钝又缓的，辟拍辟拍的打着海岸的石壁。从市上到塔来，从塔下到市里去的车，走过我面前。什么车上，都有一个戴着一顶帽檐弯下的，软的灰色帽的男人，坐在马夫台上，带了俯视的体势。

懒洋洋的走去的马蹄声，和轧着小石子钝滞的发响的车轮声，听来很单调。

我站在海岸上，一直到这塔像是用灰色画在灰色的中间。

走进电灯照得通明的旅馆的大厅里，我看见一个穿大方纹羽纱衣裤的男人，交叉了长腿，睡觉似的躺在安乐椅子上，正看着新闻。这令人以为从柳敬助的画里取下了服饰一般的男子，昨天便在这大厅上，已经见过一回的了。

"有什么有趣的事么?"我声张说。

连捧着新闻的两手的位置也没有换，那长腿只是懒懒的，将眼睛只一

---

① 该小说作者为日本近代文学奠基人之一森欧外(1862—1922)。《现代日本小说集》共收录森欧外 2 篇小说:《游戏》和《沉默之塔》。《沉默之塔》原系《代〈察拉图斯忒拉〉译本的序》，登在生田长江的译本(1911)的卷首。——编者注

斜。"Nothing at all!"与其说对于我的声张,倒不如说是对于新闻发了不平的口调。但不一刻便补足了话:"说是椰瓢里装着炸药的,又有了两三个了。"

"革命党罢。"

我拖过大理石桌子上的火柴来,点起烟卷,坐在椅子上。

因为暂时之前,长腿已在桌子上放下了新闻,装着无聊的脸,我便又兜搭说:

"去看了有一座古怪的塔的地方来了。"

"Malabar hill① 罢。"

"那是甚么塔呢?"

"是沉默之塔。"

"用车子运进塔里去的,是甚么呢?"

"是死尸。"

"怎样的死尸?"

"Parsi② 族的死尸。"

"怎的会死得这样多,莫非流行着什么霍乱吐泻之类么?"

"是杀掉的。说又杀了二三十,现载在新闻上哩。"

"谁杀的呢?"

"一伙里自己杀的。"

"何以?"

"是杀掉那看危险书籍的东西。"

"怎样的书?"

"自然主义和社会主义的书。"

"真是奇怪的配合呵。"

"自然主义的书和社会主义的书是各别的呵。"

---

① 马剌巴冈,马剌巴是地名,在印度。——译者注
② 派希是一种拜火教徒。——译者注

"哦,总是不很懂。也知道书的名目么?"

"——写着呢。"长腿拿起放在桌上的新闻来,摊开了送到我面前。

我拿了新闻看。长腿装着无聊的脸,坐在安乐椅子上。

立刻引了我眼睛的"派希族的血腥的争斗"这一个标题的记事,却还算是客观的记着的。

派希族的少壮者是学洋文的,渐渐有些能看洋书了。英文最通行。法文和德文也略懂了。在少壮者之间,发生了新文艺。这大抵是小说;这小说,从作者的嘴里,从作者的朋友的嘴里,都用了自然主义这一个名目去鼓吹。和 Zola(左拉)用了 *Le Roman expérimental*(《实验的小说》)所发表的自然主义,虽然不能说是相同,却也不能说是不相同。总而言之:是要脱去因袭,复归自然的这一种文艺上的运动。

所谓自然主义小说的内容上,惹了人眼的,是在将所有因袭,消极的否定,而积极的并没有什么建设的事。将这思想的方面,简括说来,便是怀疑即修行,虚无是成道。从这方向看出去,则凡有讲些积极的事的,便是过时的呆子,即不然,也该是说谎的东西。

其次,惹了人眼的,就在竭力描写冲动生活而尤在性欲生活的事。这倒也没有西洋近来的著作的色彩这么浓。可以说:只是将从前有些顾忌的事,不很顾忌的写了出来罢了。

自然主义的小说,就惹眼的处所而言,便是先以这两样特色现于世间;叫道:自己所说的是新思想,是现代思想,说这事的自己是新人,是现代人。

这时候,这样的小说间有禁止的了。那主意,便说是那样的消极的思想是紊乱安宁秩序的,那样的冲动生活的叙述是败坏风俗的。

恰在这时候,这地方发生了革命党的运动,便在带着椰瓢炸弹的人们里,发觉了夹着一点派希族的无政府主义者的事。于是就在这 Propagande par le fait(为这事实的枢机传道所)的一伙就缚的时候,也便将凡是和社会主义共产主义无政府主义之类有缘,以至似乎有缘的出版物,都归在社会主义书籍这一个符牒之下,当作紊乱安宁秩序的东西,给禁止了。

这时禁止的出版物中,夹着些小说。而这其实是用了社会主义的思想做的,和自然主义的作品全不相同。

但从这时候起,却成了小说里面含有自然主义和社会主义的事。

这模样,扑灭自然主义的火既乘着扑灭社会主义的风,而同时自然主义这一边所禁止的出版物的范围,又逐渐扩大起来,已经不但是小说了,剧本也禁止,抒情诗也禁止,论文也禁止,俄国书的译本也禁止。

于是要在凡用文字写成的一切东西里,搜出自然主义和社会主义来。一说是文人,是文艺家,便被人看着脸想:不是一个自然主义者么,不是一个社会主义者?

文艺的世界成为疑惧的世界了。

这时候,派希族的或人便发明了"危险的洋书"这句话。

危险的洋书媒介了自然主义,危险的洋书媒介了社会主义。翻译的人是贩卖那照样的危险品的,创作的人是学了西洋人,制造那冒充洋货的危险品的。

紊乱那安宁秩序的思想,是危险的洋书所传的思想。败坏风俗的思想,也是危险的洋书所传的思想。

危险的洋书渡过海来,是 Angra Mainyu① 所做的事。

杀却那读洋书的东西!

因为这主意,派希族里便学了 Pogrom② 的样。而沉默之塔的上面,乌鸦于是乎排了筵宴了。

新闻上也登着杀掉的人的略传,谁读了什么,谁译了什么,列举着"危险的洋书"的书名。我一看这个,吃了惊了。

———————

① 拜火教里的恶神。——译者注
② 俄国内部渐要破裂的时候,政府想出办法来,煽动国民去仇杀异民族和异教徒,以转移他们的注意,世间谓之坡格隆,Po 是逐渐,Gromit 是破灭。——译者注

爱看 Saint-Simon(圣西蒙)一流人的书的,或者译了 Marx(马克思)的《资本论》的,便作为社会主义者论,绍介了 Bakunin(巴枯宁),Kropotkin(克鲁巴金)的,便作为无政府主义者论,虽然因为看的和译的未必便遵奉那主义,所以难于立刻教人首肯,但也还不能说没有受着嫌疑的理由。

倘使译了 Casanova(凯萨诺跋)和 Louvet de Courvay(寇韦)的书,便被说是败坏了风俗,即使那些书里面含有文明史上的价值,也还可以说未免缺一点顾忌罢。

但所谓危险的洋书者,又并不是指这类东西。

在俄罗斯文学里,何以讨厌 Tolstoi(托尔斯泰)的几篇文章呢,便因为无政府党用了《我的信仰》和《我的忏悔》去作主义的宣传,所以也可以说没有错。至于小说和剧本,则无论在世界上那一国里,却还没有以为格外可虑的东西。这事即以危险论了。在《战争与和平》里,说是战争得胜,并非伟大的大将和伟大的参谋所战胜,却是勇猛的兵卒给打胜的,做这种观念的基础的个人主义,也是危险的事。这样穿凿下去,便觉得老伯爵的吃素,也因为乡下得不到好牛肉;对于伯爵几十年继续下来的原始生活,也要用猜疑的眼睛去看了。

Dostojevski(陀思妥夫斯奇)在《罪与罚》里,写出一个以为无益于社会的贪心的老婆子,不必给伊有钱,所以杀却了的主人公来,是不尊重所有权;也危险的。况且那人的著作,不过是羊癫病的昏话。Gorki(戈理奇)只做些羡慕放浪生活的东西,蹂躏了社会的秩序,也危险的。况且实生活上,也加在社会党里呵。Artzibashev(阿尔志跋绥夫)崇拜着个人主义的始祖 Stirner(思谛纳尔),又做了许多用革命家来做主人公的小说,也危险的。况且因为肺病毁了身体连精神都异样了。

在法兰西和比利时文学里,Maupassant(莫泊桑)的著作,是正如托尔斯泰所谓以毒制毒的批评,毫没有何为而作的主意,无理想,无道德的。再没有比胡乱开枪更加危险的事。那人终于因为追蹑妄想而自杀了。Maeterlinck(梅迭林克)做了 *Monna Vanna* 一类的奸通剧,很危险呵。

意大利文学里,D'Annunzio(但农智阿)在小说或剧本上,都用了色彩浓厚的笔墨,广阔的写出性欲生活来。《死的市》里,甚至于说到兄妹间的恋爱。如果这还不危险,世间便未必有危险的东西了罢。

北欧文学里,Ibsen(易勃生)将个人主义做在著作中,甚而至于说国家是我的敌。Strindberg(斯忒林培克)曾叙述过一位伯爵家的小姐和伊的父亲的房里的小使通情,暗寓平民主义战胜贵族主义的意思。在先前,斯忒林培克本来屡次被人疑心他当真发了狂,现在又有些古怪起来了,都危险的。

在英国文学,只要一看称为 Wilde(淮尔特)的代表著作的 *Dorian Gray*,便知道人类的根性多少可怕。可以说是将秘密的罪恶教人的教科书,未必再有这样危险的东西了罢。作者因为男色案件成为刑余之人,正是适如其分的事。Shaw(萧)同情于《恶魔的弟子》这样的废物,来当作剧本的主人公,还不危险么?而况他也做社会主义的议论哩。

在德国文学呢,Hauptmann(好普德曼)著一本《织工》,教他们袭击厂主的家去。Wedekind(惠兑庚特)著了《春的觉醒》将私通教给中学生了。样样都是非常之危险。

派希族的虐杀者之所以以洋书为危险者,大概便是这样的情形。

从派希族的眼睛看来,凡是在世界上的文艺,只要略有点价值的,只要并不万分平庸的,便无不是危险的东西。

这是无足怪的。

艺术的价值,是在破坏因袭这一点。在因袭的圈子里彷徨的作品,是平凡作品。用因袭的眼睛来看艺术,所有艺术便都见得危险。

艺术是从上面的思量,进到那躲在底下的冲动里去的。绘画要用没有移行的颜色,音乐要在 Chromatique(音色)这一面求变化,文艺也一样,要用文章现出印象来。进到冲动生活里去,是当然的事。一进到冲动生活里,性欲的冲动便也不得不出现了。

因为艺术的性质是这样,所以称为艺术家的,尤其是称为天才的人,大抵在实世间不能营那有秩序的生活。如 Goethe(瞿提),虽然小,做过一国的总理,下至 Disraeli(迭式来黎)组织起内阁来,行过帝国主义的政治之类,是例外的;多数却都要发过激的言论,有不检的举动。George Sand(珊特)和 Eugene Sue(修),虽然和 Leroux(勒卢)合在一起,宣传过共产主义,Freiligrath, Herwegh, Gutzkow(弗赖烈克拉德,海慧克,谷珂)三个人,虽然和马克思合在一起,在社会主义的杂志上做过文章,但文艺史家并不觉得有损于作品的价值。

便是学问,也一样。

学问也破坏了因袭向前走。被一国度一时代的风尚一掣肘,学问就死了。

便在学问上,心理学也是从思量到意志,从意志到冲动,从冲动到以下的心的作用里,渐次深邃的穿掘进去。而因此使伦理生变化,使形而上学生变化。Schopenhauer(勖本华)是称为冲动哲学也可以。正如从那里出了系统家的 Hartmann(哈德曼)和 Wundt(鸿特)一般,也从那里出了用 Aphorismen(警句)著书的 Nietzsche(尼采)。是从看不出所谓发展的勖本华的彼岸哲学里,生了说超人的尼采的此岸哲学了。

所谓学者这一种东西,除了少年时代便废人似的驯良过活的哈德曼,和老在大学教授的位置上的鸿特之外,勖本华是决绝了母亲,对于政府所信任的大学教授说过坏话的东西。既不是孝子、也不是顺民;尼采是头脑有些异样的人,终于发了狂,也是明明白白的事实。

倘若以艺术为危险,便该以学问为更危险。哈德曼倾倒于 Hegel(赫格尔)的极左党而且继承无政府主义的思谛纳尔的锐利的论法,著了《无意识哲学的迷惘的三期》。尼采说的"神死了",只要一想思谛纳尔的"神便是鬼",便也不能不说旧。这与超人这一个结论,也不一样的。

无论是艺术,是学问,从派希族的因袭的眼睛看来,以为危险也无足怪。为什么呢:无论那一个国度,那一个时期,走着新的路的人背后一定有反动者的一伙觑着隙的。而且到了或一个机会,便起来加迫害。只有那口实,却因了国度和时代有变化。危险的洋书也不过一个口实罢了。

马刺巴冈的沉默之塔的上头,乌鸦的唱工正酣畅哩。

复仇的话①

[日本]菊池宽

铃木八弥当十七岁之春,为要报父亲的凤仇,离了故乡赞州的丸龟了。

直到本年的正月为止,八弥是全不知道自己有着父亲的仇人的。自己未生以前便丧了父,这事固然是八弥少年时代以来的淡淡的悲哀,但那父亲是落在人手里,并非善终这一节,却直到这年的正月间,八弥加了元服为止,是全然没有知道的。

元服的仪式一完毕,母亲便叫八弥到膝下去,告诉他父亲弥门死在同藩的前川孙兵卫手里的始末,教八弥立了复仇的誓词。八弥看见母亲的通红的眼;而且明白了自己的身上是负着重大的责任了。

从九岁时候起,便伴着小侯,做了将近十年的小近侍的八弥,这时还是一个不知世事的稚气的孩子。况且中了较大一岁的小侯的意,几乎成了友人,他一无拘忌,和小侯比较破魔弓的红心,做双陆的对手,驱鸟猎和远道骑马,也都一同去。至于和小侯共了席,听那藩中的文学老儒的讲义,坐得两脚麻痹之后,大家抱腹相笑的时候,那就连主从关系也全然消灭了。八弥住在姓城中的一个大家族里;他是比较的幸福,而且舒服的。直到十七岁加了元服时,这才被授与了一件应该去杀却一个特定的人的,又困难又紧张的事业。

宽文年号还不甚久的或一年的三月间,八弥穿起不惯的草鞋来,上了复仇的道了。在多度津的港里作为埠头的金比罗船,将八弥充了坐客的

---

① 该小说作者为日本新思潮派重要作家菊池宽(1888—1948)。《现代日本小说集》共收录菊池宽2篇小说:《三浦右卫门的最后》和《复仇的话》。《复仇的话》也见于《报恩的故事》(1918)中。——编者注

数,就那吹拂着濑户内海的春风张了满帆,直向大阪外,溜也似的在海上走去了。

他靠着船的帆樯,背着小侯所赐的天正祐定的单刀,一个人蹲着。渐渐的离了陆地,他的心中的激动也就渐渐的平稳起来,连母亲的严重的训戒,小侯的激励的言语,那效果也都梦一般的变了微漠,在他心里,只剩了继激昂之后而起的倦怠和淡淡的哀愁。他对于那与自己绝不相干的生前的事故,也支配着自己的生涯这一件事实,不能不痛切的感到了。他在先前,其实并没有很想着父亲的事。因为他的母亲既竭力的不使他觉得无父的悲哀,又竭力的在他听觉里避去"父亲"这词句,而且他自从服侍小侯以后,几乎感不到对于父亲的要求。因为他的生活是既幸福,又丰裕的。然而一到十七,却于瞬息中,应该对于先前不很想到的父亲有人子之爱,又对于先前毫不知道的前川谁某有作为敌人的大憎恶了。这是他的教养和周围,教给他对于父母的仇人须有十分的敌意的。

八弥曾经各样的想象那敌人的脸。因为他的母亲是不甚知道这敌人前川的。前川和八弥的父亲,本来是无二的好朋友,但是结婚未久的新家庭,前川不敢草率,便少有来访的事了。

于是八弥不得不访问些知道前川的人,探问他的容貌去。恳切的人们便各样的绞出十七八年前的记忆来,想满八弥的意。然而这些人们所描的印象,无论怎样缀合,八弥也终于想不定仇敌的形容。于是八弥没有法,只好从小侯的藏书中,取了藩中画师所画的《曾我物语》里的工藤的脸作为基本,再加一些修改,由此想象出敌人的脸相来。他竭力的从可恶这一面想;因为他以为觉得可恶,便容易催起杀却的精神。但那脸相的唯一的特征,却只知道右脸上有一颗的黑痣。

船舶暂时循着赞岐的海岸走,但到高松港一停之后,便指了浪华一直驶去了。

敌人有怎样强,八弥是不知道。但他从幼小时候以来,便谨守着母亲的"修炼武艺,比什么都紧要"的教训,于剑法一端,是久已专心致志的。

他那轻捷而大胆的刀路,藩中的导师早就称扬。八弥的母亲教他负了复仇的事情,也就因为得了这导师的保证。

他对于复仇这一件事,也夹着些许的不安,但大体却觉得在绚烂的前途中,仿佛正有着勇猛的事,美善的事。所谓复仇,固不测有怎样的难,然而这是显赫的不枉为人的事业,却以为是确凿的。他的心,也很使自己的事务起了狂热了。

一到安治川,他歇在船寓里,再出去一看浪华的街。所有繁华的市街,他都用了搜求仇敌的心情看着走。

大约一月之后到了京都的八弥,便历访京都的宏丽的寺院;走过了室町和乌丸通这些繁华的市街;每天好几回,经过那横在鸭川上面的四条五条三条桥,听得拟声游戏的笛音和大鼓。然而京都的名胜古迹处,并没有敌人。没有敌人的祇园和岛原和四条中岛,从他看来,都不过是干燥无味的处所罢了。

他从京都动身,是初夏的一日里。舍了正在鲜活的新绿的清晨中的京都,他向江户去了。

从京都经过大津,在瀬田的桥边,他因为要午餐,寻到了一个茶店。到正午本来还略早,但他觉得有些口干,所以想要歇息了。他吃些这里有名的鲫鱼。不管那茶店使女含着爱娇的交谈,他只是交了臂膊,暗忖着怎样才可以发见他的仇敌。忽而听到什么地方有和自己一样的带些赞岐口音的说话了。他早就感了轻度的兴奋,便向声音这方面看。这是从正对琵琶湖的隔离的屋子里出来的。照说话的口吻,总该是武士。赞岐口音的武士,这正是他正在搜寻的敌人的一个要件。他不由的将放在旁边的祐定的单刀拉近身边了。这其间,那武士骂着使女,莽撞的从离开的屋子来到店面里。已颇酩酊的武士用了泥醉者所特有的奇妙的步法,向着门外走,一面又忽然和八弥打了一个照面。武士的心里,便涌起轻微的恶意来。

"看起来,还是年青的武士,大约是初出门哩。哈哈哈⋯⋯"他嘲笑八弥似的笑了。八弥愤然了扬起那美秀的眼睛,不转瞬的看着对手。

八弥不能不憎恶这武士了。颧骨异常之高；那鼻子，也如犹太人一般，在中途突出鼻梁来；而且那藏着恶意的眼色，尤其足够唤起八弥的嫌恶的心情。他想，自己的敌人也是这样的男子才好；他又想，倒不如这人便是前川孙兵卫就更好了。其实从口音上，已经很可疑。他用冷静的意志来镇定了激昂，他想试探这武士看。

"实在是的。初出门，总有些不便可。"他驯良的回答说。

"一看那肩上带着木刀，该是武者修业罢，哈哈……也能使么?"他对于稚弱的八弥，要大加嘲弄的意志，已经很分明了。

八弥因为要知道对手的生平，格外忍了气。

"很冒昧，看足下像是赞岐的人……"八弥淡然的问。

"诚然是生驹浪人呵，因为杀人，出了国的。虽然是有着仇敌的身子，脑袋却还连在颈子上，即使有父母之仇，目下的武士倒也仿佛很安闲哩。这真是天下太平的世界了。哈哈哈……"他漏出侮辱一切有着仇敌的人们的嘲笑来。八弥想，若是生驹浪人，则也许便是自己的仇敌，用着这样的假名字，但对于出去复仇的人们的侮辱，却更其激动了他的心了。要将作为一种手段的沉静，更加继续下去，则八弥还是太年少。他看定对手，双瞳烂然的发了光。

"哈，脸色变了，看来你也有仇人罢，哈哈哈……用那细臂膊，莫说敌人，也未见得能砍一条狗。"一面说，武士在自己任意的极口的痛骂里，觉着快感似的，又大声哈哈的笑。

八弥已经不能忍了。他忘却了有着敌人的紧要的身体了。这男子，并不是自己的仇雠的孙兵卫，那是只一看颊上没有痣，早就知道了的，然而还缺乏于感情的节制的他，却不能使怒得发抖的心，归到冷静里去了。他左手拿了刀，柱起来叫喊说：

"哪，怎么说！一条狗能砍不能砍，那么，请教罢。"他的声音上，微微的带些抖。

那武士以为八弥的战栗因为恐怖，便愈加嗤笑了。

"有趣！领教罢。"他不以为意的答了话，一面从茶店里，跄跄踉踉的走到大路的中央。将那长的不虚发的佩刀,叫一声咄,便出了鞘。

好个八弥,居然很沉静。在檐下卸了背上的行囊,缚好了草鞋的纽,濡湿了祐定的刀的柄上的钉,就此亮着,走向敌手了。

那武士,最初是以微笑迎敌的,但八弥砍进一刀去的时候,那武士分明就狼狈了。他吃惊于这少年的刀风的太锐利。他后悔自己的孟浪了。而这样的气馁的自觉,又更使这武士陷入不利的地位去。他渐渐被八弥占了上风,穷追到濑田的桥的栏边,已经没有后退的余地了。感到了性命的危急的他,耸起身来,想跳过栏干,逃到河里去;但实行了他的意志的,却只有他的头颅。因为乘着要跳的空,八弥便给了从旁的一劈。

八弥完结了这杀人的事,回到故我的时候,他便已后悔起来。而对于敌人已想逃入水中,还要穷追落手的血气,尤其后悔了。但远远的立着旁观的人们却都来祝八弥的成功。其中几个怀着好意的人还来帮八弥结束,劝他乘村吏未到,事情还未纠缠之前,先离开了这处所。

八弥离开了濑田桥,走到草津的时候,最初的悔恨早经消失了。他很诧异杀人有这样的容易。他觉得先前以为重负的复仇,忽而仿佛是一件传奇的冒险了。因为觉得不过是上山打猎,追赶野猪似的,血腥的略带些危险的冒险。而且他对于自己的手段,也因此得了自信。他涌起灿烂的野心来,以为在路上再加修炼,则无论怎样的强敌,也可以唾手而得的了。他于是比先前更狂热于复仇,指着江户,强烈的走着东海道的往来的土地。

然而复仇的事,却并非如八弥最先所想象的灿烂的事情;这是一件极要忍耐的劳作。在这年的盛夏里,上了江户的他,一直到年底,留在江户,访求敌人的踪迹,但都不过是空虚的努力。第二年,下了中仙道到大阪,远眺着故乡的山,试进了山阳道向长州去。然而这些行旅,也只是等于追逐幻景的徒劳。第三年的春天,他连日在北陆的驿路中,结他客枕的夜梦,但到处竟不见一个可以疑是仇敌的人。他在仙台的青叶城下迎了二十岁的春季,已经是第四年了。他也常常记起故乡,想赶急报了仇,早得了归乡的欢喜。他看那杀却敌手,已没有些许的不安。四年间的巡行修业,早使他本领达了名人之域了。况且在冒险的旅行中,也有过许多斩夜盗杀山贼的事迹。他觉得无论敌人如何强,帮手怎样多,要取那目的的敌人,只是易于反掌的事罢了。

在具备了杀敌的资格的他,虽然想,愿早显了体面的行动,达到他的本怀,但有着唯一的问题,便是与那仇雠的邂逅。

二十一岁的春天的开头。八弥想从中仙道入信越,便离开江户,在上洲间庭的樋口的道场里,勾留了四五天,于是进了前桥的酒井侍从的城下。报仇的费用,是受着本藩的充足的供给的,所以他大抵宿在较好的客寓里。这一夜,也寓在胁本阵上野屋太兵卫的家中。

晚饭之后,他写了习惯了的旅行日记,然后照例是就寝。他刚要就寝,搁下日记的笔来,向着廊下的格子门推开了。回头去看,俯伏在那里的是一个按摩。

“贵客要按摩么?”他一面说,一面又低了头。这一天,八弥在樋口的道场里,和门人们交了几十回手,他的肩膀颇觉重滞了。

“阿阿,按摩么,来得正好,教揉一揉罢。”八弥说。盲人将他非常憔悴的身子,静静的近了八弥,慢慢的给他揉肩膀。指尖虽没有什么力,但他却很知道揉着要点的。而且这按摩,又和在各处客寓里所见的不相同,沉默得很特别。在主客的沉默中,盲人逐渐的揉得入神了。八弥有些想睡觉,因为祛睡,便和这盲人谈起话来。

“你很像是中年盲目似的。”

“诚然,三十三岁失明的。因为感觉钝,什么都不方便哩。”他用了分明的声音,极低的回答,八弥一听这,对于盲人的口音觉得诧异了。

“你的本籍是那里呢?”八弥的声音有些凛然了。

“是四国。”

“四国的那里?”

“是赞岐。”

“高松领么,丸龟领么?”八弥焦急起来了。

“丸龟领。”

"百姓，还是商人呢？"

"提起来惭愧煞人，本来也还是武士哩。"盲人在他的话里，闪出几分生来带着的威严来。

"是武士，那便是京极府的浪人了。"一面说，八弥仰起头，看定了盲人的脸。虽然是行灯的光，但在盲人的青苍的脸上，却清清楚楚的看见了仇敌唯一的目标的黑痣。

八弥伸出右手，攫住了盲人的手腕。

"你不叫前川孙兵卫么？怎的？"他说；用力一拉，盲人毫没有什么抵抗，跄跄踉踉的跌倒了。

"怎么，你不叫前川孙兵卫么，是罢？"他又焦急起来。

盲人当初有些吃惊，但也就归于冷静了。

"惭愧，你说的是对的。那么，你呢？"他的声音丝毫没有乱。

"招得好。我是，死在你手里的铃木弥门的独子，名叫八弥。觉悟罢，已经逃不脱了！"

盲人很惊骇；他暂时茫然了。在那灰色的无所见的眼睛里，分明可以见得动着强烈的感情。但是那吃惊，又似乎并不在自己切身的危险。

"怎么怎么，弥门君却有一个儿子么？那么，那时候，八重夫人是正在怀孕的了。……既这样，你今年该是二十一岁了罢。……要对我来复仇，我知道了。正是漂泊的途中，失了明，厌倦了性命的时候。我也居然要放临死的花了。"盲人断断续续的说出话来，临末又添了凄凉的一笑。他那全盘的言话里，觉得弥满着怀旧的心绪，以及平稳的谦虚的感情。

八弥一切都出了意外。他愿意自己的敌手，是一个濑田桥畔所遇到一般的刚愎骄傲的武士的。愿意是一个只要看见这人，那憎恶与敌忾便充满了心中的武士。然而此刻在眼前访得的仇敌，却是一个半死的盲人。他不由的觉着非常之失望了。况且这盲人说到八弥父母的名字时，声音中藏着无限的怀念。他从来没有听到过称他父亲的名字时候，有人用了这样眷念的声音。八弥对着仇敌，被袭于自己全未豫料的感情，没有法，只是续着沉默。于是盲人又接下去说：

"死在弥门君的遗体的你手里,也就没有遗憾了。然而,在这里,却怕这照顾我多年的旅店要受窘;很劳驾,利根川的平野便在近旁,我就来引导罢。请,结束起来。"

盲人很稳静。八弥仿佛发了病似的,茫然的整了装束,茫然的跟着盲人。寓中的人们都抱着奇妙的好奇心,默送这两人的出去。到街上,两人暂时都无言。走了几步,盲人问讯道:

"冒昧的很,敢问令母上康健么?"

"平安的。"八弥回答说,那声音已不像先前一般严峻了。

"弥门君和我,是世间所谓竹马的朋友。什么事都契合,真好到影之与形一样的,然而时会招魔罢,而且那一夜,我们两人都酩酊了。有了那一件错失之后,我本想便在那地方自己割了腹,但因为家母的劝阻,只好去国了,这实在是我的一生的失策。直到现在,二十一年中,无一夜不苦于杀了弥门君的悔恨。弥门君没有后,以为复仇是一定无人的了,谁知道竟遇到你,给我可以消灭罪愆,那里还有此上的欣喜呢。……身为武士,却靠着商人们的情来度日,原也不是本怀。……这笛子也就无用了。"他说着,将习惯上拿在右手带来的笛子抛在空地里。

八弥在先前,便努力的要提起对于这盲人的敌忾心来,但觉得这在心底里,什么时候都崩溃了。他也将那转辗的遇着杀父之仇却柔软了的自己的心,呵斥了许多回。然而在他,总不能发生要绝灭这盲人的存在的意志。他想起自己先前在各样景况之下,杀人有那样的容易,倒反觉得奇怪了。

盲人当未到河畔数町的时候,说些八弥的父亲的事情。他似乎在将死时,怀着青年时代的回想。八弥从这盲人的口里,这才知道了父亲的分明的性格,觉得涌出新的眷慕来。但对于亡父怀着新的眷慕,却决不就变了对于盲人的恶意。而且盲人最后说,不能一见八弥,这是深为遗憾的。

于是在这异样的同伴之前,现出月光照着的利根川的平野来了。盲人又抛下了他的杖,并且说:

"八弥君,很冒昧,请借给你的添刀罢。我辈也是武士,拱手听杀,是

不肯的。"他借了八弥的添刀,摆出接战的身段。这只是对于八弥的好意
的虚势,是明明白白的。

八弥只在心里想。杀一个后悔着他的过失,自己也否定了自身的生
存的人,这算是什么复仇呢,他想。

"八弥君胆怯了么? 请,交手罢!"

盲人大声的叫喊,这叫喊在清夜的河原上,传开了哀惨的声音。八弥
是交叉着两腕沉在思想里了。

第二天的早晨,河原附近的人们在这里看见了一个死尸。然而这是
盲人孙兵卫的尸体,却到后来才知道,因为那死尸是没有头的。而且那死
尸,肚子上有一条挺直的伤,又似乎是本人的自杀。

八弥提着敌人的首级还乡了。而且还得了百石的增秩。但因为他在
什么地方报仇,在什么时候报仇,没有说明白,所以竟有了敌人的首级是
假首级的谣言。甚而至于毁谤他是不能报仇的胆怯者。不知是就为此,
或者为了别事,他不久便成为浪人了。延宝年间,江户的四谷坂町有一个
称为铃木若狭的剑客,全府里都震服于他的勇名。有人说,这就是八弥的
假名字。

罗生门①

［日本］芥川龙之介

是一日的傍晚的事。有一个家将,在罗生门下待着雨住。

宽广的门底下,除了这男子以外,再没有别的谁。只在朱漆剥落的大的圆柱上,停着一匹的蟋蟀。这罗生门,既然在朱雀大路上,则这男子之外,总还该有两三个避雨的市女笠和揉乌帽子②的。然而除了这男子,却再没有别的谁。

要说这缘故,就因为这二三年来,京都是接连的起了地动,旋风,大火,饥馑等等的灾变,所以都中便格外的荒凉了。据旧记说,还将佛像和佛具打碎了,那些带着丹漆,带着金银箔的木块,都堆在路旁当柴卖。都中既是这情形,修理罗生门之类的事,自然再没有人过问了。于是趁了这荒凉的好机会,狐狸来住,强盗来住;到后来,且至于生出将无主的死尸弃在这门上的习惯来。于是太阳一落,人们便都觉得阴气,谁也不再在这门的左近走。

反而许多乌鸦,不知从那里都聚向这地方。白昼一望,这鸦是不知多少匹的转着圆圈,绕了最高的鸱吻,啼着飞舞。一到这门上的天空被夕照映得通红的时候,这便仿佛撒着胡麻似的,尤其看得分明。不消说,这些乌鸦是因为要啄食那门上的死人的肉而来的了。——但在今日,或者因为时刻太晚了罢,却一匹也没有见。只见处处将要崩裂的,那裂缝中生出长的野草的石阶上面,老鸦粪粘得点点的发白。家将将那洗旧的红青袄子的臀部,坐在七级阶的最上级,恼着那右颊上发出来的一颗大的面疱,

---

① 该小说作者为日本新思潮派重要作家芥川龙之介(1892—1927)。《现代日本小说集》共收录芥川龙之介2篇小说:《鼻子》和《罗生门》。《罗生门》曾发表在1921年6月14日至17日的北京《晨报》第7版《小说栏》上。——编者注

② 市女笠是市上的女人或商女所戴的笠子。乌帽子是男人的冠,若不用硬漆,质地较为柔软的,便称为揉乌帽子。——译者注

惘惘然的看着雨下。

著者在先,已写道"家将待着雨住"了。然而这家将便在雨住之后,却也并没有怎么办的方法。若在平时,自然是回到主人的家里去。但从这主人,已经在四五日之前将他遣散了。上文也说过,那时的京都是非常之衰微了;现在这家将从那伺候多年的主人给他遣散,其实也只是这衰微的一个小小的余波。所以与其说"家将待着雨住",还不如说"遇雨的家将,没有可去的地方,正在无法可想",倒是惬当的。况且今日的天色,很影响到这平安朝①家将的 Sentimentalisme 上去。从申末下开首的雨,到酉时还没有停止模样。这时候,家将就首先想着那明天的活计怎么办——说起来,便是抱著对于没法办的事,要想怎么办的一种毫无把握的思想,一面又并不听而自听著那从先前便打着朱雀大路的雨声。

雨是围住了罗生门,从远处洒洒的打将过来。黄昏使天空低下了;仰面一望,门顶在斜出的飞甍上,支住了昏沉的云物。

因为要将没法办的事来怎么办,便再没有工夫来拣手段了。一拣,便只是饿死在空地里或道旁;而且便只是搬到这门里来,弃掉了像一只狗。但不拣,则——家将的思想,在同一的路线上徘徊了许多回,才终于到了这处所。然而这一个"则",虽然经过了许多时,结局总还是一个"则"。家将一面固然肯定了不拣手段这一节,但对于因为要这"则"有着落,自然而然的按上来的"只能做强盗"这一节,却还没有足以积极的肯定的勇气。

家将打一个大喷嚏,于是懒懒的站了起来。晚凉的京都,已经是令人想要火炉一般寒冷。风和黄昏,毫无顾忌的吹进了门柱间。停在朱漆柱上的蟋蟀,早已跑到不知那里去了。

家将缩着颈子,高耸了衬着淡黄小衫的红青袄的肩头,向门的周围看。因为倘寻得一片地,可以没有风雨之患,没有露见之虑,能够安安稳稳的睡觉一夜的,便想在此度夜的了。这其间,幸而看见了一道通到门楼上的,宽阔的,也是朱漆的梯子。倘在这上面,即使有人,也不过全是死人

———————————

① 西历七九四年以后的四百年间。——译者注

罢了。家将便留心着横在腰间的素柄刀,免得他出了鞘。抬起登着草鞋的脚来,踏上这梯子的最下的第一级去。

于是是几分时以后的事了。在通到罗生门的楼上的,宽阔的梯子的中段,一个男子,猫似的缩了身体,屏了息,窥探着楼上的情形。从楼上漏下来的火光,微微的照着这男人的右颊,就是那短须中间生了一颗红肿化脓的面疱的颊。家将当初想,在上面的只不过是死人;但走上二三级,却看见有谁明着火,而那火又是这边那边的动弹。这只要看那昏浊的黄色的光,映在角角落落都结满了蛛网的藻井上摇动,也就可以明白了。在这阴雨的夜间,在这罗生门的楼上,能明着火的,总不是一个寻常的人。

家将是蜥蜴似的忍了足音,爬一般的才到了这峻急的梯子的最上的第一级。竭力的帖伏了身子,竭力的伸长了颈子,望到楼里面去。

待看时,楼里面便正如所闻,胡乱的抛着几个死尸,但是火光所到的范围,却比豫想的尤其狭,辨不出那些的数目来。只在朦胧中,知道是有赤体的死尸和穿衣服的死尸;又自然是男的女的也都有。而且那些死尸,或者张着嘴或者伸着手,纵横在楼板上的情形,几乎令人要疑心到他也曾为人的事实。加之只是肩膀胸脯之类的高起的部分,受着淡淡的光,而低下的部分的影子却更加暗黑,哑似的永久的默着。

家将逢到这些死尸的腐烂的臭气,不由的掩了鼻子。然后那手,在其次的一刹那间,便忘却了掩住鼻子的事了。因为有一种强烈的感情,几乎全夺去了这人的嗅觉了。

那家将的眼睛,在这时候,才看见蹲在死尸中间的一个人。是穿一件桧皮色衣服的,又短又瘦的,白头发的,猴子似的老妪。这老妪,右手拿着点火的松明,注视着死尸之一的脸。从头发的长短看,那死尸大概是女的。

家将被六分的恐怖和四分的好奇心所动了,几于暂时忘却了呼吸。倘借了旧记的记者的话来说,便是觉得“毛戴”起来了。随后那老妪,将松明插在楼板的缝中,向先前看定的死尸伸下手去,正如母猴给猴儿捉虱一般,一根一根的便拔那长头发。头发也似乎随手的拔了下来。

那头发一根一根的拔了下来时,家将的心里,恐怖也一点一点的消去了。而且同时,对于这老妪的憎恶,也渐渐的发动了。——不,说是"对于这老妪",或者有些语病;倒不如说,对于一切恶的反感,一点一点的强盛起来了。这时候,倘有人向了这家将,提出这人先前在门下面所想的"饿死呢还是做强盗呢"这一个问题来,大约这家将是,便毫无留恋,拣了饿死的了。这人的恶恶之心,宛如那老妪插在楼板缝中的松明一般,蓬蓬勃勃的燃烧上来,已经到了如此。

那老妪为什么拔死人的头发,在家将自然是不知道的。所以照"合理的"的说,是善是恶,也还没有知道应该属于那一面。但由家将看来,在这阴雨的夜间,在这罗生门的上面,拔取死人的头发,即此便已经是无可宽恕的恶。不消说,自己先前想做强盗的事,在家将自然也早经忘却了。

于是乎家将脚一蹬,突然从梯子直蹿上去;而且手按素柄刀,大踏步走到老妪的面前。老妪的吃惊,是无须说得的。

老妪一瞥见家将,简直像被弩机弹着似的,直跳起来。

"哒,那里走!"

家将拦住了那老妪绊着死尸跟跄想走的逃路,这样骂。老妪冲开了家将,还想奔逃。家将却又不放伊走,重复推了回来了。暂时之间,默然的叉着。然而胜负之数,是早就知道了的。家将终于抓住了老妪的臂膊,硬将伊捺倒了。是只剩着皮骨,宛然鸡脚一般的臂膊。

"在做什么? 说来! 不说,便这样!"

家将放下老妪,忽然拔刀出了鞘,将雪白的钢色,塞在伊的眼前。但老妪不开口。两手发了抖,呼吸也艰难了,睁圆了两眼,眼珠几乎要飞出窠外来,哑似的执拗的不开口。一看这情状,家将才分明的意识到这老妪的生死,已经全属于自己的意志的支配。而且这意志,将先前那炽烈的憎恶之心,又早在什么时候冷却了。剩了下来的,只是成就了一件事业时候的,安稳的得意和满足。于是家将俯视着老妪,略略放软了声音说:

"我并不是检非违使①的衙门里的公吏;只是刚才走过这门下面的一个旅人。所以并不要锁你去有什么事。只要在这时候,在这门上,做著什么的事,说给我就是。"

老妪更张大了圆睁的眼睛,看住了家将的脸;这看的是红眼眶,鸷鸟一般锐利的眼睛。于是那打皱的,几乎和鼻子连成一气的嘴唇,嚼着什么似的动起来了。颈子很细,能看见尖的喉节的动弹。这时从这喉咙里,发出鸦叫似的声音,喘吁吁的传到家将的耳朵里:

"拔了这头发呵,拔了这头发呵,去做假发的。"

家将一听得这老妪的答话是意外的平常,不觉失了望;而且一失望,那先前的憎恶和冷冷的侮蔑,便同时又进了心中了。他的气色,大约伊也悟得。老妪一手仍捏着从死尸拔下来的长头发,发出虾蟆叫一样声音,格格的,说了这些话:

"自然的,拔死人的头发,真不知道是怎样的恶事呵。只是,在这里的这些死人,都是,便给这么办,也是活该的人们。现在,我刚才,拔着那头发的女人,是将蛇切成四寸长,晒干了,说是干鱼,到带刀②的营里去出卖的。倘使没有遭瘟,现在怕还卖去罢。这人也是的,这女人去卖的干鱼,说是口味好,带刀们当作缺不得的菜料买。我呢,并不觉得这女人做的事是恶。不做,便要饿死,没法子才做的罢。那就,我做的事,也不觉得是恶事。这也是,不做便要饿死,没法子才做的呵。很明白这没法子的事的这女人,料来也应该宽恕我的。"

老妪大概说了些这样意思的事。

家将收刀进了鞘,左手按着刀柄,冷然的听着这些话;至于右手,自然是按着那通红的在颊上化了脓的大颗的面疱。然而正听着,家将的心里却生出一种勇气来了。这正是这人先前在门下面所缺的勇气。而且和先前跳到这门上,来捉老妪的勇气,又完全是向反对方面发动的勇气了。家

---

① 古时的官,司追捕,纠弹,裁判,讼诉等事。——译者注
② 古时春宫坊的侍卫之称。——译者注

将对于或饿死或做强盗的事,不但早无问题;从这时候的这人的心情说,所谓饿死之类的事,已经逐出在意识之外,几乎是不能想到的了。

"的确,这样么?"

老妪说完话,家将用了嘲弄似的声音,复核的说。于是前进一步,右手突然离开那面疱,捉住老妪的前胸,咬牙的说道:

"那么,我便是强剥,也未必怨恨罢。我也是不这么做,便要饿死的了。"

家将迅速的剥下这老妪的衣服来;而将挽住了他的脚的这老妪,猛烈的踢倒在死尸上。到楼梯口,不过是五步。家将挟着剥下来的桧皮色的衣服,一瞬间便下了峻急的梯子向昏夜里去了。

暂时气绝似的老妪,从死尸间挣起伊裸露的身子来,是相去不久的事。伊吐出唠叨似的呻吟似的声音,借了还在燃烧的火光,爬到楼梯口边去。而且从这里倒挂了短的白发,窥向门下面。那外边,只有黑洞洞的昏夜。

家将的踪迹,并没有知道的人。

竖 琴①

竖 琴②

［苏联］V. 理定

快些,歌人呀,快些。

这里有黄金的竖琴。

————莱尔孟多夫————

　　早上。水手们占领了市镇。运来了机关枪,掘好壕堑。躺了等着。一天,又一天。药剂师加莱兹基先生和梭罗木诺微支————面粉厂主————,是市的委员。跑到支队长的水手蒲什该那里去。蒲什该约定了个人,住宅,信仰,私产,酒仓的不侵。市里放心了。在教会里,主唱是眼向着天空唱歌。梭罗木诺微支为水手们送了五袋饼干去。水手们是在壕堑里。吸着香烟。和市人也熟识起来了。到第三天,壕堑里也住厌了。没有敌人。傍晚时候,水手们便到市的公园里去散步。在小路上,和姑娘们大家开玩

---

① 《竖琴》为鲁迅翻译编辑的苏联"同路人"作家小说集,除了前记和后记,共收录 10 篇小说,1933 年 1 月由上海良友图书印刷公司出版。————编者注

② 该小说为小说集《竖琴》同名小说,作者为苏联"同路人"作家 V. 理定(Vladimir Lidin)(1894—1979),鲁迅根据 1928 年 8 月日本平凡社出版的《新兴文学全集》第 28 卷《露西亚篇 III》中村田春海的《往日故事》日译本转译。————编者注

笑。第四天早晨,还在大家睡着的时候,连哨兵也睡着的时候——驶到了五辆摩托车,从里面的掩盖下跳出了戴着兜帽的兵士。放步哨,在邮政局旁大约射击了三十分钟。于是并不去追击那用船逃往对岸的水手们,而占领了市镇。整两天之间,搜住户,罚行人,将在银行里办事,毫无错处的理孚庚枪毙了。其次,是将不知姓名的人三个,此后,是五个。夜里在哨位上砍了两个德国人。一到早上,少佐向市里出了征发令。居民那边就又派了代表来,加莱兹基先生和梭罗木诺微支。少佐动着红胡子,实行征发了。但到第二天,不知从那里又开到了战线队,砍了德国人,杀了红胡子少佐,——将市镇占领了。从此以后,样样的事情就开头了。

战线队也约定了个人和信仰的不侵。古的犹太的神明,又听到了主唱的响亮的浩唱。——但是,在早上,竟有三个坏人将旧的罗德希理特的杂货店捣毁了。日中,开手抢汽水制造厂。居民的代表又去办交涉。军队又约了不侵。——然而到晚上,又有三个店铺和梭罗木诺微支自己的事务所遭劫。暴动是九点钟开头的,——到十一点,酒仓就遭劫。——于是继续了两昼夜。在第三天,亚德曼队到了。彻夜的开枪。——到早上,赶走了战线队,亚德曼队就接着暴动。后来,绿军将亚德曼队赶走了。于是来了蓝军——乔邦队。最后,是玛沙·珊普罗瓦坐着铁甲摩托车来到。戴皮帽,着皮袄,穿长靴,还带手枪。亲手枪毙了七个人,用鞭子抽了亚德曼,黑眼珠和油粘的卷发在发闪……自从玛沙·珊普罗瓦来到以后,暴动还继续了三昼夜。——总计七昼夜。这七天里,是在街上来来往往,打破玻璃,将犹太人拖来拖去,拉长帽子,偷换长靴……犹太人是躲在楼顶房或地下室里。教会呢,跪了。教士呢,做勤行,教区人民呢,划了十字。夜里,在市边放火了,没有一个去救火的。

十七个犹太人在楼顶房里坐着。用柴塞住门口。在黑暗中,谁也不像还在活着。只有长吁和啜泣和对于亚陀那的呼吁。——你伟大者呀,不要使你古旧之民灭亡罢。——而婴儿是哭起来了——哇呀,哇呀!——生下来才有七个月的婴儿。——听我们罢,听罢……你们竟要使我们灭么?……给他喝奶罢。——我这里没有什么奶呀……——谁有奶呢,喂,谁这里有奶呢? 给孩子喝一点罢,他要送掉我们的命了……——静一静罢,好孩子……阿阿,西玛·伊司罗蔼黎,静着,你是好孩子呀……——听见的罢,在走呢,下面在走呢,走过去了……——如果没有奶,我可真不知道怎么办才好了。——按住那孩子的嘴罢,按住那孩子的嘴罢,不给人们听到那么地……——走过去了。走了许多时。敲了门。乱踢了柴。走过去了。

穿着棉衣,眼镜下面有着圆眼睛的年青的男人,夜里,在讲给芳妮·阿里普列息德听。——懂么,女人将孩子紧紧的按在胸脯上,紧按着一直到走过去了之后的——待到走过之后,记得起来,孩子是早已死掉了……我就是用这眼睛在楼顶房里看见的。后来便逃来了——我一定要到墨斯科去。去寻正义去……正义在什么地方呢? 人们都说着,正义,是在墨斯科的。

芳妮和他同坐在挂床下的地板上。她也在回墨斯科。撇下了三个月的漂流和基雅夫以及阿兑塞的生活——芳妮是正在归向陀尔各夫斯基街的留巴伯母那里去……货车——胀满了的,车顶上和破的食堂车里,到处绑扎着人们和箱子和袋子的货车——慢慢地爬出去了。已经交冬,从树林漂出冷气,河里都结了冰。火车格格地响了,颠簸了。人掉下去了。挂床格格地响了——替在挂床上的短发姑娘拉过外套去。那是一位好姑娘。忽然间,火车在野地里停止了。停到有几点钟。停到有一昼夜。旅客挑了锯子和斧头在手里,到近地的树林里去砍柴。到早上,烧起锅炉来。柴木滴着树液,压了火,很不容易烧。火车前去了。夜也跑了。雪的白天也跑了。到夜里,站站总是钻进货车的黑暗中来。是支队上来了。用脚拨着搜寻,乱踢口袋一阵。在叫作"拉士刚那耶"这快活的小站里,将冻死人搬落车顶来,外套好像疥癣。女人似的没有胡子的脸。鼻孔里结着霜。再过一站——水手来围住了。车也停止了。说是没有赶走绿军之间,不给开过去。绿军从林子里出来,占领了土冈,在土冈上,恰如克陀梭夫模样——炮兵军曹凯文将手放在障热版上,眺望了周围。火车停在烧掉了的车站上。旅客在货车里跳舞。水手拿着手榴弹,在车旁边徘徊。

夜里,有袭击。机关枪响,手榴弹炸了——是袭击了土冈。到早上,将绿军赶走了。火车等着了。车头哼起来了。前进了。于是又经过了黑的村落,烧掉了的车站,峡间的雪,深渊等——俄罗斯,走过去了。

这么样子地坐在挂床下面走路。回到陀尔各夫斯基街去的芳妮和药剂师亚伯拉罕·勃兰的儿子,因寻正义而出门的雅各·勃兰。在他们的挂床底下,有着支队没有搜出的面包片。吃面包,掠头发。雅各·勃兰说——多么糟呀……连短外套都要烧掉的罢。

墨斯科的芳妮那里,还有伯父,有伯母。有白的摆着眠床的小屋子,有书。——芳妮听讲义。后来,来了一个男人。是叫作亚历山大·希略也夫的,刮了胡子,有着黑的发火似的眼和发沙的有威严的声音的男人。开初,是随便戴着皮帽,豁开着外套的前胸的。——但后来向谁抛了一个炸弹以后——三天没有露面,这回是成了文官模样跑来了。——为了煽动,又为了造反,动身向南方去了。——那黑的发火似的眼,深射了芳妮的心。抛了讲义,抛了伯母,抛了白的小屋子——跟着他走了。放浪了。住在有溜出的路的屋子里。夜里,也曾在间道上发抖——从谁(的手里)逃脱了,住在基雅夫。住在阿兑塞。——后来,又向谁抛了炸弹。夜里,前来捉去了赛希加。早晨,芳妮去寻觅了,也排了号数,做祷告——寻觅了五天。到第六天,报纸上登出来了。为了暴动,枪毙了二十四个人。亚历山大·希略也夫,即赛希加,也被枪毙了……

雅各·勃兰说——大家都来打犹太人,似乎除打犹太人以外,就没有事情做。——入夜,月亮出来了,在雪的土冈上的空中辉煌。第二天的早晨,市镇耸立在藤花色的雾气里,是墨斯科耸立着了。火车像野猪一般,蹒跚着,遍身疮痍地脏着走近去。从车顶上爬下来。在通路上搜检口袋,打开饼干。泥泞的地板上,外套成捆的躺着。街市是白的。人们拉着橇。女人争先后。在广场里,市场显得黑黝黝。雅各·勃兰拖着芳妮的皮包和自己的空的一个,一路走出去。眼睛在眼镜后面歪斜了。脏的汗流在脸上了。运货摩托车轰轧着。十字广场上,半破的石膏象屹立着。学生们在第二段上慌张。一手拿书籍,一手拿着火烧的柴。挨先后次序排好了。许多工夫,经过了长的街道。许多人们在走。张了嘴在拉,拖,休息。孩子们拿着卷烟,在角落里叫喊。店铺的粉碎的玻璃上,发了一声烈响,铁掉下来了。骑马的人忽而从横街出现了。拿着枪。飘着红旗。马喷着鼻子——颠簸着跑过去了。居民慌忙走过去。不多久,露在散步路上的普式庚(象)的肩上,乌鸦站着了。芳妮是听过罗马史的讲义的,有着罗马人的侧脸的志愿讲师,在拉那装着袋子的小橇。从袋子里漏着粉。他的侧脸也软了,看去早不像罗马人了。大张着嘴巴。——他站住了,脱一脱帽。冲上热气来。雅各·勃兰到底将芳妮的皮包运到升降口了。揩着前额,约了再会,握手而去了。向雪中,向雾中,提着自己的空空的皮包,寻求着正义。雅各·勃兰做了诗,他终于决计做成一本书,在墨斯科出版——雅各·勃兰已经和血和苦恼和暴动告别——他开始新的生活了。

芳妮将皮包拖上了五层楼。楼阶上挂着冰箸。房门格格地响。从梯盘上的破窗门里,吹进风来。留巴伯父,莱夫·留复微支·莱阿夫,先前是住在三层楼上的,后来一切都改变了。先前是主人的住房的三层楼上——现在是住着兑穆思先生。运货摩托车发着大声,从郊外的关门的多年的窠里,将他攧下来了。——渥孚罗司先生是三天为限,赶上了上面的四层楼——这就是,被赶到和神相近,和水却远,狭窄的地方去了。但是,刚刚觉得住惯,就被逐出了。五层楼的二十四号区里,和留巴伯父一起,是住着下面那样的人们——眼下有着三角的前将军札卢锡多先生(七号室)。军事专门家琦林,以及有着褪色的扇子和写着"歌女慈泼来微支·慈泼来夫斯卡耶"的传单,和叫作喀力克的蓝眼睛的近亲的私生子,穿着破后跟靴子的小公爵望德莱罗易的慈泼来微支·慈泼来夫斯卡耶(十三号室)。然而,无论是渥孚罗司先生,兑穆思先生,戏子渥开摩夫先生,有着灰色眼球,白天是提着跳舞用的皮包跑来跑去的梭耶·乌斯班斯卡耶小姐——都一样地显着渴睡的脸,好像正在战斗的铁甲舰一般冒烟的烟通的口,从拉窗钻了出来的房屋的大房里,站着——拿了茶器和水桶,在从龙头流出的细流,敲着锡器的底之间,站着。

留巴伯父办公去了,不在家。伯母呼呼地长吁了。芳妮哭了。用了晚餐。芳妮叙述了一通。军事专门家在间壁劈柴。对于芳妮,给了她一块地方。在钢琴后面支起床来。她隔了一个月,这才躺在干净的被窝里了。床没有颤动。半夜里,因为太静,她醒了。想了——小站,暗,雨,黄色的电灯,满是灰沙的湿湿的货车,——小站的风,秋天的,夜半的俄罗斯。黑的村,电柱潮湿的呻吟着,暗,野,泥泞。

芳妮到早上,为了新的生活醒来了。留巴伯父决计在自己这里使用她——打打字机。傍晚,芳妮被家屋委员会叫去了。在那地方被吩咐,到劳动调查所去,其间没有工作的时候,就去扫街道。早晨七点钟,经过了灰色的街,被带去了。走了。跨过积雪了。终于在停车场看见飘着红旗了。许多工夫,沿着道路走。碰着风卷雪堆了。在那里等候拿铲来。等了一点钟,铲没有来。又被带着从别的道路走。叫她卸柴薪……到傍晚,芳妮回家了。伯母给做了炸萝卜,给喝茶。芳妮温暖了。冰着的窗玻璃外,下着小雪。她想着新生活——刚才开始的劳动的生活。过去——是恋爱和苦恼。过了一天,她已经在留巴伯父在办公的公署里,打着打字机了。有身穿皮外套的女职员。十二号室前的廊下,是(人们)排着班。私室里,在皮的靠手椅子上,是坐着刮光胡子,大鼻子的军事委员。用红墨水,在文件上签名。访问者揩着前额,欣欣然出去了。过一天,戚戚然回来了。他拿来的文件上,是污墁着证明呀签名呀拒绝呀的血。在地下室的仓库里,傍晚是开始了的分配,各羊肉二磅,蜂蜜一磅,便宜烟草一袋。公署是活泼地活动了。造豫算,付粮食,写报告——管理居民间的烟草的分配。从七点到七点,排在班里,站着一个可怜相的老头子。等出山了,得了一个月的自己的份儿。满足着出去了,为了将世界变烟,钻在窠里,打鼾,咳嗽。

一到夜,戏子渥开摩夫便在院子里劈柴。前面是房子的倒败的残余和悬空的梯子。月和废墟,乌鸦和竖琴——全然是苏格兰式的题目。独立的房屋已被拆去,打碎了。

月亮照着瞎眼的窗。渥开摩夫在劈柴,唱歌——您的纤指,发香如白檀兮……搬柴上楼,烧火炉。在火边伸开两腿,悠然而坐,有如华饰炉边的王侯。只要枯煤尚存,就好。靠家屋委员会的斡旋,从国库的市区经济的部分给与了八分之一——带小橇去拉来了——但还有一点不好,就是从此以后,两脚发抖,不成其为律动运动了。是瓦尔康斯基派的律动运动呀。渥开摩夫在出台的剧场,是律动底的——渥开摩夫虽在三点钟顷,前去的素菜食堂里——他也始终还是律动底的。无论是对着那装着萝卜馅的卷肉的板的态度,对着帐桌的态度,对着小桌子的态度。于是锡的小匙,在手中发亮,杂件羹上——热气成为轻云,升腾了起来。

留巴伯父看着渥开摩夫的巧妙地劈柴。瓦尔康斯基的事情,是一点都不知道的。但是,有一晚,渥开摩夫全都说给他听了。就是,关于舞台上的人们呀,以及人生之最为重要者,是 rhythm(律动)呀这些事。留巴伯父第二天和军事委员谈了天。同志渥开摩夫便得到招请,到那倘使没有这个,则一切老头子和烟草党也许早经倒毙了的公署里,去指导演剧研究。……渥开摩夫第一次前往,示了怎样谓之身段的时候——而渥开摩夫虽然是高个子,青面颊,眼珠灰色的男人——即刻集得了十八位男人和八位女人来做协力者。于是在第二天,又是十八位和八位。研究时间一完,都不回去,聚在大厅里。在大厅里,有镜子和棕榈和传单和金色椅子。渥开摩夫首先说明的,是一切中都有谐和,世界本身就是一个谐和。于是提议,做起动作来看罢。伸开右脚的小腿,伸长颈子的筋肉,将身体从强直弄到自由——教大家团团地走——大家团团地走了,使筋肉自由,又将筋肉紧张了,是轻快的,自由的,专一的……渥开摩夫是每星期做三回练习。于是到第三回完,大家就已经成为律动底了。在电话口唱歌似的叫"喂,喂"了。会计员的什瓦多夫斯基刮了胡子,绑起裹腿来了。先前是村女一般穿着毛皮靴子走的交换手们,这回是带了套靴来穿上,浓浓地擦粉,使头发卷起来了。——在大厅上,是拿着花圈,古风地打招呼了。

每星期三四,七点钟来接渥开摩夫,不是肉类搬运车,就是运货摩托车。上面戴着包头布,硬纸匣,打皱的帽子和刮过须而又长了起来的颊,渥开摩夫不是在车底上摇着,就是抓住别人的肩,张了两腿站着。运货摩托车叫着,轧着,走向暗中,向受持区域去。在戛戛发响的车站上,早又有人等着了。还是黑一条白一条的打扮。于是一面穿衣服,一面走过来——车子是这样地将他们往前送,为了发沙声,搽白粉,教初学。两幕间之暇,搬出茶来。也有加了酸酸的果酱的面包片。戏子们吃东西,喝茶……车夫忽然说,车有了障碍了。从勃拉古希到哈木扶涅基,戏子们自己走。抱着硬纸匣,沿着墙壁走。那保孚罗跋,穆尔特庚,珂弥萨耳什夫斯卡耶的一班……

渥开摩夫得了传票,叫他带着被窝,锅子,盘子去。是叫他一星期之间,去砍柴。他前去说明白。廊下混杂着许多人。渥开摩夫说,自己是艺术家,美术家,是在办教育。一个钟头之后,从厌倦而悄然的人们旁边走出去了。是受了命令,此后也还是办教育。札卢锡多也得了一样的传票。眼下有着暗淡的将军式三角的他,便许多工夫,发沙声,给看带着枪伤的脚。蓝色的他是满足着回来了。他孤独地住着。时时从小窗里,伸出斑白的脑袋去,叫住鞑靼人。头戴无边帽子的鞑靼人进来了。显着信心甚深的脸相,来看男人用的裤子。摸着,向明照着。摇头而打舌了。将军发了沙声,偷眼去瞥了。暗咽唾沫了。鞑靼人恭恭敬敬地行过礼,拿了袋子出去了。将军将钱藏在地板下,穿上破破烂烂的红里子的外套——只有靴子是有铜跟的将军靴——走出门外面去了。人们在旁边走过。在行列里冷得发抖。群集接连着走。女人们,拿着箱子,扎着衣裾的男人们,接连着走。——用了大家合拍的步法走过去。而忽然——音乐,从后面,是吹奏管乐队的行进——在上面,合拍地摇着通红的棺衣。在红棺中——是有节的白的鼻,黑的眉,既归平静,看见一切而知道一切者,漂在最后的波上。军队走过了。白的脸漂去了。摇摆了。乐队停奏了。奏了庄严的永远的光荣了。死人在缺缺刻刻的壁下,永远朽烂。为了在十一月的昏黄中,听取花的磁器底的音响,而被留遗了……

札卢锡多当傍晚时分,在没有火气的屋子里,用了突成筋节的带青的手,写了——"重要者,是在力免于饿死也。有减少运动之必要。须买鱼油。否则缺少脂肪矣。似将驱旧军官于一处,而即在其处了之。然有可信之风闻,谓虽集合于展览圣者遗骸之保健局展览会,而在忙于观察之诸人面前,有文官服饰之教士等大作法事云。然则可谓以死相恫吓也。假使连络线而不伸长也,则一月之中,墨斯科可以占领。一队外国兵可以侵入,乃最确实之事也。今日已变换赤旗之位置——乃伟大之成功,亦空前之略取也。然而重要者,乃得免于饿死也。不当再买白糖。白糖者——奢侈品也。是当惯于无甜味而饮茶之时矣……"将军发出沙声来,吐了长吁。壁的那面,慈泼来微支·慈泼来夫斯卡耶筒了外套躺着。这时候,蓝眼睛的喀力克,小望德莱罗易公爵,虽然为老妪们所驱逐,却还在蹩来蹩去,拾集木片,从废屋的废料里,拉出板片来。将板壁片,纸片,路上捡来的小枝等,装在袋里,拿回来了——火炉烧起来了。小公爵蹲着烘手。红的火照着蓝的眼,母亲一样的紫花地丁色的眼——是一个平稳的,聪明的,知道了人生的碧眼小老翁。

纽莎——制造束腰带的,住在慈泼来微支·慈泼来夫斯卡耶先前住过的二楼上。结了婚,得到四十亚尔辛①的布匹。现在很想早点生孩子,再得到布匹和孩子的名片。丈夫在外面,运粉,筹钱。纽莎毫不难为情地走过,将这里九年之间在家中驯熟的,那大名写在红的纸片上的,有名的慈泼来微支·慈泼来夫斯卡耶的先前的住所的房门,用英国式的钥匙开开了。后来,纽莎突然在楼上的有花圈而无火气的屋子里出现。仅罩头巾,站在门口,平静地说,因为愿意用麦粉做谢礼,请教给她唱歌。慈泼来微支·慈泼来夫斯卡耶在她面前张了腿站定,想喷骂她。然而闭了嘴,好像吃了一惊似的,什么也不回答。纽莎嘲笑着跑掉了。白天,慈泼来微支·慈泼来夫斯卡耶筒在外套里躺着。夜里,是望德莱罗易公爵咬牙齿,几乎要从两脚的椅子上抬起那疲乏的头来。他而且还做了认真的,少年老成的梦。第二天早上,她显着浮肿的脸起来了,吩咐他去叫纽莎来。纽莎说身体不舒服,请她自行光降罢。慈泼来微支·慈泼来夫斯卡耶又咬了一回牙关,但罩上头巾,走下去了。一个钟头之后,到留巴伯母这里来借秤。纽莎学唱了。慈泼来微支·慈泼来夫斯卡耶将麦粉装进袋中,挂

_____

① 俄国尺度名,一亚尔辛约中国二尺四寸余。——译者注

在钉上,免得招鼠子。

雅各·勃兰是带着旅行皮包,游历公署了。上了五层楼,等候轮到号数。钻过那打通了的墙壁,从这大厅走到那大厅。探问了。又平稳,又固执,又和气——盖他此时终于已在一切同等,谁也不打谁,不砍谁的地方——廉价办公,以劳动获得面包的地方了。女职员们是吵闹,耸肩,从这屋追到那屋——他呢,唠叨地热心地又跑来,非到最后有谁觉得麻烦,竟一不小心,给用妙笔写了——付给可也——之后,是不干休的。到底,付给雅各·勃兰了。就是付给了生活的权利,得有在那下面做事,写字,思索的屋顶的权利了。是停车场旁的第三十四号共同住宿所,先前的"来惠黎"的连带家具的屋子十七号。雅各·勃兰欣欣然走过萨木迪基街,萨陀斐耶街,搬了皮包。傍晚,他坐在没有火气的屋子里。壁纸后面,有什么东西悉悉索索地作响,滚下去了,在枕头边慢慢地爬了一转。白天里,在花纸上见过的——拿着大镰刀的死,出来了。给爬在文件上,点了火,唏唏地叫,焦黄,裂碎了……

雅各·勃兰决了心,要坚执地来使生活稳固。为自己的事,走遍了全市镇。无论谁,都有工作,都有求生的意志。雅各·勃兰在街上往来,停在街角思索。人们几乎和他相撞,跳开走了。他(故乡)的市镇里,是什么人也不忙,什么地方也不忙的。关在家里——暴动之际,是躲起来了。虽有做诗的本子,诉苦的胃囊,但还是勇敢而不失希望的他,是走而又走了。在空地,砖头,铁堆,冻结而没有人气的店铺和人列的旁边……在灰色的独立屋里,是升腾着苦的烟,坐着打打字机,穿外套的女职员。雅各·勃兰走向靠边的女人那里,去请教她,倘要受作为著作家的接济,应该怎么办才好。接济,在他是万不可缺了。还说,否则,他是不来请托的哩。女职员也想了一想,但将他弄到别的办事桌去。从此又被弄上楼去了——于是他走上楼去了。被招待了。翻本子了。结果是约定了商量着看罢,问一问罢,想一想罢。说是月曜日再来罢。到月曜日,他去了。再拿出诗来看。是坐着无产者出身的诗人们的屋子。于是他说,自己也是无产者出身,自己的祖父是管水磨的。——诗被接受,约定了看一看再

鲁迅卷 / 139

说。到水曜日,将对于他的接济拒绝了。但在这时,他已经找到了别的高位的公署。他好像办公一般,每天跑到那边去,等在客厅里,写了请求书。要求给他作为无产诗人的扶助和接济和稿费。到金曜日,一切都被拒绝了。就是,对于接济,对于稿费,对于扶助。然而给了一件公文,教到别的公署去。那地方是,从阶上满出,在路上,廊下,都排着长蛇之阵了。雅各·勃兰便跟在尾巴上。日暮了。阵势散了。第二天早晨,他一早就到,进去是第一名,许多工人读公文,翻转来看,侧了头。终于给了一道命令书。凭着黄色的命令书,雅各·勃兰在闭锁了的第四付给局里,领到了头饰和天鹅绒的帽子。在自己的房里,他戴着这帽子,走近窗口去。屋顶是白白的。黄昏是浓起来了。乌鸦将胸脯之下埋在雪里洗澡。市镇和自己全不相干。这里也和别处一样,并无正义存在。雅各·勃兰觉得精力都耗尽了。他躺在床上,悟到了已没有更大的力量。在半夜里,走上一只又大又黑,可恶的鸡到他这里来,发出嘎声叫。他来驱逐这东西。但鸡斜了眼睛瞪视着,张了嘴,不肯走。将近天明,因为和鸡的战斗,他乏极了。指头冰冷了。头落在枕上,抬不起来了。大约,白的虱子,到他这里来了。雅各·勃兰是生起发疹伤寒来了。过了两天,被搬走了。傍晚,他的床上,是从维迪普斯克到来的两个军事专门家,像纸牌的"夹克"一般躺着了。

芳妮是在办公。从公署搬运羊肉,蜂蜜和便宜烟草。公署是活动,付给。连络线伸长了。地图上的小旗像索子似的蜿蜒了。札卢锡多静对着地图,发出沙声,记录了。

"二星期之后,前卫殆将接近防砦矣。委市街于炮击则不可。应中断铁路——而亦惟有此耳。昨在郊外,又虽在中央,亦有奇技者出现。若辈有宛如磁器之眼,衣殓衣,以亚美利加式之弹簧,跃于地上者高至二亚尔辛。且大呼曰——吾乃不被葬送者也——云。此即豫兆耳。吾感之矣。吾感之矣。"

留巴伯母对于芳妮,将离家的事,希略也夫的事,都宽恕了。傍晚,留巴伯父读了新训令。留巴伯母长太息了。芳妮坐在钢琴后面的自己的地方。窗户外面,是十一月在逞威。雪片纷飞了,埋掉了过去,恋爱,情热。留巴伯父这里,常有竖起衣领,戴着羊皮帽的人前来,在毫无火气的廊下走来走去。在那地方窃窃商量。留巴伯母说——那个烟草商人又来了——有一天的夜里,是芳妮已经睡在钢琴后面,伯父和伯母都睡下了,黑的屋子全然睡着了的深夜里,有人咚咚地叩门。留巴伯父跳了起来。声音在门外说——请开门呀——留巴伯父手发抖了。有痣的善良的下巴,凛凛地跳了。旋了锁。阻挡不住了。进来了。一下子,一涌而进。皮帽子和水手的飘带,斑驳陆离。——将屋子翻了身。在伯母的贮藏品也下手了。将麦粉撒散了。敲着烟通听。站上椅子去。——将文件,插着小旗的札卢锡多的地图,札卢锡多,留巴伯父,对面的房里的渥开摩夫,全都扣留,带去了。小望德莱罗易公爵躲在衣橱里,因为害怕,死尸似的坐着。天亮之前,将全部都带去了。在雪和风卷雪和风里。

芳妮一早就跑到军事委员那里去。军事委员冷淡地耸耸肩胛,并不想帮忙。芳妮绝望,跑出来了。想探得一点缘由,但什么也捉摸不到。她什么地方也没有去。是灰色的一天。从嘴里呼出白的气息来。灰色的一天之后,来的又是一样的灰色的一天。——接连了莫名其妙的一星期。留巴伯母躺着。芳妮各处跑着,筋疲力尽了。又各处跑着。第三星期,札卢锡多被开释了。因为是酒胡涂,老头子,没有害处的。教他将退职军官的肩章烧掉。札卢锡多从牢监经过街道,单穿着一只铜跟的靴子走回来了。还有一只是捉去的时候,在路上失掉了的。在路角站住。淋了冷水似的上气不接下气了。在墙上,钉着告捷的湿湿的报纸。在广场上,有着可怕的全体钢铁的蝎子,围绕着红的小旗子,正在爬来爬去。将群众赶散了,是穿木靴,披外套,短身材的,坦波夫,萨玛拉,威多地方的人们,白军的乡下佬。乡下佬们跳跃,拍肚子,吹拳头,满足而去了。到露营地去,去劳动去。——最紧要者——是当机关枪沉闷地发响时,不要一同来袭击……

追赶了敌人。敌人逃走了。札卢锡多站在路角上,读了湿湿的报章。有和音乐一同走过的人们。骑马,持矛。教会没有撞钟。札卢锡多总算鳖到家了。上了五层楼,歇在窗台下……走进房里躺下了。望德莱罗易公爵为他烧了两天的火炉。给不至于冻坏。

留巴伯父是一连八天,坐在阶沿碎得好像投球戏柱的屋子里。也有被摔进来的,也有被带出去的。从窗户吹进风来。天一晚,就爬下黑黑的臭虫。是在顶缝上等候(人们)睡觉的。这就爬下来了。第十三天,和别人一起,也教留巴伯父准备。坐在运货摩托车上带去了。是黑暗的夜。拿枪的兵士站在两旁。在牢监里,留巴伯父和律动家而先前的军官的渥开摩夫遇见了。握手,拥抱。并排住起来。在忘却的模模胡胡的两天之后,竟给与了三个煎菜和两个煮透的鸡蛋。——留巴伯父忘了先后,两眼乱睐,失声哭起来了。将一个煎菜和鸡蛋给了渥开摩夫,一起坐着吃。加上了许多盐。为回忆而凄惨。渥开摩夫是因为隐匿军官名义和帮助阴谋而获罪的。前一条是不错的——渥开摩夫自招。但于第二条,却不承认。他说,音乐会里,自然是到过一回的,但那款子,是用来弥补生活费了——案件拖延了。留巴伯父的罪名,是霸占。——留巴伯父满脸通红,伸开臂膊。然而牢监里面,也有烟草商人的。就是竖起衣领,时时来访的那些人……

开审之际,讯问渥开摩夫——职业呢? ——戏子。——这以前呢? ——是学生。——没有做过军官么? ——也做过军官。——反革命家么? ——是革命家,在尽力于革命底艺术的。——判事厌倦地说了——知道的呀,在教红军的兵卒嗅麻药的呵。朗吟么? ——不,是演剧这一面。——水曜日的七点半,渥开摩夫被提,要移送到县里去了。渥开摩夫收拾了手头的东西,告过别。说是到县里一开释,就要首先来访的……带过廊下,许多工夫,从通路带出去了。吹进风来,很寒冷。在窗外,有着暗淡的空庭。有着十一月。

关于渥开摩夫,第二天贴在墙上的湿湿的报纸上,载着这样的记事——前军官,反革命家,积极底帮助者,演剧戏子。——这一天,太阳浮出来了,天空是蓝的,从前线上,运到战利品。广场上呢,早有三辆车。又是高高地将红的棺木运走了。死尸的鼻孔里,塞着棉絮。札卢锡多在这一天是这样地写了："连络线已伸长矣,后方被截断矣。一切归于灭亡矣。本营之远隔,足以致命,乃明了之事也。一切将亡。一切将亡。鱼油业经售罄,无处可购。风闻凡旧军官,虽有年金者,亦入第四类,而算入后方勤务军。即使扫除兵舍,厕所及其他之意也……不给面包已五日矣。不受辱而地图被收者幸也……"——晚间,望德莱罗易公爵到他那里烧火炉去了。札卢锡多正在窗边,站上椅子,要向架上取东西。望德莱罗易公爵向他说话了。他听不见。他便碰一碰他的腿。不料脚竟悬了空。摆了。踏不到椅子了。望德莱罗易公爵发一声尖叫,抱头窜出了。

过了两天,威严的,年青相的,有着竹节鼻和百合色指甲的札卢锡多是在教堂里,由命令书,躺在官办的棺中了。助祭念念有词。教士烧起了香。香烟袅袅地熏在熏香上。没有派军队来。这也是由命令书而没有派来的。派定四号屋的用人拉小橇。于是就搁在柴橇上,拉去了。很容易拉。道路是滑滑地结着冰。拉得乏了,便坐在棺上吸烟草。札卢锡多听着橇条的轧轹声,年青相了,在棺盖下返老还童了。

有魅力的,蓝眼珠的梭耶·乌斯班斯卡耶,提着皮包跑到自己的跳舞学校的她——从贴在墙上的报纸上,看见了渥开摩夫的姓名——于是忽然打寒噤,咬嘴唇。虽然缘分不过是汲水的时候,并排了一回,和他一面劈柴,听过一回他唱道"您的纤指,发香如白檀兮……"但在梭耶·乌斯班斯卡耶那里,是有着温柔的,小鸟似的,易于神往的心的,即使在一切混乱和臭气之中,也竭力在寻求着为自己的小港。渥开摩夫之名,已经就是悲剧底的,被高扬了的灭亡。——梭耶便将他设想为久经期待而永久睽离的人了。……梭耶已经用趾尖稳稳地走路。一面赶快走,一面用指头按着嘴唇,而且决心要向一个人,去讲述一切的真实,其人为谁,乃是住在官办的旅馆里,坐着摩托车出入,然而仿佛地位一样低微似的等候她,一直送到家里的其人也。傍晚,梭耶到旅馆去了。讨了通行券,将证明书放在肩头。走上红阶梯,敲了磨白玻璃的门户。她不能不将心里想着的事,通盘说出来——锋利地,直截地,滔滔地,——纵使因此负了怎样的罪,也不要紧。然而房里坐着两个人,桌子上还有茶。那人似乎吃惊了,但也就脸上发亮,献上茶来,说请喝呀。梭耶不喝。并且说,这来是有一点事情的。那人又说请喝茶呀。座中拘谨了。客人沉默了。梭耶从茶杯喝茶了。那人用了善良的,蕴蓄爱情的眼看她了。梭耶问了些不相干的事,喝干了茶,要回去了。她自己悲伤到要下泪。她为了茶和质问,憎恶自己了。然而他却送她一直到廊下,从手套的洞里,在她那暖热的小小的手掌上接吻了。梭耶跨下一段阶沿,忽然说——我并不是为了这样的事来的……什么都讨厌了,这样地生活,是不能的,我已经不愿意看见你,我是来说这些的。为什么渥开摩夫遭了枪毙的呢?——觉得他和自己都可怜,眼泪流到面庞来了。——那个渥开摩夫呀?——那人惊着问。——渥开摩夫呀。做戏子的……——渥开摩夫是什么人呢,不知道呀——那人说——在过渡期,是要××的……革命是粗暴的呀——梭耶很想说,怎样都好,革命倘在过渡期,这样也好。但我是不愿意再看你,也不要你再跟来跟去了。然而她什么也没有说,跑下去了。第二天的傍晚,他到学校里来接她。她不开口。和他出来了。很想再说一回,不再和他到什么地方去。——然而车夫已经开了门。来不及说了。她坐上车。温暖了。黑的,软软的风,在三月里散馥。星星的银色的霉,已经浮了上来。摩托车开走了。街市的尽头,在雪和空旷中吐气。梭耶想,这是完了。弄到那么样,还是不成。她想,没有报答可爱的,温柔的,最为敏感的那人的,最后的临终的微笑。

芳妮那里,忽然来了一个惠涅明勃鲁尼,是赛希加,即亚历山大·希略也夫的朋友。戴着皮帽子,留着黑的短颚须。颊上有一直条的伤痕。芳妮领到钢琴后面的自己的处所。勃鲁尼说,他们的中央委员会,要给死掉的伙伴报仇。亚历山大·希略也夫的名,登了英魂录,再也不会消灭了。关于报仇的事,则对芳妮说,不久就会知道。于是义务已尽,去了。芳妮许多工夫,注视着贴在证明书上的被人乱弄了的照相。赛希加的面庞上,写着号数,蓝的。芳妮哭了。——其时勃鲁尼也在奔波。伤痕发紫了。勃鲁尼上了久经冷透了的屋子的六层楼。敲了门,而在外面倾听。门开了。牙医生的应接室里,坐着垒文,格里戈尔克,波式开微支。举事

　　大约期在明天的十二点。一切都计画好,准备好了。为了给希略也夫报仇,为了恐怖手段,为了制药室,为了委员会的财政充足——都必须有钱。武力抢劫的事,早经考究好,调查好,周密地计画好了。一个钟头之后,勃鲁尼出去了。又是执拗地,伤疤发着紫,在街上走。第二天的两点半,七个人坐着摩托车到了横街的公署前。两个把门,两个到中庭,三个上楼上。算盘毕毕剥剥地在响。出纳课员站在金柜旁。女职员在喝汤。格里戈尔克走上前,用手枪对着,叫擎起手来。勃鲁尼和波式开微支打了出纳课员的头。他跌倒了。动手将成束的钞票抛进口袋去。出纳课员忽然跳起,抱着头,爬一般,电光形地(走着)要逃跑。格里戈尔克对脊梁开一枪。出纳课员扑地倒下了。交换手们发了尖利的叫喊。有谁跑向边门了。一下子攻来了。——格里戈尔克解开带子,跳了出去。一切都跳了,被撒散了。灰尘,玻璃,——他们跳下了阶沿。从上面掷下砝码和算盘来。——摩托车已经动弹了。他们赶到,抓住,跳上了,——摩托车将他们载去了。突然从门里面跳出人来,曲下一膝便掷——格里戈尔克坐着一回头,铜元打中了他的面庞。流出血来了。追的紧跟着。马夫打马。勃鲁尼伸着臂膊,不断的开枪。——弯进了积雪的横街里,——摩托车滑了。车轮蹒跚了,被烟包住了。马匹追到,橇里面外套(的人们)杀到了。勃鲁尼跳了下来,提着口袋跑,闯过门,跳过短墙。后面跑着波式开微支,不料坐下了,躺倒了,——又是爆发,——掉下——叱咤,玻璃……勃鲁尼逃出了,回过头去看。波式开微支想跟着他攀上墙——不意横着掉下短墙去,倒在雪里了。勃鲁尼仍然走。铁门关着。他走近门,想推开它。然而门是从里面支住的,走不过。他还在中庭跑了一转,蹲在脏水洼的僻处了——天空很青,沉闷,是酿雪天。勃鲁尼还等候了一些时。从一角里听到蹄声了。他将枪口含在嘴里,扳了发火机。

　　街上是孩子们奔跑,窥探。载在大橇上——七个穿短外套的罗马诺夫皇帝党员被运走了。大家迭起来躺着。兵卒拿着枪口向下的枪,跟着走。马匹步调整齐地进行。勃鲁尼躺着,脸伏在别人的肩上。

　　一切烟草商人,都有家族的。烟草商人是明于法律的人们,而且没有破绽的。——留巴伯父却相反,乱七八糟,第一回审问的时候,早就糊涂了。一切都于他不利。他被提出去审问了九回。九回的陈述都不一样。到第二个月,因为要判决浮肿的,须髯蓬松,衰弱了的他,便经过市街,带出去了。留巴伯父被夹在两个兵卒间,坐在白的大厅的椅子上。对面,是军事委员摆着架子,毫不知道他似的坐着。旁听人里面,也有已经释放了的烟草商人。白白的,寡言的芳妮,和慈泼来微支·慈泼来夫斯卡耶小姐坐在一起。不多久,摇铃了。挟皮包的检事,立刻叫留巴伯父,称为寄食者,读过他混乱的所有的陈述,又示了烟草商人的陈述——市民莱夫·留复微支·莱阿夫者,是盗贼,是寄食者,——检事对于他,要求处以极刑。这之后,律师开口了。什么都不否认,单单请求宽大。指出他的职务,还说到悔悟和老年。裁判官去了。商议了。芳妮用了乌黑的看不见的眼睛,看着前面。留巴伯父浮肿着——铁青,动也不动地坐着,好像早已死掉了似的。烟草商人在廊下吸烟草。裁判长回来了。又摇铃。大家又都归座,肃静了。在窗门外,有机器脚踏车停下了。裁判长宣告了。赞成了检事的提议,判决了极刑。

慈泼来微支·慈泼来夫斯卡耶将芳妮载在街头马车上,带了回来。芳妮走上五楼,见了伯母。哭得倒在椅子上了。一到夜,就躺在钢琴后面的自己的地方了。月亮的角,在窗的那边晃耀。竖琴吟哦了。望德莱罗易公爵在两人之旁守夜。挂下了穿着补钉袜子的细细的脚,在椅子上打起磕睡来。夜已深,深且尽了。竖琴昏暗,月亮下去了。快活的,年青相的留巴伯父走近枕边来,微笑着,用冰冷的手指,抚摩了芳妮的面庞。

慈泼来微支·慈泼来夫斯卡耶还在教纽莎学本领。纽莎拿着卷起来的乐谱,站在钢琴旁,钢琴上面,挂着对于钢琴呀,房子呀,物件呀的保管证。这是家宅搜查的结果,因为是女流声乐家,许可了这些的东西的。近来,纽莎上音乐会,即舞台去了。已经登记了。有着保持皮衣呀,金刚钻呀——听众的赠品的权利。纽莎的丈夫和保健部员一同搬了麦粉来。麦粉呢,在市场上,被争先恐后的买去了。于是纽莎便买了海獭的外套,买了挂在客厅里的 A.伊瓦梭夫斯基所画的细浪和挂帆的船。她到“星”社去出演了。和最好的优伶并驾,得了成功。在夜里,他们一同在运货摩托车里摇摆了一通。不自由,寒冷,而且狭窄,但是幸福的。为了艺术,将做戏子的苦痛熬过去了。在降诞节这一天,有夜会。和出场者一同,优伶们也被招请。肚饿的优伶们便高高兴兴,冻红着鼻子跑来了。在食桌上,有鹅,酒,脏腑做馅的馒头之类。优伶们快乐到忘形。时时嚷起来,很是骚扰。纽莎唱了。慈泼来微支·慈泼来夫斯卡耶伴奏。散会的时候,纽莎在大门口将两片鹅肉用纸包着塞给慈泼来微支·慈泼来夫斯卡耶,当作演奏的谢礼。她生了气,很想推回去,但将鹅肉收下了。夜间,小望德莱罗易公爵大嚼鹅肉。幸福地笑了起来。因为吃饱,塞住了呼吸,咳嗽了。

雅各·勃兰那里,后来黑鸡也还进来了八回,在每晚上。现在,他已经认识这鸡,也知道到来的时刻了。可恶的鸡愤然的走来,啄他。——他总想将这鸡绞死,满身流汗。但因为心脏跳得太剧烈,没有办妥,便失神了。在周围呻吟,谗谤,徘徊——已被捉住,又回了原样。到第九天的夜里,鸡不来了。他这才睡得很熟。心脏安静,不跳了。到早晨,在太阳,白的窗,又黄又脏的公物的被单下,他看见了骨出崚嶒的自己的枯瘦的膝髁。他衰弱,焦黄,胡子长长了。觉得肚子饿。白的虱子远退了。雅各·勃兰留住了性命,又想爱,工作,生活起来。过了两星期,焦黄的他,才始带了丁字杖,走出门外去。是温和的天。灰色的积雪成着麻脸。在石路上,乌鸦以三月的叫喊在啼。雅各·勃兰带了丁字杖行走。他的心脏是衰弱,向众人开放着的。然而一切人们,都急急忙忙地走过去了。第三十四号共同住宿所呢,一星期之后,便交还了他的旅行皮包。屋子的期限满了的。那地方是军事专门家之后,早住进了一位穿了男人用的长统靴子,跑来跑去的姑娘。雅各·勃兰弄得连在那下面做事,写字,思索的屋顶也没有了。他虽然觉得喘不过气来,但还整到曾说给他印诗的公署去。公署里面依然是烟尘陡乱。女职员们大家在谈天。——做书记的无产诗人,却是新的。是黑黑的,乱头发的男人。乱翻纸盒,询问姓名,拉开抽屉。究竟寻到了。诗是定为发还的。雅各·勃兰领了诗,戴上天鹅绒帽子。他没有地方可以过夜。到傍晚,他接在免费食堂的长蛇的尾巴上,喝了浮着菜叶小片的热汤。夜里寻住宿。街是暗的。在三月的暗中，风吹着商店和咖啡店的破玻璃在作响。雅各·勃兰站在一所大房子的昏暗的升降口，向阶下的先前是门房的角落里，钻了进去。寻得一点干草——背靠着墙酣睡了。

到天明，他很受了冻。两脚伸不直了。于是挂了丁字杖，蹒跚着走。潮湿的，三月的，劳动的日子开头了——雅各·勃兰蓦到了芳妮的处所。芳妮穿了黑的丧服在大门口迎接他，但一时竟记不起他来。暂时之后，便拍手，引他到自己的角落里，诉说悲哀……雅各·勃兰在火炉旁边暖和了。看看在小小的拉窗外面枭着的烟。并且说——这里也并无正义。在这里，也依然只有饿死。是做得到的。况且没有一个认识的人，谁也不加怜悯。对于我，并无接济，倒是给了一顶无边帽。我是直到现在，没有戴过什么无边帽子的。要怎么活法才好呢？——芳妮给他在廊下的箱子上铺了一个床，到复元为止。雅各·勃兰便躺在箱子上勉力复元，吟咏。他的脸发亮，眼镜后面有大眼睛了。他决了心，要回到故乡的市镇去。在那里虽然并无正义，却也没有饿殍。一星期之后，一无所有地，只提了一个空空的旅行皮包，他告了别，动身了。芳妮送给他煎菜的小片和面包，在路上可以充饥。傍晚，和群集一同，在叫唤，呐喊，射击之中，他从车站攻向通路来。在路上失了丁字杖。黑的火车顶上，已经躺着许多人，梯子上也挂着。攻向破掉的车窗去。雅各·勃兰挨了一推。他要跌倒了。抓住了谁的肩。打他的手了，然而死抓着——踏了谁的肩，爬进车子里面了。车里面是漆黑。他抓住在一个包裹上。——跌倒了——地板上躺着人们。在什么地方的椅子底下的角落里，占了一个位置。将小行李枕在头下。便瘫掉了。不多久，火车头哼起来，客车相触，作响——列车走动了。脚从梯子上伸出着。车顶上面，是在作过夜的准备。死掉的都市，留在后面了。前面呢——道路，旷野，雪。在火车站上，在半夜里，新的客涌进客车来。从上面打他们。后面有声音。开起枪来了。雅各·勃兰闭了眼睛，躺着。正在回家，回故乡。

雅各·勃兰的故乡的市镇上，首先驻在的是白军。后来，绿军到了。

此后是玛卢沙·乔邦队，战线队，亚德曼队，最后将一切驱逐，粉碎，而红军开来了。非常委员会到来了，非常委员会即刻着手于扫荡。枪毙了水兵和战线队的余党，枪毙了玛卢沙，枪毙了公证人亚格里柯普罗。暴动停止了。吓怕了的犹太人爬了出来，聚在角落里商量，摇手。落葬了。算帐了。非常委员会占领了广场的汽水制造厂的房屋，在升降口和大门口，站起哨兵来。骑马兵在街上往来，查证票，押送被捕者。日本人，耶沙，坐在铺皮的橇上，戴着皮的无边帽，手枪袋插在带子上，来来往往。没有多久，犹太人便又消声匿迹了。商店依然是破玻璃。日曜日的早晨，群集将市场围绕了。大家接连地购买了。乡下人不再将麦粉和奶油和鸡蛋运到市上来。狡猾起来，就在村子里交易了。捉去了只一条裤，而穿着旧的溜冰鞋的人五个——审问之后，送到投机防止局去了。日曜日之夜，市镇里有家宅搜查。搜查银钱，农产物，逃亡者。银钱只发见了一点儿，但农产物很不少。逃亡者的一群，被捉去了。天一亮，亲近的人们就在门前成了长蛇阵。

市镇上突有檄文出现。谁散的呢，无从知道。那上面是写着这样意思的事的。——诸君的一伙，在等候诸君。新政府保有面包和法律和正义，保护农民，保护地主，和暴动战斗，和犹太底压制战斗——总而言之，是说，保护大家的权利的。非常委员会便颁发戒严令，放哨兵，夜里是派巡察。在雅各·勃兰回到故乡的市镇的前天，阴谋败露，帮助者被捕，市镇是弄得天翻地覆了。

这之间，载着雅各·勃兰的火车也在爬，停，等待铁路的修好，于是仍复向前爬。车头损坏了，在旷野里等候送了新的来。夜里，出轨了——有谁抽掉了枕木——又修理，走动了。——在客车里，是蜷缩，说昏话，快要死了。到车站上，是搬了出去，放在堆货的月台上。到底，在早晨，火车竟到了故乡的市镇。雅各·勃兰爬出来了。跄踉着，忙乱了。饱吸了空气。破了玻璃的车站；架在澄清的小川上的木桥；两株蓬松的白杨；和处处挂着死了似的招牌的，开始融化的，脏的，湿的市街相通的道路，他都认识的。粮食店前，早晨一早就排着人列了。被挨挤，在寒颤。在广场上，是整列着不眠的,穿着衣角湿透的外套的兵卒。从监狱里,在带出拿着铲子的犯人来。家家的铠门都关着。绿色的,红色的,灰黑色的房子——木造——还在睡觉。商店街上,挂着红色的招牌——第一号仓库,第七号仓库,第十二号仓库——全是公有。街角上站着一个戴阔边帽,有白鬓发的犹太人。就是站着,惘惘地看望。他的嘴唇在发抖,喃喃地自语。

雅各·勃兰走到了熟识的,蓝色的,窗窗有花的老家,扣了许多工夫门。门终于由一个戴耳环的兵卒来开了。问什么事。雅各·勃兰想走进家里去。然而兵卒大声说,这房子已经充了公,事务所是十点钟开始办事。雅各·勃兰看看门。于是看见了白的招牌,是——本部事务所。——一个钟头之后,他从拉萨黎大街的亲戚那里,知道了父亲是还在乔邦队驻扎此地的时候,退往基雅夫,从此看不见人,也没有信,他的房子充了公,物品也都充公了。雅各·勃兰便暂且住在厨房里。第二天,阴谋的清算人跑到时,他就被捕,交给了非常委员会。雅各·勃兰坐在汽水制造厂的先前的佣人房里了。又从这里拉出去了。替换是另外择进一个新的来。早上,他被带到裁判官那里去了。裁判官动着耳朵,嗅空气,用一只眼睛看。他问,你不是和乔邦队一同逃走了的勃兰的儿子么?为什么跑来了,而且现在?为什么不来登记的?在你皮包里的公家的帽子,是从那里得来的?雅各·勃兰回答了。裁判官细着眼嘲笑,拿铅笔来玩了。雅各·勃兰说完的时候,他在一角上小小地写下了。雅各·勃兰被带走了。他没有入睡,过了一夜。消雪的水滴,橐橐地在滴下来。春天到了。三月的月亮在辉煌。他张了眼睛,躺着。风无所不吹拂。雅各·勃兰想了。悲伤了。却镇静。做了诗。竖琴在风中吟哦。吹响了弦索。雅各·勃兰用手支着颐,想了一会,于是用了咬碎的铅笔片,写在壁上了——

　　静的风,溶的雪,

　　有一个人来我前,

　　唱了歌儿了……

第二编

儿童文学

爱罗先珂童话集①

序

爱罗先珂先生的童话,现在辑成一集,显现于住在中国的读者的眼前了。这原是我的希望,所以很使我感谢而且喜欢。

本集的十二篇文章中,《自叙传》和《为跌下而造的塔》是胡愈之先生译的,《虹之国》是馥泉先生译的,其余是我译的。

就我所选译的而言,我最先得到他的第一本创作集《夜明前之歌》,所译的是前六篇,后来得到第二本创作集《最后之叹息》,所译的是《两个小小的死》,又从《现代》杂志里译了《为人类》,从原稿上译了《世界的火灾》。

依我的主见选译的是《狭的笼》,《池边》,《雕的心》,《春夜的梦》,此外便是照着作者的希望而译的了。因此,我觉得作者所要叫彻人间的是无所不爱,然而不得所爱的悲哀,而我所展开他来的是童心的,美的,然

① 爱罗先珂(Vasili Eroshenko,1890—1952)为俄国盲诗人、童话作家,主要用世界语和日语写作。《爱罗先珂童话集》于1922年7月由商务印书馆出版,包括《狭的笼》《鱼的悲哀》《池边》《雕的心》《春夜的梦》《古怪的猫》《两个小小的死》《为人类》和《世界的火灾》等童话。《小鸡的悲剧》《时光老人》《爱字的疮》《红的花》与巴金合译的爱罗先珂一些童话合编为《幸福的船》,于1931年3月由上海开明书店出版。本书收录鲁迅的序言以及3个爱罗先珂童话。——编者注

而有真实性的梦。这梦,或者是作者的悲哀的面纱罢?那么,我也过于梦梦了,但是我愿意作者不要出离了这童心的美的梦,而且还要招呼人们进向这梦中,看定了真实的虹,我们不至于是梦游者(Somnambulist)。

一九二二年一月二十八日,鲁迅记。

鱼的悲哀①

一

那一冬很寒冷，住在池里面的鱼儿们，不知道有怎样的窘呢。当初不过一点结得薄薄的冰，一天一天的厚起来。逐渐的迫近了鱼们的世界。于是鲤鱼，鲫鱼，泥鳅等类的鱼儿们，都聚在一处，因为要想一个防冰的方法，开始了各样的商量，然而冰的迫压是从上面下来的，所以毫没有什么法。到归结，那些鱼们的商议，除了抱着一个"什么时候会到春天"的希望，大家走散之外，再没有别的方法了。所有的鱼儿们，便都悄悄的回到家里去。

那池里面，住着鲫鱼的夫妻，而且两者之间，已有了一个叫作鲫儿的孩子。鲫儿在这夜里一刻也不能睡，只是"冷呵冷呵"的哭喊着。然而在池底下，是既没有火盆，也没有炬燵；既不能盖上五条六条暖和的棉被去睡觉，也不能穿起两件三件的棉衣服来的。鲫儿的母亲毫没有法子想，窘急得不堪，只好慰安鲫儿道，"不要哭罢，不要哭罢，因为春天就要到了。"

"然而母亲，春天什么时候才到呢？"鲫儿抬起泪眼。看着母亲说。

"已经快了。"母亲便温和的问答他。

"这怎么知道的呢？"鲫儿说，看着母亲的脸，有些高兴起来了。

"因为每年总来的。"母亲说。然而鲫儿却显出忧愁似的颜色。问道：

"然而母亲，倘若今年偏不来，又怎么办呢？"

"没有那样的事，一定来的。"母亲抚慰似的说。

"但是，母亲，为什么一定来？"鲫儿想象不通的问，母亲却不再说什么

---

① 该译文于 1922 年 1 月 1 日发表于《妇女杂志》第 8 卷第 1 号，后收入《爱罗先珂童话集》，于 1922 年 7 月由商务印书馆出版。——编者注

话,默着了。

"但是,母亲,鲤公公曾经说,'倘若春天有一回不到来,大家便都死了。'这是真的么?"鲫儿又讯问说。

"这是真的呵。"

"那么,母亲,'死'是什么呢?"

"那就是什么时候总睡着。你的身子不动弹了,怕冷的事要吃的事都没有了,并且魂灵到那遥远的国里去,去过安乐的生活去了。那个国土里是有着又大又美的池,毫没有冬天那样的冷,什么时候都是春天似的温和的。"

"母亲,真有这样的好国土的么?"鲫儿又复有些疑心似的,仰看着母亲的脸问。

"哦!有的。"母亲回答说。

"那么,母亲,赶快到那个国土去罢。"鲫儿这样说,母亲便道,"那个国土里,活着的时候是不能去的呵。"鲫儿又有些想象不通模样了,问道,"为什么活着的时候不能去呢?母亲,认不得路么?"母亲说,"是的,我不认得路呢。""那么,寻路去罢,快快,赶紧去。"鲫儿即刻着起忙来。

"唉唉,这真窘人呵,"母亲吐一口气说,"没有死,便不能到那个国里去,不是已经说过了么?"

"那么,赶快死罢,快快,赶紧,快。"

"说这样的话,是不行的。"

"便是不行,也死罢。快点,因为我已经厌恶了这池子了。"鲫儿全不听父亲和母亲的话,只是纠缠着嚷。因为这太热闹了,邻居的鲤公公吃了惊,跑过来了,而且问道,"哥儿怎么了呢?"母亲便详细的告诉了鲫儿嚷着要死的事。于是鲤公公向鲫儿说,"哥儿,鱼到这池子里来,并不是为了专照自己的意思闹。是应该照那体面的国里的神明爷所说的话生活着,游来游去的。"

"公公,那神明爷怎么说?"鲫儿问。

"第一,应该驯良,听从父亲母亲和有了年纪的的话。其次,是爱那池里的大哥们和陆上的大哥们,并且拼命的用功,成一条体面的鱼。那么办去,那个国土里的神明爷便会来叫哥儿,给住在那好看的大的池子里面的罢。"老头子说。

从这时候起,鲫儿便无论怎么冷,无论怎样饿,也再不说一句废话,只是嬉嬉的笑着。等候那春天的来到了。

二

春天到了,鲫儿一样的诚恳贤慧的小鱼,池里面和邻近的河里面都没有。而且鲤鱼哥哥们和泥鳅姊姊们,也是爱什么都比不上爱鲫儿。鲤鱼哥哥们和泥鳅姊姊们虽然都比鲫儿年纪大得多,但因为鲫儿很贤慧,所以无论什么时候总是一起到各处去游玩。因为是春天了,细小的流水从四面八方的流进池里来,因此无论是山里,林里,树丛里,田野里,随便那里都去得。鲤鱼哥哥们便将鲫儿绍介给山和林里的高强的先生们。这些先生们中,有一位称为兔的有着长耳朵的和尚。这和尚,是一位很伟大的和尚,暗地里吃肉之类的事,是一向不做的。也有从别墅里回来的黄莺和杜鹃等类的音乐的先生们。还有长着美的透明一般的翅子的先生们,因为鲫儿好,也都非常之爱他。并且将地上的世间的事,各式各样的说给鲫儿听。而鲫儿最爱听的话,便是讲人们。那谈话里说,"名叫人类的哥哥们,是最高强最贤慧的东西。"对于这一事,是大家的意见都一致的。也说,"自然,山上的政治家的狐狸,艺术家的猿婶母,鹦哥的语学家,鸟的社会学家,天文学家的枭博士,高强固然也高强,但比起人类的哥哥们来,到底赶不上。"

有的又说,"人类的哥哥们虽然比陆上的哥哥们走得蠢,但是不特会借用马的脊梁,还造出称为自动车呀,电车呀,汽车呀,自转车呀的这些奇妙的东西来,坐在上面走,比别的还快得多呢。游泳的本领,并不很高,飞在空中是丝毫不会的,然而人类的哥哥们却做了很大的火鱼,大的翅子的鸟,坐在这上面,在水上自由的游泳,在空中自在的飞翔。人类的哥哥们可真是不可思议的东西呵。"鲫儿遇到这类的话,便听得不会倦,几次三番的重重说,而且愈是听,便愈是不由的想要见一见所谓人类了。

三

那春天实在很愉快。从早晨起,黄莺和杜鹃这些音乐的高强的先生们便独唱,蜜蜂的小姐们和胡蜂的姑娘们是合唱,胡蝶的姐儿们是舞蹈,到晚上,青蛙堂兄的诗人们便开诗社,开演说会,一直热闹到深夜。这些集会里,鲫儿也到场,用了可爱的口吻,去谈"那个国土"的事。

"倘若我们大家个个都相爱,快乐的生活起来,便可以到那更好的更美的国土里去的。那个国土里,没有缺少粮食的事,没有寒冷的事,也没有不顺手的事。鱼也能在地上走,能在天空里飞。鸟也能在透明的水里面进出,和鱼们一起游泳的。"鲫儿常常这样说。而且不多久,这"那个国土"的事,便成了音乐的作曲的材料,舞蹈的动作,演说和歌诗的资材。于是连那些苍蝇蚯蚓水蛭之流的靠不住的东西,也都谈起"那个国土"的话来了。

到黄昏,远远的教堂里的钟一发响,鱼的哥哥们便浮到水上,蛙的堂兄们便蹲在岸上,胡蝶的姊姊们便坐在花上,都静静的倾听这晚钟的声音。

这钟声,正是人类的哥哥们,为了自己的小兄弟们的,那住在树上的鸟,浮在水里的鱼,宿在花中的虫而祈祷,祝他们平和快乐的过活呢。于是鱼和蛙和黄莺,也都祷告,愿人类的哥哥们也都幸福的过活。这祷告,带着花朵的美丽的香,和黄昏的金色的光,静静的升到"那个国土"的神明那里去。

那在远地方的教会里,有着一位哥儿,那哥儿也如鲫儿一样,又贤慧,又驯良,所有的人们都称赞。小狗哥哥也极爱这哥儿,每逢来喝池水时候,往往提起哥儿的事。鲫儿久听了这些话,也渐渐的爱了这哥儿,想要和他见一回面,极亲热的谈谈心了。

四

或一时，池旁边很喧闹。鲫儿不知道甚么事，出去打听时，却见蛙的堂兄们轩着眉，耸着肩，兴奋之极了，阁阁阁阁的吵架似的说着话。鲫儿试问是什么事呢，却原来就是刚才，兔和尚仍如平日一样的坐着禅，正在梦中的时候，那教会里的哥儿便走来，撮住兔和尚的长耳朵，捉了带回家去了。

都愕然，在这里茫然的相视，无所适从的慌张，其时又飞到了燕婶母，来通知一件骇人的事，是就在此刻，哥儿又捉了黄莺去了。黄莺因为想造一个不知什么歌的谱，刚在热心的用功，便被捉去了。而且这一夜，恰是十五的夜，蛙的堂兄们以为时世虽然这样不安静，但如并不赏月，却去睡觉，对于月亮颇有失礼的心情，于是依旧登了山，在那里开诗社。这时候，哥儿又跑来，捉了一个最伟大的诗人逃走了。

堂兄的诗人们很惊骇，这晚上所做的诗都忘却了。这一晚，池里面无论谁，都没有一合眼，只是谈着各种的话，一直到天明。而且一到天明，大家便立刻都出来，开一个大会，商量对于哥儿这样的胡闹，应该想一个什么方法的事。

在这会议上，鲫儿是跟了父母来出席的。鲫儿仿佛觉得世间很黑暗，似乎什么都莫名其妙了，鲫儿问父亲说，"为什么，哥儿做出这样的事来呢？"父亲道，"在地上的人类的哥哥们，高强固然高强，但常常要做狡猾的事。而且这世上，是再没比人类的孩子们更会狠心的胡闹的了。过几时，那些孩子们还要拿了钩和网，到这边的池上来，种种恶作剧，给我们吃苦哩。"鲫儿忧愁似的，慌忙又问他父亲说，"孩子们做了这样的事，怎么能到'那个国土'去呢？可有什么搭救他们的方法么？"问的话还没有完，从陆地上，胡蝶姊姊像被大风卷着的一片树叶似的，慌慌张张的飞来了。那脸已经铁青，翅子和触角都吓得栗栗的发着抖。大家围上去，问是怎么了呢？胡蝶姊姊好容易略略定了神，这才坐在花朵上，说出话来了。那是这

样的事:

这早上,天气非常好,恰恰闲空的胡蜂们,便忽然来约去看花,到了牧师的庭园里。春天正深了,这庭园中,红的白的和通黄的花,无论在庭树间,在花坛上,都缭乱的开着,花蜜的浓香,仿佛要渗进昆虫们的喉咙里似的流了进来。胡蜂们因为太高兴了,便忘却了怕这现在的世间的忧愁,或歌或舞的玩耍,不料又来了那照例的牧师的哥儿,突然取出小网,将许多同伴捉去了。

这新消息,使这日里的会议更加喧闹了。样样的议论之后,那结果,是待到黄昏,听教会钟鸣,人类的哥哥们开始祷告的时候,就请金色的胡蝶姊姊到教会去,对人类的哥哥们说了分明,请他们劝止了哥儿的胡闹。

黄昏到了,聚在这里的动物们,却都放心不下,不能回到自己池中的洞穴里和巢上去。默默的,定了睛互看着各人的脸。心底里只是专等那金色的胡蝶姊姊的回来。

不多久,金色的胡蝶姊姊回来了,一看见悄然的那脸,聚在这里的大众便立刻觉得自己的心,仿佛从荷梗上抽出来的曼陀罗华似的,很不稳定了。而且谁也不说什么话。

"一切都是诳呵,"没精打采的坐在花上的胡蝶姊姊说。"我们是无论怎样,总不能到'那个国土'里去的。"听了这话,大家都骇然了,根究说,"为什么不能去呢?"却道,"我们没有灵魂。灵魂是单给了住在地上的人类的哥哥们,单是有着这灵魂的人类的哥哥们,才能到'那个国土'里去呢。"听了这话,大家都骇然了。个个一齐回问说,"这没有错么?"或说,"这不是有些弄错着么?"胡蝶姊姊答道,"不,一点都没有错的。因为在'那个国土'的神明的书上,明明白白写着呢。"大家接着的质问是,"那么,我们究竟到那里去呢?"胡蝶姊姊道,"说是我们的被创造,是专为了娱乐人类,给人类做食料的。"这样说着,用了悲哀的大的眼睛,怜悯似的爱惜似的对着大家看,但因为早晨以来的疲劳和心坎上所受的伤,也便倒了下去,成了可惨的收场了。大家对于单为给人类的哥哥们做食物而被创造的自己的运命,都很悲哀。鲁莽的鲤鱼哥哥们已经很兴奋,叫道,"胡闹,没有这样的话。"仿佛那将自己造出这样运命的对手的神明,就在这里似的,怒吼着直跳起来。而温顺的泥鳅姊姊们,却昏厥了,许多匹躺在池底里。

为大家尽了力,死掉了的金色胡蝶的葬礼,在所有动物的热泪中,举行得很郑重。胡蜂哥哥们奏演葬礼的音乐。黄莺姊姊们唱着"伤心呵我的朋友"的哀歌,田鼠叔父掘坟洞。

这晚上,大家都很凄凉。而且叹着气,早就絮叨的说,"作为人类的东西而活着,可是不堪的事呵。"一面各自回去了。

五

在这一夜,回到池里以后,鲤鱼和泥鳅和蛙的堂兄弟们是怎样的只是哭,只是哭到天明呵。而且朝日也就起来了,然而出来迎接太阳的,却一个也没有。

鲫儿的悲哀也一样。怀着对于这世间毫无希望的心情,正在不见鱼影子的水际徘徊的时候,哥儿将小小的网伸下水里来了。"这是来捉我们的呵,"鲫儿一经这样想,便因了愤怒,全身仿佛着了火,索索的颤抖得生起波澜来。"请罢,捉了我去,没有捉去别个之前,先捉了我去。看见别个捉头被杀的事,在我,是比自己被杀更苦恼哩。"一面说,也就走进网里去。哥儿很高兴,赶紧捉住鲫儿,放在自己的桌上了。这屋的墙壁上,挂着黄莺先生的皮和兔和尚的皮,桌子上还散着他们的骨殖。玻璃匣里,是用留针穿过了心脏,排列着先前多少亲密的好几个胡蝶姊姊们。桌上的解剖台中,前晚恰在赏月时候所捉去的蛙的大诗人,现在正被解剖了,摘出的心,还是一跳一跳的显出那"死"的惋惜。

见了这样的东西,鲫儿是心胸都梗塞了。要想说,然而一开一合的动着嘴,说不出什么来,只用了尾巴劈劈拍拍的敲桌面。

过了一会,哥儿也便解剖了他,但看见鲫儿的心脏,是早已破裂的了。为什么,这小鲫鱼的心脏破裂着呢?却没有一个能将这不可思议的事,解说给哥儿的人。能将这因为悲哀,鲫鱼的心所以破裂的事,给哥儿说明的,是一个也没有。

这哥儿,后来成为有名的解剖学者了。但是,那池,却逐渐的狭小了起来,蛙和鱼的数也减少了,花和草也都凋落了,而且到了黄昏,即使听到了远处的教会的钟声,也早没有谁出来倾听了。

我著者,从那时起,也就不到教会去了。对于将一切物,作为人类的食物和玩物而创造的神明,我是不愿意祷告,也不愿意相信的。

池 边①

黄昏一到,寺钟悲哀的发响了,和尚们冷清清的唪着经。从厨房里,沙弥拿着剩饭到池塘这边来。许多鲤鱼和赤鲤鱼,吃些饭粒,浮在傍晚的幽静的水面上,听着和尚所念的经文,太阳如紫色的船,沉到远处的金色的海里去。寒蝉一见这,便凄凉的哭起来了。

有今朝才生的金色和银色的两只胡蝶。这两只胡蝶,看见太阳沉下海底去,即刻嚷了起来。

"我们没有太阳,是活不成的。这究竟是怎么一回事呢?"

"呵,已经冷起来了。没有怎么使那太阳不要沉下去的法子么?"

这近旁的草丛中,住着一匹有了年纪的蟋蟀。蟋蟀听得这年青的胡蝶们的话,禁不住失笑了。

"真会有说些无聊的事的呵,一到明天,又有新的太阳出来的。"

"这也许如此罢,但这太阳沉了岂不可惜么?"金色的胡蝶说。

"不可惜的,因为每天都这样。"

"然而每天这样的太阳沉下海里去,第一岂非不经济么? 还是想些什么法子罢。"

"不要做这些无聊的事罢。这怎么能行呢,况且明天太阳又出来的。"

但是今朝才生的年青胡蝶,不能领会那富于常识与经验的蟋蟀的心情。

"我无论如何,总不能眼看着太阳沉下去。"金色的胡蝶说。

"大约未必有益罢,总之先飞到那边去,竭力的做一番看。"于是金色的胡蝶对那银色的说,"成不成虽然料不定,但总之我们两个努力一试罢,

---

① 本文于 1921 年 9 月由鲁迅据日文本《天明前之歌》一书中的内容译出,并作《译后附记》,后发表于北京《晨报》并收入《爱罗先珂童话集》,于 1922 年 7 月由商务印书馆出版。——编者注

要使这世界上没有一分时看不见太阳。你向东去,竭力的使太阳明天早些上来;我飞到西边,竭力的请今天的太阳再回去。我们两面,也不见得竟没有一面成功的。"

有一匹听到了胡蝶的这些话的蛙,他正走出潮湿的阴地,要到池塘里寻吃的东西去。

"讲着这样的无聊的话是谁呀?我吃掉他!世界上有一个太阳,已经很够了。热得受不住。池塘里早没有水,还不知道么?今天的太阳再回来,明天的太阳早些上来。要这世界上有两个太阳,是什么意思呢!其中也保不定没有想要三四个太阳的东西。这正是对于池塘国民的阴谋。吃掉!谁呀,讲着这样的话的是?"

蟋蟀从草丛里露出脸来说:

"并不是我呵,我的意思是以为什么太阳之类便没有一个也很好。因为这倒是于池塘国民有益处的。"

然而胡蝶说一声"再会",一只向东,一只向西的飞去了。

寺钟悲哀的发了响,太阳如紫色的船,沉到金色的海里去。寒蝉一见这,便凄凉的哭起来了。

老而且大的松树根上,两三匹大蛙在那里大声的嚷嚷。这松树上有衙门,猫头鹰是那时候的官长。

"禀见。禀见。"蛙们放开声音的喊。"祸事到了。请快点起来罢!"

"岂不是早得很么。究竟为的是什么事呢?"猫头鹰带着一副睡不够的脸相,从高的枝条的深处走了出来。

"不是还早么?"

"那里那里,已经迟了。已经太迟,怕要难于探出踪迹了。"那蛙气喘吁吁的说,"树林里有了造反,有了不得了的造反了。"

"什么,又是造反?蜜蜂小子们又闹着同盟罢工了么?"

"不不,是更其可怕的事。是要教今天夜里出太阳的造反。"

"什么?怎么说?"猫头鹰这才吓人的睁开了他的圆眼睛。"这是与衙门的存在有直接关系的问题了。这就是想要根本的推翻衙门。这就是想要蒙了一切官长的眼。这乱党是谁呢?"

"喳,乱党是那胡蝶。一个向西去寻太阳,一个向东去寻太阳早些上来。"

于是猫头鹰大吃一惊了。

"来!"他拍着翅子叫蝙蝠,"来,蝙蝠快来!闹出了大乱子来了。赶快来!"

蝙蝠带一副渴睡的脸,打着呵欠,走出松树黑暗的深处来。

"有什么吩咐呢? 大人!"

"现在说是有一只向东,一只向西飞去了的胡蝶,赶紧捉了来!"

"喳,遵命。但是,大人,怎能知道是这胡蝶呢?"

"一只金色,一只银色的。"

"而且是四扇翅子的。"蛙们早就插嘴说。

"你们,不是早有研究,只要一看见无论是脸,是翅子,是脚,便立刻知道是否乱党的么?"猫头鹰因为蝙蝠的质问,很有些生气了。"还拖延些什么呢,赶紧去,要迟了!"他怒吼的说。

两匹蝙蝠当出发之前,因为要略略商量,便进到树林里。

"不快去是不行的。我们要辨不出胡蝶的踪迹的。"

"你以为现在去便辨得出来吗? 哼。"

"但是造反的乱党岂不是须得捉住么?"

"阿呀,你也是新脚色呵。一到明天,胡蝶不是出来的很多么? 便在这些里面随便捉两只,那不就好么? 用不着远远的到远地方去。"

"只是捉了别的胡蝶,也许说道我们不知情罢。"

"唉唉,你真怪了。便是捉了有罪的那个,也总是决不说自己有罪的。这是一定的事。倘若这么办去,即使小题大做的嚷,这嚷也就是损失了。走呀,山里去罢。"

明天,小学校的学生们被教师领到海边来了。在沙滩上,看见被海波打上来的一只金色胡蝶的死尸。学生们问老师道:

"胡蝶死在这里。淹死的罢?"

"是罢。所以我对你们也常常说,不要到太深的地方去。"先生说。

"但是我们要学游水呢。"孩子们都说。

"倘要游水,在浅处游泳就是了。用不着到深地方去。游水不过是一样玩意儿。在这样文明的世界上,无论到那里去,河上面都有桥,即使没有桥,也有船的。"教师擎起手来说,似乎要打断孩子们的话。

这时那寺里的沙弥走过了。

"船若翻了,又怎么好呢。"沙弥向教师这样问。然而教师不对答他的话。(这教师受了校长的褒奖,成为模范教师了。)

中学校的学生们也走过这岸边。中学的教师看见了这胡蝶的死尸。

"这胡蝶大约是不耐烦住在这岛上,想飞到对面的陆地去的。现在便是这样的一个死法。所以人们中无论何人,高兴他自己的地位,满足于他自己的所有,是第一要紧的事。"

然而那寺的沙弥,不能满意于这教训了。

"倘是没有地位,也毫无所有的,又应该满足于什么呢?"沙弥这样问。站在近旁的学生们,都嘻嘻的失了笑。但教师装作并不听到似的,重复说:

"只要能够如此,便可以得到自己的幸福与国家的幸福。使人们满足于他自己的地位,这是教育的目的。"(这教师不久升了中学校长了。)

同日的早上,大学生们也经过这地方。教授的博士说:

"所谓本能这件东西,不能说是没有错。看这胡蝶罢,他一生中,除却一些小沟呀小流呀之外,没有见过别的。于是见了这样的大海,也以为不过一点小沟,想飞到对面去。这结果,就在诸君的眼前。人生最要紧的是经验。现在的青年们跑出了学校,用自己狭小的经验去弄政治运动和社会运动,正与这个很有相像的地方。"

"但青年如果什么也不做,又怎么能有经验呢?"沙弥又开了一回口。然而博士单是冷笑着说道:

"虽说自由是人类的本能,而不能说本能便没有错。"(听说这博士不远就要受学士院赏的表彰了,恭喜,恭喜。)

(沙弥在这夜里,成了衙门的憎厌人物了。)

但是两只胡蝶,其实只因为不忍目睹世界的黑暗,想救世界,想恢复太阳罢了,这却没一个知道的人。

小鸡的悲剧①

一

这几时,家里的小小的鸡雏的一匹,落在掘在院子里给家里的小鸭游泳的池里面,淹死了。

那小鸡,是一匹古怪的小鸡。无论什么时候,毫不和鸡的队伙一同玩,却总是进了鸭的一伙里,和那好看的小鸭去玩耍。家里的主母也曾经想:"小鸡总是还是和小鸡玩耍好,而小鸭便去和小鸭。"然而什么也不说,只是看看罢了。这其间,那小鸡却逐渐的瘦弱下去了。家里的主母吃了惊,说道:

"唉唉,那小东西怎么了呢。不知道可是生了病。"

于是捉住了那小鸡,仔细的来看病。但是片时之后,主母独自说:

"小鸡的病是看不出的。因为便是人类的病,也不是容易明白的呵。"

一面却将那生着看不出的病的小病夫,给吃蓖麻油,用针刺出翅子上的血来,想医治那看不出的病。然而一切都无效。小鸡只是逐渐的瘦下去了。他常常垂了头,惘然的似乎在那里想些什么事。主母看见这,说道:

"唉唉,那小东西,不过是鸡,不过是小鸡,却在想什么呢?便是人类想,也就尽够了。"

这样说着,自己也常常不知不觉的落在默想里了。而且这些时,主母的嘴里便低声说:

"仍然是,小鸡总还是和小鸡玩耍好,而小鸭便去和小鸭。"

---

① 该译文于 1922 年 7 月 5 日译完,后发表于《妇女杂志》第 8 卷第 9 号(1922 年 9 月 1 日),后收入《幸福的船》,于 1931 年 3 月由上海开明书店出版。《鲁迅译文全集》把《幸福的船》中鲁迅所译童话收在《爱罗珂童话集》中,为方便起见,本书把《小鸡的悲剧》也收在《爱罗珂童话集》中。——编者注

二

有一天,小鸡仍照常和小鸭游玩着。这时候,太阳已经要落山了。小鸡对着小鸭说:

"你最喜欢什么呢?"

"水呵。"小鸭回答说。

"你有过恋爱么?"

"并没有有过恋爱,但曾经吃过鲤儿。"

"好么?"

"唔唔,也还不错。"

白天渐渐的向晚了。小鸡垂了头,看着这白天的向晚。

"你在浮水的时候,始终想着什么事呢?"

"就想着捉那泥鳅的事呵。"

"单是这事?"

"单是这事。"

"在岸上玩耍的时候,想些什么呢?"

"在岸上的时候,就想那浮水的事。"

"总是这样?"

"总是这样的。"

白天渐渐的向晚了。小鸡已经不再看,只是垂了头。他又用了低声说:

"你睡觉的时候,可曾做过鸡的梦么?"

"没有。却曾做过鱼的梦。梦见很大的,比太太给我们的那泥鳅还要大的。"

"我可是不这样。……"

沉默又接连起来了。

"你早上起来,首先去寻谁?"

"就去寻那给我们拿泥鳅来的太太呀。你也这样的罢。"

"我是不这样,……"

已经是黄昏了。然而垂着头的小鸡,却没有留心到。

"我想,我如果能够到池里,在你的身边游泳,这才好。"

"但是,怕也无聊罢,你是不吃泥鳅的。"

"然而到池里,难道单是吃泥鳅么?"

"唔,不知道可是呢。"

到了黄昏之后,家里的主母便来唤小鸡。小鸭和别的小鸡都去了。只有这一匹,却垂了头,也垂了翅子,茫然的没有动。主母一看到,说道:

"唉唉,这小东西怎么了呢。"

三

第二天,清晨一大早,小鸡是投在池子里,死掉了。听到了这事的小鸭,便很美的伸着颈子,骄傲的浮着水说:

"并不能在水面上浮游,即使捉了泥鳅,也并不能吃,却偏要下水里去,那真是胡涂虫呵。"

家里的主母从池子里捞出淹死的小鸡来,对着那因为看不出的病而瘦损了的死尸,暂时惘然的只是看。

"唉唉,可怜的东西呵。并不会浮水,怎么跑到池里去了呢。不知道可是死掉还比活着好。

但是无论怎样,也仍然,小鸡总还是和小鸡玩耍好,小鸭去和小鸭,……我虽然这样想,……虽然这样想,……"

伊独自说,对着那因为看不出来的病而瘦损了的小小的死尸,永远是惘然的只是看。

朝日渐渐的上来了。

二

小约翰[①]

[荷兰]望·蔼覃

一

我要对你们讲一点小约翰。我的故事,那韵调好像一篇童话,然而一切全是曾经实现的。设使你们不再相信了,你们就无须看下去,因为那就是我并非为你们而作。倘或你们遇见小约翰了,你们对他也不可提起那件事,因为这使他痛苦,而且我便要后悔,向你们讲说这一切了。

约翰住在有大花园的一所老房子里。那里面是很不容易明白的,因为那房子里是许多黑暗的路,扶梯,小屋子,还有一个很大的仓库,花园里又到处是保护墙和温室。这在约翰就是全世界。他在那里面能够作长远的散步,凡他所发见的,他就给与一个名字。为了房间,他所发明的名字是出于动物界的:毛虫库,因为他在那里养过虫;鸡小房,因为他在那里寻着过一只母鸡。但这母鸡却并非自己跑去的,倒是约翰的母亲关在那里使它孵卵的。为了园,他从植物界里选出名字来,特别着重的,是于他紧要的出产。他就区别为一个覆盆子山,一个梨树林,一个地莓谷。园的最

---

① 《小约翰》的作者为荷兰著名作家望·蔼覃(Frederik van Eeden,1860—1932,通译凡·伊登)。1928 年 1 月,鲁迅译的《小约翰》由北京未名社出版,列为"未名丛刊"之一。本书收录第一章至第六章。——编者注

后面是一块小地方,就是他所称为天堂的,那自然是美观的啰。那里有一片浩大的水,是一个池,其中浮生着白色的睡莲,芦苇和风也常在那里絮语。那一边站着几个沙冈。这天堂原是一块小草地在岸的这一边,由丛莽环绕,野凯白勒茂盛地生在那中间。约翰在那里,常常躺在高大的草中,从波动的芦苇叶间,向着水那边的冈上眺望。当炎热的夏天的晚上,他是总在那里的,并且凝视许多时光,自己并不觉得厌倦。他想着又静又清的水的深处,在那奇特的夕照中的水草之间,有多么太平,他于是又想着远的,浮在冈上的,光怪陆离地著了色的云彩,——那后面是怎样的呢,那地方是否好看的呢,倘能够飞到那里去。太阳一落,这些云彩就堆积到这么高,至于像一所洞府的进口,在洞府的深处还照出一种淡红的光来。这正是约翰所期望的。"我能够飞到那里去么!"他想。"那后面是怎样的呢? 我将来真,真能够到那里去么?"

他虽然时常这样地想望,但这洞府总是散作浓浓淡淡的小云片,他倒底也没有能够靠近它一点。于是池边就寒冷起来,潮湿起来了,他又得去访问老屋子里的他的昏暗的小屋子。

他在那里住得并不十分寂寞;他有一个父亲,是好好地抚养他的,一只狗,名叫普烈斯多,一只猫,叫西蒙。他自然最爱他的父亲,然而普烈斯多和西蒙在他的估量上却并不这么很低下,像在成人的那样。他还相信普烈斯多比他的父亲更有很多的秘密,对于西蒙,他是怀着极深的敬畏的。但这也不足为奇! 西蒙是一匹大的猫,有着光亮乌黑的皮毛,还有粗尾巴。人们可以看出,它颇自负它自己的伟大和聪明。在它的景况中,它总能保持它的成算和尊严,即使它自己屈尊,和一个打滚的木塞子游嬉,或者在树后面吞下一个遗弃的沙定鱼头去。当普烈斯多不驯良的胡闹的时候,它便用碧绿的眼睛轻蔑地瞋视它,并且想:哈哈,这呆畜生此外不再懂得什么了。

约翰对它怀着敬畏的事,你们现在懂得了么? 和这小小的棕色的普烈斯多,他却交际得极其情投意合。它并非美丽或高贵的,然而是一匹出格的诚恳而明白的动物,人总不能使它和约翰离开两步,而且它于它主人的讲话是耐心地谨听的。我很难于告诉你们,约翰怎样地挚爱这普烈斯多。但在他的心里,却还剩着许多空间,为别的物事。他的带着小玻璃窗的昏暗的小房间,在那里也占着一个重要的位置,你们觉得奇怪罢?他爱那地毯,那带着大的花纹的,在那里面他认得脸面,还有它的形式,他也察看过许多回,如果他生了病,或者早晨醒了躺在床上的时候;——他爱那惟一的挂在那里的小画,上面是做出不动的游人,在尤其不动的园中散步,顺着平滑的池边,那里面喷出齐天的喷泉,还有媚人的天鹅正在游泳。然而他最爱的是时钟。他总以极大的谨慎去开它;倘若它敲起来了,就看它,以为这算是隆重的责任。但这自然只限于约翰还未睡去的时候。假使这钟因为他的疏忽而停住了,约翰就觉得很抱歉,他于是千百次的请他宽容。你们大概是要笑的,倘你们听到了他和他的钟或他的房间在谈话。然而留心罢,你们和你们自己怎样地时常谈话呵。这在你们全不以为可笑。此外约翰还相信,他的对手是完全懂得的,而且并不要求回答。虽然如此,他暗地里也还偶尔等候着钟或地毯的回音。

约翰在学校里虽然还有伙伴,但这却并非朋友。在校内他和他们玩耍和合伙,在外面还结成强盗团①,——然而只有单和普烈斯多在一起,他才觉得实在的舒服。于是他不愿意孩子们走近,自己觉得完全的自在和平安。

他的父亲是一个智慧的,恳切的人,时常带着约翰向远处游行,经过树林和冈阜。他们就不很交谈,约翰跟在他的父亲的十步之后,遇见花朵,他便问安,并且友爱地用了小手,抚摩那永远不移的老树,在粗糙的皮质上。于是这好意的巨物们便在瑟瑟作响中向他表示它们的感谢。

在途中,父亲时常在沙土上写字母,一个又一个,约翰就拼出它们所造成的字来,——父亲也时常站定,并且教给约翰一个植物或动物的名字。

约翰也时常发问,因为他看见和听到许多谜。呆问题是常有的;他

---

① Räuberbande,一种游戏的名目。——译者注

问,何以世界是这样,像现在似的,何以动物和植物都得死,还有奇迹是否也能出现。然而约翰的父亲是智慧的人,他并不都说出他所知道的一切。这于约翰是好的。

晚上,当他躺下睡觉之前,约翰总要说一篇长长的祷告。这是管理孩子的姑娘这样教他的。他为他父亲和普烈斯多祷告。西蒙用不着这样,他想。他也为他自己祷告得很长,临末,几乎永是发生那个希望,将来总会有奇迹出现的。他说过"亚门"之后,便满怀期望地在半暗的屋子中环视,到那在轻微的黄昏里,比平时显得更其奇特的地毯上的花纹,到门的把手,到时钟,从那里是很可以出现奇迹的。但那钟总是这么镝辖镝辖地走,把手是不动的;天全暗了,约翰也酣睡了,没有到奇迹的出现。然而总有一次得出现的,这他知道。

二

池边是闷热和死静。太阳因为白天的工作,显得通红而疲倦了,当未落以前,暂时在远处的冈头休息。光滑的水面,几乎全映出它炽烈的面貌来。垂在池上的山毛榉树的叶子,趁着平静,在镜中留神地端相着自己。孤寂的苍鹭,那用一足站在睡莲的阔叶之间的,也忘却了它曾经出去捉过虾蟆,只沉在遐想中凝视着前面。

这时约翰来到草地上了,为的是看看云彩的洞府。扑通,扑通! 虾蟆从岸上跳下去了。水镜起了波纹,太阳的像裂成宽阔的绦带,山毛榉树的叶子也不高兴地颤动,因为他的自己观察还没有完。

山毛榉树的露出的根上系着一只旧的,小小的船。约翰自己上去坐,是被严厉地禁止的。唉! 今晚的诱惑是多么强呵! 云彩已经造成一个很大的门;太阳一定是要到那后面去安息。辉煌的小云排列成行,像一队全甲的卫士。水面也发出光闪,红的火星在芦苇间飞射,箭也似的。

约翰慢慢地从山毛榉树的根上解开船缆来。浮到那里去,那光怪陆离的中间! 普烈斯多当它的主人还未准备之先,已经跳上船去了,芦苇的干子便分头弯曲,将他们俩徐徐赶出,到那用了它最末的光照射着他们的夕阳那里去。

约翰倚在前舱,观览那光的洞府的深处。——"翅子!"他想,"现在,翅子,往那边去!"——太阳消失了。云彩还在发光。东方的天作深蓝色。柳树沿着岸站立成行。它们不动地将那狭的,白色的叶子伸在空气里。这垂着,由暗色的后面的衬托,如同华美的浅绿的花边。

静着!这是什么呢?水面上像是起了一个吹动——像是将水劈成一道深沟的微风的一触。这是来自沙冈,来自云的洞府的。

当约翰四顾的时候,船沿上坐着一个大的蓝色的水蜻蜓。这么大的一个是他向来没有见过的。它安静地坐着,但它的翅子抖成一个大的圈。这在约翰,似乎它的翅子的尖端形成了一枚发光的戒指。

"这是一个蛾儿罢,"他想,"这是很少见的。"

指环只是增大起来,它的翅子又抖得这样快,至使约翰只能看见一片雾。而且慢慢地觉得它,仿佛从雾中亮出两个漆黑的眼睛来,并且一个娇小的,苗条的身驱,穿着浅蓝的衣裳,坐在大蜻蜓的处所。白的旋花的冠戴在金黄的头发上,肩旁还垂着透明的翅子,肥皂泡似的千色地发光。约翰战栗了。这是一个奇迹!

"你要做我的朋友么?"他低声说。

对生客讲话,这虽是一种异样的仪节,但此地一切是全不寻常的。他又觉得,似乎这陌生的蓝东西在他是早就熟识的了。

"是的,约翰!"他这样地听到,那声音如芦苇在晚风中作响,或是淅沥地洒在树林的叶上的雨声。

"我怎样称呼你呢?"约翰问道。

"我生在一朵旋花的花托里,叫我旋儿罢!"

旋儿微笑着,并且很相信地看着约翰的眼睛,致使他心情觉得异样地安乐。

"今天是我的生日,"旋儿说,"我就生在这处所,从月亮的最初的光线和太阳的最末的。人说,太阳是女性的,但他并不是,他是我的父亲!"

约翰便慨诺,明天在学校里去说太阳是男性的。

"看哪! 母亲的圆圆的白的脸已经出来了。——谢天,母亲! 唉! 不,她怎么又晦暗了呢!"

旋儿指着东方。在灰色的天际,在柳树的暗黑地垂在晴明的空中的尖叶之后,月亮大而灿烂地上升,并且装着一副很不高兴的脸。

"唉,唉,母亲! ——这不要紧。我能够相信他!"

那美丽的东西高兴地颤动着翅子,还用他捏在手里的燕子花来打约翰,轻轻地在面庞上。

"我到你这里来,在她是不以为然的。你是第一个。但我相信你,约翰。你永不可在谁的面前提起我的名字,或者讲说我。你允许么?"

"可以,旋儿,"约翰说。这一切于他还很生疏。他感到莫可名言的幸福,然而怕,他的幸福是笑话。他做梦么? 靠近他在船沿上躺着普烈斯多,安静地睡着。他的小狗的温暖的呼吸使他宁帖。蚊虻们盘旋水面上,并且在菩提树空气中跳舞,也如平日一般。周围的一切都这样清楚而且分明;这应该是真实的。他又总觉得旋儿的深信的眼光,怎样地停留在他这里。于是那腴润的声音又发响了:

"我时常在这里看见你,约翰。你知道我在什么地方么? ——我大抵坐在池的沙地上,繁密的水草之间,而且仰视你,当你为了喝水或者来看水甲虫和鲲鱼,在水上弯腰的时候。然而你永是看不见我。我也往往从茂密的芦苇中窥看你。我是常在那里的。天一热,我总在那里睡觉,在一个空的鸟巢中。是呵,这是很柔软的。"

旋儿高兴地在船沿上摇幌,还用他的花去扑飞蚊。

"现在我要和你作一个小聚会。你平常的生活是这么简单。我们要做好朋友,我还要讲给你许多事。比学校教师给你捆上去的好的多。他们什么都不知道。我有好得远远的来源,比书本子好得远。你倘若不信我,我就教你自己去看,去听去。我要携带你。"

"阿,旋儿,爱的旋儿! 你能带我往那里去么?"约翰嚷着,一面指着那边,是落日的紫光正在黄金的云门里放光的处所。——这华美的巨象已经怕要散作苍黄的烟雾了。但从最深处，总还是冲出淡红的光来。

旋儿凝视着那光，那将他美丽的脸和他的金黄的头发镀上金色的，并且慢慢地摇头。

"现在不！现在不，约翰。你不可立刻要求得太多。我自己就从来没有到过父亲那里哩。"

"我是总在我的父亲那里的，"约翰说。

"不！那不是你的父亲。我们是弟兄，我的父亲也是你的。但你的母亲是地，我们因此就很各别了。你又生在一个家庭里，在人类中，而我是在一朵旋花的花托上。这自然是好得多。然而我们仍然能够很谅解。"

于是旋儿轻轻一跳，到了在轻装之下，毫不摇动的船的那边，一吻约翰的额。

但这于约翰是一种奇特的感觉。这是，似乎周围一切完全改变了。他觉得，这时他看得一切都更好，更分明。他看见，月亮现在怎样更加友爱地向他看，他又看见，睡莲怎样地有着面目，这都在诧异地沉思地观察他。现在他顿然懂得，蚊虻们为什么这样欢乐地上下跳舞，总是互相环绕，高高低低，直到它们用它们的长腿触着水面。他于此早就仔细地思量过，但这时却自然懂得了。

他又听得，芦苇絮语些什么，岸边的树木如何低声叹息，说是太阳下去了。

"阿，旋儿！我感谢你，这确是可观。是的，我们将要很了解了。"

"将你的手交给我，"旋儿说，一面展开彩色的翅子来。他于是拉着船里的约翰，经过了在月光下发亮的水蔷薇的叶子，走到水上去。

处处有一匹虾蟆坐在叶子上。但这时它已不像约翰来的时候似的跳下水去了。它只向他略略鞠躬，并且说："阁阁！"约翰也用了同等的鞠躬，回报这敬礼。他毫不愿意显出一点傲慢来。

于是他们到了芦苇旁，——这很广阔，他们还未到岸的时候，全船就隐没在那里面了。但约翰却紧牵着他的同伴，他们就从高大的干子之间爬到陆地上。

约翰很明白,他变为很小而轻了,然而这大概不过是想象。他能够在一枝芦干上爬上去,他却是未曾想到的。

"留神罢,"旋儿说,"你就要看见好看的事了。"

他们在偶然透过几条明亮的月光的,昏暗的丛莽之下,穿着丰草前行。

"你晚上曾在冈子上听到过蟋蟀么,约翰? 是不是呢,它们像是在合奏,而你总不能听出,那声音是从什么地方来的。唔,它们唱,并非为了快乐,你所听到的那声音,是来自蟋蟀学校的,成百的蟋蟀们就在那里练习它们的功课。静静的罢,我们就要到了。"

嘶尔尔! 嘶尔尔!

丛莽露出光来了,当旋儿用花推开草茎的时候,约翰看见一片明亮的,开阔的地面,小蟋蟀们就在那里做着那些事,在薄的,狭的冈草上练习它们的功课。

嘶尔尔! 嘶尔尔!

一个大的,肥胖的蟋蟀是教员,监视着学课。学生们一个跟着一个的,向它跳过去,总是一跳就到,又一跳回到原地方。有谁跳错了,便该站在地菌上受罚。

"好好地听着罢,约翰! 你也许能在这里学一点,"旋儿说。

蟋蟀怎样地回答,约翰很懂得。但那和教员在学校里的讲说,是全不相同的。最先是地理。它们不知道世界的各部分。它们只要熟悉二十六个沙冈和两个池。凡有较远的,就没有人能够知道一点点。那教师说,凡讲起这些的,不过是一种幻想罢了。

这回轮到植物学了。它们于此都学得不错,并且分给了许多奖赏:各样长的,特别嫩的,脆的草干子。但约翰最为惊奇的是动物学。动物被区分为跳的,飞的和爬的。蟋蟀能够跳和飞,就站在最高位;其次是虾蟆。鸟类被它们用了种种愤激的表示,说成最大的祸害和危险。最末也讲到人类。那是一种大的,无用而有害的动物,是站在进化的很低的阶级上的,因为这既不能跳,也不能飞,但幸而还少见。一个小蟋蟀,还没有见过一个人,误将人类数在无害的动物里面了,就得了草干子的三下责打。

约翰从来没有听到过这等事!

教师忽然高呼道:"静着! 练跳!"

一切蟋蟀们便立刻停了学习,很敏捷很勤快地翻起筋斗来。胖教员带领着。

这是很滑稽的美观,致使约翰愉快得拍手。它们一听到,全校便骤然在冈上迸散,草地上也即成了死静了。

"唉,这是你呀,约翰! 你举动不要这么粗蛮! 大家会看出,你是生在人类中的。"

"我很难过,下回我要好好地留心,但那也实在太滑稽了。"

"滑稽的还多哩,"旋儿说。

他们经过草地,就从那一边走到冈上。呸! 这是厚的沙土里面的工作;——但待到约翰抓住旋儿的透明的蓝衣,他便轻易地,迅速地飞上去了。冈头的中途是一匹野兔的窠。在那里住家的兔子,用头和爪躺在洞口,以享受这佳美的夜气。冈蔷薇还在蓓蕾,而它那细腻的,娇柔的香气,是混和着生在冈上的麝香草的花香。

约翰常看见野兔躲进它的洞里去,一面就自己问:"那里面是什么情形呢? 能有多少聚在那里呢? 它们不担心么?"

待到他听见他的同伴在问野兔,是否可以参观一回洞穴,他就非常高兴了。

"在我是可以的,"那兔说。"但适值不凑巧,我今晚正把我的洞穴交出,去开一个慈善事业的典礼了,因此在自己的家里便并不是主人。"

"哦,哦,是出了不幸的事么?"

"唉,是呵!"野兔伤感地说。"一个大大的打击,我们要几年痛不完。从这里一千跳之外,造起一所人类的住所来了。这么大,这么大! ——人们便搬到那里去了,带着狗。我家的七个分子,就在那里被祸,而无家可归的还有三倍之多。于老鼠这一伙和土拨鼠的家属尤为不利。癞虾蟆也大受侵害了。于是我们便为着遗族们开一个会,各人能什么,他就做什么；我是交出我的洞来。大家总该给它们的同类留下一点什么的。"

富于同情的野兔叹息着，并且用它的右前爪将长耳朵从头上拉过来，来拭干一滴泪。这样的是它的手巾。

冈草里索索地响起来，一个肥胖的，笨重的身躯来到洞穴。

"看哪！"旋儿大声说，"硕鼠伯伯来了。"

那硕鼠并不留心旋儿的话，将一枝用干叶包好的整谷穗，安详地放在洞口，就灵敏地跳过野兔的脊梁，进洞去了。

"我们可以进去么？"实在好奇的约翰问。"我也愿意捐一点东西。"

他记得衣袋里还有一个饼干。当他拿了出来时，这才确实觉到，他变得怎样地小了。他用了两只手才能将这捧起来，还诧异在他的衣袋里怎么会容得下。

"这是很少见，很宝贵的！"野兔嚷着……"好阔绰的礼物！"

它十分恭敬地允许两个进门。洞里很黑暗；约翰愿意使旋儿在前面走。但即刻他们看见一点淡绿的小光，向他们近来了。这是一个火萤，为要使他们满意，来照他们的。

"今天晚上看来是要极其漂亮的，"火萤前导着说。"这里早有许多来客了。我觉得你们是妖精，对不对？"那火萤一面看定了约翰，有些怀疑。

"你将我们当作妖精去禀报就是了，"旋儿回答说。

"你们可知道，你们的王也在赴会么？"火萤接着道。

"上首在这里么？这使我非常喜欢！"旋儿大声说，"我本身和他认识的。"

"阿呀！"火萤说，——"我不知道我有光荣，"因为惊讶，它的小光几乎消灭了。"是呵，陛下平时最爱的是自由空气，但为了慈善的目的，他倒是什么都可以的。这要成为一个很有光彩的会罢。"

那也的确。兔子建筑里的大堂，是辉煌地装饰了。地面踏得很坚实，还撒上含香的麝香草；进口的前面用后脚斜挂着一只蝙蝠；它禀报来客，同时又当着帘幕的差。这是一种节省的办法。大堂的墙上都用了枯叶，蛛网，以及小小的，挂着的小蝙蝠极有趣致地装璜着。无数的火萤往来其间,还在顶上盘旋,造成一个动心的活动的照耀。大堂上面是朽烂的树干所做的宝座,放着光,弄出金刚石一般的结果来。这是一个辉煌的情景!

早有了许多来客了。约翰在这生疏的环境中,觉得只像在家里的一半,惟有紧紧地靠着旋儿。他看见稀奇的东西。一匹土拨鼠极有兴会地和野鼠议论着美观的灯和装饰。一个角落里坐着两个肥胖的癞虾蟆,还摇着头诉说长久的旱天。一个虾蟆想挽着手引一个蝎虎穿过大堂去,这于它很为难,因为它是略有些神经兴奋和躁急的,所以它每一回总将墙上的装饰弄得非常凌乱了。

宝座上坐着上首,妖的王,围绕着一小群妖精的侍从,有几个轻蔑地俯视着周围。王本身是照着王模样,出格地和蔼,并且和各种来客亲睦地交谈。他是从东方旅行来的,穿一件奇特的衣服,用美观的,各色的花叶制成。这里并不生长这样的花,约翰想。他头上戴一个深蓝的花托,散出新鲜的香气,像新折一般。在手里他拿着莲花的一条花须,当作御杖。

一切与会的都受着他的恩泽。他称赞这里的月光,还说,本地的火萤也美丽,几乎和东方的飞萤相同。他又很合意地看了墙上的装饰,一个土拨鼠还看出陛下曾经休憩,惬意地点着头。

"同我走,"旋儿对约翰说,"我要引见你。"于是他们直冲到王的座前。

上首一认出旋儿,便高兴地伸开两臂,并且和他接吻。这在宾客之间搅起了私语,妖精的侍从中是嫉妒的眼光。那在角落里的两个肥胖的癞虾蟆,絮说些"谄媚者""乞怜者"和"不会长久的"而且别有用意地点头。旋儿和上首谈得很久,用了异样的话,于是就将约翰招过去。

"给我手,约翰!"那王说。"旋儿的朋友就是我的朋友。凡我能够的,我都愿意帮助你。我要给你我们这一党的表记。"

上首从他的项链上解下一个小小的金的锁匙来,递给约翰。他十分恭敬地接受了,紧紧地捏在手里。

"这匙儿能是你的幸福,"王接着说,"这能开一个金的小箱,藏些高贵的至宝的。然而谁有这箱,我却不能告诉你。你只要热心地寻求。倘使你和我和旋儿长做好朋友而且忠实,那于你就要成功了。"

妖王于是和蔼地点着他美丽的头,约翰喜出望外地向他致谢。

坐在湿的莓苔的略高处的三个虾蟆,联成慢圆舞的领导,对偶也配搭起来了。有谁不跳舞,便被一个绿色的蜥蜴,这是充当司仪,并且奔忙于职务的,推到旁边去,那两个癞虾蟆就大烦恼,一齐诉苦,说它们不能看见了。这时跳舞已经开头。

但这确是可笑!各个都用了它的本相跳舞,并且自然地摆出那一种态度,以为它所做的比别个好得多。老鼠和虾蟆站起后脚高高地跳着,一个年老的硕鼠旋得如此粗野,使所有跳舞者都从它的前面躲向旁边,还有一匹惟一的肥胖的树蜗牛,敢于和土拨鼠来转一圈,但不久便被抛弃了,在前墙之下,以致她(译者按:蜗牛)因此得了腰胁痛,那实在的原因,倒是因为她不很懂得那些事。

然而一切都做得很诚实而庄严。大家很有几分将这些看作荣耀,并且惴惴地窥伺王,想在他的脸上看出一点赞赏的表示。王却怕惹起不满,只是凝视着前方。他的侍从人等,那看重它们的技艺的品格,来参与跳舞的,是高傲地旁观着。

约翰熬得很久了。待到他看见,一匹大的蜥蜴怎样地抢着一个小小的癞虾蟆,时常将这可怜的癞虾蟆从地面高高举起,并且在空中抢一个半圆,便在响亮的哄笑里,发泄出他的兴致来了。

这惹起了一个激动。音乐喑哑了。王严厉地四顾。司仪员向笑者飞奔过去,并且严重地申斥他,举动须要合礼。

"跳舞是一件最庄重的事,"它说,"毫没有什么可笑的。这里是一个高尚的集会,大家在这里跳舞并非单为了游戏。各显各的特长,没有一个会希望被笑的。这是大不敬。除此之外,大家在这里是一个悲哀的仪节,为了重大的原因。在这里举动务须合礼,也不要做在人类里面似的事!"

这使约翰害怕起来了。他到处看见仇视的眼光。他和王的亲密给他招了许多的仇敌。旋儿将他拉在旁边:

"我们还是走的好罢,约翰!"他低声说,"你将这又闹坏了。是呵,是呵,如果从人类中教育出来的,就那样!"

他们慌忙从蝙蝠门房的翅子下潜行,走到黑暗的路上。恭敬的火萤等着他们。"你们好好地行乐了么?"它问。"你们和上首大王扳谈了么?"

"唉,是的! 那是一个有趣的会,"约翰说,"你必须永站在这暗路上么?"

"这是本身的自由的选择,"火萤用了悲苦的声音说。"我再不能参与这样无聊的集会了。"

"去罢!"旋儿说,"你并不这样想。"

"然而这是实情。早先——早先有一时,我也曾参与过各种的会,跳舞,徘徊。但现在我是被忧愁扫荡了,现在⋯⋯"它还这样的激动,至于消失了它的光。

幸而他们已近洞口,野兔听得他们临近,略向旁边一躲,放进月光来。

他们一到外面野兔的旁边,约翰说:"那么,就给我讲你的故事罢,火萤!"

"唉!"火萤叹息,"这事是简单而且悲伤。这不使你们高兴。"

"讲罢,讲它就是!"大家都嚷起来。

"那么,你们都知道,我们火萤是极其异乎寻常的东西。是呵,我觉得,谁也不能否认,我们火萤是一切生物中最有天禀的。"

"何以呢? 这我却愿意知道,"野兔说。

火萤渺视地回答道:"你们能发光么?"

"不,这正不然,"野兔只得赞成。

"那么,我们发光,我们大家! 我们还能够随意发光或者熄灭。光是最高的天赋,而一个生物能发最高的光。还有谁要和我们竞争前列么? 我们男的此外还有翅子,并且能够飞到几里远。"

"这我也不能,"野兔谦逊地自白。

"就因为我们有发光的天赋,"火萤接着说,"别的动物也哀矜我们,没有鸟来攻击我们。只有一种动物,是一切中最低级的那个,搜寻我们,还捉了我们去。那就是人,是造物的最蛮横的出产。"

说到这里,约翰注视着旋儿,似乎不懂它。旋儿只微笑,并且示意他,教他不开口。

"有一回,我也往来飞翔,一个明亮的迷光,高兴地在黑暗的丛莽里。在寂寞的潮湿的草上,在沟的岸边。这里生活着她,她的存在,和我的幸福是分不开的。她华美地在蓝的碧玉光中灿烂着,当她顺着草爬行的时候,很强烈地蛊惑了我的少年的心。我绕着她飞翔,还竭力用了颜色的变换来牵引她的注意。幸而我看出,她已经怎样地收受了我的敬礼,腼腆地将她的光儿韬晦了。因为感动而发着抖,我知道收敛起我的翅子,降到我的爱者那里去,其时正有一种强大的声响弥满着空中。暗黑的形体近来了。那是人类。我骇怕得奔逃。他们追赶我,还用一种沉重的,乌黑的东西照着我打。但我的翅子担着我是比他们的笨重的腿要快一点的。待到我回来的时候……"

讲故事的至此停止说话了。先是寂静的刺激一刹那——这时三个听的都惴惴地沉默着——它才接着说:

"你们早经料到了。我的娇嫩的未婚妻——一切中最灿烂和最光明的——她是消失了,给恶意的人们捉去了。闲静的,潮湿的小草地是踏坏了,而她那在沟沿的心爱的住所是惨淡和荒凉。我在世界上是孤独了。"

多感的野兔仍旧拉过耳朵来,从眼里拭去一滴泪。

"从此以后我就改变了。一切轻浮的娱乐我都反对。我只记得我所失掉的她,还想着我和她再会的时候。"

"这样么? 你还有这样的希望么?"野兔高兴地问。

"比希望还要切实,我有把握的。在那上面我将再会我的爱者。"

"然而……"野兔想反驳。

"兔儿,"火萤严肃地说,"我知道,只有应该在昏暗里彷徨的,才会怀疑。然而如果是看得见的,如果是用自己的眼来看的,那就凡有不确的事于我是一个疑案。那边!"光虫说,并且敬畏地仰看着种满星星的天空,"我在那边看见她! 一切我的祖先,一切我的朋友,以及她,我看见较之在这地上,更其分明地发着威严的光辉。唉唉,什么时候我才能蓦地离开这空虚的生活,飞到那诱引着招致我的她那里去呢? 唉唉! 什么时候,什么时候……?"

光虫叹息着,离开它的听者,又爬进黑暗的洞里去了。

"可怜的东西!"野兔说,"我盼望,它不错。"

"我也盼望,"约翰赞同着。

"我以为未必,"旋儿说,"然而那倒很动人。"

"爱的旋儿,"约翰说,"我很疲倦,也要睡了。"

"那么来罢,你躺在这里我的旁边,我要用我的氅衣盖着你。"

旋儿取了他的蓝色的小氅衣,盖了约翰和自己。他们就这样躺在冈坡的发香的草上,彼此紧紧地拥抱着。

"你们将头放得这么平,"野兔大声说,"你们愿意枕着我么?"

这一个贡献他们不能拒绝。

"好晚上,母亲,"旋儿对月亮说。

于是约翰将金的小锁匙紧握在手中,将头靠在好心的野兔的蒙茸的毛上,静静地酣睡了。

<h1 style="text-align:center">三</h1>

他在那里呢,普烈斯多?——你的小主人在那里呢?——在船上,在芦苇间醒来的时候,怎样地吃惊呵——只剩了自己——主人是无踪无影地消失了。这可教人担心和害怕。——你现在已经奔波得很久,并且不住地奋亢的呜呜着寻觅他罢?——可怜的普烈斯多。你怎么也能睡得这样熟,且不留心你的主人离了船呢?平常是只要他一动,你就醒了的。你平常这样灵敏的鼻子,今天不为你所用了。你几乎辨不出主人从那里上岸,在这沙冈上也完全失掉了踪迹。你的热心的嗅也不帮助你。唉,这绝望!主人去了!无踪无影地去了!——那么,寻罢,普烈斯多,寻他罢!且住,正在你前面,在冈坡上——那边不是躺着一点小小的,暗黑的东西么?你好好地看一看罢!

那小狗屹立着倾听了一些时,并且凝视着远处。于是它忽然抬起头来，用了它四条细腿的全力，跑向冈坡上的暗黑的小点那里去了。

一寻到，却确是那苦痛的失踪的小主人，于是它尽力设法，表出它的一切高兴和感谢来，似乎还不够。它摇尾，跳跃，呜呜，吠叫，并且向多时寻觅的人嗅着，舐着，将冷鼻子搁在脸面上。

"静静的罢，普烈斯多，到你的窠里去！"约翰在半睡中大声说。

主人有多么胡涂呵！凡是望得见的地方，没有一个窠在近处。

小小的睡眠者的精神逐渐清楚起来了。普烈斯多的嗅，——这是他每早晨习惯了的。但在他的灵魂之前，还挂着妖精和月光的轻微的梦影，正如丘冈景色上的晓雾一般。他生怕清晨的凉快的呼吸会将这些驱走。"合上眼睛，"他想，"要不然，我又将看见时钟和地毯，像平日似的。"

但他也躺得很异样。他觉得他没有被。慢慢地他小心着将眼睛睁开了一线。

明亮的光！蓝的天！云！

于是约翰睁大了眼睛，并且说："那是真的么？"是呀！他躺在冈的中间。清朗的日光温暖他；他吸进新鲜的朝气去，在他的眼前还有一层薄雾环绕着远处的山林。他只看见池边的高的山毛榉树和自家的屋顶伸出在丛碧的上面。蜜蜂和甲虫绕着他飞鸣；头上唱着高飞的云雀，远处传来犬吠和远隔的城市的喧嚣。这些都是纯粹的事实。

然而他曾经梦见了什么还是没有什么呢？旋儿在那里呢？还有那野兔？

两个他都不见。只有普烈斯多坐在他身边，久候了似的摇着尾巴向他看。

"我真成了梦游者了么？"约翰自己问。

他的近旁是一个兔窟。这在冈上倒是常有的。他站起来，要去看它个仔细。在他紧握的手里他觉得什么呢？

他摊开手，他从脊骨到脚跟都震悚了。是灿烂着一个小小的，黄金的锁匙。

他默默地坐了许多时。

"普烈斯多!"他于是说,几乎要哭出来,"普烈斯多,这也还是实在的!"

普烈斯多一跃而起,试用吠叫来指示它的主人,它饥饿了,它要回家去。

回家么?是的,约翰没有想到这一层,他于此也很少挂念。但他即刻听到几种声音叫着他的名字了。他便明白,他的举动,大家是全不能当作驯良和规矩的,他还须等候那很不和气的话。

只一刹时,高兴的眼泪化为恐怖和后悔的眼泪了。但他就想着现是他的朋友和心腹的旋儿,想着妖王的赠品,还想着过去一切的华美的不能否认的真实,他静静地,被诸事羁绊着,向回家的路上走。

那遭际是比他所豫料的还不利。他想不到他的家属有这样地恐怖和不安。他应该郑重地认可,永不再是这么顽皮和大意了。这又给他一个羁绊。"这我不能,"他坚决地说。人们很诧异。他被讯问,恳求,恫吓。但他却只想着旋儿,坚持着。只要能保住旋儿的友情,他怕什么责罚呢——为了旋儿,他有什么不能忍受呢。他将小锁匙紧紧地按在胸前,并且紧闭了嘴唇,每一问,都只用耸肩来作回答。"我不能一定,"他永是说。

但他的父亲却道:"那就不管他罢,这于他太严紧了。他必是遇到了什么出奇的事情。将来总会有讲给我们的时候的。"

约翰微笑,沉默着吃了他的奶油面包,就潜进自己的小屋去。他剪下一段窗幔的绳子,系了那宝贵的锁匙,帖身挂在胸前。于是他放心去上学校了。

这一天他在学校里确是很不行。他做不出他的学课,而且也全不经意。他的思想总是飞向池边和昨夜的奇异的事件去。他几乎想不明白,怎么一个妖王的朋友现在须负做算术和变化动词的义务了。然而这一切都是真实,周围的人们于此谁也不知道,谁也不能够相信或相疑,连那教员都不,虽然他也深刻地瞥着眼,并且也轻蔑地将约翰叫作懒东西。他欣然承受了这不好的品评,还做着惩罚的工作,这是他的疏忽拉给他的。

"他们谁都猜不到。他们要怎样呵斥我,都随意罢。旋儿总是我的朋友,而且旋儿于我,胜过所有他们的全群,连先生都算上。"

约翰的这是不大恭敬的。对于他的同胞的敬意,自从他前晚听到议论他们的一切劣点之后,却是没有加增。

当教员讲述着,怎样只有人类是由上帝给与了理性,并且置于一切动物之上,作为主人的时候,他笑起来了。这又给他博得一个不好的品评和严厉的指摘。待到他的邻座者在课本上读着下面的话:"我的任性的叔母的年龄是大的,然而较之太阳,没有伊的那么大,"——约翰便赶快大声地叫道:"他的!"①

大家都笑他,连那教员,对于他所说那样的自负的胡涂,觉得诧异,教约翰留下,并且写一百回:"我的任性的叔母的年龄是大的,然而较之太阳,没有伊的那么大,——较之两个更大的,然而是我的胡涂。"

学生们都去了,约翰孤独地坐在广大的校区里面写。太阳光愉快地映射进来,在它的经过的路上使无数白色的尘埃发闪,还在白涂的墙上形成明亮的点,和时间的代谢慢慢地迁移。教员走了,高声地关了门。当约翰写到第二十五任性的叔母的时候,一匹小小的,敏捷的小鼠,有着乌黑的珠子眼和绸缎似的小耳朵,无声地从班级的最远的角上沿着壁偷偷走来了。约翰一声不响,怕赶走了那有趣的小动物。但这并不胆怯,径到约翰的座前。它用细小的明亮的眼睛暂时锋利地四顾,便敏捷地一跳,到了椅子上,再一跳就上了约翰在写着字的书桌。

"阿,阿,"他半是自言自语地说,"你倒是一匹勇敢的鼠子。"

"我却也不知道,我须怕谁,"一种微细的声音说,那小鼠还微笑似的露出雪白的小牙。

约翰曾经阅历过许多奇异的事——但这时却还是圆睁了眼睛。这样地在白天而且在学校里——这是不可信的。

"在我这里你无须恐怖,"他低声说,仍然是怕惊吓了那小鼠——"你是从旋儿那里来的么?"

"我正从那里来,来告诉你,那教员完全有理,你的惩罚是恰恰相

---

① 在和兰文,太阳是女性的,所以须用"伊",称"他"便错。——译者注

当的。"

"但是旋儿说的呵,太阳盖是男性,太阳是我们的父亲。"

"是的,然而此外用不着谁知道。这和人类有什么相干呢。你永不必将这么精微的事去对人类讲。他们太粗。人是一种可骇的恶劣和蛮野的东西,只要什么到了他的范围之内,他最喜欢将一切擒拿和蹂躏。这是我们鼠族从经验上识得的。"

"但是,小鼠,你为什么停在他们的四近的呢,你为什么不远远地躲到山林里去呢?"

"唉,我们现在不再能够了。我们太惯于都市风味了。如果小心着,并且时时注意,避开他们的捕机和他们的沉重的脚,在人类里也就可以支撑。幸而我们也还算敏捷的。最坏的是人类和猫结了一个联盟,借此来补救他们自己的蠢笨,——这是大不幸。但山林里却有枭和鹰,我们会一时都死完。好,约翰,记着我的忠告罢,教员来了!"

"小鼠,小鼠,不要走。问问旋儿,我将我的匙儿怎么办呢。我将这帖胸挂在颈子上。土曜日我要换干净的小衫,我很怕有谁会看见。告诉我罢,我藏在那里最是稳当呢,爱的小鼠。"

"在地里,永久在地里,这是最为稳当的。要我给你收藏起来么?"

"不,不要在这里学校里!"

"那就埋在那边冈子上。我要通知我的表姊,那野鼠去,教她必须留神些。"

"多谢,小鼠。"

蓬,蓬!教员到来了。这时候,约翰正将他的笔尖浸在墨水里,那小鼠是消失了。自己想要回家的教员,就赦免了约翰四十八行字。

两日之久,约翰在不断的忧惧中过活。他受了严重的监视,凡有溜到冈上去的机会,都被剥夺了。已经是金曜日,他还在带着那宝贵的匙儿往来。明天晚上他便须换穿干净的小衫,人会发现这匙儿,而且拿了去——他为了这思想而战栗。家里或园里他都不敢藏;他觉得没有一处是够安稳的。

金曜日的晚上了,黄昏已经闯进来。约翰坐在他卧室的窗前,出神地从园子的碧绿的丛草中,眺望着远处的冈阜。

"旋儿! 旋儿! 帮助我,"他忧闷地絮叨着。

近旁响着一种轻轻的拍翅声,他闻到铃兰的香味,还忽然听得熟识的,甜美的声音。

旋儿靠近他坐在窗沿上,摇动着一枝长梗的铃兰。

"你到底来了! ——我是这么渴想你!"约翰说。

"同我走,约翰,我们要埋起你的匙儿。"

"我不能,"约翰惨淡地叹息说。

然而旋儿握了他的手,他便觉得他轻得正如一粒蒲公英的带着羽毛的种子,在静穆的晚天里,飘浮而去了。

"旋儿,"约翰飘浮着说,"我这样地爱你。我相信,我能为你放下一切的人们,连普烈斯多!"

旋儿吻他,问道:"连西蒙?"

"阿,我喜欢西蒙与否,这于它不算什么。我想,它以为这是孩子气的。西蒙就只喜欢那卖鱼的女人,而且这也只在它肚饿的时候。从你看来,西蒙是一匹平常的猫么,旋儿?"

"不,它先前是一个人。"

呼——蓬! ——一个金虫①向约翰撞来了。

"你们不能看清楚一点么,"金虫不平地说,"妖精族纷飞着,好像他们将全部的空气都租去了! 会无用到这样,总是单为了自己的快乐飘来飘去,——而我辈,尽着自己的义务,永是追求着食物,只要能吃多少,便尽量吃多少的,却被他们赶到路旁去了。"

它呶呶着飞了开去。

"我们不吃,它以为不好么?"约翰问。

---

① 旧称金牛儿,或金龟子,是一种金绿色的甲虫,食植物的花叶为害。幼虫躲在地里,白色,食植物的根,俗名地蚕,即旧书上的所谓蛴螬。——译者注

"是呵，金虫类是这样的。金虫以为这是它们的最高的义务，大嚼得多。要我给你讲一个幼小的金虫的故事么？"

"好，讲罢，旋儿！"

"曾经有一个好看的幼小的金虫，是刚从地里钻出来的。唔，这是大奇事。它坐在黑暗的地下一整年，等候着第一个温暖的夜晚。待到它从地皮里伸出头来的时候，所有的绿叶和鸣禽，都使它非常慌张了。它不知道它究竟应该怎样开手。它用了它的触角，去摸近地的小草茎，并且扇子似的将这伸开去。于是它觉得，它是雄的。它是它种族中的一个美丽的模范，有着灿烂的乌黑的前足，厚积尘埃的后腹，和一个胸甲，镜子似的放光。幸而不久它在近处看见了一个别的金虫，那虽然没有这样美，然而前一天已经飞出，因此确是有了年纪的。因为它这样地年青，它便极其谦恭地去叫那一个。

'什么事，朋友？'那一个从上面问，因为它看出这一个是新家伙了，'你要问我道路么？'

'不，请你原谅，'幼小的谦恭地说，'我先不知道，这里我必须怎样开头。做金虫是应该怎么办的？'

'哦，原来，'那一个说，'那你不知道么？我明白你，我也曾经这样的。好好地听罢，我就要告诉你了。金虫生活的最要义是大嚼。离此不远有一片贵重的菩提树林，那是为我们而种的，将它竭力地勤勉地大嚼，是我们所有的义务。'

'谁将这菩提树林安置在那里的呢？'年幼的甲虫问。

'阿，一个大东西，是给我们办得很好的。每早晨这就走过树林，有谁大嚼得最多的，这就带它去，到一所华美的屋子里。那屋子是放着清朗的光，一切金虫都在那里幸福地团聚着的。但要是谁不大嚼，反而整夜向各处纷飞的，它就要被蝙蝠捉住了。'

'那是谁呢？'新家伙问。

'这是一种可怕的怪物，有着锋利的牙，它从我们的后面突然飞来，用残酷的一嘎咭便吃尽了。'

甲虫正在这么说,它们听得上面有清亮的霍的一声,透了它们的心髓。'呵,那就是!'长辈大声说。'你要小心它,青年朋友。感谢罢,恰巧我通知你了。你的前面有一个整夜,不要耽误罢。你吃得越少,祸事就越多,会被蝙蝠吞掉的。只有能够挑选那正经的生活的本分的,才到有着清朗的光的屋子去。记着罢! 正经的生活的本分!'

年纪大了一整天的那甲虫,于是在草梗之间爬开去了,并且将这一个惘然地留下。——你知道么,什么是生活的本分,约翰? 不罢? 那幼小的甲虫也正不知道。这事和大嚼相连,它是懂得的。然而它须怎样,才可以到那菩提树林呢?

它近旁竖着一枝瘦长的,有力的草梗,轻轻地在晚风中摇摆。它就用它六条弯曲的腿,很坚牢地抓住它。从下面望去,它觉得仿佛一个高大的巨灵而且很险峻。但那金虫还要往上走。这是生活的本分,它想,并且怯怯地开始了升进。这是缓慢的,它屡次滑回去,然而它向前;当它终于爬到最高的梢头,在那上面动荡和摇摆的时候,它觉得满足和幸福。它在那里望见什么呢? 这在它,似乎看见了全世界。各方面都由空气环绕着,这是多么极乐呵! 它尽量鼓起后腹来。它兴致很稀奇! 它总想要升上去! 它在大欢喜中掀起了翅鞘,暂时抖动着网翅。——它要升上去,永是升上去,——又抖动着它的翅子,爪子放掉了草梗,而且——阿,高兴呀! ……呼——呼——它飞起来了——自由而且快乐——到那静穆的,温暖的晚空中。"——

"以后呢?"约翰问。

"后文并不有趣,我下回再给你讲罢。"

他们飞过池子了,两只迁延的白胡蝶和他们一同翩跹着。

"这一程往那里去呀,妖精们?"它们问。

"往大的冈蔷薇那里去,那在那边坡上开着花的。"

"我们和你们一路去!"

从远处早就分明看见,她有着她的许多嫩黄的,绵软的花。小蓓蕾已经染得通红,开了的花还显着红色的条纹,作为那一时的记号,那时她们是还是蓓蕾的。在寂寞的宁静中开着野生的冈蔷薇,并且将四近满注了她们的奇甜的香味。这是有如此华美,至使冈妖们的食养,就只靠着她们。胡蝶是在她们上面盘旋,还一朵一朵地去接吻。

"我们这来,是有一件宝贝要托付你们,"旋儿大声说,"你们肯给我们看管这个么?"

"为什么不呢?为什么不呢?"冈蔷薇细声说,"我是不以守候为苦的——如果人不将我移去,我并不要走动。我又有锋利的刺。"

于是野鼠到了,学校里的小鼠的表姊,在蔷薇的根下掘了一条路。它就运进锁匙去。

"如果你要取回去,就应该再叫我。那么,你就用不着使蔷薇为难。"

蔷薇将她的带刺的枝条交织在进口上,并且郑重允许,忠实地看管着。胡蝶是见证。

第二天的早晨,约翰在自己的床上醒来了,在普烈斯多的旁边,在钟和地毯的旁边,那系着锁匙的挂在他颈上的绳子是消失了。

四

"煞派门!① 夏天是多么讨厌的无聊呵!"在老屋子的仓库里,很懊恼地一同站着的三个火炉中的一个叹息说,——"许多星期以来,我见不到活的东西,也听不到合理的话。而且这久远的内部的空虚!实在可怕!"

"我这里满是蜘蛛网,"第二个说,"这在冬天也不会有的。"

"我并且到处是灰尘,如果那黑的人再来的时候,一定要使我羞死。"

几个灯和火钩,那些,是因为豫防生锈,用纸包着,散躺在地上各处的,对于这样轻率的语气,都毫无疑义地宣布抗争。

但谈论突然沉默了,因为吊窗已被拉起,冲进一条光线来,直到最暗

---

① Saperment,詈语,表厌恶之意。现在大概仅见于童话中,为非人类所用。——译者注

的角上,而且将全社会都显出在它们的尘封的混乱里面了。

那是约翰,他来了,而且搅扰了它们的谈话。这仓库常给约翰以强烈的刺激。现在,自从出了最近的奇事以来,他屡屡逃到那里去。他于此发见安静和寂寞。那地方也有一个窗,是用抽替关起来的,也望见冈阜的一面。忽然拉开窗抽替,并且在满是秘密的仓库之后,蓦地看见眼前有遥远的,明亮的景色,直到那白色的,软软地起伏着的连冈,是一种很大的享用。

从那天金曜日的晚上起,早过了三星期了,约翰全没有见到他的朋友。小锁匙也去了,他更缺少了并非做梦的证据。他常怕一切不过是幻想。他就沉静起来。他的父亲忧闷地想,约翰从在冈上的那晚以来,一定是得了病。然而约翰是神往于旋儿。

"他的爱我,不及我的爱他么?"当他站在屋顶窗的旁边,眺望着绿叶繁花的园中时,他琐屑地猜想着,"他为什么不常到我这里来,而且已经很久了呢?倘使我能够……。但他也许有许多朋友罢。比起我来,他该是更爱那些罢?……我没有别的朋友,——一个也没有。我只爱他。爱得很!唉,爱得很!"

他看见,一群雪白的鸽子的飞翔,怎样地由蔚蓝的天空中降下,这原是以可闻的鼓翼声,在房屋上面盘旋的。那仿佛有一种思想驱遣着它们,每一瞬息便变换方向,宛如要在它们所浮游着的夏光和夏气的大海里,成了排豪饮似的。

它们忽然飞向约翰的屋顶窗前来了,用了各种的鼓翼和抖翅,停在房檐,在那里它们便忙碌地格磔着,细步往来。其中一匹的翅上有一枝红色的小翎。它拔而又拔,拔得很长久,待到它拔到嘴里的时候,它便飞向约翰,将这交给他。

约翰一接取,便觉得他这样地轻而且快了,正如一个鸽子。他伸开四肢,鸽子飞式的飞起来,约翰并且漂浮在它们的中央,在自由的空气中和清朗的日光里。环绕着他的更无别物,除了纯净的蓝碧和洁白的鸽翅的闪闪的光辉。

他们飞过了林中的大花园,那茂密的树梢在远处波动,像是碧海里的波涛。约翰向下看,看见他父亲坐在住房的畅开的窗边,西蒙是拳着前爪坐在窗台上,而且晒太阳取暖。

"他们看见我没有?"他想,然而叫呢他却不敢。

普烈斯多在园子里奔波,遍嗅着各处的草丛,各坐的墙后,还抓着各个温室的门户,想寻出小主人来。

"普烈斯多!普烈斯多!"约翰叫着。小狗仰视,便摇尾,而且诉苦地呻吟。

"我回来,普烈斯多! 等着就是!"约翰大声说,然而他已经离得太远了。

他们飘过树林去,乌鸦在有着它们的窠的高的枝梢上,哑哑地叫着飞翔。这正是盛夏,满开的菩提树花的香气,云一般从碧林中升腾起来。在一枝高的菩提树梢的一个空巢里,坐着旋儿,额上的他的冠是旋花的花托,向约翰点点头。

"你到这里了? 这很好,"他说。"我教迎取你去了。我们就可以长在一处——如果你愿意。"

"我早愿意,"约翰说。

他于是谢了给他引导的友爱的鸽子,和旋儿一同降到树林中。

那地方是凉爽而且多荫。鸫鹍几乎永是唿哨着这一套,但也微有一些分别。

"可怜的鸟儿,"旋儿说,"先前它是天堂鸟。这你还可以从它那特别的黄色的翅子上认出来——但它改变了,而且被逐出天堂了。有一句话,这句话能够还给它原先的华美的衣衫,并且使它再回天堂去。然而它忘却了这句话。现在它天天在试验,想再觅得它。虽然有一两句的类似,但都不是正对的。"

无数飞蝇在穿过浓阴的日光中,飞扬的晶粒似的营营着。人如果留神倾听,便可以听出,它们的营营,宛如一场大的,单调的合奏,充满了全树林,仿佛是日光的歌唱。

繁密的深绿的莓苔盖着地面,而约翰又变得这么小了,他见得这像是大森林区域里的一座新林。干子是多么精美,丛生是多么茂密。要走通是不容易的,而且苔林也显得非常之大。

于是他们到了一座蚂蚁的桥梁。成百的蚂蚁忙忙碌碌地在四处走——有几个在颚间衔着小树枝,小叶片或小草梗。这是有如此杂沓,至使约翰几乎头晕了。

许多工夫之后,他们才遇到一个蚂蚁,愿意和他们来谈天。它们全体都忙于工作。他们终于遇见一个年老的蚂蚁,那差使是,为着看守细小的蚜虫的,蚂蚁们由此得到它们的甘露。因为它的畜群很安静,它已经可以顾及外人了,还将那大的窠指示给他们。窠是在一株大树的根上盖造起来的,很宽广,而且包含着百数的道路和房间。蚜虫牧者加以说明,还引了访问者往各处,直到那有着稚弱的幼虫,从白色的襁褓中匍匐而出的儿童室。约翰是惊讶而且狂喜了。

年老的蚂蚁讲起,为了就要发生的军事,大家正在强大的激动里。对于离此不远的别一蚁群,要用大的强力去袭击,扫荡窠巢,劫夺幼虫或者杀戮;这是要尽全力的,大家就必须豫先准备那最为切要的工作。

"为什么要有军事呢?"约翰说,"这我觉得不美。"

"不然,不然!"看守者说,"这是很美的可以赞颂的军事。想罢,我们要去攻取的,是战斗蚂蚁呵;我们去,只为歼灭它们这一族,这是很好的事业。"

"你们不是战斗蚂蚁么?"

"自然不是! 你在怎样想呢? 我们是平和蚂蚁。"

"这是什么意思呢?"

"你不知道这事么? 我要告诉你。有那么一个时候,因为一切蚂蚁常常战争,免于大战的日子是没有的。于是出了一位好的有智慧的蚂蚁,它发见,如果蚂蚁们彼此约定,从此不再战争,便将省去许多的劳力。待到它一说,大家觉得这特别,并且就因为这原因,大家开始将它咬成小块了。后来又有别的蚂蚁们,也像它一样的意思。这些也都被咬成了小块。然而终于,这样的是这么多,至使这咬断的事,在别个也成了太忙的工作。从此它们便自称平和蚂蚁,而且都主张,那第一个平和蚂蚁是不错的;有谁来争辩,它们这边便将它撕成小块子。这模样,所有蚂蚁就几乎都成了平和蚂蚁了,那第一个平和蚂蚁的残体,还被慎重而敬畏地保存起来。我们有着头颅,是真正的。我们已经将别的十二个自以为有真头的部落毁坏,并且屠戮了。它们自称平和蚁,然而自然倒是战斗蚁,因为真的头为我们所有,而平和蚂蚁是只有一个头的。现在我们就要动手,去歼除那第十三个。这确是一件好事业。"

"是呵,是呵,"约翰说,"这很值得注意!"

他本有些怕起来了,但当他们谢了恳切的牧者并且作过别,远离了蚂蚁民族,在羊齿草丛的阴凉之下,休息在一枝美丽的弯曲的草梗上的时候,他便觉得安静得许多了。

"阿!"约翰叹息,"那是一个渴血的胡涂的社会!"

旋儿笑着,一上一下地低昂着他所坐的草梗。

"阿!"他说:"你不必责备它们胡涂。人们若要聪明起来,还须到蚂蚁那里去。"

于是旋儿指示约翰以树林的所有的神奇,——他们俩飞向树梢的禽鸟们,又进茂密的丛莽,下到土拨鼠的美术的住所,还看老树腔里的蜂房。

末后,他们到了一个围着树丛的处所。成堆成阜地生着忍冬藤。繁茂的枝条到处蔓延在灌木之上,群绿里盛装着馥郁的花冠。一只吵闹的白颊鸟,高声地唧唧足足着,在嫩枝间跳跃而且鼓翼。

"给我们在这里过一会罢,"约翰请托,"这里是美观的。"

"好,"旋儿说,"你也就要看见一点可笑的。"

地上的草里,站着蓝色的铃兰。约翰坐在其中的一株的近旁,并且开始议论那蜜蜂和胡蝶。这些是铃兰的好朋友,因此这谈天就像河流一般。

但是,那是什么呢? 一个大影子来到草上,还有仿佛白云似的东西在铃兰上面飘下来。约翰几乎来不及免于粉身碎骨——他飞向那坐在盛开的忍冬花里的旋儿。他这才看出,那白云是一块手巾,——并且,蓬！——在手巾上，也在底下的可怜的铃兰上，坐下了一个肥胖的太太。

他无暇怜惜它，因为声音的喧哗和树枝的骚扰充满了林中的隙地，而且，来了一大堆人们。

"那就，我们要笑了，"旋儿说。

于是他们来了，那人类——女人们手里拿着篮子和伞，男人们头上戴着高而硬的黑帽子。他们几乎统是黑的，漆黑的。他们在晴明的碧绿的树林里，很显得特殊，正如一个大而且丑的墨污，在一幅华美的图画上。

灌木被四散冲开，花朵踏坏了。又摊开了许多白手巾，柔顺的草茎和忍耐的莓苔是叹息着在底下担负，还恐怕遭了这样的打击，从此不能复元。

雪茄的烟气在忍冬丛上蜿蜒着，凶恶地赶走它们的花的柔香。粗大的声音吓退了欢乐的白颊鸟的鸣噪，这在恐怖和忿怒中唧唧地叫着，逃向近旁的树上去了。

一个男人从那堆中站起来，并且安在冈尖上。他有着长的，金色的头发和苍白的脸。他说了几句，大家便都大张着嘴，唱起歌来，有这么高声，致使乌鸦们都嘎嘎地从它们的窠巢飞到高处，还有好奇的野兔，本是从冈边上过来看一看的，也吃惊地跑走，并且直跑至整一刻钟之久，才又安全地到了沙冈。

旋儿笑了，用一片羊齿叶抵御着雪茄的烟气；约翰的眼里含了泪，却并不是因为烟。

"旋儿，"他说，"我要走开，有这么讨厌和喧闹。"

"不，我们还该停留。你就要笑，还有许多好玩的呢。"

唱歌停止了，那苍白男人便起来说话。他大声嚷，要使大家都懂得，但他所说的，却过于亲爱。他称人们为兄弟和姊妹，并且议论那华美的天然，还议论造化的奇迹，论上帝的日光，论花和禽鸟。

"这叫什么？"约翰问。"他怎么说起这个来呢？ 他认识你么？ 他是你的朋友么？"

旋儿轻蔑地摇那戴冠的头。

"他不认识我,——太阳,禽鸟,花,也一样地很少。凡他所说的,都是谎。"

人们十分虔敬地听着,那坐在蓝的铃兰上面的胖太太,还哭出来了好几回,用她的衣角来拭泪,因为她没有可使的手巾。

苍白的男人说,上帝为了他们的聚会,使太阳这样快活地照临。旋儿便讪笑他,并且从密叶中将一颗櫟树子掷在他的鼻子上。

"他要换一个别的意见,"他说,"我的父亲须为他们照临,——他究竟妄想着什么!"

但那苍白的男人,却因为要防这仿佛从空中落下来似的櫟树子,正在冒火了。他说得很长久,越久,声音就越高。末后,他脸上是青一阵红一阵,他捏起拳头,而且嚷得这样响,至于树叶都发抖,野草也吓得往来动摇。待到他终于再平静下去的时候,大家却又歌唱起来了。

"呸,"一只白头鸟,是从高树上下来看看热闹的,说:"这是可惊的胡闹!倘是一群牛们来到树林里,我倒还要喜欢些。听一下子罢,呸!"

唔,那白头鸟是懂事的,也有精微的鉴别。

歌唱之后,大家便从篮子,盒子和纸兜里拉出各种食物来。许多纸张摊开了,小面包和香橙分散了。也看见瓶子。

于是旋儿便召集他的同志们,并且开手,进攻这宴乐的团体。

一匹大胆的虾蟆跳到一个年老的小姐的大腿上,紧靠着她正要咀嚼的小面包,并且停在那里,似乎在惊异它自己的冒险。这小姐发一声大叫,惊愕地凝视着攻击者,自己却不敢去触它。这勇敢的例子得了仿效。碧绿的青虫们大无畏地爬上了帽子,手巾和小面包,到处散布着愁闷和惊疑,大而胖的十字蜘蛛将灿烂的丝放在麦酒杯上,头上以及颈子上,而且在它们的袭击之后,总接着一声尖锐的叫喊;无数的蝇直冲到人们的脸上来,还为着好东西牺牲了它们的性命,它们倒栽在食品和饮料里,因为它们的身体连东西也弄得不能享用了。临末,是来了看不分明的成堆的蚂蚁,随处成百地攻击那敌人,不放一个人在这里做梦。这却惹起了混乱和惊惶!男人们和女人们都慌忙从压得那么久了的莓苔和小草上跳起来;——那可怜的小蓝铃儿也被解放了,靠着两匹蚂蚁在胖太太的大腿上的成功的袭击。绝望更加厉害了。人们旋转着,跳跃着,想在很奇特的态度中,来避开他们的追击者。苍白的男人抵抗了许多时,还用一枝黑色的小棍,愤愤地向各处打;然而两匹勇敢的蚂蚁,那是什么兵器都会用的,和一个胡蜂,钻进他的黑裤子,在腿肚上一刺,使他失了战斗的能力。

这快活的太阳也就不能久驻,将他的脸藏在一片云后面了。大雨淋着这战斗的两党。仿佛是因为雨,地面上突然生出大的黑的地菌的森林来似的。这是张开的雨伞。几个女人将衣裳盖在头上,于是分明看见白的小衫,白袜的腿和不带高跟的鞋子。不,旋儿觉得多么好玩呵!他笑得必须紧抓着花梗了。

雨越下越密了,它开始将树林罩在一个灰色的发光的网里。纷纷的水溜,从伞上,从高帽子上,以及水甲虫的甲壳一般发着闪的黑衣服上直流下来,鞋在湿透的地上劈劈拍拍地响。人们于是交卸了,并且成了小群默默地退走。只留下一堆纸,空瓶子和橙子皮,当作他们访问的无味的遗踪。树林中的空旷的小草地上,便又寂寂与安静起来,即刻只听得独有雨的单调的淅沥。

"唔,约翰,我们也见过人类了,你为什么不也讥笑他们呢?"

"唉,旋儿,所有人们都这样的么?"

"阿!有些个还要恶得多,坏得多呢。他们常常狂躁和胡闹,凡有美丽和华贵的,便毁灭它。他们砍倒树木,在他们的地方造起笨重的四角的房子来。他们任性踏坏花朵们,还为了他们的高兴,杀戮那凡有在他们的范围之内的各动物。他们一同盘踞着的城市里,是全都污秽和乌黑,空气是浑浊的,且被尘埃和烟气毒掉了。他们是太疏远了天然和他们的同类,所以一回到天然这里,他们便做出这样的疯颠和凄惨的模样来。"

"唉,旋儿,旋儿!"

"你为什么哭呢,约翰?你不必因为你是生在人类中的,便哭。我爱你,我是从一切别的里面,将你选出来的。我已经教你懂得禽鸟和胡蝶和花的观察了。月亮认识你,而这好的柔和的大地,也爱你如它的最爱的孩子一般。我是你的朋友,你为什么不高兴的呢?"

"阿,旋儿! 我高兴,我高兴的! 但我仍要哭,为着一切的这人类!"

"为什么呢? ——如果这使你忧愁,你用不着和他们在一处。你可以住在这里,并且永久追随着我。我们要在最密的树林里盘桓,在寂寞的,明朗的沙冈上,或者在池边的芦苇里。我要带你到各处去,到水底里,在水草之间,到妖精的宫阙里,到小鬼头①的住所里。我要同你飘泛,在旷野和森林上,在远方的陆地和海面上。我要使蜘蛛给你织一件衣裳,并且给你翅子,像我所生着的似的。我们要靠花香为生,还在月光中和妖精们跳舞。秋天一近,我们便和夏天一同迁徙,到那繁生着高大的椰树的地方,彩色的花伞挂在峰头,还有深蓝的海面在日光中灿烂,而且我要永久讲给你童话。你愿意么,约翰?"

"那我就可以永不住在人类里面了么?"

"在人类里忍受着你的无穷的悲哀,烦恼,艰窘和忧愁。每天每天,你将使你苦辛,而且在生活的重担底下叹息。他们会用了他们的粗犷,来损伤或窘迫你柔弱的灵魂。他们将使你无聊和苦恼到死。你爱人类过于爱我么?"

"不,不! 旋儿,我要留在你这里!"

他就可以对旋儿表示,他怎样地很爱他。他愿意将一切和所有自己这一面的抛弃和遗忘。他的小房子,他的父亲和普烈斯多。高兴而坚决地他重述他的愿望。

雨停止了,在灰色的云底下,闪出一片欢喜的微笑的太阳光,经过树林,照着湿而发光的树叶,还照着在所有枝梗上闪烁,并且装饰着张在槲树枝间的蛛网的水珠。从丛草中的湿地上,腾起一道淡淡的雾气来,夹带着千数甘美的梦幻的香味。白头鸟这时飞上了最高的枝梢,用着简短的,亲密的音节,为落日歌唱——仿佛它要试一试,怎样的歌,才适宜于这严肃的晚静,和为下堕的水珠作温柔的同伴。

"这不比人声还美么,约翰? 是的,白头鸟早知道敲出恰当的音韵了。

① Heinzelmännchen,身躯矮小的精怪。——译者注

这里一切都是谐和,一个如此完全的,你在人类中永远得不到。"

"什么是谐和,旋儿?"

"这和幸福是一件事。一切都向着它努力。人类也这样。但他们总是弄得像那想捉胡蝶的儿童。正因为他们的拙笨的努力,却将它惊走了。"

"我会在你这里得到谐和么?"

"是的,约翰!——那你就应该将人类忘却。生在人类里,是一个恶劣的开端,然而你还幼小——你必须将在你记忆上的先前的人间生活,一一除去;这些都会使你迷惑和错乱,纷争,零落;那你就要像我所讲的幼小的金虫一样了。"

"它后来怎样了呢?"

"它看见明亮的光,那老甲虫说起过的;它想,除了即刻飞往那里之外,它不能做什么较好的事了。它直线地飞到一间屋,并且落在人手里。它在那里受苦至三日之久;它坐在纸匣里,——人用一条线系在它腿上,还使它这样地飞,——于是它挣脱了,并且失去了一个翅子和一条腿,而且终于——其间它无助地在地毯上四处爬,也徒劳地试着往那园里去——被一只沉重的脚踏碎了。一切动物,约翰,凡是在夜里到处彷徨的,正如我们一样,是太阳的孩子。它们虽然从来没有见过它们的晃耀的父亲,却仍然永是引起一种不知不觉的记忆,向往着发光的一切。千数可怜的幽暗的生物,就从这对于久已迁移和疏远了的太阳的爱,得到极悲惨的死亡。一个不可解的,不能抗的冲动,就引着人类向那毁坏,向那警起他们而他们所不识的大光的幻像那里去。"

约翰想要发问似的仰视旋儿的眼。但那眼却幽深而神秘,一如众星之间的黑暗的天。

"你想上帝么?"他终于战战兢兢地问。

"上帝?"——这幽深的眼睛温和地微笑。"只要你说出话来,约翰,我便知道你所想的是什么。你想那床前的椅子,你每晚上在它前面说那长的祷告的——想那教堂窗上的绿绒的帏幔,你每日曜日的早晨看得它这么长久的——想那你的赞美歌书的花纹字母——想那带着长柄的铃包①——想那坏的歌唱和熏蒸的人气。你用了那一个名称所表示的,约翰,是一个可笑的幻像——不是太阳而是一盏大的煤油灯,成千成百的飞虫儿在那上面无助地紧粘着。"

"但这大光是怎么称呼呢,旋儿? 我应该向谁祷告呢?"

"约翰,这就像一个霉菌问我,这带着它旋转着的大地,应当怎样称呼。如果对于你的询问有回答,那你就将懂得它,有如蚯蚓之于群星的音乐了。祷告呢,我倒是愿意教给你的。"

旋儿和那在沉静的惊愕中,深思着他的话的小约翰,飞出树林,这样高,至于沿着冈边,分明见得是长的金闪闪的一线。他们再飞远去,变幻的成影的丘冈景色都在他们的眼下飞逝,而光的线是逐渐宽广起来。沙冈的绿色消失了,岸边的芦苇见得黯淡,也如特别的浅蓝的植物,生长其间。又是一排连冈,一条伸长的,狭窄的沙线,于是就是那广远的雄伟的海。——蓝的是宽大的水面,直到远处的地平线,在太阳下,却有一条狭的线发着光,闪出通红的晃耀。

一条长的,白的飞沫的边镶着海面,宛如黄鼬皮上,镶了蓝色的天鹅绒。

地平线上分出一条柔和的,天和水的奇异的界线。这像是一个奇迹:直的,且是弯的,截然的,且是游移的,分明的,且是不可捉摸的。这有如曼长而梦幻地响着的琴声,似乎绕缭着,然而且是消歇的。

于是小约翰坐在沙阜边上眺望——长久地不动地沉默着眺望——一直到他仿佛应该死,仿佛这宇宙的大的黄金的门庄严地开开了,而且仿佛他的小小的灵魂,径飘向无穷的最初的光线去。

一直到从他那圆睁的眼里涌出的人世的泪,幕住了美丽的太阳,并且使那天和地的豪华,回向那暗淡的,颤动的黄昏里……

"你须这样地祷告!"其时旋儿说。

---

① Klingelbeutel,教堂所用,募捐的器具。——译者注

五

你当晴明的秋日,在树林里徘徊没有? 当太阳如此沉静和明朗,在染色的叶子上发光,当树枝萧骚着,枯叶在你的脚下颤抖着的时候。

于是树林显得很疲倦,——它只是还能够沉思,并且生活在古老的记忆里。一片蓝色的雾围住它,有如一个梦挟着满是神秘的绚烂。还有那明晃晃的秋丝,飘泛在空气里懒懒地回旋,像是美丽的,沉静的梦。

单在莓苔和枯叶之间的湿地上,这时就骤然而且暧昧地射出菌类的奇异的形像来。许多胖的,不成样子而且多肉,此外是长的,还是瘦长,带着有箍的柄和染得亮晶晶的帽子。这是树林的奇特的梦。

于是在朽烂的树身上,也看见无数小小的白色的小干,都有黑的小尖子,像烧过似的。有几个聪明人以为这是一种香菌。约翰却学得一个更好的:

那是烛。它们在沉静的秋夜燃烧着,小鬼头们便坐在旁边,读着细小的小书。

这是在一个极其沉静的秋日,旋儿教给他的,而且约翰还饮着梦兴,其中含有从林地中升腾起来的熏蒸的气息。

"为什么这槲树的叶子带着这样的黑斑的呢?"

"是呵,这也是小鬼头们弄的,"旋儿说。"倘若他们夜里写了字,就将他们小墨水瓶里的剩余洒在叶子上。他们不能容忍这树。人从槲树的木材做出十字架和铃包的柄来。"

对于这细小的精勤的小鬼头们,约翰觉得新奇了,他还请旋儿允许,领他去见他们之中的一个去。

他已经和旋儿久在一处了,他在他的新生活中,非常幸福,使他对于忘却一切旧事物的誓约,很少什么后悔。他没有寂寞的一刹那,一寂寞是常会后悔的。旋儿永不离开他,跟着他就到处都是乡里。他安静地在挂在碧绿的芦干之间的,苇雀的摇动的窠巢里睡眠,虽然苇雀也大叫,或者乌鸦报凶似的哑哑着。他在潇潇的大雨或怒吼的狂风中,并不觉得恐怖,他就躲进空树或野兔的洞里去,或者他钻在旋儿的小氅衣下,如果他讲童话,他还倾听他的声音。

于是他就要看见小鬼头了。

这是适宜的日子。太沉静,太沉静。约翰似乎已经听到他们的细语和足音了,然而还是正午。禽鸟们是走了,都走了,只有喵雀还馋着深红的莓果。一匹是落在圈套里被捕了,它张了翅子挂在那里,而且挣扎着,直到那紧紧夹住的爪子几乎撕开。约翰即刻去放了它,高兴地啾唧着,它迅速地飞去了。

菌类是彼此都陷在热烈的交谈中。

“看看我罢,”一个肥胖的鬼菌说。“你们见过这样的么?看罢,我的柄是多么肥,多么白呀,我的帽子是多么亮呀。我是一切中最大的。而且在一夜里。”

“哼!”红色的捕蝇菌说,“你真蠢。这样棕色和粗糙。而我却在苇干一般的我的苗条的柄上摇摆。我华美地红得像乌莓,还美丽地加了点。我比一切都美。”

“住口!”早就认识它们的约翰说,“你们俩都是毒的。”

“这是操守,”捕蝇菌说。

“你大概是人罢?”肥胖者讥笑地唠叨着,“那我早就愿意了,你吃掉我!”

约翰果然不吃。他拿起一条枯枝来,插进那多肉的帽里去。这见得很滑稽,其余的一切都笑了。还有一群微弱的小菌,有着棕色的小头,是大约两小时内一同钻出来的,并且往外直冲,为要观察这世界。那鬼菌因为愤怒变成蓝色了。这也正表白了它是有毒的种类。

在四尖的脚凳上,伸起它们的圆而肿起的小头。有时就用那圆的小头上的嘴里的极细的尘土,喷成一朵棕色的小云彩。那尘土落在湿地上,就有黑土组成的线,而且第二年便生出成百的新的地星来。

“怎样的一个美的生存呵!”它们彼此说。“扬尘是最高的生活目的。

生活几多时,就扬尘几多时,是怎样的幸福呵!"

于是它们用了深信的向往,将小小的尘云驱到空气中。

"他们对么,旋儿?"

"为什么不呢? 它们那里还能够更高一点呢? 它们并不多要求幸福,因为此外它们再不能够了。"

夜已深,树影都飞进了一律的黑暗里的时候,充满秘密的树林的震动没有停。在草和丛莽中间,处处有小枝们瑟瑟着,格格着,枯的小叶子们簌簌着。约翰感觉着不可闻的鼓翼的风动,且知道不可辨的东西来到近旁了。现在他却听得有分明的声音在细语,还有脚在细步地跳跃了。看哪,丛莽的黑暗的深处,正有一粒小小的蓝的火星在发光,而且消失了。那边又一粒,而且又一粒! 静着! ……倘若他留神倾听,便听得树叶里有一种簌簌声,就在他极近旁,——靠近那黑暗的树干的所在。这蓝的小光就从它后面起来,并且停在尖上了。

现在约翰看见到处闪着火光;它们在黑暗的枝柯间飘浮,小跳着吹到地面,还有大的闪烁的一堆,如一个愉快的火,在众星间发亮。

"这是什么火呢?"约翰问。"这烧得辉煌。"

"这是一个朽烂的树干,"旋儿说。

他们走向一粒沉静的,明亮的小光去。

"那我就要给你介绍将知①了。他是小鬼头们中最年老,且最伶俐的。"

约翰临近的时候,他看见他坐在他的小光旁边。在蓝色的照映中,可以分明地辨别打皱的脸带着灰色的胡须;他蹙着眉头,高声地诵读着。小头上戴一顶槲斗的小帽还插一枝小翎,——前面坐着一个十字蜘蛛,并且对他倾听。

待到他们俩接近时,小鬼头便扬起眉毛来看,却不从他的小书上抬头。十字蜘蛛爬去了。

---

① Wistik,德译 Wüsstich,"我将知道"之意。——译者注

"好晚上，"小鬼头说，"我是将知。你们俩是谁呢？"

"我叫约翰。我很愿意和你相识。你在那里读什么呢？"

"这不合于你的耳朵，"将知说，"这仅只是为那十字蜘蛛的。"

"也给我看一看罢，爱的将知，"约翰恳求说。

"这我不可以。这是蜘蛛的圣书，我替它们保存着的，并且永不得交在别一个的手里。我有神圣的文件，那甲虫的和胡蝶的，刺猬的，土拨鼠的，以及凡有生活在这里的一切的。它们不能都读，倘它们想要知道一些，我便读给它们听。这于我是一个大大的光荣，一个信任的职位，你懂么？"

那小男人屡次十分诚恳地点头，且向高处伸上一个示指去。

"你刚才做了什么了呢？"

"讲那涂鸦泼剌的故事。那是十字蜘蛛中的大英雄，很久以前活着的，而且有一个网，张在三棵大树上，它还在那里一日里捉获过一千二百匹飞蝇们。在涂鸦泼剌时代以前，蜘蛛们是都不结网，单靠着草和死动物营生的；涂鸦泼剌却是一个明晰的头脑，并且指出，活的动物也都为着蜘蛛的食料而创造。其时涂鸦泼剌又靠着繁难的计算，发明了十分精美的网，因为它是一位伟大的数学家。于是十字蜘蛛才结它的网，线交线，正如它所传授的一样，只是小得多。因为蜘蛛的族类也很变种了。涂鸦泼剌曾在它的网上捉获过大禽鸟，还杀害过成千的它自己的孩子们，——这曾是一个大的蜘蛛呵！末后，来了一阵大风，便拖着涂鸦泼剌和它的网带着紧结着网的三棵树，都穿过空中，到了远方的树林里，在那里它便永被崇拜了，因了它的大凶心和它的机巧。"

"这都是真实么？"约翰问。

"那是载在这书儿上的，"将知说。

"你相信这些么？"

小鬼头细着一只眼，且将示指放在鼻子上。

"在别种动物的圣书里，也曾讲过涂鸦泼剌的，它被称为一个剽悍的和卑劣的怪物。我于此不加可否。"

"可也有一本地祇的书儿呢,将知?"

将知微微怀疑地看定了约翰。

"你究竟是一个什么东西呢,约翰? 你有点——有点是人似的,我可以说。"

"不是,不是! 放心罢,将知,"旋儿说,"我们是妖。约翰虽然先前常在人类里往来。但你可以相信他。这于他无损的。"

"是呵,是呵! 那很好,然而我倒是地祇中的最贤明的,我并且长久而勤勉地研究过,直到知道了我现今所知道的一切。因了我的智慧,我就必须谨慎。如果我讲得太多,就毁损我的名声。"

"你以为在什么书儿上,是记着正确的事的呢?"

"我曾经读得很不少,但我却不信我读过这些书。那须不是妖精书,也不是地祇书。然而那样的书儿是应该存在的。"

"那是人类书么?"

"那我不知道,但我不大相信,因为真的书儿是应该能致大幸福和大太平的——在那上面,应该详细地记载着,为什么一切是这样的,像现状这样。那就谁也不能再多问或多希望了。人类还没有到这地步,我相信。"

"阿,实在的,"旋儿笑着说。

"然而也真有这样的一本书儿么?"约翰切望地问。

"有,有!"小鬼头低声说,"那我知道——从古老的,古老的传说。静着呀! 我又知道,它在那里,谁能够觅得它。"

"阿,将知! 将知!"

"为什么你还没有呢?"旋儿问。

"只要耐心,——这就要来了。几个条件我还没有知道。但不久我就要觅得了。我曾毕生为此工作而且向此寻求。因为一觅得,则生活将如晴明的秋日,上是蓝色的天而周围是蓝色的雾;但没有落叶簌簌着,没有小枝格格着,也没有水珠点滴着;阴影将永不变化,树梢的金光将永不惨淡。谁曾读过这书,则凡是于我们显得明的,将是黑暗,凡是于我们显得幸福的,将是忧愁。是的,我都知道,而且我也总有一回要觅得它。"

那山鬼很高地扬起眉毛,并且将手指搁在嘴上。

"将知,你许能教给我罢。"约翰提议道,但他还未说完,便觉得有猛烈的风的一突,还看见一个又大又黑的形像,在自己前面迅速而无声地射过去了。

他回顾将知时,他还及见一只细小的脚怎样地消没在树干里,噗哧!小鬼头连那书儿都跳进他的洞里去了。小光烧得渐渐地微弱了,而且忽然消灭了。那是非常奇特的烛。

"那是什么?"在暗中紧握着旋儿的约翰问。

"一个猫头鹰,"旋儿说。

两个都沉默了好些时。约翰于是问道:"将知所说的,你相信么?"

"将知却并不如他所自负似的伶俐。那样的书他永远觅不到,你也觅不到的。"

"然而有是有的罢?"

"那书儿的存在,就如你的影子的存在,约翰。你怎样地飞跑,你怎样地四顾着想攫取,也总不能抓住或拿回。而且你终于觉着,你是在寻觅自己呢。不要做呆子,并且忘掉了那山鬼的胡说罢! 我愿意给你讲一百个更好的故事呢。同我来,我们不如到林边去,看我们的好父亲怎样地从睡觉的草上,揭起那洁白的,绵软的露被来罢。同来呵!"

约翰走着,然而他不懂旋儿的话,也不从他的忠告。他看见灿烂的秋晨一到黎明,便想那书儿,在那上面,是写着为什么一切是这样,像现状这样的——他并且低声自己反复着说道:"将知! 将知!"

六

从此以后,他在树林中和沙阜上,旋儿的旁边,似乎不再那么高兴和自得了。凡有旋儿所讲述和指示的,都不能满足他的思想。他每次必想那小书,但议论却不敢。他所看见的,也不再先前似的美丽和神奇了。云是这样地黑而重,使他恐怖,仿佛就要从头上压下来。倘秋风不歇地摇撼和鞭扑这可怜的疲倦的林木,致使浅绿的叶腹,翻向上边,以及黄色的柯叶和枯枝在空气中飘摇时,也使他觉得悲痛。

旋儿所说的,于他不满足。许多是他不懂,即使提出一个,他所日夜操心的问题来,他也永是得不到圆满分明的答案。他于是又想那一切全都这样清楚和简单地写着的小书,想那将来的永是晴明而沉静的秋日。

"将知!将知!"

"约翰,我怕你终于还是一个人,你的友情也正如人类的一样,——在我之后和你说话的第一个,将你的信任全都夺去了。唉,我的母亲一点也不错。"

"不,旋儿!你却聪明过于将知,你也聪明如同小书。你为什么不告诉我一切的呢?就看罢!为什么风吹树木,至使它们必须弯而又弯呢?它们不能再,——最美的枝条折断,成百的叶儿纷坠,纵然它们也还碧绿和新鲜。它们都这样地疲乏,也不再能够支撑了,但仍然从这粗野的恶意的风,永是从新的摇动和打击。为什么这样的呢?风要怎样呢?"

"可怜的约翰!这是人的议论呵!"

"使它静着罢,旋儿。我要安静和日光。"

"你的质问和愿望都很像一个人,因此既没有回答,更没有满足。如果你不去学学质问和希望些较好的事,那秋日便将永不为你黎明,而你也将如说起将知的成千的人们一样了。"

"有这么多的人们么?"

"是的,成千的!将知做得很秘密,但他仍然是一个永不能沉默他的秘密的胡涂的饶舌者。他希望在人间觅得那小书,且向每个或者能够帮助他的人,宣传他的智慧。他并且已经将许多人们因此弄得不幸了。人们相信他,想自己觅得那,正如几个试验炼金的一样地热烈。他们牺牲一切,——忘却了所有他们的工作和他们的幸福,而自己监禁在厚的书籍,奇特的工具和装置之间。他们将生活和健康抛在一旁,他们忘却了蔚蓝的天和这温和的慈惠的天然——以及他们的同类。有时他们也觅得紧要和有用的东西,有如从他们的洞穴里,掷上明朗的地面来的金块似的;

他们自己和这不相干,让别人去享用,而自己却奋发地无休无息地在黑暗里更向远处掘和挖。他们并非寻金,倒是寻小书,他们沉沦得越深,离花和光就越远,由此他们希望得越多,而他们的期待也越滋长。有几个却因这工作而昏聩了,忘其所以,一直捣乱到苦恼的儿戏。于是那山鬼便将他们变得稚气。人看见,他们怎样地用沙来造小塔,并且计算,到它落成为止,要用多少粒沙;他们做小瀑布,并且细算那水所形成的各个涡和各个浪;他们掘小沟,还应用所有他们的坚忍和才智,为的是将这掘得光滑,而且没有小石头。倘有谁来搅扰了在他们工作上的这昏迷,并且问,他们做着什么事。他们便正经地重要地看定你,还喃喃道:'将知! 将知!'

是的,一切都是那么的可恶的山鬼的罪! 你要小心他,约翰!"

但约翰却凝视着对面的摇动和呼哨的树木;在他明澈的孩童眼上,嫩皮肤都打起皱来了。他从来没有这样严正地凝视过。

"而仍然——你自己说过——那书儿是存在的! 阿,我确实知道,那上面也载着你所不愿意说出名字来的那大光。"

"可怜的,可怜的约翰!"旋儿说,他的声音如超出于暴风雨声之上的平和的歌颂。"爱我,以你的全存在爱我罢。在我这里,你所觅得的会比你所希望的还要多。凡你所不能想象的,你将了然,凡你所希望知道的,你将是自己。天和地将是你的亲信,群星将是你的同胞,无穷将是你的住所。"

"爱我,爱我——霍布草蔓之于树似的围抱我,海之于地似的忠于我,——只有在我这里是安宁,约翰!"

旋儿的话销歇了,然而颂歌似的袅袅着。它从远处飘荡而来,匀整而且庄严,透过了风的吹拂和呼啸,——平和如月色,那从相逐的云间穿射出来的。

旋儿伸开臂膊,约翰睡在他的胸前,用蓝的小氅衣保护着。

他夜里却醒来了。沉静是蓦地不知不觉地笼罩了地面,月亮已经沉没在地平线下。不动地垂着疲倦的枝叶,沉默的黑暗掩盖着树林。

于是问题来了,迅速而阴森地接续着,回到约翰的头里来,并且将还很稚弱的信任驱逐了。为什么人类是这样子的？为什么他应该抛掉他们而且失了他们的爱？为什么要有冬天？为什么叶应该落而花应该死？为什么？为什么？

于是深深地在丛莽里，又跳着那蓝色的小光。它们来来去去。约翰严密地注视着它们。他看见较大的明亮的小光在黑暗的树干上发亮。旋儿酣睡得很安静。

"还有一个问，"约翰想，并且溜出了蓝的小氅衣，去了。

"你又来了？"将知说，还诚意地点头。"这我很喜欢。你的朋友在那里呢？"

"那边！我只还想问一下。你肯回答我么？"

"你曾在人类里，实在的么？你去办我的秘密么？"

"谁会觅得那书儿呢，将知？"

"是呵，是呵！这正是那个，这正是！——你愿意帮助我么，倘我告诉了你？"

"如果我能够，当然！"

"那就听着，约翰！"将知将眼睛张得可怕地大，还将他的眉毛扬得比平常更其高。于是他伸手向前，小声说："人类存着金箱子，妖精存着金锁匙，妖敌觅不得，妖友独开之。春夜正其时，红嗉鸟深知。"

"这是真的么，这是真的么？"约翰嚷着，并且想着他的小锁匙。

"真的！"将知说。

"为什么还没有人得到呢？有这么多的人们寻觅它。"

"凡我所托付你的，我没有告诉过一个人，一个也不。"

"我有着，将知！我能够帮助你！"约翰欢呼起来，并且拍着手。"我去问问旋儿。"

他从莓苔和枯叶上飞回去。但他颠踬了许多回，他的脚步是沉重了。粗枝在他的脚下索索地响，往常是连小草梗也不弯曲的。

这里是茂盛的羊齿草丛，他曾在底下睡过觉。这于他显得多么矮小了呵。

"旋儿!"他呼唤。他就害怕了他自己的声音。

"旋儿!"这就如一个人类的声音似的发响,一匹胆怯的夜莺叫喊着飞去了。

羊齿丛下是空的——约翰看见一无所有。

蓝色的小光消失了,围绕着他的是寒冷和无底的幽暗。他向前看,只见树梢的黑影,散布在星夜的空中。

他再叫了一回。于是他不再敢了。他的声音,响出来像是对于安静的天然的亵渎,对于旋儿的名字的讥嘲。

可怜的小约翰于是仆倒,在绝望的后悔里呜咽起来了。

小彼得①

[德国]至尔·妙伦

火柴盒子的故事

第二天的日子,在小彼得实在似乎过得长,总是等不到傍晚。不知道煤块可还要谈天,讲些什么有趣的事情不?

在一夜里,他尽做了些深的漆黑的矿洞和漂在大海上的大汽船的梦。于是只在等候,今晚上又可以听到什么新的故事了罢。

然而,夜虽然偷偷地进了屋子里,用那黑色的氅衣将四近遮得漆黑了,但这是怎么的呢,火炉的屋角里却静悄悄,什么话声也听不到。

孩子的眼里都浮出眼泪来了。一到黄昏便可以听故事,整一天高兴地等候着的,可是那可恶的煤块们,却不是一声也不响么? 他立刻凄凉起来。母亲每天去作工,自己生着病,总得这样地只有一个人在躺着。已经熬不住了,眼泪滴滴的落了下来。于是那孩子就放声呜呜咽咽的哭起来了。

---

① 《小彼得》作者为德国女作家海尔密尼亚·至尔·妙伦(Hermynia Zur Mühlen,1883—1951)。鲁迅从林房雄日译本翻译,于 1929 年 11 月由上海春潮书局出版,当时署名"许霞译,鲁迅校改"。该童话由 6 个故事组成,它们是《煤的故事》《火柴盒子的故事》《水瓶的故事》《毯子的故事》《铁壶的故事》和《破雪草的故事》,本书收录其中 3 个故事。——编者注

他一哭，忽然听到了和气的声音——

"喂，为什么哭的?"

小彼得连忙向火炉的角落里去看。声音是并不从那边来的，倒听得就在眠床的旁边。骤然一看，只见床边的一张小桌上，一个火柴盒子，将狭的一头做着脚，挺直的站着。而且大约算是招呼罢，弯了一弯腰。

"喂，为什么哭的?"火柴盒子这样问。

"只有一个人躺着，伤心起来了。"彼得呜咽着答道。

"那里那里，不止你一个人呵。"火柴盒子说着，便跳到床里来了。

"屋子里面有许多东西。那就都是你的朋友呀。真的张开眼睛和耳朵来看一下罢。"

小彼得完全得到安慰，又高兴起来了。于是轻轻的伸出手去，去摸这恳切的火柴盒子。

"你究竟是谁呢?"他问。

"我是树木呵。"

孩子吃了惊，看着火柴盒。他是从幼小时候以来，生长在大都会里的，树木之类，几乎没有看见过。但说这小小的火柴盒子，就是什么大树，却无论如何，不会信以为真的。他笑了起来，有些以为胡说。火柴盒子好像看透了他的心似的，屹然站起，用了生气似的调子说。"你不信我先前曾是大树哩。好，讲真事情给你听罢。疑心别个的话，实在不是好事情。但是，称为人类的这东西，是什么时候都在欺骗的，所以即使别个讲真话，也不能相信了。"

小彼得觉得实在不对了，在心里认错，火柴盒子也平了气，和气的点头。于是终于开始了谈话。

"你可曾见过大的森林没有?"

小彼得摇摇头。

"原来，没有见过。不错，你是总住在这罩满可怕的煤烟的都会里的。"

小彼得点头。

"好。那么,你就试来设想,恰如这街上的房屋和房屋的相连一样,树木和树木相接的大的森林罢。那些树木们,其实是一株一株,各是一家,其中住着禽鸟的家族。但这些禽鸟们,却并不像你们穷人一样,只在狭窄的屋子里住得挤来挤去的,以广大的处所为住家,无论那里,都可以自由地搬去。它们也决不付房租。为什么呢,因为小鸟们是都知道为生存而有住所,是当然的权利的。还有,在鸟的世界,也和你们人类的世界不同,有着许多房屋的大屋子里,只住着一只鸟儿呀,五六只鸟儿,挤在肮脏的小小的一间屋子里呀那样的事,是决没有的。你们人类的住宅的分配,实在不高明呵。"火柴盒子仿佛完全忘却了小彼得就在旁边,就独自滔滔地说下去了。"我又知道着,有些人是在街上造了体面的府第,在乡下又有着别墅,然而有些人却连住房也没有,只好在桥下和公园的长椅子上过夜。这样的事,在森林里是决没有的。倘有一个子而有着两个住宅的,没有这的便跑出来,将这东西打出。但是,在人类的世界里,却不过枉然的叹息呀,伤心呀,什么办法也不做。我没有见过人类那样的愚蠢的动物。"

火柴盒子的话长,小孩子有些听厌了,轻轻地嘱托道——

"阿,可以给我讲讲森林的事么?"

"唔唔,可以。但是你没有见过一回森林,不知道从那里说起才好呵。总之,竭力来讲得你容易明白罢。我,是大的森林里的最高的树木。这森林,是一个财主的东西,他除了这森林之外,还有田地,牛,马,猪羊等类。我在没有见过这财主的时候,以为他一定是故事里所讲那样的神明。为什么呢,因为许多人们,都替他耕田,养家畜,从早到晚,勤勤恳恳地劳动,只有他却逍遥自在,过着豪华的生活。但是有一天,他跑到我们的森林里来了,细细一看,吓,这是怎么的,他也不过是一个普通的人呵。不过是一个胖得出奇,红脸皮的人呵。

"时时也有老女人们走到森林里,来拾枯枝和落叶,但她们总是好像怯怯地,有什么忧愁似的。这是因为财主不许穷人去拾森林里的树木的缘故。我想,这样不通的事,是再也没有的了。在财主,用不着枯枝,这样地放着,岂不是不过烂掉么?

"有一回，曾经有一个乡下人，打了兔，给管林人抓住了。乡下人连连赔罪，说但愿这一回饶恕了他。妻在生病，要一点补养的东西，但是穷，没有去买的钱。然而并不听他的诉说，财主将他抛进监牢里去了。这时候，我也非常觉得诧异。森林里面，兔子是多到数不清。财主无论怎么办，独自一个人不是总是吃不完的么？

"到秋天，樵夫来了。他们竭力作工，但是砍倒的树木，一株也不为他们所有，都是财主的东西。一切都是他的。森林，树木，田地，家畜，而且连人们，也非都给他做事不可。森林的伙伴，同情于这可怜的人们，憎恶那财主。我的旁边，有一株年青的枞树，他非常愤慨，心中起誓，要给那有钱的小子，明白他自己也不过是一个脆弱的渺小的人。打了兔，被关在监牢里了的乡下人的事，有一天，两个老女人来拾枯枝，给捉住了，被财主打，推，吃了大苦的事，这枞树就都在眼前目睹的。有一夜的事，起了大的暴风雨，年青的枞树几乎平根折断了。然而根上遮着莓苔，从外面看起来，似乎毫没有什么异样。他知道自己的性命已经不久，便决计要在未死之前，给那有石头一般的心的财主一个惩罚。'在我们树木的世界里，一株树来支配别的一切树木的事，是决不允许的。'他说。'在我们树木的伙伴里，也如在人类社会一样，有大树，也有小树，有强树，也有弱树，然而在我们的伙伴里，肥沃的土地，澄清的空气，温暖的日光，雨，露，都是共有的。究竟为什么在称为万物之灵的人类之间，倒不能行这明明白白的事的呢？'那时候，他相信一切罪孽是在这财主。我呢，自然也这样想的。到后来，我被运到工厂里的时候，在那里听了工人们在谈天，才知道一切罪孽，是在那为了使少数者得幸福，而使大多数者陷于不幸的制度。但是，虽然说了这样的事，你也还未必能懂罢。

"话要说回去了，枞树想在死掉之前，给可怜的人们效一点力。于是有一天，财主走进森林来，正到他的前面的时候，他竭尽所有的力，呻吟于自杀其身的苦痛，裂眦一倒，轰的正压在财主上面了。他发一声可怕的叫喊，倒在地面上。管林人飞跑而出，扶了他起来。但是，那时候，枞树已经打坏了他右手。'这是罚呀！'枞树的叶子们一齐叫起来。'用了那手，你

打了哭着求饶的两个老婆婆,也用了那手,你写了只打一只兔,便将那可怜的男人送进监牢里去的书信的。'

"这样,枞树是死掉了。

"唉唉,多么好的勇敢的树呵,我到现在,还是不能忘却那年青的枞树的事。"

火柴盒子说到这里,暂时闭了口。而且很是愤怒似的叫出来了。"是的。制度呵!好,这回就来给你说明这制度罢"——但是,留心一看,小孩子已经完全睡着了。他真气恼,从床上跳下,走进那下面去。

"人类,是多么愚蠢呵。"他絮叨着,滑到角落里的最暗的处所去了。大约是为了独自去想那快乐的森林的世界的事罢。

水瓶的故事

小彼得听了火柴盒子的话之后,过了两三天的一个傍晚,他那里一个穿着乌黑的衣裳的女人来访了。她显着可怕的脸,走进小屋子里,坐在他的眠床的旁边。

孩子是很知道她的。她是常常跑到贫民窟,并不打打招呼,就一直闯进大家的屋子里,分起写着宗教的事情的本子,讲起上帝的事情来的女人。

孩子们都怕她。从她脸上看见过温和的微笑的,从她薄薄的嘴唇里听到过漏出来的亲热的言语的,一个也没有。而且,她所常说的上帝,一定也和她相像。为什么呢,因为她所说的上帝,是总在愤怒,命令道,穷人应该劳动,应该常是满足,感谢那辛苦的生活的。

今天,她也装着吓人的眼,凝视着小彼得。彼得很想逃走,躲起来。但是,真可怜,他连动也不能动。

"我的腿痛得很,"他悲哀地诉说。并且心里想,这样一说,这可怕的女人也许会和气一点罢。

但她用粗暴的声音说了。"那是上帝赏给你的试探呀。好好的忍耐着啊。"于是她问道,"你每天早晚,可做祷告呢?"

"不。"小彼得正直地回答。

可怕的女人显出高兴的脸相来了。

"看哪。所以你跌倒,折了腿的。"

"不对呀,"小彼得喃喃地说。"我是,去溜冰,栽倒了的呵。"

"不要回嘴!"可怕的女人恼怒起来,大声说。"正因为上帝要责罚你,你才跌倒的。还不只是这样哩。你不知道不做祷告的坏孩子,要到什么地方去么?"

"我,不知道。"

"到地狱里去呀!"可怕的女人高兴地说。"他们应该在那里永远受苦。用火来烧,恶鬼们用了烧得通红的钳子来夹,应该苦得发出大声,吱吱的叫。你的腿,很痛罢。但是比起你该在地狱里去受的苦痛来,就毫不算什么了。还有你的母亲,因为不教你祷告,也应该一同到地狱去。"

可怕的女人去摸她那总是提着走路的大口袋,拿出一本小小的书来。一看,那书面上,就画着一个男人站在大海里,擎起两手在哭喊,左右两面,跑来着拿了大钳子的可怕的脸的小鬼们的画。

"看看这本书,"可怕的女人说。"那么,就会知道不信上帝,下世是要吃怎样大苦的罢。我得去了。为了将神圣的宗教的安慰,去给另外的人们呀。"

她走出屋子去了。这一来,虽然夜晚已经到来,但因为这可怕的女人不在了,在小彼得却觉得愈加明亮。

然而他又总觉得有些害怕。如果应该落地狱去,无年无月,总是被火烧,受苦楚,那是多么可怕的事呵。而且还说连那和气的,好的母亲,也非下地狱不可。为什么呢?母亲是无论什么时候,总是那样地怀着好心,每天每天,勤勤恳恳地在工作的。

小彼得正在想这些事,忽然,屋子里面,响满了幽微的,嘎嘎地轧轹似的嗤笑的声音。声音是听来就从床边发出来的,小孩子抬起眼睛来一看,看见床边的桌子上,水瓶和杯子,正在大笑得快要栽倒了。水瓶的胖胖的肚子,一幌一幌地动摇着,其中的水涌起着小小的波。

"唉唉,挡不住,"杯子呻吟似的说。"我的身上是有条开疤的,笑起来,这就针刺般作痛。呜,呜,身子快要炸得粉碎了。"

"为什么那么笑着的呢?"小彼得问。

杯子只在哼哼地呻吟,但那胖胖的水瓶,却一面笑得全身摇摇不定,一面叫起来道,"多么糊涂的女人呵!"

小孩子心里高兴了。水瓶说那个可怕的女人胡涂,也许这倒是真的。倘使真,那么,自己,还有母亲,也许不必往地狱里去就可以了。

"为什么那个狠女人是胡涂呢?"他问。

水瓶的颈子边的水,发出轻微的声音来。她停住了笑,反问道,"你没有听她所讲的地狱的话么?"

"听的,"小彼得说。"所以,我很在发愁。"

"那是因为你和那女人一样胡涂的缘故啊。"水瓶鲁莽地喃喃地说。"我知道着地狱,但创造那个的,不是上帝,却是人们啊。而且孩子和大人的往那边去,也并非因为忘记了祷告,只为了穷呀。静静的躺着罢,我来讲地狱的故事给你听。"

"请呀,"小孩子低声请托着。

"你可曾遇到过很热很热,热得挡不住了的事情没有呢?"水瓶问。

"有的。一到夏天这街的大路上,就热得喘不过气来的。"

"好,你试想象一下,比这热还有一百倍的热来着。空气简直像大的火焰模样,将人们的脸和手,炙得刺痛的热呀。——屋子里面,有一座很大很大的炉。在那中间,火焰炎炎地烧出五彩。这就将猛烈的热气,喷在屋子中。一个男人站在炉前面。他是赤膊的。凶猛的热,扑过来挤紧他的脑袋,从发红的刺痛的眼里,流出眼泪来。他拿着大的铁管,将这伸在烈火里。也有将铁的车子,上面堆着通红的粘粘的东西,推着在走的。铁管的头上,缀着通红的火的水瓶,孩子们用剪刀将这剪下来。倘有不小心的,他们就被烧得从皮一直焦到骨。有些孩子,是拿着烧得通红的水瓶,忧愁地发着抖,不歇地在奔走。他们的脸上流着汗,身子是紧张地颤抖着。他们是整天捏在燃烧的死神的手中,不歇地在奔走的。

"有些工人,是将气吹进铁管里面去。他们的脸涨成紫色,眼珠似乎就要脱出来。这闷热的屋子里,有着永久不息的焦躁和烦忙。男人,女人,孩子,都在无休无息地奔走。如火的热,逼干了他们的喉咙,连咽咽的唾沫也没有了。而恰如几千枝锋利的针一样,刺着他们的身子,他们的心,他们的唏唏地喘息的肺。地狱的炉,煌煌然整天的烧着。人们逐渐疲乏起来,连走也走不动了。此刻不会跌倒么,拿在手里的可恶的火,不会掉在身上么,他们这样地担着心,跄跄踉踉地在走。而且眼睛也晕眩起来。孩子们的脸,见得简直像老人模样,好似可哀的小小的侏儒。

"每天每天,火在燃烧,热在沸腾,疲乏透了,被热气蒸得半已发疯的人们,在哼哼地呻吟,咳嗽。彼得呀,这是真的地狱啊。那里面,是全世界几千万被诅咒的人们,正在受苦的呵。"

"慈仁的上帝,不是单将恶人送到那地狱里去的么?"小彼得问。水瓶又笑起来了。但这回的笑声,却带着很愤怒似的调子。

"说是上帝!那样的东西,什么关系也没有。这地狱里,是人类将人类赶进去的。这如火的炎热里受苦的人们,倒高兴能够进这地狱去。因为不这样,他们和那孩子们就只好饿死了。"

"但是,究竟是谁送穷人们进地狱去的呢?"

"财主们呀!当穷人们在炎热中枯萎下去的时候,他们却在好看的庭园里挺了胸脯吸着凉爽的空气。那蠢女人说,有恶鬼用了烧得通红的钳子,给可怜的鬼魂吃苦,那是真的。不过那恶鬼并非黑色,没有角,也没有尾巴。是穿着漂亮的衣,丝绸的服的。他们拿着的钳子,是叫做'贫穷'的钳子。"

"我可不懂呀,"小彼得说。"在这世上,究竟怎么会有那样可恶的人们的呢?"

"火柴盒子不是要将这讲给你听的么?"水瓶用了责备似的口气说。"火柴盒子要给你讲资本主义制度的话,而你不是呼呼地睡着了么?"

"不要生气罢,"孩子认错似的说。"但是,我不懂那些烦难的说话的意思呵。"

"那意思,是这样的。就是说,有钱的人,成为没有钱的人的主人。我并不想要说,凡是有钱的人,全都是恶鬼。但是,总之,他们是有着恶鬼一般的行为的。他们从孩子时候起,要什么,就有什么。饥呀寒呀等类,先就不知道是怎么一回事。只要说出'要这样,要那样'来,立刻便到手。那不消说,这样的情形,于他们是愉快的。便是你,这样的过活,也觉得合意的罢。"

小孩子点点头。

"他们成了大人,就知道给他们过这样的快活的生活的,是钱。所以他们竭力要许多钱。就为此,别的人们便非给他们劳动不可了。这别的人们,只因为没有有钱的父母,所以只要有什么能够赚钱的事,就高兴。他们为了不挨饿,是无论怎样的事,都只好去做的。懂得了没有呢?"

"唔唔,懂得。"他略略迟疑着,回答说。"但是,就永远要是这样么?"

"不,并不然的。"水瓶答道。"在世间,有好的聪明的人们,在和这制度战斗,在主张一切人们,都应该作工,取得能过舒服的生活的工钱。这好的聪明的人们,就叫作社会主义者。好好地记着这句话罢。"

"决不忘记的。"孩子约定说。"请再讲点什么罢。此刻讲给我了的地狱的事,你究竟是怎么知道了的呢?"

"因为我自己就在那地方制造出来的呀,小呆子。但是,讲的话,已经全都讲过了。倘若讲得太多,我的身子里的水在动,会引起肚痛来的。还是躺一会儿罢。时候已经不早。母亲大约也就要回来了罢。"

破雪草的故事

第二天,在小彼得是高兴的日子。最先,是来了医生,说从明天早晨起,起来也可以了,还有,中午时候,母亲拿了大大的报纸的包裹回家来,一面笑笑一面说——

"拿了好东西来了哩。"

母亲一张一张打开报纸来,从中现出了一个小小的暗红色的盆子,盆子里面,盛开着一株破雪草的花。

"阿阿,好看!"小彼得叫道。"这花,是从那里来的?"

"工厂里同在做工的马理姑娘,有一个做花儿匠的伯伯,那伯伯将花送给了马理姑娘的。马理姑娘知道你在生病,便将这转送给你了。"

彼得喜欢得了不得,然而时光的过去,还是太长,等得有些不耐。起来也可以了的明天,好像总是等不到似的。破雪草站在床边的桌子上,和气地向他看。彼得想,这花,一定知道着非常美丽的故事的罢。但是,他知道不到夜晚,物件们是不开口的,所以他对花什么也不问。

黄昏将到未到之际,火柴盒子已经一跳跳上了花盆,一面招呼,一面愉快地叫喊起来了——

"来得好,破雪姑娘! 你是报告冬天就要收场的好消息的花。你肯讲自然的景致和我的树木弟兄的事的罢。"

花摇摆着可爱的头来招呼,于是用铃一般爽朗的声音说——

"唔唔,春快到哩。你的树木弟兄们,都在长大起来了。大地的底里,动弹着新的生命。可恶的冬,虽然还以为自己是强有力的主子,但我们破雪草,已在唱他的葬式的歌。愚蠢的冬老头子,不知道叛逆他的正当的力,已在暗地发动,却还相信着用了他那可怕的家臣这霜和风和雪的力量,就能够永远地压迫,臣服一切的东西。倘在地上发见了一枝花,一些叶,便将它践踏死。然而,一枝花被杀害了,一枝花又开起来。而且每夜每夜,春都差遣了使者来告诉我们,'勇敢地做罢,决不要屈服呵。胜利是你们的!'"

"我知道冬,"铁壶喃喃地说。"他是极强的主子。不知道你们似的小小的孱弱的花和蕾,怎么能够胜过他的?"

"我们数目多,非常之多。况且在我们,又有着思想的力。冬呢,不过是为自己做事的,下劣的恶党罢了。但我们,却是为众人做事的。田里的麦,为了要将面包给与人类而结子。树木呢,就只为要送果子给人类,所以来开花。我们草花,是为要使人类快乐,这才生长起来的呀。春的使者教给我们了。怀着爱他人之心而作工,生活者,决不为何物所败;反之,只想自己的事,以贪欲之心而做恶事者,总有一时要被打败的。这春的使者的话,是永远地不变的法则呵。"

"在人类的世界里,不能也这样,这真可惜了。"毯子显着悲伤的脸相,叹息说。

但破雪草却这样地说了:"就是人类的世界,也一样的。"

于是水瓶添上去说道:"我们的世界里的冬和那家臣们,在人类的世界里,就等于有钱人。恶意的残酷的富人们,只为自己设想,简直不觉得仇敌在逐渐地增加。而且,恰如冬杀掉一朵花,便开了十朵花一样,在人类的世界里也发生这样的事。自然界的花,在人类的世界里,就等于正当的聪明的思想。思想是头里面开花的。所以,仇敌不能将这除灭。在人类的世界里,春也就要到了罢。"

"不错,"铁壶点点头。"我的朋友茶壶也在这样说。说是在一本出色的书里,读到了这事的。总有一个时候,人类也聪明起来,要这样地发问:'为什么我们——在辛辛苦苦作工的劳动者,过着快要饿死的生活的呢?为什么一点事也不做的他们,却在阔绰地,幸福地过活的呢?为什么他们有着一切东西,我们却什么也没有的呢?'于是劳动的辛苦着的多数的人们,协力起来,将懒懒的游惰着的少数的东西赶走。听说在书上,是这样地写着的。"

"这么一来,我的染料,也可以不必杀人了罢!"毯子高兴着,大声说。

"而且孩子们也不必在通红的玻璃工厂的地狱里受苦了。"杯子叫道。

"而且受冻挨饿,又无住所的人,也要一个也没有了。"火柴盒子扬起凯歌来。

"被压死在矿洞里的,也会没有了罢。在船肚子里发狂的,也会没有了罢。"煤们互看着脸,叫喊说。

"而且,我的母亲应该整天在工厂里那样的事,一定也要没有了!"连小孩子也叫了起来。

然而,显着总不惬意的脸相的铁壶,却用了枯嘎的声音说道,"只要人类们聪明到这地步呢,那自然。但是,他们还差得远。"

大家都沉默了。想到人类们的胡涂,心情成了阴郁。

惟有破雪草,听了春的使者的话,比别的谁都聪明了,提起那银一般响亮的声音说——

"我们花和树,也并不是大家全部聪明的。但是,有一种不知道是什么的东西,在驱策我们去和冬战斗。而且这一种东西,还来帮助我们。冬的因为贪欲,给自己所做的一切,都成为我们的战斗的利益,我们无意中所做的一切,都使冬受伤。在人类的世界里,也一样的。只在他们,万事都一点一点发生得慢罢了。因为人类是比我们活得久呀。"

"是的,"火柴盒子叫道。"正如你的话。在人类的世界里,永久之春也就会来的罢。只是他们应该由战斗得到!"

大家都沉默着点头。破雪草站了起来,摇着白色的花冠,用银一般响亮的声音歌唱了。砰,硼,砰,硼。

那声音,恰如将冬送进坟墓,高兴春的近来似的,高亢地,响亮地响彻了各处。

四

俄罗斯的童话①

[苏联] M. 高尔基

一

一个青年,明知道这是坏事情,却对自己说——

"我聪明。会变博学家的罢。这样的事,在我们,容易得很。"

他于是动手来读大部的书籍,他实在也不蠢,悟出了所谓知识,就是从许多书本子里,轻便地引出证据来。

他读透了许多艰深的哲学书,至于成为近视眼,并且得意地摆着被眼镜压红了的鼻子,对大家宣言道——

"哼! 就是想骗我,也骗不成了! 据我看来,所谓人生,不过是自然为我而设的罗网!"

"那么,恋爱呢?"生命之灵问。

"呵,多谢! 但是,幸而我不是诗人! 不会为了一切干酪,钻进那逃不

---

① 《俄罗斯的童话》作者为俄苏文学大师高尔基(Maxim Gorky,1868—1936),鲁迅根据日本高桥晚成的日译本转译,于 1935 年 8 月由上海文化生活出版社出版,列为"文化生活丛刊"之一。《俄罗斯的童话》共有 16 个故事,各自独立,故事没有标题,只以数字标明。里面的故事并不是传统意义上适合孩子阅读的童话,但仍然具有一些童话的特征,所以本书仍然把《俄罗斯的童话》归在儿童文学这一编。本书收录其中 6 个故事。——编者注

掉的义务的铁栅里去的！"

然而，他到底也不是有什么特别才干的人，就只好决计去做哲学教授。

他去拜访了学部大臣，说——

"大人，我能够讲述人生其实是没有意思的，而且对于自然的暗示，也没有服从的必要。"

大臣想了一想，看这话可对。

于是问道——

"那么，对于上司的命令，可有服从的必要呢？"

"不消说，当然应该服从的！"哲学家恭恭敬敬的低了给书本磨灭了的头，说。"这就叫作'人类之欲求'……"

"唔，就是了，那么，上讲台去罢，月薪是十六卢布。但是，如果我命令用自然法来做教授资料的时候，听见么——可也得抛掉自由思想，遵照的呵！这是决不假借的！"

"我们，生当现在的时势，为国家全体的利益起见，或者不但应该将自然的法则也看作实在的东西，而还得认为有用的东西也说不定的——部份的地！"

"哼，什么！谁知道呢！"哲学家在心里叫。

但嘴里却没有吐出一点声音来。

他这样的得了位置。每星期一点钟，站在讲台上，向许多青年讲述。

"诸君！人是从外面，从内部，都受着束缚的。自然，是人类的仇敌，女人，是自然的盲目的器械。从这些事实看起来，我们的生活，是完全没有意义的。"

他有了思索的习惯，而且时常讲得出神，真也像很漂亮，很诚恳。年青的学生们很高兴，给他喝采。他恭敬的点着秃头。他那小小的红鼻子，感激得发亮。就这样地，什么都非常合适。

吃食店里的饭菜，于他是有害的——像一切厌世家一样，他苦于消化不良。于是娶了妻，二十九年都在家庭里用膳。在用功的余闲中，在自己的不知不觉中,生下了四个儿女,但后来,他死掉了。

带着年青的丈夫的三位女儿,和爱慕全世界一切女性的诗人的他的儿子,都恭敬地,并且悲哀地,跟在他灵柩后面走。学生们唱着"永远的纪念"。很响亮,很快活,然而很不行。坟地上是故人的同事的教授们,举行了出色的演说,说故人的纯正哲学是有系统的。诸事都堂皇,盛大,一时几乎成了动人的局面。

"老头子到底也死掉了。"大家从坟地上走散的时候,一个学生对朋友说。

"他是厌世家呀。"那一个回答道。

"喂,真的吗?"第三个问。

"厌世家,老顽固呵。"

"哦!那秃头么,我倒没有觉得!"

第四个学生是穷人,着急的问道——

"开吊的时候,会来请我们吗?"

来的,他们被请去了。

这故教授,生前做过许多出色的书,热烈地,美丽地,证明了人生的无价值。销路很旺,人们看得很满意。无论如何——人是总爱美的物事的!

遗族很好,过得平稳——就是厌世主义,也有帮助平稳的力量的。

开吊非常热闹。那穷学生,见所未见似的大嚼了一通。

回家了后,和善的微笑着,想道——

"唔!厌世主义也是有用的东西……"

二

还有一桩这样的故事。

有一个人,自以为是诗人,在做诗,但不知怎的,首首是恶作。因为做不好,他总是在生气。

有一回,他在市上走着的时候,看见路上躺着一枝鞭——大约是马车夫掉下的罢。

诗人可是得到"烟士披里纯"了,赶紧来做诗——

> 路边的尘埃里,黑的鞭子一样
> 蛇的尸身被压碎而卧着。
> 在其上,蝇的嗡嗡凄厉的叫着,
> 在其周围,甲虫和蚂蚁成群着。

> 从撕开的鳞间,
> 看见白的细的肋骨圈子。
> 蛇哟! 你使我记得了,
> 死了的我的恋爱……

这时候,鞭子用它那尖头站起来了,左右摇动着,说道——

"喂,为什么说谎的,你不是现有老婆吗,该懂得道理罢,你在说谎呀! 喂,你不是一向没有失恋吗,你倒是喜欢老婆,怕老婆的……"

诗人生气了。

"你那里懂得这些!"

"况且诗也不像样……"

"你们不是连这一点也做不出来吗! 你除了呼呼的叫之外,什么本领也没有,而且连这也不是你自己的力量呀。"

"但是,总之,为什么说谎的! 并没有失过恋罢?"

"并不是说过去,是说将来……"

"哼,那你可要挨老婆的打了! 你带我到你的老婆那里去……"

"什么,还是自己等着罢!"

"随便你!"鞭子叫着,发条似的卷成一团,躺在路上了。并且想着人们的事情。诗人也走到酒店里,要一瓶啤酒,也开始了默想——但是关于自己的事情。"鞭子什么,废物罢了,不过诗做得不好,却是真的! 奇怪! 有些人总是做坏诗,但偶然做出好诗来的人却也有——这世间,恐怕什么都是不规则的罢！无聊的世间……"

他端坐着,喝起来,于是对于世间的认识,渐渐的深刻,终于达到坚固的决心了——应该将世事直白地说出来,就是:这世间的东西,毫无用处。活在这世间,倒是人类的耻辱！他将这样的事情,沉思了一点多钟,这才写了下来的,是下面那样的诗——

> 我们的悲痛的许多希望的斑斓的鞭子,
>
> 把我们赶进"死蛇"的盘结里,
>
> 我们在深霭中彷徨。
>
> 呵哟,打杀这自己的希望哟！
>
>
> 希望骗我们往远的那边,
>
> 我们被在耻辱的荆棘路上拖拉,
>
> 一路凄怆伤了我的心,
>
> 到底怕要死的一个不剩……。

就用这样的调子,写好了二十八行。

"这妙极了！"诗人叫道,自己觉得非常满意,回到家里去了。

回家之后,就拿这诗读给他女人听,不料她也很中意。

"只是,"她说。"开首的四行,总好像并不这样……"

"那里,行的很！就是普希金,开篇也满是谎话的。而且那韵脚又多么那个？好像派腻唏达①罢！"

于是他和自己的男孩子们玩耍去了。把孩子抱在膝上,逗着,一面用次中音(tenor)唱起歌来:

> 飞进了,跳进了。
>
> 别人的桥上！

———————————

① Panikhida 是追荐死者的祈祷会,这时用甜的食品供神,所以在这里,就成了诗有甘美的调子的意思。——译者注

> 哼。老子要发财,
>
> 造起自己的桥来,
>
> 谁也不准走!

他们非常高兴的过了一晚。第二天,诗人就将诗稿送给编辑先生了。编辑先生说了些意思很深的话,编辑先生们原是深于思想的。所以,杂志之类的东西,也使人看不下去。

"哼,"编辑先生擦着自己的鼻子,说。"当然,这不坏,要而言之,是很适合时代的心情的。适合得很!唔,是的,你现在也许发见了自己了。那么,你还是这样的做下去罢……一行十六戈贝克①……四卢布四十八戈贝克……呵唷,恭喜恭喜。"

后来,他的诗出版了,诗人像自己的命名日一样的喜欢,他女人是热烈的和他接吻。并且献媚似的说道——

"我,我的可爱的诗人!阿阿,阿阿……"

他们就这样地高高兴兴的过活。

然而,有一个青年——很良善,热烈地找寻人生的意义的青年,却读了这诗,自杀了。

他相信,做这诗的人,当否定人生以前,是也如他的找寻一样,苦恼得很长久,一面在人生里面,找寻过那意义来的。他没有知道这阴郁的思想,是每一行卖了十六戈贝克。他太老实了。

但是,我极希望读者不要这样想,以为我要讲的是虽是鞭子那样的东西,有时也可以给人们用得有益的。

三

埃夫斯契古纳·沙伐庚是久在幽静的谦虚和小心的羡慕里,生活下来的,但忽然之间,竟意外的出了名了。那颠末,是这样的。

---

① 一百戈贝克为一卢布,一戈贝克那时约值中国钱一分。——译者注

有一天,他在阔绰的宴会之后,用完了自己的最后的六格林那①。次早醒来,还觉着不舒服的夙醉。乏透了的他,便去做习惯了的自己的工作去了,那就是用诗给"匿名殡仪馆"拟广告。

对着书桌,淋淋漓漓的流着汗,怀着自信,他做好了——

> 您,颈子和前额都被殴打着,
>
> 到底是躺在暗黑的棺中……
>
> 您,是好人,是坏人,
>
> 总之是拉到坟地去……
>
> 您,讲真话,或讲假话,
>
> 也都一样,您是要死的!

这样的写了一阿尔申②半。

他将作品拿到"殡仪馆"去了,但那边却不收。

"对不起,这简直不能付印。许多故人,会在棺材里抱憾到发抖也说不定的。而且也不必用死来训诫活人们,因为时候一到,他们自然就死掉了……"

沙伐庚迷惑了。

"呸!什么话!给死人们担心,竖石碑,办超度,但活着的我——倒说是饿死也不要紧吗……"

抱着消沉的心情,他在街上走,突然看到的,是一块招牌。白地上写着黑字——

"送终。"

"还有殡仪馆在这里,我竟一点也不知道!"

埃夫斯契古纳高兴得很。

然而这不是殡仪馆,却是给青年自修用的无党派杂志的编辑所。

编辑兼发行人是有名的油坊和肥皂厂主戈复卢辛的儿子,名叫摩开,

---

① 一格林那现在约值中国钱二角。——译者注
② 一阿尔申约中国二尺强。——译者注

虽说消化不良,却是一个很活动的青年,他对沙伐庚,给了殷勤的款待。

摩开一看他的诗,立刻称赞道——

"您的'烟士披里纯',就正是谁也没有发表过的新诗法的言语。我也决计来搜索这样的诗句罢,像亚尔戈舰远征队的赫罗斯忒拉特似的!"

他说了谎,自然是受着喜欢旅行的评论家拉赛克·希复罗忒加的影响的。他希复罗忒加这人,也就时常撒谎,因此得了伟大的名气。

摩开用搜寻的眼光,看定着埃夫斯契古纳,于是反复地说道——

"诗材,是和我们刚刚适合的,不过要请您明白,白印诗歌,我们可办不到。"

"所以,我想要一点稿费。"他实招了。

"给,给你么? 诗的稿费么? 你在开玩笑罢!"摩开笑道。"先生,我们是三天以前才挂招牌的,可是寄来的诗,截到现在已经有七十九萨仁①了! 而且全部都是署名的!"

但埃夫斯契古纳不肯退让,终于议定了每行五个戈贝克。

"然而,这是因为您的诗做得好呀!"摩开说明道。"您还是挑一个雅号罢,要不然,沙伐庚可不大有意思。譬如罢,澌灭而绝息根②之类,怎样呢? 不很幽默吗!"

"都可以的。我只要有稿费,就好,因为正要吃东西……"埃夫斯契古纳回答说。

他是一个质朴的青年。

不多久,诗在杂志创刊号的第一页上登出来了。

"永劫的真理之声"是这诗的题目。

从这一天起,他的名声就大起来,人们读了他的诗,高兴着——

"这好孩子讲着真话。不错,我们活着。而且不知怎的,总是这么那么的在使劲,但竟没有觉到我们的生活,是什么意义也没有的。真了不

---

① 一萨仁约中国七尺。——译者注
② Smelti 就是"死"的意思。——译者注

得,渐灭而绝息根!"于是有夜会,婚礼,葬礼。还有做法事的时候,人们就来邀请他了。他的诗,也在一切新的杂志上登出来,贵到每行五十戈贝克,在文学上的夜会里,凸着胸脯的太太们,也恍惚的微笑着,吟起"渐灭而绝息根"的诗来了。

　　　　日日夜夜,生活呵叱着我们,

　　　　各到各处,死亡威吓着我们。

　　　　无论用怎样的看法,

　　　　我们总不过是腐败的牺牲!

　　"好极了!""难得难得!"人家嚷着说。

　　"这样看来,也许我真是诗人罢?"埃夫斯契古纳想道。于是就慢慢的自负起来,用了黑的斑纹的短袜和领结,裤子也要有白横纹的黑地的了。还将那眼睛向各处瞟,用着矜持的调子来说话——

　　"唉唉,这又是,多么平常的,生活法呢!"就是这样的调子。

　　看了一遍镇灵礼拜式用的经典,谈吐之间,便用些忧郁的字眼,如"复次","洎夫彼时","枉然"之类了。

　　他的周围,聚集着各方面的批评家,化用着埃夫斯契古纳赚来的稿费,在向他鼓动——

　　"埃夫斯契古纳,前进呀,我们来帮忙!"

　　的确,当《埃夫斯契古纳·渐灭而绝息根的诗,幻影和希望的旧账》这一本小本子出版的时候,批评家们真的特别恳切地将作者心里的深邃的寂灭心情称赞了一番。埃夫斯契古纳欢欣鼓舞,决计要结婚了。他便去访一个旧识的摩登女郎银荷特拉·沙伐略锡基娜,说道——

　　"阿阿,多么难看,多么惹厌哟。而且是多么不成样子的人呵!"

　　她早就暗暗的等候着这句话,于是挨近他的胸膛,溶化在幸福里,温柔的低语道——

　　"我,就是和你携着手,死了也情愿哟!"

　　"命该灭亡的你哟!"埃夫斯契古纳感叹了。

为情热受了伤,几乎要死的银荷特拉,便回答道——

"总归乌有的人呵!"

但立刻又完全复了原,约定道——

"我们俩是一定要过新式的生活的呀!"

澌灭而绝息根早已经历过许多事,而且是熟悉了的。

"我,"他说,"是不消说,无论什么因袭,全然超越了的。但是,如果你希望,那么,在坟地的教堂里去结婚也可以的!"

"问我可希望?是的,赞成!并且婚礼一完,就教傧相们马上自杀罢!"

"要大家这样,一定是办不到的,但古庚却可以,他已经想自杀了七回了。"

"还有,牧师还是老的好,对不对,像是就要死了一样的人……"

他们俩就这样地耽着他们一派的潇洒和空想。一直坐到月亮从埋葬着失了光辉的数千亿太阳,冰结的流星们跳着死的跳舞的天界的冰冷的坟洞中——在死绝了的世界的无边的这空旷的坟地上,凄凉地照着吞尽一切要活而且能活的东西的地面,露出昏暗的脸来。呜呼,惟有好像朽木之光的这伤心的死了的月色,是使敏感的人的心,常常想到存在的意义,就是败坏的。

澌灭而绝息根活泼了,已经到得做诗也并不怎么特别的为难的地步,而且用了阴郁的声音,在未来的骸骨的那爱人的耳边低唱起来。

> 听哟,死用公平的手,
> 打鼓似的敲着棺盖。
> 从尽敲的无聊的工作日的寻常的混杂中,
> 我明明听到死的呼声。
>
> 生命以虚伪的宣言,和死争斗,
> 招人们到它的诡计里。
> 但是我和你哟——

> 不来增添生命的奴隶和俘囚的数目！
>
> 我们是不给甘言所买收的。
> 我们两个知道——
> 所谓生命，只是病的短促的一刹那，
> 那意义，是在棺盖的下面。

"唉唉，像是死了似的心情呀！"银荷特拉出神了。"真像坟墓一样呀。"她是很清楚的懂得一切这样的玩笑的。

有了这事之后四十天，他们便在多活契加的尼古拉这地方——被满是自足的坟墓填实的坟地所围绕的旧的教堂里，行了结婚式。体裁上，请了两个掘坟洞的工人来做证婚人，出名的愿意自杀的人们是傧相。从新娘的朋友里面，还挑了三个歇斯迭里病的女人。其中的一个，已曾吞过醋精，别的两个是决心要学的人物。而且有一个还立誓在婚礼后第九天，就要和这世间告别了。

当大家走到后门的阶沿的时候，一个遍身生疮的青年，也是会用自己的身子研究过六〇六的效验的傧相，拉开马车门，凄凉地说道——

"请，这是枢车！"

身穿缀着许多黑飘带的白衣，罩上黑的长面纱的新娘，快活得好像要死了。但澌灭而绝息根却用他湿漉漉的眼睛，遍看群众，一面问那傧相道——

"新闻记者到了罢！"

"还有照相队——"

"嘶，静静的，银荷契加……"

新闻记者们因为要对诗人致敬，穿着擎火把人的服装，照相队是扮作刽子手模样。至于一般的人们——在这样的人们，只要看得有趣，什么都是一样的——他们大声称赞道——

"好呀，好呀！"

连永远饿着肚子的乡下人，也附和着他们，叫道——

"入神得很!"

"是的,"新郎澌灭而绝息根在坟地对面的饭店里,坐在晚餐的桌边,一面说。"我们是把我们的青春和美丽葬送了! 只有这,是对于生命的胜利!"

"这都是我的理想,是你抄了去的罢?"银荷特拉温和地问。

"说是你的? 真的吗?"

"自然是的。"

"哼……谁的都一样——"

> 我和你,是一心同体的!
>
> 两人从此永久合一了。
>
> 这,是死的贤明的命令,
>
> 彼此都是死的奴隶,
>
> 死的跟丁。

"但是,总之,我的个性,是决不给你压倒的!"她用妖媚的语调,制着机先,说。"还有那跟丁,我以为'跟'字和'丁'字,吟起来是应该拉得长长的! 但这跟丁,对于我,总似乎还不很切贴!"

澌灭而绝息根还想征服她,再咏了她一首。

> 命里该死的我的妻哟!
>
> 我们的"自我",是什么呢?
>
> 有也好,无也好——
>
> 不是全都一样吗?
>
> 动的也好,静的也好——
>
> 你的必死是不变的!

"不,这样的诗,还是写给别人去罢。"她稳重的说。

许多时光,叠连着这样的冲突之后,澌灭而绝息根的家里,不料生了孩子——女孩子了,但银荷特拉立即吩咐道——

"去定做一个棺材样的摇篮来罢!"

"这不是太过了吗？银荷契加。"

"不，不的，定去！如果你不愿意受批评家和大家的什么骑墙呀，靠不住呀的攻击，主义是一定得严守的！"

她是一个极其家庭式的主妇。亲手腌王瓜，还细心搜集起对于男人的诗的一切批评来。将攻击的批评撕掉，只将称赞的弄成一本，用了作者赞美家的款子，出版了。

因为东西吃得好，她成了肥胖的女人，那眼睛，总是做梦似的蒙胧着，惹起男人们命中注定的情热的欲望来。她招了那雄壮的，红头发的熟客的批评家，和自己并肩坐下，于是将蒙胧的瞳神直射着他的胸膛。故意用鼻声读她丈夫的诗，然后好像要他佩服似的，问道——

"深刻罢？强烈罢？"

那人在开初还不过发吼似的点头，到后来，对于那以莫名其妙的深刻，突入了我们可怜人所谓"死"的那暗黑的"秘密"的深渊中的澌灭而绝息根，竟每月做起火焰一般的评论来了，他并且以玲珑如玉的纯真之爱，爱上了死。他那琥珀似的灵魂，则并未为"存在之无目的"这一种恐怖的认识所消沉，却将那恐怖化了愉快的号召和平静的欢喜，那就是来扑灭我们盲目的灵魂所称为"人生"的不绝的凡庸。

得了红头毛人物——他在思想上，是神秘主义者，是审美家；在职业上，是理发匠。那姓，是卜罗哈尔调克。——的恳切的帮助。银荷特拉还给埃夫斯契古纳开了公开的诗歌朗诵会。他在高台上出现，左右支开了两只脚，用羊一般的白眼，看定了人们，微微的摇动着生着许多棕皮色杂物的有棱角的头，冷冷的读起来——

> 为人的我们，就如在向着死后的
> 暗黑世界去旅行的车站……
> 你们的行李愈是少，那么，
> 为了你们，是轻松，便当的！
> 不要思想，平凡地生活罢！
> 如果谦虚，那就纯朴了。

　　　　从摇篮到坟地的路径,是短的!

　　　　为着人生,死在尽开车人的职务!

"好哇好哇,"完全满足了的民众叫了起来。"多谢!"

而且大家彼此说——

"做得真好,这家伙,虽然是那么一个瘟生!"

知道澌灭而绝息根曾经给"匿名葬仪馆"做过诗的人们也有在那里,当然,至今也还以为他那些诗是全为了"该馆"的广告而作的,但因为对于一切的事情,全都随随便便,所以只将"人要吃"这一件事紧藏在心头,不再开口了。

"但是,也许我实在是天才罢,"澌灭而绝息根听到民众的称赞后的叫声,这样想。"所谓'天才',到底是什么,不是谁也不明白么,有些人们,却以为天才是欠缺智力的人……但是,如果是这样……"

他会见相识的人,并不问他健康,却问"什么时候死掉"了。这一件事,也从大家得了更大的赏识。

太太又将客厅布置成坟墓模样。安乐椅是摆着做出坟地的丘陵样的淡绿色的,周围的墙壁上,挂起临写辉耶的画的框子来,都是辉耶的画,另外还有,也挂威尔支的!

她自负着,说——

"我们这里,就是走进孩子房去,也会感到死的气息的,孩子们睡在棺材里,保姆是尼姑的样子——对啦,穿着白线绣出骷髅呀,骨头呀的黑色长背心,真是妙的很呵! 埃夫斯契古纳,请女客们去看看孩子房呀! 男客们呢,就请到卧室去……"

她温和的笑着,给大家去看卧室的铺陈。石棺式的卧床上,挂着缀有许多银白流苏的黑色的棺材罩。还用槲树雕出的骷髅,将它勒住。装饰呢——是微细的许多白骨,像坟地上的蛆虫一样,在闹着玩。

"埃夫斯契古纳是,"她说明道,"给自己的理想吸了进去,还盖着尸衾睡觉的哩!"

有人给吓坏了——

"盖尸衾睡觉?"

她忧愁地微笑了一下。

但是,埃夫斯契古纳的心里,还是质直的青年,有时也不知不觉的这样想——

"如果我实在是天才,那么,这是怎么一回事呢。批评呢,说着什么澌灭而绝息根的影响呀,诗风呀,但是,这我……我可不相信这些!"

有一回,卜罗哈尔调克运动着筋肉,跑来了,凝视了他之后,低声问道——

"做了么? 你多做一些罢,外面的事情,自有尊夫人和我会料理的……你这里的太太真是好女人,我佩服……"

就是澌灭而绝息根自己,也早已觉到这事的了,只因为没有工夫和喜欢平静的心,所以对于这事,什么法也不想。

但卜罗哈尔调克,有一次,舒服地一屁股坐在安乐椅子上,恳恳的说道——

"兄弟,我起了多少茧,怎样的茧,你该知道罢,就是拿破仑身上,也没有过这样的茧呀……"

"真可怜……"银荷特拉漏出叹息来,但澌灭而绝息根却在喝着咖啡,一面想。

"女子与小人,到底无大器,这句话说得真不错!"

自然,他也如世间一般的男人一样,对于自己的女人,是缺少正当的判断的。她极热心地鼓舞着他的元气——

"斯契古纳息珂①,"她亲爱地说。"你昨天一定也是什么都没有写罢? 你是总是看不起才能的! 去做诗去,那么我就送咖啡给你……"

他走出去,坐在桌前了。而不料做成了崭新的诗——

> 我写了多少
>
> 平常事和昏话呵,银荷特拉哟。

————————

① 就是埃夫斯契古纳的亲爱的称呼。——译者注

> 为了衣裳，为了外套，
>
> 为了帽子，镶条，衫脚边！

这使他吃了一吓，心里想到的，是"孩子们"。

孩子有三个。他们必得穿黑的天鹅绒。每天上午十点钟，就有华丽的柩车在大门的阶沿下等候。

他们坐着，到坟地上去散步，这些事情，全都是要钱的。

澌灭而绝息根消沉着，一行一行的写下去了——

> 死将油腻的尸臭，
>
> 漂满了全世界。
>
> 生却遭了老鹰的毒喙，
>
> 像在那骨立的脚下挣扎的"母羊一样"。

"但是，斯契古纳息珂，"银荷特拉亲爱地说。"那是，也不一定的！怎么说呢？玛沙①，怎么说才好呢？"

"埃夫斯契古纳，这些事，你是不知道的，"卜罗哈尔调克低声开导着，说。"你不是'死亡赞美歌'的作家吗？所以，还是做那赞美歌罢……"

"然而，在我的残生中，这是新阶段哩！"澌灭而绝息根反驳道。

"阿呀，究竟是怎样的残生呢？"那太太劝谕道。"还得到雅尔达那些地方去，你倒开起玩笑来了！"

一方面，卜罗哈尔调克又用了沉痛的调子，告诫道——

"你约定过什么的呀？对吗，留心点罢，'母羊一样'这句，令人不觉想起穆阳一这一个大臣的名字②来。这是说不定会被看作关于政治的警句的！因为人民是愚蠢，政治是平庸的呀！"

"唔，懂了，不做了。"埃夫斯契古纳说。"不做了！横竖都是胡说八道！"

---

① 就是卜罗哈尔调克的小名。——译者注
② "母羊一样"的原语是"凯克·渥夫札"，所以那人名原是"凯可夫札夫"。——译者注

"你应该时时留心的,是你的诗近来不但只使你太太一个人怀疑了哩!"卜罗哈尔调克给了他警告。

有一天,澌灭而绝息根一面望着他那五岁的女儿丽莎在院子里玩耍,一面写道——

> 幼小的女儿在院子里走,
>
> 雪白的手胡乱的捋花……
>
> 小女儿哟,不要捋花了罢,
>
> 看哪,花就像你一样,真好!
>
>
> 幼小的女儿,不说话的可怜的孩子哟!
>
> 死悄悄的跟在你后面,
>
> 你一弯腰,扬起大镰刀的死
>
> 就露了牙齿笑嘻嘻的在等候……
>
>
> 小女儿哟!死和你可以说是姊妹——
>
> 恰如乱捋那清净的花一样,
>
> 死用了锐利的,永远锐利的大镰刀,
>
> 将你似的孩子们砍掉……

"但是,埃夫斯契古纳,这是感情的呀。"银荷特拉生气了,大声说。

"算了罢!你究竟将什么地方当作目的,在往前走呢?你拿你自己的天才在做什么了呀?"

"我已经不愿意了。"澌灭而绝息根阴郁地说。

"不愿意什么?"

"就是那个,死,死呀——够了!那些话,我就讨厌!"

"莫怪我说,你是胡涂虫!"

"什么都好,天才是什么,谁也没有明白。我是做不来了,……什么寂灭呀,什么呀,统统收场了。我是人……"

"阿呀,原来,是吗?"银荷特拉大声讥刺道。

"你不过是一个平常的人吗?"

"对啦,所以喜欢一切活着的东西……"

"但是,现代的批评界却已经看破,凡是诗人,是一定应该清算了生命和一般凡俗的呵!"

"批评界?"澌灭而绝息根大喝道。"闭你的嘴,这不要脸的东西! 那所谓现代的批评这家伙,和你在衣厨后面亲嘴,我是看得清清楚楚的!"

"那是,却因为给你的诗感动了的缘故呀!"

"还有,家里的孩子们都是红头毛,这也是给诗感动了的缘故吗?"

"无聊的人! 那是,也许,纯精神底影响的结果也说不定。"

于是忽然倒在安乐椅子里,说道——

"阿阿,我,已经不能和你在一处了!"

埃夫斯契古纳高兴了,但同时也吃惊。

"不能了吗?"他怀着希望和恐怖,问道。

"那么,孩子们呢?"

"对分开来呀!"

"对分三个吗?"

然而,她总抱定着自己的主张。到后来,卜罗哈尔调克跑来了。猜出了怎样的事情,他伤心了。还对埃夫斯契古纳说道——

"我一向以为你是大人物的。但是,你竟不过是一个渺小的汉子!"

于是他就去准备银荷特拉的帽子。他阴郁地正在准备的时候,她却向男人说起真话来——

"你已经出了气了,真可怜,你这里,什么才能之类,已经一点也没有了,懂得没有,一点也没有了哩!"

她被真的愤懑和唾液,塞住了喉咙,于是结束道——

"你这里,是简直什么也没有的。如果没有我和卜罗哈尔调克,你就只好做一世广告诗的。瘟生! 废料! 抢了我的青春和美丽的强盗!"

她在兴奋的一霎时中,是总归能够雄辩的。她就这样的离了家。并且立刻得到卜罗哈尔调克的指导和实际的参与,挂起"巴黎细珊小姐美容院专门——皮茧的彻底的医治"的招牌来,开店了。

卜罗哈尔调克呢,不消说,印了一篇叫作"朦胧的蜃楼"的激烈的文章,详详细细的指摘着埃夫斯契古纳不但并无才智,而且连究竟有没有这样的诗人存在,也就可疑得很。他又指摘出,假使有这样的诗人存在,而世间又加以容许,那是应该归罪于轻率而胡闹的批评界的。

埃夫斯契古纳这一面,也在苦恼着。于是——俄罗斯人是立刻能够自己安慰自己的!——想到了——

"小孩子应该抚养!"

对赞美过去和死亡的一切诗法告了别,又做起先前的熟识的工作来了。是替"新葬仪馆"去开导人们,写了活泼的广告——

> 永久地,快活地,而且光明地,
>
> 我们愿意在地上活着,
>
> 然而运命之神一到,
>
> 生命的索子就断了!
>
>
>
> 要从各方面将这事情
>
> 来深深的想一下,
>
> 奉劝各位客官们
>
> 要用最上等的葬仪材料!
>
>
>
> 敝社的货色,全都灿烂辉煌,
>
> 并非磨坏了的旧货,
>
> 敢请频频赐顾,
>
> 光临我们的"新葬仪馆"!
>
> 坟地街十六号门牌。

就这样子,一切的人,都各自回到自己的路上去了。

四

有一个非常好名的作家。

倘有人诽谤他,他以为那是出乎情理之外的偏心。如果有谁称赞他,那称赞的又是不聪明得很——他心里想。就这样子,他的生活只好在连续的不满之中,一直弄到要死的时候。作家躺在眠床上,鸣着不平道——

"这是怎的?连两本小说也还没有做好……而且材料也还只够用十年呢。什么这样的自然的法则呀,跟着它的一切一切呀,真是讨厌透顶了!杰作快要成功了。可是又有这样恶作剧的一般的义务。就没有别的办法了么?畜生,总是紧要关头就来这一手,——小说还没有做成功呢……"

他在愤慨。但病魔却一面钻着他的骨头,一面在耳朵边低语着——

"你发抖了么,唔?为什么发抖的?你夜里睡不着么,唔?为什么不睡的?你一悲哀,就喝酒么,唔?但你一高兴,不也就喝酒么?"

他很装了一个歪脸,于是死心塌地,"没有法子!"了。和一切自己的小说告别,死掉了,虽然万分不愿意,然而死掉了。

好,于是大家把他洗个干净,穿好衣服,头发梳得精光,放在台子上。

他像兵士一般脚跟靠拢,脚尖离开,伸得挺挺的,低下鼻子,温顺的躺着。什么也不觉得了,然而,想起来却很奇怪——

"真希奇,简直什么也不觉得了!这模样,倒是有生以来第一遭。老婆在哭着,哼,你现在哭着,那是对的,可是先前却老是发脾气。儿子在哭着,将来一定是个废料罢。作家的孩子们,总归个个是废料,据我所遇见的看起来……恐怕这也是一种真理。这样的法则,究竟有多少呢!"

他躺着,并且想着,牵牵连连的想开去。但是,对于从未习惯的自己的宽心,他又诧异起来了。

人们搬他往坟地上去了,他突然觉察了送葬的人少得很——"阿,这多么笑话呀!"他对自己说。"即使我是一个渺小的作家,但文学是应该尊敬的呀！"

他从棺材里望出去。果然，亲族之外，送他的只有九个人，其中还夹着两个乞丐和一个肩着梯子的点灯夫。

这时候，他可真是气恼了。

"猪猡！"

他忽然活转来，不知不觉的走出棺材外面了，——以人而论，他是并不大的，——为了侮辱，就这么的有了劲。于是跑到理发店，刮掉须髯，从主人讨得一件腋下有着补钉的黑外衣，交出他自己的衣服。因为装着沉痛的脸相，完全像是活人了。几乎不能分辨了。

为了好奇和他职业本来的意识，他问店主人道——

"这件怪事，不给您吃了一吓么？"

那主人却只小心地理着自己的胡须。

"请您见谅，先生，"他说，"住在俄国的我们，是什么事情都完全弄惯了的……"

"但是，死人忽然换了衣服……"

"现在，这是时髦的事情呀！您说的是怎样的死人呢？这也不过是外观上的话，统统的说起来，恐怕大家都是一样的！这年头儿，活着的人们，身子缩得还要硬些哩！"

"但是，我也许太黄了罢？"

"也刚刚和时髦的风气合式呀，是的，恰好！先生，俄国就正是大家黄掉了活着的地方……"

说起理发匠来，是世界上最会讲好话，也最温和的人物，这是谁都知道的。

作家起了泼剌的希望，要对于文学来表示他最后的尊敬心。便和主人告别，飞奔着追赶棺材去了。终于也追上了，于是送葬的就有了十个人，在作家，也算是增大了荣誉。但是，来往的人们，却在诧异着——

"来看呀，这是小说家的出丧哩！"

然而晓事的人们，为了自己的事情从旁走过，却显出些得意模样，一面想道——

"文学的意义,明明是已经渐渐的深起来,连这地方也懂得了!"

作家跟着自己的棺材走,恰如文学礼赞家或是故人的朋友一样。并且和点灯夫在攀谈——

"知道这位故人么?"

"自然!还利用过他一点的哩。"

"这真也有趣……"

"是的,我们的事情,真是无聊的,麻雀似的小事情,飞到落着什么的地方,去啄来吃的!"

"那么,要怎么解释才是呢?"

"请你要解得浅,先生。"

"解得浅?"

"唔唔,是的。从规矩的见地看起来,自然是一种罪恶,不过要不揩油,可总是活不成的。"

"唔?你这么相信么?"

"自然相信!街灯正在他家的对面。那人是每夜不睡,向着桌子,一直到天明的,我就不再去点街灯了。因为从他家窗子里射出来的灯光,就尽够。我才算净赚了一盏灯。倒是一位合用的人物哩!"

这么东拉西扯,静静的谈着,作家到了坟地了。他在这里,却陷入了非讲演自己的事情不可的绝境。因为所有送葬的人,这一天全都牙齿痛——这是出在俄国的事情,在那地方,无论什么人,是总在不知什么地方有些痛,生着病的。

作了相当的演说,有一种报章还称赞他——

"有人从群众中,——其外观,使我们想起戏子来的那样的人,在墓上热心地作了令人感动的演说。他在演说中,虽然和我们的观察不同,对于旧式作风的故人所有的一切人所厌倦的缺点——不肯努力脱出单纯的'教训主义'和有名的'公民教育'的作家的极微的功绩,有误评,有过奖,是无疑的,但要之,对于他的辞藻,以明确的爱慕的感情,作了演说了。"

万事都在盛况中完结之后,作家爬进棺材里,觉得很满足,想道——

"呵,总算完毕了,事情都做得非常好,而且又合式,又顺当!"

于是他完全死掉了。

这虽然只关于文学,但是,自己的事业,可实在是应该尊敬的!

五

又有一个人。是已经过了中年的时候,他忽而总觉得不知道缺少了什么——非常仓皇失措起来。

摸摸自己的身子,都好像完整,普通,肚子里面倒是太富裕了。用镜一照,——鼻子,眼睛,耳朵,以及别的,凡是普通的人该有的东西,也是统统齐全的。数数手上的指头,还有脚趾,也都有十个。但是,总之,却缺少了一点不知道什么!

去问太太去——

"不知道究竟是怎么的。你看怎样,密德罗特拉,我身上都齐全么?"

她毫不踌躇,说道——

"都全的!"

"但是,我总常常觉得……"

原是信女的她,便规劝道——

"如果觉得这样,就心里念念'上帝显灵,怨敌消灭'罢!"

对着朋友,也渐渐的问起这件事情来。朋友们都含胡的回答,但总觉得他里面,是藏着可以下一确断的东西的,一面只是猜疑的对他看。

"到底是什么呢?"他忧郁地沉思着。

于是一味喜欢回忆过去的事了,——这是觉得一切无不整然的时候的事,——也曾做过社会主义者,也曾为青春所烦恼,但后来就超出了一切,而且早就用自己的脚,拼命蹂躏着自己所撒的种子了。要而言之,是也如世间一般人一样,依着时势和那暗示,生活下来的。

想来想去之后,忽然间,发见了——

"唉唉！是的，我没国民的脸相呀！"

他走到镜前面。脸相也实在不分明，恰如将外国语的翻译文章，不加标点，印得一塌胡涂的书页一样，而翻译者又鲁莽，空疏，全不懂得这页上所讲的事情，就是那样的脸相。也就是：既不希求为了人民的自由的精神，也不明言完全承认帝制的必要。

"哼，但是，多么乱七八糟呀！"他想，但立刻决心了，"唔，这样的脸，要活下去是不便当的！"

每天用值钱的肥皂来擦脸。然而不见效，皮肤是发光了，那不鲜明却还在。用舌头在脸上到处舐了一通，——他的舌头是很长的，而且生得很合式，他是以办杂志为业的，——舌头也不给他利益。用了日本的按摩，而不料弄出瘤来，好像是拼命打了架。但是，到底不见有明明白白的表情！

想尽办法，都不成功，仅是体重减了一磅半。但突然间，好运气，他探听到所辖的警察局长洪·犹覃弗列舍尔①是精通国民问题的了，便赶紧到他那里去，陈述道——

"就为了这缘故，局长大人，可以费您的神，帮我一下么？"

局长自然是快活的。因为他是有教育的人物，但最近正受了舞弊案件的嫌疑。现在却这么相信，竟来商量怎么改换脸相了。局长大笑着，大乐着，说道——

"这是极简单的，先生！美洲钻石一般的您，试去和异种人接触一下罢，那么，一下子，脸就成功了，真正的您的尊脸……"

他高兴极了，——肩膀也轻了！纯朴地大笑着，自己埋怨着自己——

"但是，我竟没有想到么，唔？不是极容易的事么？"

像知心朋友似的告过别，他就跑到大路上，站着，一看见走过他身边的犹太人，便挡住他，突然讲起来——

"如果你，"他说，"是犹太人，那就一定得成为俄罗斯人，如果不愿意的话……"

---

① 这是一个德国姓，意思是"吃犹太人者"。——译者注

犹太人是以做各种故事里的主角出名的,真也是神经过敏而且胆怯的人民,但那个犹太人却是急躁的汉子,忍不住这侮辱了。他一作势,就一掌批在他的左颊上,于是,回到自己的家里去了。

他靠着墙壁,轻轻的摸着面颊,沉思起来——

但是,要显出俄罗斯人的脸相,是和不很愉快的感觉相连系的!可是不要紧!像涅克拉索夫那样无聊的诗人,也说过确切的话——

> 不付价就什么也不给,
>
> 运命要赎罪的牺牲!

忽然来了一个高加索人,这也正如故事上所讲那样,是无教育,粗鲁的人物。一面走,一面用高加索话,"密合来斯,萨克来斯,敏革尔来"的,吆喝似的唱着歌。

他又向他冲过去了。

"不对,"他说,"对不起!如果您是格鲁怎人,那么,您岂不也就是俄罗斯人么?您当然应该爱长官命令过的东西,不该唱高加索歌,但是,如果不怕牢监,那就即使不管命令……"

格鲁怎人把他痛打了一顿,自去喝卡菲丁酒去了。

他也就这么的躺着,沉思起来——

"但,但是呢?这里还有鞑靼人,亚美尼亚人,巴锡吉耳人,启尔义斯人,莫耳忒瓦人,列忒尼亚人,——实在多得很!而且这还并不是全部……也还有和自己同种的斯拉夫人……"

这时候,又有一个乌克兰尼人走来了。自然,他也在嚷嚷的唱——

> 我们的祖宗了不起,
>
> 住在乌克兰尼……

"不对不对,"他一面要爬起来,一面说,"对不起,请您以后要用 b① 这字才好,因为如果您不用,那就伤了帝国的一统的……"

---

① 读作 ieli,俄国字母的第二十九字。——译者注

他许多工夫,还和这人讲了种种事。这人一直听到完。因为正如各种乌克兰尼轶闻集所切实地证明,乌克兰尼人是懒散的民族,喜欢慢慢地做的。况且他也是特别执拗的人……

好心的人们抱了他起来,问道——

"住在那里呢?"

"大俄罗斯……"

他们自然是送他到警察局里去。

送着的中途,他显出一点得意模样,摸一下自己的脸,虽然痛,却觉得很大了。于是想道——

"大概,成功了。"

人们请局长洪·犹覃弗列舍尔来看他。因为他对于同胞很恳切,就给他去叫警察医。医生到来的时候,人们都大吃一惊,私议起来。而且也不再当作一件事,不大理睬了。

"行医以来,这是第一回,"医生悄悄的说。"不知道该怎么诊断才是……"

"究竟是怎么一回事呢?"他想着,问。

"是呀,这是怎么一回事呢?"

"是先前的脸,完全失掉了的。"洪·犹覃弗列舍尔回答道。

"哦。脸相都变了么?"

"一点不错,但您想必知道,"那医生安慰着说,"现在的脸,是可以穿上裤子的脸了……"

他的脸,就这样的过了一世。

这故事里,什么教训之类,是一点也没有的。

六

有一个爱用历史来证明自己的大人先生。一到要说谎的时候,就吩咐跟丁道——

"爱戈尔加,去从历史里找出事实来,是要驳倒历史并不反复的学说的……"

爱戈尔加是伶俐的汉子,马上找来了。他的主人用许多史实,装饰了自己的身子,应情势的要求,拿出他所必要的全都来,所以他不会受损。

然而他是革命家——有一时,竟至于以为所有的人都应该是革命家。并且大胆地互相指摘道——

"英国人有人身保护令,但我们是传票!"他们很巧妙地揶揄着两国民之间的那么的不同。因为要消遣世间的烦闷,打起牌来了,赌输赢直到第三回雄鸡叫。第三回雄鸡叫一来报天明,大人先生就吩咐道——

"爱戈尔加,去找出和现在恰恰合式的,多到搬不动那样的引证来!"

爱戈尔加改了仪容,翘起指头,意义深长地记起了"雄鸡在圣露西歌唱"的歌——

　　雄鸡在圣露西歌唱——

　　说不久就要天明,在圣露西!

"一点不错!"大家说,"真的,的确是白天了……"

于是就去休息。

这倒没有什么,但人们忽然焦躁的闹了起来。大人先生看出来了,问道——

"爱戈尔加,民众为什么这么不平静呢?"

那跟丁高兴的禀复说——

"民众要活得像一个人模样……"

但他却骄傲的说了——

"原来? 你以为这是谁教给他们的? 这是我教的! 五十年间,我和我的祖宗总教给他们:现在是应该活得像人了的时候,就是这样的!"

而且越加热心起来,不住的催逼着爱戈尔加,说——

"去给我从欧洲的农民运动史里,找出事实来,还有,在福音书里,找关于'平等'的句子……文化史里,找关于所有权的起源——快点快点!"

爱戈尔加很高兴！真是拼命,弄得汗流浃背,将书本子区别开来,只剩下书面,各种动人的事实,堆得像山一样,拉到他主人那里去。主人称赞他道——

"要出力！立宪政治一成功,我给你弄一个很大的自由党报纸的编辑！"

胆子弄得很壮了的他,于是亲自去宣传那些最有智识的农民们去了——

"还有,"他说,"罗马的革拉克锡兄弟,还有在英国,德国,法国的……这些,都是历史上必要的事情！爱戈尔加,拿事实来！"

就这样地马上引用了事实,给他们知道即使上头不愿意,而一切民众,却都要自由。

农民们自然是高兴的。

他们大声叫喊道——

"真是多谢你老。"

一切事情都由了基督教的爱和相互的信,收场了。然而,人们突然问道——

"什么时候走呀?"

"走那里去?"

"别地方去！"

"从那里走?"

"从你这里……"

他是古怪人,一切都明白,但最简单的事情却不明白了,大家都笑起来。

"什么,"他说。"如果地面是我的,叫我走那里去呢?"

但是大家都不相信他的话——

"怎么是你的? 你不是亲口说过的么:是上帝的,而且在耶稣基督还没有降生之前,就已经有几位正人君子知道着这事。"

他不懂他们的话。他们也不懂他。他又催逼爱戈尔加道——

"爱戈尔加,给我从所有的历史里去找出来。"

但那跟丁却毫不迟疑的回答他说——

"所有的历史,因为剪取反对意见的证据,都用完了。"

"胡说,这奸细……"

然而,这是真的。他跑进藏书室里去一看,剩下的只有书面和书套。为了这意外的事情,他流汗了。于是悲哀地禀告自己的祖宗道——

"谁将这历史做得那么偏颇的方法,教给了你们的呢! 都成了这样子……这算是什么历史呀? 昏愦胡涂的。"

但大家坚定的主张着——

"然而,"他们说,"你早已清清楚楚的对我们证明过了的,还是快些走的好罢,要不然,就要来赶了……"

说起爱戈尔加来,又完全成了农民们的一气,什么事情都显出对立的态度,连看见他的时候,也当面愚弄起来了——

"哈培亚斯·科尔普斯①怎么了呀! 自由主义怎么了呀……"

简直是弄糟了。农民们唱起歌来了。而且又惊又喜,将他的干草堆各自搬到自己的屋子里去了。

他蓦地记了起来的,是自己还有一点手头的东西。二层楼上,曾祖母坐着在等目前的死,她老到将人话全部忘却了,只还记得一句——

"不要给……"因为已经六十一岁,此外的话,什么也不会说了。

他怀着激昂的感情,跑到她那里去,以骨肉之爱,伏在她的脚跟前,并且诉说道——

"妈妈的婆婆! 你是活历史呀……"

但她自然不过是喃喃的——

"不要给……"

"哦哦,为什么呢?"

---

① Habeas Corpus 是查理斯二世时,在国会通过,保障被法庭判决有罪以前的人的一条法律。——译者注

"不要给……"

"但是他们赶走我,偷东西,这可以么?"

"不要给……"

"那么,虽然并不是我的本意,还是帮同瞒着县官的好么?"

"不要给……"

他遵从了活历史的声音,并且用曾祖母的名义,发了一个悲痛的十万火急报。自己却走到农民们那里,发表道——

"诸位惊动了老太太,老太太去请兵了。但是,请放心罢,看来是没有什么的,因为我不肯放兵到你们那里去的!"

这之间,勇敢的兵丁们跨着马跑来了。时候是冬天,马一面跑,一面流着汗,一到就索索的发抖,不久,全身蒙上了一层雪白的霜。大人先生以为马可怜,把它带进自己的廊屋里面去。带了进去之后,便对着农民们这样说——

"请诸位把先前聚了众,在我这里胡乱搬去的干草,赶快还给这马罢。马,岂不是动物么,动物,是什么罪过也没有的,唔,对不对呢?"

兵丁们都饿着;吃掉了村子里的雄鸡。这位大人先生的府上的四近,就静悄悄了。

爱戈尔加自然仍旧回到他家里来。他像先前一样,用他做着历史的工作,从新买了新的书,嘱咐他凡有可以诱进自由主义去的事实,就统统的涂掉,倘有不便涂掉的地方,则填进新的趣旨去。

爱戈尔加怎么办呢? 对于一切事务,他是都胜任的。因为要忠实,他连淫书都研究起来了。但是,他的心里,总还剩着烁亮的星星。

他老老实实的涂抹着历史,也做着哀歌,要用"败绩的战士"这一个化名来付印。

> 唉唉,报晓的美丽的雄鸡哟!
>
> 你的荣耀的雄声,怎么停止了?
>
> 我知道:永不满足的猫头鹰,
>
> 替代了你了。

> 主人并不希望未来，
>
> 现在我们又都在过去里，
>
> 唉唉：雄鸡哟，你被烧熟，
>
> 给大家吃掉了……

> 叫我们到生活里去要在什么时候？
>
> 给我们报晓的是谁呢？
>
> 唉唉，倘使雄鸡不来报，
>
> 怕我们真要起得太晚了！

农民们自然是平静了下来，驯良的过着活。并且因为没有法子想，唱着下等的小曲——

> 哦哦，妈妈老实哟！
>
> 喂喂，春天来到了，
>
> 我们叹口气，
>
> 也就饿死了！

俄罗斯的国民，是愉快的国民呢……

第三编

剧本与诗歌

一个青年的梦①

[日本]武者小路实笃

《一个青年的梦》译者序二②

我译这剧本,从八月初开手,逐日的登在《国民公报》上面;到十月念五日,《国民公报》忽然被禁止出版了,这剧本正当第三幕第二场两个军使谈话的中途。现在因为《新青年》记者的希望,再将译本校正一遍,载在这杂志上。

全本共有四幕,第三幕又分三场,全用一个青年作为线索。但四幕之内,无论那一幕那一场又各各自有首尾,能独立了也成一个完全的作品:所以分看合看,都无所不可的。

全剧的宗旨,自序已经表明,是在反对战争,不必译者再说了。但我虑到几位读者,或以为日本是好战的国度,那国民才该熟读这书,中国又何须有此呢? 我的私见,却很不然:中国人自己诚然不善于战争,却并没

---

① 该剧的作者为武者小路实笃(1885—1976),大正时期(1912—1926)日本文坛代表作家之一,白桦派文学领袖,日本新村运动创始人。《一个青年的梦》于1916年完成,为反战四幕剧。鲁迅在1920年完成该剧的翻译,1922年7月商务印书馆出版,为"文学研究会丛书"之一。1927年7月改由北新书局出版,为"未名丛刊"之一。全剧由序幕和正文四幕组成,本书除收录作者自序、序幕和第三幕外,还收录译者序二。——编者注
② 载1920年1月1日《新青年》月刊第7卷第2号。——编者注

有诅咒战争;自己诚然不愿出战,却并未同情于不愿出战的他人;虽然想到自己,却并没有想到他人的自己。譬如现在论及日本并吞朝鲜的事,每每有"朝鲜本我藩属"这一类话,只要听这口气,也足够教人害怕了。

　　所以我以为这剧本也很可以医许多中国旧思想上的痼疾,因此也很有翻成中文的意义。

十一月二十四日　迅。

自　序

　　我要用这著作说些什么,大约看了就明白。我是同情于争战的牺牲者,爱平和的少数中的一个人——不,是多数人中的一个人。我极愿意这著作能多有一个爱读者,就因为藉此可以知道人类里面有爱和平的心的缘故。提起好战的国民,世间的人大抵总立刻想到日本人。但便是日本人,也决不偏好战争;这固然不能说没有例外,然而总爱平和,至少也不能说比别国人更好战。我的著作,也决非不像日本人的著作;这著作的思想,是日本的谁也不会反对,而且并不以为危险的:这事在外国人,觉得似乎有些无从想象。

　　日本人对于这回的战争,大概并非神经质;我又正被一般人不理会,轻蔑着:所以这著作没有得到反对的反响,也许是当然的事。但便是在日本,对于这著作中表出的问题,虽有些程度之差,——大约也有近于零的人,——却是谁都忧虑着的问题。我想将这忧虑,教他们更加感得。

　　国与国的关系,倘照这样下去,实在可怕。这大约是谁也觉得的。单是觉得,没有法子,不能怎么办,所以默着罢了。我也知道说了也无用,但不说尤为遗憾。我若不作为艺术家而将他说出,实在免不了肚胀。我算是出出气,写了这著作。这著作开演不开演,并非我的第一问题。我要竭力的说真话,并不想夸张战争的恐怖;只要竭力的统观那全体,想用了谁都不能反对的方法,谁也能够同感的方法,写出这恐怖来。我自己明知道深的不足,力的不足,但不能怕了这些事便默着。我不愿如此胆怯,竟至于怕说自己要说的真话。只要做了能做的事,便满足了。

　　我自己不很知道这著作的价值;但别人的非难是能够答复,或守沉默的:我想不久总会明白。我的精神,我的真诚,是从里面出来,决不是涂上去的。并且这真诚,大约在人心中,能够意外的得到知己。

　　我以为法人爱法国,英人爱英国,俄人爱俄国,德人爱德国,是自然的事:对于这一件,决不愿有所责难。不过也如爱自己也须同时原谅别人的心情,是个人的任务一般,生怕国家的太强的利己家罢了。

但这事让本文里说。

这个剧本,从全体看来,还不能十分统一。倘使略加整顿,很可以从这剧本分出四五篇的一幕剧来;也可以分出了一幕剧,在剧场开演。全体的统一,不是发展的,自己也觉得不满足,而且抱愧。但大约短中也有一些长处,也未必全无统一;从全体看来,各部分也还有生气;但这些事都听凭有心人去罢。总之倘能将国与国的关系照现在这样下去不是正当的事,因这剧本,使人更加感得,我便欢喜了。

我做这剧本,决不是想做问题剧。只因倘使不做触着这事实的东西,总觉得有些过意不去,所以便做了这样的东西。

我想我的精神能够达到读者才好。

我不是专做这类著作;但这类著作,一面也想渐渐做去。对于人类的运命的忧虑,并非僭越的忧虑,实在是人人应该抱着的忧虑。我希望从这忧虑上,生出新的这世界的秩序来。太不理会这忧虑,便反要收到可怕的结果。我希望:平和的理性的自然的生出这新秩序。血腥的事,我想能够避去多少,总是避去多少的好。这也不是单因为我胆怯,实在因为愿做平和的人民。

现在的社会的事情,似乎总不像走着能够得到平和的解决的路。我自己比别人加倍的恐怖着。

一九一六年十二月二十三日,武者小路实笃。

一个青年的梦

～～ 序 幕 ～～

（夜间的寺院模样的一间房屋，青年向着大桌子，在洋灯下读书。不知从什么地方进来了一个不认识的男子。）

青　年　你是谁？

不识者　就是你愿意会见却又不愿意会见的。

青　年　来做什么？

不识者　来看你的实力的。因为你叫了我。

青　年　我还没有会见你的力量。

不识者　孱头！能怎样正视我，便正视着试试罢。

青　年　我还没有动你的覆面的力量。

不识者　你看着我就是了。我的覆面，连我自己也取不下，——是不许取下的。单是谁有力量，便感着我的正体。

青　年　在我还没有力。

不识者　向各处说，说一到紧要关头的时候，决不会腰软的是谁呢？

青　年　紧要关头的时候还没有到。

不识者　真没有到么？站在这个我的面前，还说紧要关头的时候没有到么？

青　年　我的确站在你的面前。但在这时候，我全不知道了。不知道怎么才好了。

不识者　你真是扶不起的人呵！我当初很有点希望你，莫非我竟错了么？我除了再等候能够解我的谜的真天才出来之外，没有法子；除了再等候对于人类的运命，有真能感到的力量的人之外，没有法子。

青　年　请你宽恕,我将你叫了出来,还是说这样不长进的话。我见了你,才分明知道自己无力。但不见你时,却又想会见你。总觉得无论如何,想要解你的谜。人类的运命,任他像现在这般走去,是可怕的。我不知道怎么办才好。

不识者　不知道也好罢。你不愁没有饭吃;除了做梦,也没有遇着过死。无论什么时候,总是同合式的朋友看些爱看的东西,讲些爱讲的话。一碰到什么为难的事,说些没有力量未到时候的话就完了。你好福气。已经到了二十多岁,真还会悠然的活着呵。也没有见你用功;你所想的事,也没有出过或一范围以外。除了能够辩正你现在的生活的东西之外,总没有见你跨出一步。

青　年　你说的话,都是真的。

不识者　可怕的事,立刻停止了才好呵。

青　年　是呀。

不识者　你所怕的事,现在定要起来。没有知道已经起来了么? 你该已经知道了塞尔维亚的事罢。单觉得对岸的火灾不过是对岸火灾的人,便解不了我的谜。你不知道这世上可怕的事正多么? 能使可怕的事起来的可能性有多少,你也不知道么? 你是将那可怕的事装作没有看见的人么? 倘若这样,你便是撒谎的专说大话的人。被人这般说,你居然还不开口呵。

青　年　请你略等一等罢。

不识者　你有明年,还有后年。你是定会活到四十岁,至少也能到三十六的人么? 你嘴里说些人类的爱这等事,也曾感到真的爱么?

青　年　仿佛感的。(被不识者瞪视着,便改了语调。)还有人类的运命的事,也仿佛感到。怎么办才好的事,也仿佛感到。

不识者　昏人! 你拿了仿佛感到这件事,在那里自慢着么? 要紧的不是从此以后么! 你是个不要脸的。

青　年　无论被你怎么说,我总没有改变说话的力量。我很怕。生成是胆怯的。想到大事便要畏葸。我的翅膀,被禁着的时候,总没有力。

不识者 你不想你的翅膀强大起来么?

青 年 想的。可是怕。

不识者 乏人,一个不协我的心的东西。你是。

青 年 ……

不识者 但你却还没有装作没有见我的模样。我到这国里来,谁都不想用了自己的眼睛看我,所以很无聊。你大约也是不中用的。但纵使你的国是昏国,小聪明国,拿俏皮话当作真理说的人们集成的一个团块,也该有一两个胜于你的,真心的,为了人类的运命不怕十字架的人罢。然而现在姑且将你锻炼一番试试看。跟了来。

青 年 那里去呢?

不识者 单是跟了来。看那些我给你看的东西。

青 年 ……

不识者 孱头。还不跟了来么?

青 年 我去我去。

(不识者先行,青年惴惴的跟去。)

——一九一六,一。

◇◇◇ 第三幕 ◇◇◇

第一场(冈上。)

(四十五六岁的画家正在作画。青年与不识者一同登场。)

青 年 你不是 B 君么?

画 家 是的,我是 B。

青 年 原来竟是 B 君,正想见一见呢。

画 家 你是谁呢?

青　年　我叫 A。

画　家　就是做小说的这一位么？

青　年　做是做的。

画　家　原来，我也正想见一见哩。

青　年　你知道我的名字么？

画　家　岂但知道，大作的书，都极喜欢看的。

青　年　这当真么？

画　家　没有假。这里来就有你的书呢。（从怀中取出书来给青年看。）

青　年　承你看了么？

画　家　而且很佩服的看了。

青　年　这怕未必罢，这样无聊的东西。

画　家　那里。很佩服的看着呢。这书的里面，确有好的东西的。失礼
　　　　的很，请问几岁了。

青　年　二十四了。二十四岁还只能做这样的东西，很幼稚的。

画　家　你不是被谁说了幼稚。曾经生气么？

青　年　这是对于这个人所谓幼稚的内容，有些不服气罢了。倘若说"有
　　　　些好的地方，也还有幼稚的地方：此人的未来，因此还有希望，"
　　　　我便没有什么不服。然而却用了无望的口气呢。

画　家　你的里面，的确有好的东西。这东西长成之后，我想对于人类，
　　　　你的著作不会无意义的。

青　年　请不要说这样可怕的话。但只要力量能做的事，是想做的。

画　家　下了一定成个气候的决心做去罢。下了自己不出来别人做不了
　　　　的决心做去罢。

青　年　看你的画，便很能觉到这意思。你不是也被人说过坏话么。

画　家　还说着哩。但是，我相信自己的力量。知道我的事业，是将人类
　　　　和运命打成一气的事。知道我是画家，我将美留在这世上。我
　　　　教那在我画里感到我的精神的人的精神清净，而且增加勇气，并
　　　　且给他慰安。我的美，我以为有这样力量。

青　年　这是确乎有这样力量。有你生在这世上,我很感谢的。这次看见你作画,实在高兴的了不得呢。我的朋友,也都从你的画得了力量。人类能够有你,都夸耀感谢着的。

画　家　你也能成这样的人哩,只要打定主意。

青　年　请不要说这样可怕的事罢。我就要不知道怎样才好了。

画　家　你已经抓到了自己的路,对着进去罢。什么也不怕的,单跟自己的良心进去罢。走邪路的所不知道的正确的路,你耐心着走罢。

青　年　多谢。你对于这回的战争,什么意见呢?

画　家　战争? 请你不要提什么战争的事。这和我的事业有什么相干呢? 我只要做我的事就好了。他们是他们。人类教我为人类作画,教我为活着的以及此后生来的人的魂灵作画,却没有教我研究战争。

青　年　但是令郎……

画　家　请你不要说起儿子的事。儿子是儿子,我是我。儿子死在战争里了,我却活着,——这样活着呢。活着的时候,无论别人怎么说,画笔是不肯放下的。

青　年　听说令郎是一位很聪明的人呢。

画　家　聪明也罢,胡涂也罢,死了的是死了。活着的可是不能不做活着的事。(少停。)其实这本书便是儿子的书,儿子极欢喜看你的著作的。

青　年　这实在是不幸的事。出了无可挽救的事了,想来府上都很悲痛罢。

画　家　他的母亲还一时发了狂,因为失了独养儿子呢。我可是没有失了气力。看这画罢,有衰减了力量的地方么? 便是一点。

青　年　一点也没有。

画　家　是罢。失了儿子是悲惨的事,你们少年人不能知道的悲惨的事的。然而我并没有败。我活着的时候,总不肯死的。即使有热望我倒毙的东西,也不能使这东西满足的。即使我废了作画,儿子也不再还魂了。

青　年　战争真是不得了呵。

画　家　(发怒模样,)世间悲惨事尽多着呢。我可是只要作画就好了。

青　年　如果到了你不能作画的时候呢?

画　家　那时候又是那时候。但还在能画的时候,是要画的。

青　年　不想去掉战争么?

画　家　如果能去呢。然而画笔是不放的。因为我是靠着这个和自然说话,和人类说话的哩,精神的。

青　年　作画以外,不想做别的事么?

画　家　我是画家呵,并非社会改良家。是生成这样的人呵。

青　年　对于现世,没有什么不平么?

画　家　不平?没有不平,只有点不安罢了。我的画里没有显出这个么?从不安发出来的人类的爱?

青　年　单是作画,没有觉得什么不足么?

画　家　你以为我并非画家么? 我不是无情的人。然而是画家。然而人却是人呢。倘不能读我的精神,便不懂我的画。你单想会见我的声名罢了。在正合谬误的定评的人里,搜寻正合定评的人,无论到那里,都寻不出的。

青　年　我真实爱你的画,请不要疑心罢。

画　家　你单爱着活在你的里面的歪斜的我罢了,没有爱着真的我。

青　年　但是一看你的画,真觉得便触着你的精神哩。

画　家　知道我的精神的,不会对我说儿子的事。

青　年　冒犯得很,实在失礼了。(沉默。)

画　家　你爱我的儿子么?

青　年　是的。听说的是一位好人。

画　家　单是这样么? 不不,我并不说单是这样,就不服了。那孩子是做了可哀的事,做了可惜的事。但是活着好呢,死掉好呢,在死了的人,都不知道了。全是一样的事。因为自然是再不虐待死了的人的。而且想做不朽事业的执着,自然也并没有赋给死了的人的。我们活着,所以要做的事没有做,便觉得过不去;可是死了的人,未必再想这样事情罢。老实说,我实在不想他死。只要是父母,谁都望孩子回来的。画了画,孩子也不来看了。我想如果孩子叫一声阿爹,竟回来了呵。(含泪。)请不要见笑,我并不想说酸心话。失了孩子的人们,不知道有多少,对于这样的人们,表同情罢了。无论怎样伤心,我总要做自己的事。胸口愈涨,也便愈要画。画算什么? 恶魔这样说;生存算什么呢? 恶魔这样说。我为儿子设想,也愿意这是事实哩。然而在活着的人,可是不同了。我是将我的心,活在这里的。在看画的人的心里活着,使看画的人活着,所以将这画送给人类的。送给寂寞的人的心,以及对于生存怀着不安的人们,对于生存怀着欢喜的人们的。我受了做这样赠品的命令,因此辛苦了二十多年了,画笔是不肯放下的。

青　年　请不要放下罢。

画　家　不放。任凭谁怎样说,总不放的。教我活着,将我放在能画的境遇里,便不能教我不作画。就是释迦耶稣来禁止了,出了 Savonarola(译者按:十五世纪时意大利的改革家)来烧弃了,我也有确信的。人类希望着。即使不为现世,也为人类。人类所要求的,不单是为现世做事的人,是要求各样的人的。我也是被要求的一个人,我不疑惑的。

青　年　你真是幸福的人呵。

画　家　我幸福么? 所谓幸福,是怎么一回事? 是死了孩子,还会作画的事么?

青　年　就因为你能画出真为人类有功效的画。

画　家　认真的比随便的幸福么? 我的脸有点幸福么?

青　年　我以为 Rembrandt(译者按:十七世纪荷兰画家)是幸福的人。

画　家　从第三者看来罢了。人在心里苦着的,是幸福么?

青　年　但也有辛苦的功效呢。

画　家　然则立刻感到辛苦的,比将辛苦含糊过去的还幸福了。

青　年　你不是幸福么?

画　家　幸福?我生来成了画家,并不以为不幸。我生成是天才,所以比别人多尝些过度的紧张,也不以为不幸,我也有感谢的地方。但到现在,知道了人在自然之前,是平等的,做了不朽的事业没有,都一样的。

青　年　可是受一世轻蔑,也难堪的呵。

画　家　不然,无论怎样天才,都受一世轻蔑。

青　年　然而一面也被崇拜哩。

画　家　不然,无论怎样痴人,总有一面崇拜。

青　年　这样事……

画　家　但事实确是这样。

青　年　然而存活着,对于自己的事业有确信,用了自己的事业存活自己的人,是幸福的。

画　家　用自己的事业存活自己的人,这是幸福的。我的儿子,可是为了别人的事,杀了自己了。但到现在,在我的儿子都一样,固然无疑了。然而活着的时候,他也想做点什么事的:然而什么也没有做的死掉了。但到现在,也都一样了。

青　年　照这样说,譬如令郎活着的时候,有人说令郎活着或死了都一样,便要杀了他,你又怎么办呢?

画　家　如果儿子活着呢。然而儿子并不活着了。你真是很凶的触着了我的伤,触了这有了年纪的我的伤。

青　年　请原谅罢,请原谅罢。

画　家　一死之后,便一样了;但在活着的人,却不一样:这是自然的意思。所谓美哪,所谓魂哪,也是如此,一切都如此。我们决不能教死了的人喜欢或悲伤了。我常常想到儿子的事,觉得可怜。

怕的事,失在战争上,实在更可怕。单是想也难堪的。但这却成了事实,正追袭着种种人。被袭的人不能不想尽方法照了身分,忍受这可怕的事。我不能不照画家这样忍受,照我这样忍受。我现在已经被勒令忍受了。我不想装丑态,但很想要独自尽量的哭哩。

青　年　实在是的,实在是的。

画　家　这样,就失陪罢。说我的儿子战死是名誉,高兴过的村长,从那边来了。再见罢。(拿了画想退场。)

(村长登场)

村　长　(对着画家,)多日没有见了。

画　家　唔唔。

村　长　画好了画么? 给我瞻仰瞻仰罢。

画　家　我得赶紧呢。

村　长　其实是,我想对你讲几句话。

画　家　什么?

村　长　同你一样的事,轮到我自己身上了。

画　家　令郎也受了征集么?

村　长　是的。

画　家　原来,恭喜恭喜。

村　长　请不要这样讽刺罢。父母的心是一样的。

画　家　这才明白了我的心么?

村　长　明白了,战争怕还要继续罢。

画　家　怕要继续呢。

村　长　想起来,你实在是不幸,虽然说是为国家。

画　家　这是名誉的事呢。

村　长　我也曾对着许多人,说过这是为国家,只要一想国家灭亡,我们将怎样,便送儿子去战争,也没有法子这些话的。

画　家　我也是听的一个呢,现在成了一个说的人了。

村　长　送儿子出去战争，我也并没有不服。可是送儿子去上战场的人的心，十分明白了。他的祖母和母亲都只是说不会死么不会死么的愁着。

画　家　你该早已觉悟的罢，一直从前。

村　长　请你不要这样报复罢。因为我以为我的心，只有你明白。

画　家　这是明白的，可是有点以为自作自受的意思呢。我的儿子死了，你怎么说。不是板着一副全不管别人心情的脸孔，只说是名誉的事，是村庄的名誉，落葬仪式应该阔绰么？我这时候想，须你自己的儿子上了战场看才好哩。

村　长　实在难怪的。这话不能大声说，我的儿子只有这一个像样，别的都不成的。

画　家　我的家里，可是只有一个儿子。

村　长　是呀。战争这种事，赶早没有了才好呢。

画　家　在我呢，便是立刻没有，也嫌迟了一点了。然而战争呢，自然是最好莫如没有。

村　长　为什么要有战争呵。

画　家　不是为国家么？你不是这样对大家说么？大家后来都笑着，说拉了自己的儿子去试试才好呢。

村　长　是罢。如果我的儿子出去战争，竟死了，大家怕要高兴罢。儿子真可怜。

画　家　别人的儿子死了，谁来留心呢。嘴里虽说可惜，心里却畅快，以为便是活着，也只是一个不成器的东西哩。

村　长　唉唉，大抵如此罢。

画　家　我们大家，各不能有什么不服的。

村　长　虽然确是不得已的事，战争可真真窘煞人了。

画　家　你是主战论者呢。曾经说过若不战争便是国耻的。我听过你的演说，说是即使我们都死，也不可不战的。

村　长　那时候却实在这样想。

格。倘是自愿出战的人,自愿自己的儿子出战,真心以为只要为国家,便死了也立刻非战不可的人,或者还可以。但即使这种人,也该比战争尤爱平和的,况且不愿自己的儿子出战的人,却替别人和别人的儿子出战高兴,这事是断然不对的。他们是因为我们还没有生活在真平和的资格,连累的做了人牺。我们应该教不必送自己和别人和自己所爱的人去做人牺的世界,早早出现。至于什么时候,我可不知道了。

村　长　战争实在是早早没有了才好。我的儿子是很胆怯的,一匹鼠子尚且不敢杀的,而且很怕死;听到雷声,便变了脸色发抖呢。

画　家　就是我的儿子,也没有豫备青青年纪便死掉哩。你的儿子,却许会凯还的。

村　长　要能这样,真不知道多少高兴哩。

画　家　我的儿子可是永远不回来了。你说这是名誉,说这是村庄的名誉。名誉这句话,能否使我的儿子欢喜,我不知道,也不要知道;但是在现在的世间没有法这件事,却知道的。既然承认了现在的制度,从这制度产出的东西,我便除了默认以外,也没有别的方法。我是画家,不知道什么制度,我只知道将我的血,灌进画里去就是了。

村　长　我很明白你的心。

画　家　不不,还没有明白。要明白我的心,你的儿子也得死。

村　长　我的儿子也未必有救哩。

画　家　然而也许回来的。已经死掉的和还活着的,不能一概而论呢。

村　长　你想什么时候才会没有战争。

画　家　这还早的很罢。

村　长　怎么办才会没有呢。

画　家　这是我不知道,也不是我的事。总而言之,世间照现在这样下去,战争不会完,牺牲者也不会完。但问怎么办才好,我可不知道。在那边的少年只要肯想,也许能想罢。

村　长　那少年。

画　家　是的。

青　年　我没有这样力量。

（此时汽车经过，满载着出征的军人。汽车虽然不见，却听到声音，也听到欢呼的声音。）

画　家　汽车来了。

村　长　那些人也都上战场去的哩。

画　家　摇着旗呢。

村　长　喊些什么呢。

画　家　异样的声音哩。

村　长　孩子们都很高兴的叫着万岁似的。

画　家　我的儿子也这样去的，可是不回来了。

村　长　我的儿子，现在也正在这样去罢。

画　家　这些里面，该有去了不再回来的人罢。

村　长　也该有回来的罢。

画　家　个个都以为自己能回来罢。

村　长　可是总觉得异样罢。

画　家　……

村　长　渐渐近来了。

画　家　那声音，是异样的声音。那些人们，正对着祖国的山谷告别呢。
　　　　在那些人们的眼中，这些山野，一定不是平时的情景哩。

村　长　觉得异样哩。

（沉默。画家脱帽，合了眼，对着远处的汽车作似乎祝福模样。）

画　家　你没有叫万岁罢。

村　长　没有要叫的意思。

画　家　这一端，你和我就是朋友。我明白你的心的。

村　长　我真心同情于你。

（沉默。）

画　家　竟听不到什么了。

村　长　还留在耳边呢。

画　家　同回村庄去罢。

村　长　奉陪罢。

画　家　（对青年，）再会。

　　　（青年恭敬默礼。画家村长退场。）

不识者　那边去罢。

青　年　是。

——六，二六。

第二场（小小的神社前。）

（不识者青年登场。）

不识者　你想些什么？

青　年　我的意思，有些以为要战的东西，便随意自己战去；然而将不愿战的人，都带上战场，是太甚的事了。各国既不教不愿战的人战争，到了须上战场，立刻战争的时候，便谁也没有，敌人和同人都没有，这样光景，正画出在脑里呢。而且以为能够如此的时代倘若一到，不知道怎样痛快哩。不愿战争的人，各国都轻蔑他，各国都不难将他枪毙，我以为未免有些不合理。倘使两边的本国都以为正在战争，两边的军队却互相握手，要好，说说笑笑，停了战争，只是悠然的玩着的时代一到，不知道怎样愉快哩。现在却暂时不行罢。但到了兵器更加发达，知道战争便必死，一面人智也更加长进，彼此明白了本心的时代一到，也就到了各各知道无意味的死是傻气，还不如打打猎，或者开一回竞技会，玩玩的时代了。我们这时代的人们，还如古人一样，没有真实感到无意味的事，不合理的事，可怕的事，不像人样的事。如果真从心底里感到了，大约许会想些什么好好的避掉战争的方法的。这样时代，赶快的来了才好呢。但照现在的制度，现在人们的我执,战争怕未必便会停止罢。做那牺牲者,实在是难堪的。但我想,只要不从国家的立脚地看事物,却从人类的立脚地看事物,各国的风俗和习惯,在或一程度调和了,各国的利害,也在或一程度调和了,不要专拿着我执做事的时代一到,战争也便会自己消灭了。但在以前,不先去掉各种不合理的事,是不行的。

不识者　什么是不合理的事?

青　年　就是将人不当人的事,以及喜欢别人不幸的事;不怀好意,因为私欲心或恐怖,不合理的迫压别人的事;夺了别人的独立和自由,当作奴隶的事;用暴力压服的事。总而言之,凡是将人当人以后便存立不住的怪物一般的东西,总须从这世间消灭了才好。(向看客一面说,)这是怎的? 冈下不是来了许多人,对着我们这边看么?

不识者　这神社前面,现在正要演狂言(译者按:狂言是日本的一种古剧)呢。

青　年　我们在这里,可以么?

不识者　坐在那边的树底下看罢。

青　年　有甚么事?

不识者　是这社的祭赛。因为要纪念供在这社里的神,对于聚在这里的两国的人们,有怎样的功劳,所以演这狂言的。

青　年　从那边过来的老人是谁?

不识者　那便是这里的神了。

　　(白鬓的老人登场,坐在社前的石上。少顷,两边各现出一个异样装束的军使,用了一样的可笑的步调,走到老人面前。并未看见老人,两人照面,恭敬行礼。)

军使甲　好天气呵。

军使乙　真好天气呵。

军使甲　足下是从敌军过来的使者罢。

军使乙　足下也是从敌军过来的使者罢。

军使甲　恰巧遇见了。

军使乙　真是恰巧遇见了。

军使甲　足下为什么到这里来？

军使乙　倒要问足下为什么到这里来？

军使甲　足下先说。

军使乙　还是足下先说。

军使甲　既然这样，还是从我先说罢。是昨天的事。

军使乙　不错，是昨天的事。

军使甲　正要出战的时候。

军使乙　不错，正要出战的时候。

军使甲　来了一个阴阳家。

军使乙　不错，来了一个阴阳家。

军使甲　说要见见王，通知一件大事情。

军使乙　不错，不错。

军使甲　王说，通知我什么事呢。

军使乙　是如此的，全如此的。

军使甲　阴阳家便说道，请息了这回的战事罢。

军使乙　不错，不错，一定如此。

军使甲　哼，两面一样罢。

军使乙　唔唔，两面一样呢。

军使甲　足下的王怎么说呢？

军使乙　说是无论怎样说，这回的战事是不能歇的。

军使甲　的确如此。于是阴阳家便说，既这样，你便是死了也不妨么？一
　　　　战便两面的王都要死，却还能战么？

军使乙　不错，于是王说，性命是早已拼出的。

军使甲　阴阳家说，拼了命打仗，为什么呢？

军使乙　王说，因为敌人可恶，攻来了。

军使甲	阴阳家说,倘使敌人停了战呢?
军使乙	王说,敌人是要进攻的。你是敌人的间谍哩。
军使甲	阴阳家说,这样愿意死么?这样愿意国乱,愿意妻子受辱杀身么?我是知道平和的路,才到这里的。说完,便默默的注视那站着的将士的脸了。那眼光多么尖。
军使乙	简直不像这世间的人了。
军使甲	他一个一个的指着说,你也要死的,你也要死的。
军使乙	而且说,其中的我,还要被残酷的虐杀哩。
军使甲	不错,说我也这样。这样一说,便是我也禁不住发抖了。
军使乙	从来没有遇到过这般扫兴的事呵。
军使甲	不可怜百姓们么?成熟的田畴,蹂躏了也好么?可怜的孩子们,成了孤儿也好么?这样以后,得的是谁呢?
军使乙	大家默然了。
军使甲	女人孩子都哭了。
军使乙	王默默的想,阴阳家也默默的看着王的脸了。
军使甲	王说,到了现在,非战不可,我不怕死的。于是便要进兵了。
军使乙	阴阳家说,倘能够免了战争,两国都很和睦的互相帮助,两国便会太平无事的兴旺罢。不希望如此么?却还要大家相杀么?在转祸为福的目前,却说不怕祸,简直是呆话了。
军使甲	住口!王这样说。而且还教人捉这阴阳家。可是谁也不来捉他了。
军使乙	拿你祭旗,王这样说。然而一眨眼间,王的两只手拗上了。大家都嚷着,可是一点没有法。你听着,将我讲的话,从心里听着,你这呆子!明日的早晨,太阳将你的影从东南横到西北的时候,不要错过的派遣一个使者,这使者呢,须选那有一战便被残酷的虐杀的运命的人,教他到这山上。一定也有一个使者,从敌人派遣来的。
军使甲	正是呢。倘不然,要战就战罢。要抛掉你的生命,便抛了试试

罢。不知道畏惧神明的东西呵。阴阳家这样说,悠然的消失了。整顿了战事的准备,我们的兵已经都在那山脚下。

军使乙 而且等候着我们的回话。

军使甲 我们怎么回话才好呢?

（老人起立,走近二人。）

老　人 两位,来得好。

军使甲乙 （合,）是。

老　人 两个都回去,并且说,——战争能免是免的好。我们想将互杀改了互助;想将相憎改了相爱;想将记仇改了记恩;骂詈改了赞扬,仇敌改了朋友。大家有错,便改了罢。倘若发怒,便原谅罢。我们是人,都不能没有缺点:然而有过便改了罢。倘能不战,我们便称你为人民的恩人,我们的生命的救主罢。这是神明所欢喜的。如果能够,两国便永远不背神明,永远传给子孙的不要再战罢。倘有商量,也用了平和的心商量罢,而且不要强勉做罢。我们做一个世界的和平的先驱,再不要以憎恶回报憎恶罢。——这样说罢。看呵,太阳明晃晃了,杀气也不升腾了。在今日里,可以不被杀却的幸运者呵,高兴着回去罢。你是能救自己和别人的使者哩。

军使甲乙 （合,）是。

老　人 那就回去,并且做个平和的使者。今天晚上,举行那生命扩大的祝贺罢。

军使甲乙 （合,）是。（退场。）

老　人 （前进。）田畴的五谷呵,欢喜罢,你可以不被糟蹋了。百姓们欢喜罢,你们是家财和生命都可以不必失掉了。看呵,那山间升腾的杀气突然消灭了,听到欢喜的歌了。地呵,你可以免被人血污染了。大气呵,你可以免被断末魔的叫唤伤你的心了。几千人得救了生命,几千妻子再得见丈夫和父亲的笑脸了。欢喜着,欢喜着,可爱的人们呵。你战争换到了平和,死亡换到了生命了。

我也免听到断末魔的叫声,却听到和解的言语;免见到憎的心,却见到爱的心了。朗然的大地呵,欣幸这平和罢。小鸟呵,你该欣幸你不必受惊了。然而谁能知道我的欢喜呢? 我无限的欢喜,我欢喜到几乎要哭呢。不要笑我流泪罢。我喜欢哩。我感谢哩。唉唉,神呵。

(老人立着默祷。幕。)

—— 六,二九。

第三场(平原。)

(青年被不识者引着登场,遇见朋友五六人。)

青　年　阿,在意外的地方遇见了。

友　A 么? 你以前在那里? 都寻你呢。

青　年　在各处走呢。你们那里去?

友　因为有人来寻事,正要去闹事哩。

青　年　和谁闹?

友　不是从来总是和下级学生这小子么?

青　年　下级的小子又说了不安分的话么?

友　岂但说话,竟打了我们同级的加津了。

青　年　怎的?

友　加津正说下级生的坏话,下级的小子们听到了,便生了气,打了。

青　年　坏话谁都说,便是下级的东西,也常说我们级里的坏话。

友　的确。便是打了加津的时候,也说我们这一级是乏人,说是你被打了,即使气愤不过,无奈同级的小子全无用,帮不了忙,实在可怜哩。

青　年　说这样话么?

友　一　所以我们不能干休了。便在这平原上,要和下级的小子们闹一回。

友　二　我们教认错,也不肯认。

友　一　以前太忍耐,纵容到不成样子了。

青　年　下级小子真妄呵,惩治一番才是。

友　一　你也这样想么? 和我们一起闹罢。

青　年　你们被人打了,我能看着不动么?

友　一　你肯加入,我们便放心多了。

（这时青年忽然觉着不识者,有些出惊。）

青　年　然而争闹总是中止的好。

友　一　何以?

青　年　争闹之后,即使胜了他,也算什么呢?

友　二　什么是算什么? 你怎么忽然怕事了,想到了下级的利害东西了罢?

青　年　这却不然。但反对战争的我,在理也不能赞成闹架。

友　　闹架不是好事,便是我们也都知道。但是中止了看罢。他们说不定要怎样得意。这才即使被说是乏人,我们除了默着之外,没有别法了。

别的友　不错,要是被说了乏人还默着,不如死的好。

青　年　你们的意思是死掉都可以么?

友　二　这是男子汉的意气。能做到怎地,便只好怎么做去。因为不能吃一吓便退避了。

友　一　况且下级这班东西多少傲慢。假使不理论,要遇到像加津一样的事的人,一定还有。因为下级的小子们是结了党的。只好现在便闹。说些道理,已经不行了。

友　二　不错。你不愿意闹,看着就是。因为即使我们被人打,你是决不会痛的。然而我们受了侮辱,却不能毫不介意哩。

友　一　而且我们这边,已经决定争闹了。现在也罢休不得。

青　年　你们的意思我明白。然而我总不能颂扬闹事。

友　一　何消说呢。但不闹也未必一定比闹好。胆怯的不闹,也不是好事。

别的友 （合，）不错不错。

友 三 你不赞成全级的决议么？

青 年 我以为对于争闹这件事，还有应该仔细想想的地方。

友 一 没有工夫了。也没有想的必要。现就有男子受不住的侮辱哩。
朋友被人打了，默着是不行的。

友 四 一定的事。A君是空想家。强盗来杀的时候，倘像 A 君一样，须
先想杀人是好事还是恶事，没有想完，早被杀掉了。

青 年 可是加津说人坏话，也是错的。

友 一 你先前不是说，下级的坏话谁都说过么？便是你，不也说的很
多么？

青 年 说过的。但若被打，我也以为应该，没有贰话。

友 一 但被打的却不是自己呵。朋友打了，而且是当众受了侮辱的。

青 年 便被说是乏人，不也可以么？

友 四 你可以；我们却不是乏人，所以干休不得。况且不依全级的决
议，有这样办法么？

青 年 没有人反对么？

友 一 都赞成了。

友 二 还有什么赞成不赞成呢。朋友被打了，再不理论，不知道要被侮
辱到怎样地步。因为挂上了乏人的牌号，是再也抬头不得的。

青 年 便是被说是乏人，只要不理会他，不就好么？

友 二 加津被人打了，你不理会？

青 年 这是打的人不好；好的一面，不理会就是。

友 一 你怎了？人家都说你便是撒了和下级争闹的种子的人呢。你先
前演说，牵涉着下级，便是这回的远因呵。便说加津被打是托你
的福，也都可以的。现在你却来消灭本级的锐气么？不是卑
怯么？

青 年 并非要来消灭锐气。

友 一 想逃掉责任，不是卑怯么？

友	四	的确卑怯。嘴里讲些大话,到紧要关头的时候,腰就软了,这便是卑怯。
青	年	卑怯? 我并不比你们卑怯。
友	二	但是不愿意受伤罢。
友	一	你毫不管全级的名誉么?
青	年	级的名誉,可以挣回来的别的方法多着呢。也可以在较好的事情上,表示并非乏人的。
友	一	但现在,却不能这么说了。下级的小子们,也许立刻便到。到现在,还能说不要闹了,我们委实正如你们所说,都是乏人,情愿认错,请你们饶恕么? 下级的小子们,说不定要怎样得意哩。想想也就够难受了;你不么?
青	年	倘在平时,我也许同你们一样,愿意争闹一场。因为我想到下级的小子们,便心里不舒服的情形,并不亚于你们呢。然而现在,我被这一位带领着,恰恰看过许多事情来的。并且从心底里以为战争不是好事,想将在自己里面的产生战争的可能性,仔细研究一番,倘若做得到,便想将他去掉。这时候便遇见了你们了。我不说无聊的话,只是请不要争闹罢。我可以做和睦的使者。
友	三	不行。你去就要被打;下级生里面,最恨的便是你呢。
青	年	要打,打就是了。
友	一	但你的意志,那边是不会明白的。你忽然被打了,我们也不能单睁着眼睛看。总之争闹是免不掉的了。你到这里来一会罢。
青	年	可以。

(两人稍与众人离开。)

友	一	我拜托你,不要反对这争闹了。好容易,这回我们的全级竟得了一致。照这气势,闹起来一定胜的。但是一说破坏一致的话,便挫了勇气,保不定下级的小子们会得胜了。总之这事已经免不得,所以还是望我们得胜的好。为朋友计,这一点事,也应该做罢。

青　年　　我苦痛呢，一想到这回的远因却在我的演说这件事上。但我总
　　　　　以为争闹是没有什么免不了的。

友　一　　真这样想么？你简直说出下级生的间谍一样的话来。

青　年　　你真这样想？

友　一　　由我看来，单觉得你只指望我们这一级败北罢了。

青　年　　那有这样道理呢。

友　一　　然而据事实，却是这样。因为好容易全级刚要一致做事的时候，
　　　　　你却冒昧羼入，要破坏这一致，挫了我们的勇气——教我们向下
　　　　　级认错哩。不要再开口了罢。倘再开口，我们便要将你当作敌
　　　　　人的间谍了。因为在这样紧要时候，被你折了锐气，是不了的。

青　年　　然而我总反对。

友　一　　要反对，反对就是。我们却是不睬你。

青　年　　众人里面，未必没有心里和我的意见相同的人罢。

友　一　　我就怕这事。

青　年　　不必强勉这类人去争闹，不很好么？

友　一　　这可不行。下级的小子们也都一致的。

　　　　　（一个友人走来。）

一个友人　　听说敌人便要到了。

友　一　　原来。你肯拼命打么？

一个友人　　何消说得呢。与其受辱，不如死的好。

友　一　　（向青年，）你便在这里站着罢。要是动一动，你可没有什么好
　　　　　处呵。

　　　　　（友一走入众人队里，青年的同级生渐渐增加。）

友　一　　望见敌人了么？

友　二　　是的，从那边来了。

友　一　　多少人？

友　二　　说是一共三十人。

友　一　　有趣。豫备妥当了罢？

友	四	唔唔,早妥当了。A怎么了呢?
友	一	不理会他就是。
友	四	都在发怒哩,说是毫无友情。虽然也不像竟至于此的人。
友	一	被什么蛊惑了罢。
友	四	都说他也许变了敌人的间谍了。或者从敌人的谁的妹子,听了些什么话了。
友	一	那还不至于此罢。
友	四	都想打哩。
友	一	都想打,便打罢。因为本来是背了全级一致的东西哩。
友	二	但也不至于打罢。
友	四	不不,还是打好。一打便发生了勇气,都冒上杀气来了。
友	一	多数决罢。赞成打A的人,请举手。举手这一面,少两个。
友	四	你倘说不要打的人举手,便能得到五六人的多数决,早打了A,现在可是弄糟了。因为虽然未必要打,却也不至于举手,打不打都随便的人,可有五六个呢。
友	一	你们无论如何,总须打胜。无论吃了怎样的苦,万不可降服。下级的傲慢模样,是天所不容的。正义是在我们这一面。我们的愤怒,也并非不正当的愤怒。下级的小子们,做了不该做的事,说了不该说的话;为学校计,他们是不可饶恕的人。在今天,你们须拂除了侮辱,表示我们同级的人们并非乏人才好。

(青年正注视着不识者,此时忽然说。)

青	年	你们,究竟要打架么? 打架胜了,有什么益处呢?
友	一	住口!
青	年	不能,我不能不说。你们竟不能忍一时之耻么? 不知道争闹的结果,如何可怕么? 不知道和解的欢喜么?
友	四	你们或者任他胡说,我可忍耐不住了。

(友四走近青年,后面跟定五六个人,都注视青年,都愤怒。)

友	四	你何以不去对下级生说,教他们不要争闹,却希望我们这面,干

不了事呢？

青　　年　　我讲的是真话。你们争闹之后，成了残废怎么好？砸着头，弄坏了脑怎么好？还不如忍了一时的耻辱，在永远之前取胜罢。

友　　一　　（也走近青年，）对不起你，现在你倘使还不闭口，我便要加制裁了。你还是保重自己的头罢。小心着自己被打罢。

（众人围住青年。）

青　　年　　无论怎么想，争闹总是傻气。便是胜了，也只留下些怨恨。受了一时愤怒的驱使，所做的事，一定有后悔的时候的。你们还是忍了一时的耻辱，打胜自己的天职的好。这是真胜利；这件事，便是人类也欢喜的。

友　　一　　虽说是一时的耻辱，但听凭那下级生跋扈起来看看罢。说不定会做出什么坏事，而且还要堕落了少年的精神。

友　　四　　你的话，都理想的太过了。我们呢，看见下级小子，傲然的侮辱我们，不承认我们的权利，愈打我们愈有得，我们却愈被打愈受损，不能只瞪着眼睛了。你也许能罢？但在我们里面的血却是不答应，这拳头不答应。

友　　二　　A君，你以为到了此刻，我们还能向下级认错么？

友　　四　　教我们无条件降服罢。你是……你是 Love 着下级生的妹子，所以不行。

青　　年　　没有这事。

友　　一　　敌人便要到，不必理会 A 了。有话说，后来再听罢。

友　　四　　我就这样。

（四五人都打青年，青年默着。）

友　　三　　差不多了就算罢。

友　　四　　不问是谁，只要违反了级中的一致便得这样。

友　　一　　走罢，闹去罢。

众友人　　（合，）走罢，走罢。敌人已经摆了阵了。

一个友人　　下级的使者来了。

友　一　带他到这里来。

（下级生的使者被带上。）

使　者　我们不觉得有容受你们的要求，须对你们谢罪的理由。现在大家都在这里了。你们倘不撤回要求，无论什么时候，都可以奉陪的。

友　一　很好。便请你回去说，我们并不愿意争闹，但尤不愿意受侮辱。

使　者　知道了。

友　一　此后还给你们十分钟的犹豫时间；在这时间里，你们如果没有谢罪的意思，便不再犹豫了。我的表上，现在十点十分。一到十点二十分，便要闯到你们这边去的。请你这样说。

使　者　知道了。（取出时表，对准了时刻。）刚过十点十分。

友　一　是的。但倘若你们这面愿意早些闹，也都听便。

（青年走入队伍中间。）

青　年　（对使者。）你们这面，没有和解的意思么？

使　者　如果你们这面不承认我们所做的事是十分正当，便没有和解的意思。

青　年　你们这面也以为争闹是名誉么？

使　者　你们以为怎样呢？

青　年　我是不消说，不以为争闹是名誉。

友　四　这不是你开口的时候。去罢，事完了便快回去。战场再见罢。

使　者　再见。

许多友　再见。

青　年　（对友一，）你们不闹，总不舒服么？你们里面，没有欺了自己，怕着多数的人么？

友　一　这样卑怯的人，一个也没有。

友　四　你还不够打么？

友　一　Ａ！都杀气弥漫着呢，藏起来罢。我不骗你的。

青　年　我也极愿意藏起来呢。但我总不觉得你们的争闹是正当的。

友　一　这早知道了。但我们的血,没有你的血一般凉。不能单算计利
　　　　害关系。

青　年　以不正报不正,是不好的。

友　三　但以沉默与卑怯迎不正,尤其不好哩。

友　四　再说,又都要打了。倘若真打仗,你的头可要不见了,如果说
　　　　这话。

友　一　要知道不见了头,便再不能反对战争了。

青　年　但在活着的时候,是要反对的。你们何以定要站在同敌人一样
　　　　的位置,难道没有更美的地步么?

友　四　乏人的地步,不是美的地步。

友　一　是时候了。走罢。

众友人　走罢。

友　一　都喝了水。

　　　（都喝水。）

一个友人　敌人来了。

友　一　走罢。

　　　（都大叫疾走。青年目送众人,默默的站着。）

不识者　寂寞么?

青　年　我不知道怎么办才好。

　　　（两面的人混乱着,互相追赶,相打,相扭结。在青年的面前,友三被
下级生摔倒,按着打。）

友　三　A君,帮一手。

　　　（青年默默的看。）

友　三　我到了这地步,你也毫不帮忙? 对于我没有友情么?

青　年　不不;我不愿加入争闹里去。

　　　（下级生要扼友三的咽喉。）

青　年　咽喉可是扼不得呵。

一个下级生　什么? 局外的也来开口。

（友四走来。）

友　　四　　A做什么,看朋友被人打么?

（突然推开了下级生,便打;下级生逃去。）

友　　三　　多谢。你救了我了,你真是救命的恩人。这恩一世都忘不掉。

友　　四　　什么话,朋友相帮,不是彼此的事么? 走罢,他们正都苦战哩。

友　　三　　（回顾青年,）记着罢。

（青年苦闷。友四苦斗恶战,本级形势转盛。下级生拔刀。）

众友人　　不要动刀,不要动刀;卑怯呵。

一个下级生　　什么? 要命的便逃罢。（砍进。）

（有喊痛的。都拔刀。）

青　　年　　不要动刀,不要动刀,不要动刀。

（刀口相斫,棍棒相击,有倒地的人。青年时时看着不识者,只是默默的看;也有呻吟的人,远远地听到手枪声。不一会,许多友人逃来,一个拿手枪的人在后追赶,后面又跟着下级生。）

拿手枪人　　要命便投降罢,投降罢。

一个友人　　谁投降?

（正要反抗,被手枪击毙。接连如此者两三人。）

下级生们　　不必管他。都打杀罢,打杀罢。

（此时乱发手枪,三四人大叫“打着了”,或负伤,或死去。青年觉得不识者也拿着手枪,便默默的取过来,打杀了拿手枪的人。）

青　　年　　并不想打死的,但是杀人太多了,看不下去,这才打死的。不回手的都不杀,放心罢。（从死人手里抢过手枪。）

下级生们　　什么? 你是朋友的血仇!

青　　年　　走近便死。跑罢,跑罢,逃跑便不杀了。

下级生们　　要杀就杀,要杀就杀。

（八九人抖抖的围住青年,仍复前进。有人掷了石子;正中青年额上,流出血来。都想逼近。）

青　　年　　这可不饶了。

（开枪；一人倒地。此时青年的肩头被一人砍伤，也倒地。众人都砍青年；夺了手枪，逃去。四围忽然寂静，青年躺着。）

不识者　　唅，起来罢。

（青年睁眼，向各处看。）

青　年　　刚才的是梦么？

不识者　　你这样，还是爱平和的么？非战论者么？

（青年仿佛梦醒模样，跪在不识者面前。）

青　年　　宽恕我罢。（幕。）

——一九一六，八，二〇—二一。

二

《红星佚史》译诗①

一

雄矢浩唱兮声幽仁，玄弧寄语兮弦以音。

呜骹噭兮胡不续，胡不续发兮餍人肉。

迅其步，埶以飞，予来遥遥兮自远，如彼肉擭兮赴兹征宴。予薜苢诸
　　飞路兮天风飕飕，浩气掠余兮余翼为揉。

火花驰逐兮雪风是吹，吾众瞥至兮惟死之之。埶以飞，迅其步，余来
　　自远兮远且遥，如鸟斯迈兮迈斯战桥。

噫吁嘻！鬼魂泣血兮矢著人，镞饫热露兮相欢欣。

苍骹浩唱兮声幽仁，玄弧寄语兮弦以音。

二

　猗！鏖搏之一时，会其届尔。箭影飞扬，尔仇将逝。

<hr />

① 《红星佚史》，原名 *The World's Desire*，直译为《世界的欲望》，作者为英国作家哈
　　葛德（H. Rider Haggard，1856—1925）和安度阑（Andrew Lang，1844—1912）。该
　　小说由周作人直接从英语翻译，于 1907 年由商务印书馆出版，署"英国罗达哈葛
　　德安度阑俱著，会稽周逴译"，而其中穿插的 16 首诗歌由鲁迅与周作人合作完成，
　　被认为是鲁迅一生中规模最大的一次诗歌翻译实践。——编者注

胡不使青铜之喙,深啄而中之。

盍麾彼征禽,翱翔其上兮,嗟彼睡人,死其禳兮。

嘻嘻! 苍骸浩歌,声幽仁兮。玄弧寄语,弦以音兮。

三

纵东方之不作,且矍矍以竞驰。历荒波之浩荡,禁灵曜于崦嵫。洵予
行之茕偶,吾心尚其委蛇。纵远蹈夫异路,循血海之修涯。尚忍旃
而毋却,昔奚胜于今兹。忆淫游兮丧友,吾终免而无夷。面凶死其
竟脱,遘员目于岩栖。时湔血之洒洒,涅窈堂而赭之。穷忧穷忧
兮吾何惧为,厉运纵至兮无为吾灾。宁不见夫故乡赫然其入望兮,但
留荒野与残尸。

四

惟神示朕,吾主圣尊。聿降厥渗,于彼格恩。撕擘繁华,纤屑靡存。
神鬼旁皇,蹜面无言。
孰召鼋鼍,填兹灵殿。孰致尘埃,污兹冠缘。恨种诸皇,爱淄厥面。
已矣已矣! 神绝格恩,祸来无间。

五

神灯故故,照吾前路兮。格恩沈沈,凶朕来赴兮。

地有古皇,而主是搒掠。民亦有神,而投厥面以屏。

彼意昔斯有犊,主是褫而彼谴。截罗亚之日车,而断其驭索。

主呼耶枯勃,吾民爰起。彼膝其弛,呜呜而死。^{其一}

主赍吾货,一掠而得之。吾掠何得,银鬘金卮。

猗耶和华,吾父吾友。眷佑耶枯勃,而煦育是久。

主叱彼神,而神折厥首。荒凉大庭,爬虫是走。

主障日面,光曜爰灭。古皇有鞭,揉之断折。_{其二}

主持答策,罚其生民。吾背何负,忧患困仑。

惟及厥裔,而颒然是作。其作如海潮,而荡彼憾之田郭。

彼有古皇,主是搒掠。民亦有神,而投厥面以屏。

咦咦! 神灯故故,照吾前路兮。格恩沈沈,祸来赴兮。_{其三}

六

婉婉问欢兮,问欢情之向谁。相思相失兮,惟夫君其有之。

载辞旧欢兮,梦痕溢其都尽。载离长眠兮,为夫君而终醒。

恶梦袭斯匡床兮,深宵见兹大魅。鬖汝欢以新生兮,兼幽情与古爱。

胡恶梦大魅为兮,惟圣且神。相失相思兮,忍余死以待君。

七

尔胡余慕,且余须兮。浮图之下,众胡为是于于兮。尔会胜我,且挫
　余兮。命弗得长,偷吾生之须臾兮。爱为吾僇,而死倏其前狙兮。
　搂其新妇,而揉碎是繁花之株株兮。

尔聆余诏,诏渊如兮。众视所觉,而美是攸居兮。噎消瘦之胡自,凡
　夫蠢其笑呼兮。夜阑何守,守空无兮。美不常住,先朝阳而槁枯
　兮。伊人有欢,爱其殂兮。

八

孰合欢而共命,且夕惨其将离兮。伊惘怅而长别,会双宿之有时兮。
　精魂冥通,长相思兮。神明湛净,胡浣而胡疵兮。古欢抑抑,上灵
　台兮。芳情有希,未参差兮。

伊惆怅而长别,会双宿之有时兮。彼姝婉其延伫,望韶光之迟迟兮。黄尘淹暧,点芳姿兮。容黯澹其若瘁,百忧悍以来欺兮。形躯妄累,犹是羁縻兮。缅丰神之绰约,嗟已去而胡之兮。

宁爱缘之多戾,夫夫尚其有怡兮。彼众生之罔爱,胥是索而是蕲兮。惟乐有真,非俗能淄兮。惟是与彼,永追随兮。媵以欢娱,无或亏兮。天上人间,爱莫能萎兮。

入梦恍其有遇,遇彼姝之珊而兮。美人迟暮,颜色倘其未衰兮。世界胡状,骖寒澌兮。凡歌已唱,尽微辞兮。梦魂把晤,欢相知兮。幽情宛转,故娇小而葳蕤兮。

九

擘朱丝而抽金缕兮,为传兹健战之军容。

缘爱而战兮战为依,海陆警兮攻剿凶。

旧尘点染兮图画中,离愁今昔兮欢无踪。其一

愿寿健者而承其唇兮,绘余肠以为卮。

纵华年之弗久兮,当及余金云之未衰。

并图余美与离合之神光兮,一世界奴主而兼之。其二

舟车纷其既接兮,鸣骸去以纵横。

战浪崩腾,来搏厥美兮,美犹曙星。

美犹曙星兮森索,照战浪兮冥冥。其三

火焦天以鳞鳞兮,多罗候而就降。

彼憾据垒兮军容弗张,角声动兮士成行。

殊死战兮临沙场,无常来趁兮如曙光。其四

已矣哉！欢眷余兮欢意稠。奈余心之宛转兮,无以答欢意之绸缪。

城芜人尽兮鬼夜愁,上依心兮多烦忧。其五

人乎神乎！世宁无一斯人兮,余心乃长此而孤单。

及百事之未了其究竟兮,战漫漫而未阑。

宁有一人兮日光之下,宛宛来前兮前为吾欢。_{其六}

十

怀欢情之未分明兮,其心怼焉如饥。

心自振而窸窢兮,恍婴儿之夜啼。

儿啼夜半兮人声希,地萧瑟兮心凄迷。_{其一}

觉兮觉兮! 宁饥寒之撄吾心耶,胡为是惆怅而呻吟。

陈忧倏而填膺兮,若含楚其岑岑。

前因恍惚兮谶无根,余怀有忆兮忆欢情之昨今。_{其二}

余怀有忆兮,宁灵犀之适悟耶,抑仅是旧梦之重温。

托余体兮大千,怡余情兮芳辰。

黄金地兮黄金天,战云不作兮超劫尘。_{其三}

奈余缘之过美满兮,神爱忌而弗愉。

剖吾侪而使生离兮,结凶运之孳如。

宁信高明之逼神恶兮,神乃命长蛇以间余。_{其四}

神赫戏以垂训兮,曰汝曹去而竞前。

人自物色兮恨自缠绵。怀欢容而不见兮,惟对倩影之依然。

梦魂萦转兮自年年,柔情荡漾兮长回旋。

汝怜欢影之亭亭兮,影亦亭亭而汝怜。_{其五}

十一

何战嚣之逼人兮,金铁接而有声。声铿锵以反震兮,复联犿而不停。

　　人天会战兮生死并,生人辟易兮,噫! 蹒跚而倒行。命被冥僇兮,
　　身为鬼撄。

缅哀歌之有节兮,乐音于以既调,嗟余生之幸存兮,乃亦以节此战嚣。

　　阿旁狂宴兮鬼伯舞跳,余步会颠兮随舞影而俱消。迄末日其何届

兮,时自去以迢迢。

故欢倏而异物兮,抽余思其悠悠。无常见乘兮旧爱都休,旧爱都休兮
　　夙恨终留。嗟夫,嗟夫! 世宁无人兮能余有而余求。命不彼厄兮,
　　来为吾俦。

十二

故欢倏而异物兮,抽余思其悠悠。无常是克兮夙恨靡留,夙恨靡留兮
　　旧爱俱休。嗟夫,嗟夫! 世宁无人兮能余有而余求。命不彼厄兮,
　　来为吾俦。

嗟壮士其安居兮,孰能历冥刃而弗骧。倘神斯之有神兮,伊人会其来
　　归。伊人归而余魂警兮,如地母之感时也。挹涕泪于艳阳兮,傍春
　　日之偎依也。

归兮,归兮! 余心故如止水兮,玄雪纷其满天。今胡泮而熊熊兮,如
　　炬火之当吾前。昔余情之浩荡兮,爰胡突至而余牵。牵余情而袭
　　余心兮,恍伊人之笑言。世界胡欲? 余今乃识其名兮,与夫欲焰之
　　洞然。

欲焰洞然。朔风来吹兮,余身如熛火而骤扬。朔风来吹兮,风又胡如
　　是之寒厉而不祥。余希终寤兮会复僵,余爱方生兮旋就亡。旋就
　　亡而如昔兮,嗟吾爱其弗长。

十三

巨 弓

醒兮醒兮! 纵汝欢之尔拥而尔偎耶。
念战声之信甘兮,甘逾欢唇之如饴。
情话纵其清脆兮,角声尤美而靡靡。

信彼腕之温柔兮,又宁如恶战之可怡。

剑光高举,青铜焜以照眼兮,眼波都逊兹明媚。

世亦安有是酥胸兮,乃如吾盾之莹腻。

纵蔷薇花鬘之信芳兮,亦焉能去兜鍪而弗被。

矧好梦之难甘兮,惟战尸而能有斯沉睡。

神 蛇

睡兮睡兮! 胡不更为一时之休耶。

犹冥魂之欲息而终醒兮,汝亦会寐而不汝留。

故鬼惕然如有觉兮,入荒冢其幽幽。

缳其胸而缚其臂兮,乃有长蛇之蟠蟉。

是有林木而余攸居兮,彼欢亦于以为好。

见真爱之倏其回身兮,乃向幽欢而就抱。

巨 弓

是有林木而余以形成兮,证彼业缘之草草。

吾呼屠伯其兴起兮,汝行为尘埃而上周道。

神 蛇

咄余死亡之女兮,其扪汝舌而勿言。

毋嘘汝息而高歌兮,搅彼欢之宴眠。

巨 弓

噫! 吾罪业之母兮,其亦缄嘿而勿余怨。

护彼死商之沉睡兮,是余责之仔吾肩。

神 蛇

宇宙之早了其究竟兮,何汝生之瞠乎后。

汝年犹是其雏稚兮,世界惟吾之为久。

巨 弓

顾微余而汝且负兮,纵汝力其何有。
汝罪业而余死亡兮,余汝女而汝吾母。

十四

宁羞楚之填臆,胡不忍此须臾。善恶悉其己造,良吾日之就除。瞻袖
斯之金座,望双尊于太虚。为众生而造种,布哀哭与欢娱。今生趣
之已满,尽乐方而无余。既偏历夫爱战,又祸福之与俱。盍努力以
奋斗,赢末战而就殂。趣冥路兮无言,索故友于幽都。有赫多兮相
俟,与多罗之征夫。噫嘻! 宁吾将不复战兮,抑战之弗吾愉。纵西
方之黯澹兮,日不临此暗隅。顾汝将于兹永息兮,脱尘系之烦拿。
嗟吾心兮忍诸!

十五

倘旧爱而重新兮,繄云胡其弗乐。
或鉴汝悔而昭苏兮,怜余生之飘泊。
猗欢乐之何如兮,爱其蘧蘧而觉耶?
将爱宥之能蕲兮,荒广田其胡获耶? 其一
余飞习习,迅以前兮,胡弗踵既逸之芳情耶?
余呼余媒,宁终虚兮,抑爱将能吾听耶?
嗟夫,嗟夫! 余求辗转,终成空兮,抑又呼吁之无灵也。
爱乎,爱乎,弗听余言而绝余兮,爱其将不复醒也。 其二

十六

繄余亦焰,汝乃以焰,焚我灵所耶。

汝携死亡,来驯吾美,美宁就殚耶。

汝倾烈火以见逼,而不知我亦火耶。

又胡忌世界之欲,而报汝欢,子之仇恨于我耶。其一

未也,妇人!世界不灭,汝欢虽在,非尔可人也。终欢情之弗汝属,欢
　　情所向,惟海伦也。

惟余颜之是索,人面胡见? 悉余笑嚘也。

汝欢长跽,其仅一时,且旋起而逐余以行也。其二

三

A. Petöfi 的诗①

[匈牙利]Petöfi Sándor

我的父亲的和我的手艺

从幼小以来,亲爱的父亲,

你的诚实的嘴嘱咐我,很谆谆,

教我该像你似的,做一个屠兽者——

但你的儿子却成了文人。

你用了你的家伙击牛,

我的柔翰向人们开仗——

所做的都就是这个,

单是那名称两样。

---

① 此处前两首诗最初发表于 1925 年 1 月 12 日《语丝》周刊第 9 期,后三首诗最初发表于同年 1 月 26 日《语丝》周刊第 11 期,均署"L.S.译"。曾收入《集外集》。作者 Petöfi Sándor 即裴多菲(1823—1849),匈牙利诗人、革命家。——编者注

愿我是树,倘使你⋯⋯

愿我是树,倘使你是树的花朵;
你是露,我就愿意成花;
愿我是露罢,倘使你是太阳的一条光线:
我们的存在这就打成一家。
而且,倘使你,姑娘,是高天
我就愿意是,其中闪烁的一颗星;
然而倘使你,姑娘,是地狱,——
为要和你一处,我宁可永不超生。

太阳酷热地照临⋯⋯

太阳酷热地照临,
周遭的谷子都已成熟;
一到明天早晨,
我就开手去收获。
我的爱也成熟了,
红炽的是我的精神;
但愿你,甜蜜的,唯一的,——
但愿你是收割的人。

坟墓里休息着⋯⋯

坟墓里休息着我的初恋的人儿,
而我的苦痛就如月亮,当坟墓的夜中。
新的爱从我这里起来了,太阳似的,
而那月亮⋯⋯在太阳的威力下柔融。

我的爱——并不是……

我的爱——并不是一只夜莺，

在曙红的招呼中觉醒，

用了受白昼的亲吻而赤热了的妙音，

来响彻这人境。

我的爱并不是郁郁葱葱的林薮，

有白鹄浮泛于闲静的鱼塘，

而且以雪白的颈子点首，

向了照耀在川水里的月亮的影光。

我的爱并不是欢欣安静的人家，

花园似的，将平和一门关住，

其中有"幸福"慈爱地往来，

而抚养那"欢欣"，那娇小的仙女。

我的爱，就如荒凉的沙漠一般，——

一个大盗似的有嫉妒在那里霸着；

他的剑是绝望的疯狂，

而每一刺是各样的谋杀。

四

我独自行走①

［日本］伊东干夫

我的行走的路，
险的呢，平的呢？
一天之后就完，
还是百年的未来才了呢，
我没有思想过。

暗也罢，
险也罢，
总归是非走不可的路呵。

我独自行走，
沉默着，橐橐地行走。

即使讨厌，
　　这也好罢。
即使破坏，

---

① 该诗最初发表于 1925 年 3 月 15 日《狂飙》周刊第 16 期，作者为日本诗人伊东干夫。——编者注

这也好罢。
哭着，
怒着，
狂着，
笑着，
都随意罢！

厌世呀，发狂呀，
自杀呀，无产阶级呀，
在我旁边行走着。

但是，我行走着，
现今也还在行走着。

第四编

文艺随笔与文艺理论

一

思想·山水·人物[①]

[日本]鹤见祐辅

徒然的笃学

一

　　"像亚伯那样懒惰的,还会再有么?从早到晚就单是看书,什么事也不做。"

　　邻近的人们这样说,嘲笑那年青的亚伯拉罕林肯。这也并非无理的。因为在那时还是新垦地的伊里诺州,人们都住着木棚,正在耕耘畜牧的忙碌的劳役中度日。然而躯干格外高大的亚伯拉罕,却头发蓬松,只咬着书本,那模样,确也给人们以无可奈何,而又看不下去的感想的。于是"懒亚伯"这一个称呼,竟成了他的通行名字了。

　　我在有名的绥亚的《林肯传》中,看见这话的时候,不禁觉得诧异。那时我还是第一高等学校的学生。此后又经了将近二十年的岁月了。现在

---

① 随笔集《思想·山水·人物》的作者为日本著名社会评论家、政治家和思想家鹤见祐辅(1885—1972)。该随笔于1924年由日本东京大日本雄辩会社出版,共收杂文31篇。鲁迅翻译了此书的序言和20篇作品,于1928年5月由北新书局出版。本书收录其中5篇作品。——编者注

偶一回想,记起这故事来,就密切地尝到这文字中的深远的教训。

读书这一件事,和所谓用功,是决不相同的。这正如散步的事,不必定是休养一样。读书的真的意义,是在于我们怎样地读书。

我们往往将读书的意义看得过重。只要说那人喜欢书,便即断定,那是好的。于是本人也就这样想,不再发生疑问。也不更进一步,反问那读者是否全属徒劳的努力了。从这没有反省的习惯底努力中,正不知出了多少人生的悲剧呵!我们应该对于读书的内容,仔细地加以研究。

二

像林肯那样,是因为读书癖,后来成了那么有名的大统领的。然而,这是因为他并非漫然读书的缘故;因为他的读书,是抱着倾注了全副精神的真诚的缘故。他是用了燃烧似的热度,从所有书籍中,探索着真理的。读来读去的每一页每一页,都成了他的血和肉的。

但我自己,却不愿将读书看作只是那么拘束的事。除了这样地很费力的读书以外,也还可以有"悠然见南山"似的读书。所以,就以趣味为主的读书而言,也不妨像那以趣味为主的围棋打球一般,承认其得有陶然的心境。

只是在这里,我还要记出一个感想,就是虽然以读书为毕生的事业,而终于没有悟出真义的可悯的生涯。这是可以用一个显著的实例来叙述的:——

英国的大历史家之中,有一个亚克敦卿(Lord Acton)。他生在一八三四年,死在一九〇二年,所以也不能说是很短命。他生于名门,得到悠游于国内国外的学窗的机会,那天禀的头脑,就像琢磨了的璞玉一般地辉煌了。神往于南意大利和南法兰西的他,大抵是避开了雾气浓重的伦敦的冬天,而读书于橄榄花盛开着的地中海一带。他的书斋里,整然排着大约七万卷的图书;据说每一部每一卷,又都遗有他的手迹。而且在余白上,还用了铅笔的细字,记出各种的意见和校勘。他的无尽藏的知识,相传是没有一个人不惊服的。便是对于英国的学问向来不甚重视的德法的学者们,独于亚克敦卿的博学,却也表示敬意。他是格兰斯敦的好友,常相来往,议论时事的人。他将政治看作历史的一个过程,所以他的谈论中,就含有谁也难于企及的深味。

虽然如此,而他之为政治家,却什么也没有成就。那自然也可以辩解,说是他那过近于学者的性格,带累了他了。但他之为历史家,也到死为止,并不留下什么著作。这一端,是使我们很为诧异的。这马蚁一般勤勉的硕学,有了那样的教养,度着那么具有余裕的生活,却没有留下一卷传世的书,其中岂不是含着深的教训,足使我们三省的么?

很穷困,而又早死的理查格林(John Richard Green),在英国史上开了一个新生面。我们的薄命的史家赖山阳,也决不能说是长寿。但他们俩都遗下了使后世青年奋起的事业。然而亚克敦卿却不过将无尽藏的知识,徒然搬进了他的坟墓而已。

这明明是一个悲剧。

他是竭了六十多年的精力,积聚着世界人文的记录而死的。但他的朋友穆来卿很叹息,说是虽从他的弟子们所集成的四卷讲义录里,也竟不能寻出一个创见来。

他的生涯中,是缺少着人类最上的力的那“创造力”的。他就像戈壁的沙漠的吸流水一样,吸收了智识,却并一泓清泉,也不能喷到地面上。

同时的哲人斯宾塞,是憎书有名的。他几乎不读书。但斯宾塞却做了许多大著作。这就因为他并非徒然的笃学者的缘故。

（一九二三,十,十二。）

读书的方法

一

先前,算做"人类的殃祸"的,是老,病,贫,死。近来更有了别样的算法,将浪费,无智这些事,都列为人类之敌了。对于浪费,尤其竭力攻击的人,有英国的思想家威尔士。

这浪费的事,我们可以从各种的方面来想。一说浪费,先前大抵以为是金钱。然而金钱的浪费,却是浪费中的微末的事。我们的称为浪费的,乃是物质的浪费,精神的浪费,时光的浪费。而我们尤为痛切地感到的,是精神的浪费有怎样地贻害于人类的发达。毁坏我们的幸福者,便是这无益的精神的消费。如果从我们的生活里,能够节省这样的无益,则我们各个的幸福的分量,一定要增加得很多。例如,对于诸事的杞忧呀,对于世俗的顾忌呀,就都是无益的精神的浪费。

二

但在我们以为好事情的事情之中,也往往有犯了意外的浪费的。例如,读书的事,便是其一。

如果我们将打球和读书相比较,则无论是谁,总以为打球是无聊的游戏,而读书是有益的劳作。但在事实上,我们也常有靠打球来休息疲倦的身心,作此后的劳役的准备,因读书而招致无用的神经的亢奋,妨碍了真实的活动的。要而言之,这也正如在打球之中,有浪费和非浪费之别一般,同是读书,也有浪费与否之差的缘故。

尤其是,关于读书,因为我们从少年以来,只学得诵读文字之术,却并未授我们真的读书法,所以一生之中,徒然的浪费而读书的时候也很多。那么,我们应该怎样地读书呢?

三

　　我在这里所要说起的读书,并不是指聊慰车中的长旅,来看稗史小说那样,或者要排解一日的疲劳,来诵诗人的诗那样,当作消闲的方法的读书。乃是想由书籍得到什么启发,拿书来读的时候的读书。现在是,正值新凉入天地,灯火倍可亲的时候了,来研究一回古人怎样地读书,也未必是徒尔的事罢。

四

　　无论谁,在那生涯中,总有一个将书籍拼命乱读的时期。这时期告终之后,才始静静地来回想。自己从这几百卷的书籍里,究竟得了什么东西呢? 怕未必有不感到一种寂寞的失望的人罢。这往往不过是疲劳了眼,糜烂了精神,涸竭了钱袋。我们便也常常陷于武断,以为读书是全无益处的。

　　然而,再来仔细地一检点,就知道这大抵是因为没有研究读书的方法,所以发生的错误。在天下,原是有所谓非常的天才的。这样的人们,可以无须什么办法,便通晓书卷的奥义,因此在这样的人们,读书法也就没有用。例如,有一回,大谷光瑞伯看见门徒的书上加着朱线,便大加叱责,说是靠了朱线,仅能记住,是不行的。但这样的话,决不是我们凡人所当仿效。我们应该一味走那平凡的,安全的路。

五

　　这大概似乎方法有四种。第一的方法,是最通行的方法,就是添朱线。

　　那线的画法也有好几样。有单用红铅笔,在旁边画线的;也有更进而画出各样的线的。新渡户博士,是日本有数的读书家;读过的东西,也非常记得。试看先生的读过的书,就画着各种样子的线。颜色也分为红铅笔和蓝铅笔两种类:文章好的地方用红,思想觉得佩服的地方用蓝,做着记号。而且那线,倘是西洋书,便分为三种:最好的处所是下线(underline),其次是圈(很大,亘一页全体),再其次是页旁的直线。

英国的硕学,威廉哈弥耳敦(William Hamilton)这样说:——

"倘能妙悟用下线,便可以得到领会重要书籍的要领的方法。倘照着应加下线的内容的区别,例如理论和事实的区别,使所用的墨水之色不同,则不但后来参照时,易于发见,即读下之际,胸中也生出一种索引一般的东西来,补助理解,殊不可量度。"

这下线法,是一般读书人所常用的,如果在余白上,再来试加记注,则读书的功效,似乎更伟大。

这方法里面,又有详细地撮要,以便记忆的人;也有将内容的批判,写在上面的人。倘将批评写在余白上,当读书的时候,批评精神便常常醒着,所得似乎可以更多。这一点,是试将伟大的学者读过的书,种种比较着一研究,便大有所得的。

六

其次的方法,是一面读,一面摘录,做成拔萃簿。这是古来的学者所广用的方法,有了大著述之类的人,似乎大概是作过拔萃的。听说威尔逊大统领之流,从学生时代起,便已留心,做着拔萃。现在英国的大政治家,且是文豪的穆来卿,也这样地说过:——

"有一种读书法,是常置备忘录于座右,在阅读之际,将特出的,有味的,富于暗示的,没有间断地写上去。倘要将这便于应用,便分了项目,一一记载。这是造成读书时将思想集中于那文章上,对于文意能得正解的习惯的最好的方法。"

但于此有反对说,史家吉朋(E. Gibbon)说:——

"拔萃之法,决不宜于推赏。当读书之际,自行动笔,虽然确有不但将思想印在纸上,并且印在自己的胸中的效验,但一想到因此而我们所浪费的努力颇为不少,则相除之后,所得者究有多少呢? 我不能不很怀疑。"

我也赞成吉朋的话。因为常写备忘录的努力,很有减少我们读书的兴味,读书变成一种苦工之虑的。不但这样,还会生出没有备忘录,便不能读书的习惯,将读书看作难事。而读书的速率,也大约要减去四分之一。无论从那一方面看,拔萃法总不像很好的办法。倒是不妨当作例外,有时试用的罢。

七

比拔萃法更有功效的读书法,是再读。就是将已经加了下线的书籍,来重读一回。英国的硕学约翰生(S. Johnson)博士曾论及这事道:——

"与其取拔萃之劳,倒是再读更便于记忆。"

我以为这是名言。因为拔萃势必至于照自己写,往往和原文的意义会有不同。再读则不但没有这流弊,且有初读时未曾看出的原文的真意,这才获得的利益。尤其是含蓄深奥的书籍,愈是反复地看,主旨也愈加见得分明。

八

还有一种读法,是我们普通的人,到底难以做到的高尚的方法。这就是做了《罗马盛衰史》的吉朋,以及韦勃斯泰(D. Webster),斯忒拉孚特(Th. W. Strafford)这些人所实行过了的方法。吉朋自己说过:——

"我每逢得到新书,大抵先一瞥那构造和内容的大体,然后合上那书,先行自己内心的试验。我一定去散步,对于这新书所论的题目的全体或一章,自问自答,我怎么想,何所知,何所信呢?非十分做了自己省察之后,是不去翻开那一本书的。因为这样子,我才站在知道这著作给我什么新知识的地位上。也就是因为这样子,我才觉得和这著作的同感的满足,或者在全然相反的意见的时候,也有豫先自行警戒的便宜。"

这可见吉朋那样,将半生倾注在《罗马史》的史家,因为要不失批判的正鹄,所化费了的准备是并非寻常可比。然而,这是对于那问题已经积下了十分的造诣以后的事,我们的难于这样地用了周到的准备来读书,原是不消多说的。

九

要之,据我想来,颜色铅笔的下线或侧线法,是最为普遍底的读书法。而在那上面,写上批评,读后先将那感想在脑里一温习,几个月之后,再取那书,单将加了红蓝的线的处所,再来阅读,仿佛也觉得是省时间,见功效的方法。但因为这方法,必须这书为自己所有,所以在图书馆等处的读书之际,便不得不并用拔萃法了。我的一个熟人,曾说起在图书馆的书籍上加红线,那理由,是以为后来于读者有便利。我觉得这是全然不对的议论。因为由读着的书,所感得的部分,人人不同,所以在借来的书上,或图书馆的书上,加上红线去,是不德义的。

也有说是毫无红线,而读过之后,将书全部记得的人。例如新井白石,麦珂来(Th. B. Macaulay)卿等就是。但这些人们,似乎是富于暗记底知识,而缺少批评底,冥想底能力的。我以为并非万能的我们,也还不如仍是竭力捉住要点,而忘掉了枝叶之点的好。

十

还有，随便读书，是否完全不好的呢？对于这一事，在向来的人们之间，似乎也有种种意见的不同。有人以为乱读不过使思想散漫，毫无好处，所以应该全然禁止的；然而有一个硕学，却又以为在图书馆这些地方，随便涉猎书籍，散读各种，可以开拓思想的眼界。

穆来卿对于这事，说过下面那样的话：——

"我倒是妥协论者。在初学者，乱读之癖虽然颇有害，但既经修得一定的专门的人，则关于那问题的乱读，未必定是应加非议的事。因为他的思想，是有了系统的，所以即使漫读着怎样的书，那断片底知识，便自然编入他的思想底系统里，归属于有秩序的系体中。因为这样的人，是随地摄取着可以增加他的知识的材料的。"

（一九二三，八，十四。）

读的文章和听的文字

有一天,亚那托尔法兰斯和朋友们静静地谈天:——

"批评家时常说,摩理埃尔(Jean B. P. Molière)的文章是不好的。这是看法的不同。摩理埃尔所措意的处所,不是用眼看的文章而是用耳朵来听的文章。为戏曲作家的他,与其诉于读者的眼,是倒不如诉于来看戏的看客的耳朵的。看客是大意的。要使无论怎样大意的看客也听到,他便反覆地说;要使无论怎样怠慢的看客也懂得,他便做得平易。于是文章就冗漫,重复了。然而这一点还不够。又应该想到扮演的伶人。没本领的伶人,一定是用不高明的说白的。于是他就构造了遇到无论怎样没本领的伶人也不要紧的的文章。

"所以,使看客确凿懂得为止,摩理埃尔常将一样的话,反覆说到三四回。

"六行或八行的诗的句子里,真的要紧的大概不过两行。其余就只是猫的打呼卢一般的东西。这其间,可以使听众平心静气,等候着要紧的句子的来到。他就是这么做法。"

这文豪的短短的谈话中,含着有志于演说的人所当深味的意义。

文章和演说之不同,就在这里。诉于耳的方法,和诉于目的时候是全然两样的。所谓听众者,凡事都没有读者似的留心。简洁的文字,有着穿透读者的心胸的力量,然而在听众的头里,却毫不相干地过去了。听众者,是从赘辩之中,拾取兴趣和理解的。像日本语似的用着象形文字的国语,演说尤不可简洁高尚。否则,只有辩士自己懂。

法兰斯还进而指出摩理埃尔很注意于音律的事来。既然是为了诉于耳的做戏而作的剧本,则音律比什么都紧要,是不消说得的。

一

雄辩的大部分,是那音调和音律。有好声音,能用悦耳的音律的人,一定能夺去在他面前的听众的魂灵。凡是古来的雄辩家列传中的人物,都是银一般声音的所有者,而又极用意于音乐底的旋律的。因此,在今日试读古代的著名演说的记录,常常觉得诧异,不知道如此平凡的思想和文章,当时何以会感动人们到那么样。这是,因为,雄辩者,和雕刻是两样的,是属于不能保存至百年之后的种类的。

二

因此,所谓真正的雄辩家,我以为世间盖不易有。人格之力,思想之深以外,还必须具备那样的声音和乐耳。我时常听人说,要学演说,可以到说书的那里练声音去。但这一说是难于赞成的。从说书和谣曲上练出来的有一种习气的声音,决不是悦耳的声音。况且在这些职业的声音的背后的联想,也毁损这应该神圣的纯真的雄辩的权威。真的雄辩家,一定也如真的诗人一样,是生成的。纵令约翰勃赉德(John Blight)是怎样伟大的人物罢,但他倘没有天生的银一般澄彻的声音,则他可能将那一半的感动,给与那时的英国人呢,是很可疑的。

三

所以,所谓文章家和所谓雄辩家,是否一个人可以兼做的呢,倒很是疑问。诉于耳的人,易为音律所拘,诉于目者,又易偏于思想。假使有对于文辩二事,无不兼长者,则他一定是有着将这二事,全然区别开来,各各使用的特别能力的天才。

(一九二四,六,三〇。)

说幽默

一

幽默(humor)在政治上的地位,——将有如这样的题目,我久已就想研究它一番。幽默者,正如在文学上占着重要的地位一般,在政治上,也做着颇要紧的脚色的事,就可以看见。有幽默的政治家和没有幽默的政治家之间,那生前不消说,便在死后,我以为也似乎很有不同的。英国的格兰斯敦这人,自然是伟人无疑,但我总不觉得可亲近。这理由,长久没有明白。在往轻井泽的汽车中,遇到一个英国女人的时候,那女人突然说:——

"格兰斯敦是不懂得幽默的人。"

我就恍然像眼睛上落了鳞片似的。自己觉得,从年青时候以来,对于格兰斯敦不感到亲昵,而于林肯却感到亲昵者,原来就为此。对于克林威尔这人,不知怎的,我也不喜欢。这大概也就因为他是不懂得幽默的人的缘故罢。

二

缺少幽默者,至少,是这人对于人生的一方面——对于重要的一方面——全不懂得的证据。这和所谓什么有人味呀,有情呀之类不同;而关系于更其本质底的人的性格。

嘉勒尔说过:不会真笑的人,不是好人。但是,笑和幽默,是各别的。

倘问:那么,幽默是什么呢? 我可也有些难于回答。使心理学家说起来,该有相当的解释罢;在哲学家,在文学家,也该都有一番解释。然而似乎也无须下这么麻烦的定义,一下定义,便会成为毫不为奇的事的罢。

倘问：幽默者，日本话是甚么？那可也为难。说是滑稽呢，太下品；说是发笑罢，流于轻薄；若说是谐谑，又太板。这些文字，大约各在封建时代成了带着别的联想的文字，所以显不出真的意思来了。于是我们在暂时之间，不得已，就索性用着外国话的罢。

三

倘说，那么，幽默是怎么一回事呢？要举例，是容易的。不过以幽默而论，那一个是上等，却因着各人的鉴赏而不同，所以在幽默，因此也就有了种种的阶级和种类了。

熊本地方的传说里，有着不肯认错的人的例子。那是两个男人，指着一株大树，说道那究竟是甚么树呢，争论着。这一个说，那是槲树；那一个便说，不，那是榎树，不肯服。这个说，但是，那树上不是现生着槲树子么？那对手却道：——

"不。即使生着槲树子，树还是榎树。"

我以为在这"即使生着槲树子，树还是榎树"的一句里，是很有幽默的。遇见这一流人的时候，我们的一伙便常常说："那人是即使生着槲树子，树还是榎树呵。"

这话，是从友人岩本裕吉君那里听来的。在一个集会上，讲起这事，柳田国男君也在座，便说，还有和这异曲同工的呢。那讲出来的，是：——

"即使爬着，也是黑豆。"

也是两个人争论着：掉在那里的，是黑豆。不，是黑的虫。正在争持不下的时候，那黑东西，蠕蠕地爬动起来了。于是一个说，你看，岂不是虫么？那不肯认错的对手却道：——

"不。即使爬着，也是黑豆。"

这一个似乎要比"即使生着槲树子，树还是榎树"高超些。在黑豆蠕蠕地爬着这一点上，是使人发笑的。

四

于是,柳田国男君更进一步,讲了"纳狸于函,纳鲤于笼"的事。这些事都很平常;但惟其平常,愈想却愈可笑。虽是颇通文墨的人,这样的字的错误是常有的。而那人是生着胡子的颇知分别的老人似的人,所以就更发笑。

三河国之南的海边,有一个村;这村里,人家只有两户。有一天,旅客经过这地方,一个老人惘惘然无聊似的坐在石头上。旅客问他在做什么事。老人便答道:

"今天是村子的集会呵。"

这是无须说明的,这村子只有两家,有着到村会的资格的,是只有这老人一个。

然而,这话的发笑,是在"村的集会"这句里,比说"正开着一个人的村会议"更有趣。说到这里,就发生关于幽默的议论了。例如,将这话翻成外国语,还能留下多少发笑的分子。

五

前年,和从英国来的司各得氏夫妇谈起幽默,便听到西洋人所常说的话:在日本人,究竟可有幽默么? 我说,有是有的,但不容易翻译。这样说着各样的话的时候,司各得君突然说:

"日本人富于机智(wit),是可以承认的;究竟可富于幽默,却是一个疑问。"

于是便成了机智和幽默的区别,究竟如何的问题。经过种种思索之后,他便定义为:——

"机智者,是地方底的,而幽默,则普遍底也。"作为收束了。总而言之,所谓机智者,是只在一国或一地方觉得有趣,倘译作别国的言语,即毫不奇特;而幽默,则无论翻成那一国的话,都是发笑的。

其次,司各得君又说了这样的话:——

"日本人所喜欢的笑话,大抵是我们的所谓沙士比亚时代的笑话。譬如说,一个人滑落在土坑里了,这很可笑。就是这样的东西。"

这在不懂日本话的司各得君,自然是无足怪的,但也很有切中的处所。

前年,梅毗博士作为交换教授来到日本的时候,讲演之际,说了种种发笑的话。然而听众并不笑;于是无法可施,说道,"从此不再讲笑话",悲观了。这并不只是语学程度之不足;是因为日本的听众,对于幽默没有美国听众那样的敏感。例如,倘将先前所说的"即使爬着,也是黑豆"那样的话,用在演说里,千人的听众中,怕只有两三人会笑罢。

六

说话稍稍进了岔路了,这缺少幽默的事,我以为也是日本人被外国人所误解的一个原因。支那人是被称为有幽默的。这就是说,还是支那人有人味。然而,这也并非日本人生来就缺少幽默,从明治到大正的日本人,太忙于生活,没有使日本人固有的幽默显于表面的余地了,我想。

在德川时代的末期那样,平稳的时代,日本特有的幽默曾经很发达,是周知的事实。大概一到王政维新,日清,日俄战争似的窘促的时代,便没有闲空,来赏味这样宽裕的幽默之类了。

七

但是,从一方面想,也可以说,懂得幽默,是由于深的修养而来的。这是因为倘若目不转睛地正视着人生的诸相,我们便觉得倘没有幽默,即被赶到仿佛不能生活的苦楚的感觉里去。悲哀的人,是大抵喜欢幽默的。这是寂寞的内心的安全瓣。

以历史上的人物而论，林肯是极其寂寞的人。他对于人生，正视了，凝视了，而且为寂寞不堪之感所充满了。不必读他的传记，只要注视他的肖像，便可见这自然人的心中，充满着寂寞。而他，是爱幽默的。

他的逸事中，充满着发笑的话。他的演说，他的书信中，也有笑话散在。寂寞的他，不笑，是苦得无法可想了。

先几时死掉的威尔逊氏，也是喜欢幽默的人。这也像林肯一般，似乎是想要逃避那寂寥之感的安全瓣。新渡户稻造先生也喜欢幽默，据我想，那原因也就从同一的处所涌出来的。

现今英国的劳动党内阁的首相麦唐纳氏，也是富于幽默的人。那心情，也还是体验了人生的悲哀的他，要作为多泪的内心的安全瓣，所以便不识不知，爱上了幽默，修练着幽默的罢。

泪和笑只隔一张纸。恐怕只有尝过了泪的深味的人，这才懂得人生的笑的心情。

八

然而在这样幽默癖之中，有一种不可疏忽的危险。

幽默者，和十八岁的姑娘看见筷子跌倒，便笑成一团的不同。那可笑味，是从理智底的事发生的。较之鼻尖上沾着墨，所以可笑之类，应该有更其洗炼的可笑味。

幽默既然是诉于我们的理性的可笑味，则在那可笑味所由来之处，必有理由在。那是大抵从"理性底倒错感"而生的。

在或一种非论理底的事象中，我们之所以觉到幽默，就在于没有幽默的人要怒的事，而我们倒反笑。有时候，我们对于人生的悲哀，也用了笑来代哭。还有，也或以笑代怒，以笑代妒。这也可以说是一种倒错感。

但是，故意地笑，并不是幽默，只在真可笑的时候，才是幽默。

在这里，我所视为危险者，就是幽默的本性，和冷嘲（cynic）只隔一张纸。幽默常常容易变成冷嘲，就因为这缘故。

　　从全无幽默的人看来,毫不可笑的事,却被大张着嘴笑,不能不有些吃惊,而那幽默一转而落到冷嘲的时候,对手便红了脸发怒。

　　睁开了心眼,正视起来,则我们所住的世界,乃是不能住的悲惨的世界。倘若二六时中,都意识着这悲惨,我们便到底不能生活了。于是我们就寻出了一条活路,而以笑了之。这心中一点的余裕,变愤为笑,化泪为笑,所以,从以这余裕为轻薄的人看来,如幽默者,是不认真,在人生是不应该有的。但是从真爱幽默的人们看来,则倘无幽默,这世间便是只好愤死的不合理的悲惨的世界。所以虽无幽默,也能生活的人,倒并非认真的人,而是还没有真觉到人生的悲哀的老实人,或者是虽然知道,却故作不知的伪善者。

　　然而,因为幽默是从悲哀而生的"理性底逃避"的结果,所以这常使人更进而冷嘲人间。对于一切气愤的事,并不直率地发怒,却变成衔着香烟,只有嘲笑,是很容易的。约翰穆勒的话里,曾有"专制政治使人们变成冷嘲"的句子。这是因为在专制治下的时候,直率的敏感的人们,大概是愤怒着,活不下去的。于是直率的人,便成为殉教者而被杀害了。不直率的人,就玩弄人生,避在幽默中,冷冷地笑着过活。

　　所以幽默是如火,如水,用得适当,可以使人生丰饶,使世界幸福。但倘一过度,便要焚屋,灭身,妨害社会的前进的。

九

　　使幽默不堕于冷嘲,那最大的因子,是在纯真的同情罢。同情是一切事情的础石。法兰斯曾说,天才的础石是同情;托尔斯泰也以同情为真的天才的要件。

　　幽默不怕多,只怕同情少。以人生为儿戏,笑着过日子的,是冷嘲。深味着人生的尊贵,不失却深的人类爱的心情,而笑着的,是幽默罢。

　　那么,就不得不说,幽默者,作为人类发达的一个助因,是可以尊重的心的动作。

古罗马的诗圣呵累条斯曾经讴歌道：——

"含笑谈真理，又有何妨呢？"

可以说，靠着嫣然的笑的美德，在我们萧条的人生上，这才也有一点温情流露出来。

（一九二四，七，三。）

将 humor 这字，音译为"幽默"，是语堂开首的。因为那两字似乎含有意义，容易被误解为"静默"，"幽静"等，所以我不大赞成，一向没有沿用。但想了几回，终于也想不出别的什么适当的字来，便还是用现成的完事。

一九二六，一二，七。译者识于厦门。

说旅行

一

前几天,有一个美国的朋友,在前往澳洲的途中,从木曜岛寄给我一封信,里面还附着一篇去年死掉的诺思克理夫卿的纪行文。这是他从澳洲到日本来,途次巡游这南太平洋群岛那时的感兴记。我在简短的文章里,眺着横溢的诗情,一面想,这真不愧是出于一世的天才之笔的了。

虽是伦敦郊外的职员生活,他也非给做成一个神奇故事不可的。那美丽的南国的风光,真不知用了多么大的魅力,来进迫了他的官能哩。他离开硗确的澳洲的海岸,穿插着驶过接近赤道的群岛。海上阒无微风,望中的大洋,静得宛如泉水。但时有小小的飞鱼跃出,激起水花,聊破了这海的平静。而且这海,是蓝到可以染手一般。他便在这上面,无昼无夜地驶过去。夕照捉住了他的心魂了。那颜色,是惟有曾经旅行南国的人们能够想象的深的大胆的色调。赤,紫,蓝,绀和灰色的一切,凡有水天之处,无不染满。倘使泰那(W. Turner)见了这颜色,他怕要折断画笔,掷入海中了罢。诺思克理夫这样地写着。

船也时时到一小岛。是无人岛。船长使水手肩了帐篷运到陆地上。将这支起来,于是汲水,造石头灶;船客们便肩了船长的猎枪,到树林和小山的那边去寻小岛。在寂静的大洋的小岛上,枪声轰然一响,仅惯于太古的寥寂的小鸟之群,便烟云似的霍然舞上天半。当夕照未醮水天时,石灶中火,已经熊熊生焰,帐篷里的毡毯上,香着小鸟的肉了。星星出来,薰风徐起,坐在小船上的船客,回向本船里去的时候,则幸福的旅人的唇上,就有歌声。

一面度着这样的日子,诺思克理夫是从木曜岛,到纽几尼亚之南;从纽几尼亚的航路,绕过绥累培司之东,由婆罗洲,飞律宾,渐次来到日本的诸岛的。他一到香港,一定便将和鲁意乔治的争吵,将帝国主义,全都忘却,浸在南海的风和色里了。在这地方,便有大英帝国的大的现在。

使英国伟大者,是旅行。约给英国的长久的将来的繁荣者,是旅行。诺思克理夫虽然生于爱尔兰,却是道地的英国人。他和英国人一样地呼吸,一样地脉搏。而那报章,则风靡全英国了。为什么呢?就因为他将全英国的想象力俘获了。正如在政界上,鲁意乔治拘囚了选举民的想象力一样,他将全英国的读者的空想捉住了。格兰斯敦死,张伯伦亡,绥希尔罗士也去了的英国的政界上,惟这两个,是作为英国的明星,为民众的期待和好奇心所会萃的。而他两人,也都在小政客和小思想家之间,穿了红礼衣,大踏步尽自走。不,还有一个人。这是小说家威尔士。他将六十卷的力作,掷在英国民众上面,做着新的运动的头目。这三个人死了一个,英国的今日,就见得凄清。

二

豪华的诺思克理夫,将旅行弄成热闹了。寂寞的人,是踽踽凉凉地独行。心的广大的人,一面旅行,一面开拓着自己的世界。寂寞的人,却紧抱着孤独的精魂,一面旅行,一面沉潜于自己的内心里。所以旅行开拓眼界的谚,和旅行使人心狭窄的谚,两者悬殊而同时也都算作真理,存立于这世界上。我们说起旅行,常联想到走着深山鸟道的孤寂的俳人的姿态。这是蝉蜕了世间的旅行。也想起跨着马,在烈日下前行的斯坦来(H. M. Stanley),将他们当作旅人。这是要征服人间和自然的旅行。这是人们各从所好的人生观的差别。

三

小说家威尔士所描写的旅行,是全然两样的。那是抱着不安之情的青年,因为本国的小纠葛,奔窜而求真理于广大的世界的行旅。古之圣人曾经说是"道在近"的。但威尔士却总使那小说的主人公去求在远的真理去。这是什么缘故呢？能就近求得真理者，是天才。惟有在远的真理，是虽属凡才，也能够把握的平易的东西。而许多英国人，是旅行着，把握了真理的。康德从自家的书斋的窗间，望看邻院的苹果树，思索哲学。邻人一砍去那苹果树，思索力的集中便很困难了。而达尔文则旅行全世界，完成了他的进化论。所以威尔士在他的《近代乌托邦》中喝破，以为乌托邦者，乃是我们可以自由自在，旅行全世界的境地云。

四

嘉勒尔将人们分为三种，说，第三流的人物，是诵读者（Reader）；第二流的人物，是思索者（Thinker）；第一流的最伟大的人物，是阅历者（Seer）。在建筑我们的知识这事情之中，从书籍得来的知识，是最容易，最低级的知识。而由看见而知道的知识，则比思索而得的思想，贵重得多。这就因为阅历的事，是极其困难的事。

旅行者，是阅历的机会。古之人旅行着思索，今之人旅行着诵读。惟有少数的人，旅行而观宇宙的大文章。

（一九二三，三，二五。）

出了象牙之塔①

[日本]厨川白村

Odi profanum vulgus et arceo;
Farete linguis: carmina non prius
Audita Musarum sacerdos
Virginibus puerisque canto.

——Q. Horath Flacci
Carminum liber iii.

憎俗众而且远离;
沉默罢:以未尝闻之歌
诗神的修士
将为少年少女们歌唱。

——荷拉调斯
诗集卷三。

---

① 《出了象牙之塔》为厨川白村(1880—1923)的文艺评论集,全书由《题卷端》和9篇
文章构成。鲁迅译于1924年至1925年之交,1925年12月由北京未名社出版单
行本,为"未名丛刊"之一。本书收录《题卷端》和其中2篇文章。——编者注

题卷端

将最近两三年间,偷了学业的余闲,为新闻杂志所作的几篇文章和几回讲话,就照书肆的需求,集为这一卷。我是也以斯提芬生将自己的文集题作《贻少年少女》(*Virginibus puerisque*)一样的心情,将这小著问世的。和世所谓学究的著作,也许甚异其趣罢。

关于"象牙之塔"这句话的意义和出典,就从我的旧作《近代文学十讲》里,引用左方这一节,以代说明罢:——

> "在罗曼文学的一面,也有可以说是艺术至上主义的倾向。就是说,一切艺术,都为了艺术自己而独立地存在,决不与别问题相关;对于世间辛苦的现在的生活,是应该全取超然高蹈的态度的。置这丑秽悲惨的俗世于不顾,独隐处于清高而悦乐的'艺术之宫'——诗人迭仪生所歌咏那样的 the Palace of Art 或圣蒲孚评维尼时所用的'象牙之塔'(tour d'ivoire)里,即所谓'为艺术的艺术'(art for art's sake),便是那主张之一端。但是,现今则时势急变,成了物质文明旺盛的生存竞争剧烈的世界;在人心中,即使一时一刻,也没有离开实人生而悠游的余裕了。人们愈加痛切地感到了现实生活的压迫。人生当面的问题,行住坐卧,常往来于脑里,而烦恼其心。于是文艺也就不能独是始终说着悠然自得的话,势必至与现在生存的问题生出密接的关系来。连那迫于眼前焦眉之急而使人们共恼的社会上宗教上道德上的问题,也即用于文艺上,实生活和艺术,竟至于接近到这样了。"

还有,此书题作《出了象牙之塔》的意思,还请参照本书的六六,六八,二四一,二五二页去。(译者注:译本为五八,五九,二〇三,二一三页。)

最后的《论英语之研究》(英文)这讲演,是因为和卷头的《出了象牙之塔》第十三节《思想生活》一条有关系,所以特地采录了这一篇的。著

者当外游中用英语的讲演以及其他,想他日另来结集印行,作为英文的
著作。

一九二○年六月　在京都冈崎的书楼　著者

出了象牙之塔①

一、自己表现

为什么不能再随便些,没有做作地说话的呢,即使并不俨乎其然地摆架子,并不玩逻辑的花把戏,并不抢着那并没有这么一回事的学问来显聪明,而再淳朴些,再天真些,率直些,而且就照本来面目地说了话,也未必便跌了价罢。

我读别人所写的东西,无论是日本人的,是西洋人的,时时这样想。不但如此,就是读自己所写的东西,也往往这样想。为什么要这样说法的呢? 有时竟至于气忿起来。就是这回所写的东西,到了后来,也许还要这样想的罢;虽然执笔的时候,是著著留神,想使将来不至于有这样思想的。

从早到夜,以虚伪和伶俐凝住了的俗汉自然在论外,但虽是十分留心,使自己不装假的人们,称为"人"的动物既然穿上衣服,则纵使剥了衣服,一丝不挂,看起来,那心脏也还在骨呀皮呀肉呀的里面的里面。——剥去这些,将纯真无杂的生命之火红焰焰地燃烧着的自己,就照本来面目地投给世间,真是难中的难事。本来,精神病人之中,有一种喜欢将自己身体的隐藏处所给别人看的所谓肉体曝露狂(Exhibitionist)的,然而倘有自己的心的生活的曝露狂,则我以为即使将这当作一种的艺术底天才,也无所不可罢。

我近今在学校给人讲勃朗宁(Robert Browning)的题作《再进一言》(One Word More)的诗,就细细地想了一回这些事。先前在学生时代,读了这诗的时候,是并没有很想过这些事的,但自从做恶文,弄滥辩,经验过

---

① 该篇为全书第一篇,而且与著作同名,为全书核心部分,由16节文字构成。本书中收录前8节。

一点对于世间说话的事情之后,再来读这篇著作,就有了各样正中胸怀的地方。勃朗宁做这一首诗,是将自己的诗呈献给最爱的妻,女诗人伊利沙伯巴列德(Elizabeth Barrett)的时候,作为跋歌的。那作意是这样:无论是谁,在自己本身上都有两个面。宛如月亮一般,其一面虽为世界之人所见,而其他,却还有背后的一面在。这隐蔽着的一面,是只可以给自己献了身心相爱的情人看看的。画圣拉斐罗(Raffaello)为给世间的人看,很画了几幅圣母像,但为自己的情人却舍了画笔而作小诗。但丁(Dante)做那示给世间的人们的《神曲》(*Divina Commedia*)这大著作,但在《新生》(*Vita Nova*)上所记,则当情人的命名日,却取画笔而画了一个天使图。将所谓"世间"这东西不放在眼中,以纯真的隐着的自己的半面单给自己的情人观看的时候,画圣就特意执了诗笔,诗圣就特意执了画笔,都染指于和通常惯用于自己表现的东西不同的别的姊妹艺术上。勃朗宁还说,我是不能画,也不能雕刻,另外没有技艺的,所以呈献于至爱的你的,也仍然用诗歌。但是,写了和常时的诗风稍稍两样的东西,来赠给你。

情人的事姑且作为别问题。无论怎样卓绝的艺术上的天才,将真的自己赤条条地表出者,是意外地少有的。就是不论意识地或无意识地,将所谓读者呀看客呀批评家呀之类,全不放在眼中,而从事于制作的人,也极其少有。仿佛看了对手的脸色来说话似的讨人厌的模样,在专门的诗人和画家和小说家中尤其多。这结果即成了匠气,在以自己表现为生命的艺术家,就是最可厌的倾向。尤其是老练的著作家们,这人的初期作品上所有的纯真老实的处所就逐渐稀薄,生出可以说是什么气味似的东西来。我们每看作家的全集,比之小说,却在尺牍或诗歌上面更能看见其"人";与其看时行的画家的画,倒是从这人的余技的文章中,反而发见别样的趣致。我想,这些就都由于上文所说那样的理由的。

人们用嘴来说,用笔来写的事,都是或一意义上的自己告白,自己辩护。所以一面说起来,则说得愈多,写得愈多,也就是愈加出丑了。这样一想,文学家们就仿佛非常诚实似的罢,而其实决不然。开手就将自己告白做货色,做招牌的裴伦(G. G. Byron)那样的人,确是炫气满满的脚色。

说到卢梭的《忏悔录》(J. J. Rousseau's *Confessions*),则是日本也已经译出,得了多数的读者的近代的名著,但便是那书,究竟那里为止是纯真的,也就有些可疑。至于瞿提的《真与诗》(W. von Goethe's *Wahrheit und Dichtung*)则早有非难,说是那事实已经就不精确的了。此外,无论是古时候的圣奥古斯丁(St. Augustine)的,近代的托尔斯泰(L. Tolstoi)的,也不能说,因为是忏悔录,便老实囫囵地吞下去。嘉勒尔(Th. Carlyle)的论文说,古往今来,最率直地坦白地表现了自己者,独有诗人朋士(R. Burns)而已。这话,也不能一定以为单是夸张罢。

至于日本文学,告白录之类即更其少。明治以后的新文学且作别论,新井白石的《折焚柴之记》文章虽巧,但那并非自己告白,而是自家广告。倒不如远溯往古,平安朝才女的日记类这一面,反富于这类文章罢。和泉式部与紫式部的日记,是谁都知道的;右大将道纲的母亲的《蜻蛉日记》,就英国文学而言,则可与仕于乔治三世(George III.)的皇后的那女作家巴纳(Frances Burney)的相比,可以作东西才女的日记的双璧观。但是叙事都太多,作为内生活的告白录,自然很有不足之感。至于自叙传之类,则不论东西,作为告白文学,是全都无聊的。

二、Essay

"执笔则为文。"

先前还是大阪寻常中学校——那时,对于现在的府立第一中学校,是这样的称呼,——的学生时代之际,在日本文法的举例上或者别的什么上见过的这毫不奇特的句子,也不明白为什么,到现在还剩在脑的角落上。因为正月的放假,有了一点闲暇了,想写些什么,便和原稿纸相对。一拿钢笔,该会写出什么来似的。当这样的时候,最好便是取 essay 的体裁。

和小说戏曲诗歌一起,也算是文艺作品之一体的这 essay,并不是议论呀论说呀似的麻烦类的东西。况乎,倘以为就是从称为"参考书"的那些别人所作的东西里,随便借光,聚了起来的百家米似的论文之类,则这就大错而特错了。

有人译 essay 为"随笔",但也不对。德川时代的随笔一流,大抵是博雅先生的札记,或者炫学家的研究断片那样的东西,不过现今的学徒所谓 Arbeit 之小者罢了。

如果是冬天,便坐在暖炉旁边的安乐椅子上,倘在夏天,则披浴衣,啜苦茗,随随便便,和好友任心闲话,将这些话照样地移在纸上的东西,就是 essay。兴之所至,也说些以不至于头痛为度的道理罢。也有冷嘲,也有警句罢。既有 humor(滑稽),也有 pathos(感愤)。所谈的题目,天下国家的大事不待言,还有市井的琐事,书籍的批评,相识者的消息,以及自己的过去的追怀,想到什么就纵谈什么,而托于即兴之笔者,是这一类的文章。

在 essay,比什么都紧要的要件,就是作者将自己的个人底人格的色采,浓厚地表现出来。从那本质上说,是既非记述,也非说明,又不是议论,以报道为主眼的新闻记事,是应该非人格底(impersonal)地,力避记者这人的个人底主观底的调子(note)的,essay 却正相反,乃是将作者的自我极端地扩大了夸张了而写出的东西,其兴味全在于人格底调子(personal note)。有一个学者,所以,评这文体,说,是将诗歌中的抒情诗,行以散文的东西。倘没有作者这人的神情浮动者,就无聊。作为自己告白的文学,用这体裁是最为便当的。既不像在戏曲和小说那样,要操心于结构和作中人物的性格描写之类,也无须像做诗歌似的,劳精敝神于艺术的技巧。为表现不伪不饰的真的自己计,选用了这一种既是费话也是闲话的 essay 体的小说家和诗人和批评家,历来就很多的原因即在此。西洋,尤其是英国,专门的 essayist 向来就很不少,而戈特斯密(O. Goldsmith)和斯提芬生(R. L. Stevenson)的,则有不亚于其诗和小说的杰作。即在近代,女诗人美纳尔(Alice Meynell)女士的 essay 集《生之色采》(*Color of Life*)里所载的诸篇,几乎美到如散文诗,将诚然是女性的纤细和敏感,毫无遗憾地发挥出来的处所,也非常之好。我读女士的散文的 essay,觉得比读那短歌(Sonnet)之类还有趣得多。

诗人,学者和创作家,所以染笔于 essay 者,岂不是因为也如上述的但丁作画,拉斐罗作诗一样,就在表现自己的隐藏着的半面的缘故么?岂不是因为要行爽利的直截简明的自己表现,则用这体裁最为顺手的缘故么?

就近世文学而论,说起 essay 的始祖来,即大家都知道,是十六世纪的法兰西的怀疑思想家蒙泰奴(M. E. de Montaigne)。引用古典之多,至于可厌这一节,姑且作为别论,而那不得要领的写法,则大约确乎做了后来的蔼玛生(R. W. Emerson)这些人们的范本。这蒙泰奴的 essay 就传到英国,则为哲人培根(F. Bacon)的那个。后来最富于此种文字的英吉利文学上,就以这培根为始祖。然而在欧罗巴的古代文学中,也不能说这 essay 竟没有。例如有名的英雄传(英译 Lives of Noble Greeks and Romans)的作者布鲁泰珂斯(Ploutarkhos 通作 Plutarch)的《道德论》(Moralia)之类,从今天看来,就具有堂皇的 essay 的体裁的。

虽然笼统地说道 essay,而既有培根似的,简洁直捷,可以称为汉文口调的艰难的东西,也有像兰勃(Ch. Lamb)的《伊里亚杂笔》(Essays of Elia)两卷中所载的那样,很明细,多滑稽,而且情趣盎然的感想追怀的漫录。因时代,因人,各有不同的体裁的。在日本文学上,倘说清少纳言的《枕草纸》稍稍近之,则一到兼好法师的《徒然草》,就不妨说是俨然的 essay 了罢。又在德川时代的俳文中,Hototogis 派的写生文中,这样的写法的东西也不少。

三、Essay 与新闻杂志

起于法兰西,繁于英国的 essay 的文学,是和 journalism(新闻杂志事业)保着密接的关系而发达的。十八世纪的爱迪生(J. Addison)斯台尔(R. Steele)的时代不待言,前世纪中,兰勃,亨德(L. Hunt),哈兹列德(Wm. Hazlitt)那些人们的超拔的作品,也大抵为定期刊行物而作。尤其是在目下的英吉利文坛上,倘是带着文笔的人,不为新闻杂志作 essay 者,简直可以说少有。极其佩服法兰西的培洛克(H. Belloc),开口就以天外的奇想惊人的契斯透敦（G. K. Chesterton）等，其实就单以这样的文章风动天下的，所以了不得。恰如近代的短篇小说的流行，和 journalism 的发达有密接的关系一样，两三栏就读完的简短的文章，于定期刊行物很便当，也就是流行起来的原因之一。

然而，在日本的新闻杂志上，这类的文字却比较地不热闹。近年的，则夏目先生的小品，杉村楚人冠氏，内田鲁庵氏，与谢野夫人的作品里，都有着有趣的东西，此外也没有什么使人忘不掉的文字。这因为，第一，作者这一面，既须很富于诗才学殖，而对于人生的各样的现象，又有奇警的锐敏的透察力才对，否则，要做 essayist，到底不成功。但我想，在读者这一面也有原因的。其一，就是要鉴赏真的 essay，倘也像看那些称为什么 romance 的故事一样，在火车或电车中，跑着看跳着看，便不中用的缘故。一眼看去，虽然仿佛很容易，没有什么似的滔滔地有趣地写着，然而一到兰勃的《伊里亚杂笔》那样的逸品，则不但言语就用了伊利沙伯朝的古雅的辞令，而且文字里面也有美的"诗"，也有锐利的讥刺。刚以为正在从正面骂人，而却向着那边独自莞尔微笑着的样子，也有的。那写法，是将作者的思索体验的世界，只暗示于细心的注意深微的读者们。装着随便的涂鸦模样，其实却是用了雕心刻骨的苦心的文章。没有兰勃那样头脑的我们凡人，单是看过一遍，怎么会够到那样的作品的鉴赏呢。

然而就是英国的新闻杂志的读者，在今日，也并非专喜欢兰勃似的超拔的文章。essay 也很成了轻易的东西了。所以少微顽固的批评家之中，还有人愤慨，说是今日的 journalism，是使 essay 堕落了。然则在日本，却并这轻易的 essay 也不受读者的欢迎，又是什么缘故呢。

在日本人，第一就全不懂所谓 humor 这东西的真价值。从古以来，日本的文学中虽然有戏言，有机锋（wit），而类乎 humor 的却很少。到这里，就知道虽在讨论天下国家的大事，当危急存亡之际，极其严肃的紧张了的心情的时候，尚且不忘记这 humor；有了什么质问之类，渐渐地烦难起来了的危机一发的处所，就用这 humor 一下子打通；互相争辩着的人们，立刻又破颜微笑着的风韵，乃是盎格鲁索逊人种的特色，在日本人中是全然看不见的。一说到议论什么事,倘不是成了青呀黑呀的脸,"固也,然则",或者"夫然,岂其然哉",则说的一面固然觉得口气不伟大,听的一面也不答应。什么不谨慎呀,不正经呀这些批评,就是日本人这东西的不足与语的所以。如果摆开了许许多多的学问上的术语,将明明白白的事情,也不明明白白地写出来,因为是"之乎者也",便以为写着什么了不得的事情,高兴地去读。读起来,自己也就觉得似乎有些了不得起来了罢。将极其难解的深邃的思想或者感情,毫不费力地用了巧妙的暗示力,咽了下去的essay,其不合于日本的读者的尊意,就该说是"不为无理"罢。

还有一个原因,是日本的读者总想靠了新闻杂志得智识,求学问。我想,现代的日本人的对于学艺和智识,是怎么轻浮,浅薄,冷淡,这就证明了。学艺者,何待再说,倘不是去听这一门的学者的讲义,或者细读相当的书籍,是决定得不到真的理解的。纵使将所谓"杂志学问"这一些薄薄的智识作为基址,张开逾量的嘴来,也不过单招识者的嗤笑。因为有统一的系统底组织底的头脑,靠着杂志和新闻是得不到的。

但是定期刊行物既然是商品,即势不能不迎合读者的要求。于是日本的杂志,——不,便是新闻的或一部分的也一样,——便不得不成为全像通信教授的讲义一般的东西了。试去一检点近来出得很多的杂志的内容去,先是小说和情话,其次是照例的所谓论文或论说的"固也然则"式的名文,接着就是这讲义录。除掉这些,则庞然数百叶的巨册,剩下的便不过二十叶,多则三四十叶,所以要算希奇。在普通的英美的评论杂志上一定具备的诗歌呀,essay 呀,轻易寻不到,那是不胜古怪之至的。

不觉笔尖滑开去了,写了这样傲慢的话放在前头,倘说,那么,我要做essay 了,则即使白村这人怎样厚脸,也该诚恳地向了读者谢妄语之罪,并请宽容。为什么呢? 因为真像 essay 的东西,到底不是我这等人所能做的。

Essay 者,语源是法兰西语的 essayer(试)。即所谓"试笔"之意罢。孩子时候,在正月间常写过"元旦试笔"的。倘说因为今年是申年,所以来做模拟的事,固然太俗气,但我是作为正月的试笔,就将历来许多文人学士所做过的 essay 这东西,真不过姑且仿作一回的。要写什么,连自己也还没有把握。如果缺了时间,或者烦厌了,无论什么时候,就收场。

四、缺陷之美

在绚烂的舞蹈会,或者戏剧,歌剧的夜间,凝了妆,笑语着的许多女人的脸上,带着的小小的黑点,颇是惹人的眼睛。虽说是西洋,有痣的人们也不会多到这地步的。刚看见黑的点躲在颊红的影子里时,却又在因舞衣而半裸了的脖颈上也看见一个黑点。这里那里,这样的妇女多得很。这是日本的女人还没有做的化妆法,恰如古时候的女人的眉黛一样,特地点了黑色,做出来的人工的黑子。名之曰 beautiful spot(美人的黡子),漂亮透了。

也许有人想:这大概是,妓女,或者女优,舞女所做的事罢。堂堂乎穿 robe décolleté 的礼装的 lady 们就这样。

故意在美的女人的脸上,做一点黑子的缘故,和日本的重视门牙上有些黑的瑕疵,以为可以增添少女的可爱相,是一样的。

如果摆出学者相,说这是应用了对照(contrast)的法则的,自然就不过如此。白东西的旁边放点黑的,悲剧中间夹些喜剧的分子,便映得那调子更加强有力起来。美学者来说明,道是 effect(效果)增加了之故云。悲剧《玛克培斯》(Macbeth)的门丁这一场就是好例。并不粉饰也就美的白皙人种的皮肤上,既用了白粉和燕支加工,这上面又点上浓的黑色的 beautiful spot 去。粉汁之中,放一撮盐,以增强那甜味,这也就是异曲同工罢。

"浑然如玉"这类的话,是有的,其实是无论看怎样的人物,在那性格上,什么地方一定有些缺点。于是假想出,或者理想化出一个全无缺点的人格来,名之曰神,然而所谓神这东西,似乎在人类一伙儿里是没有的。还有,看起各人的境遇来,也一定总有些什么缺陷。有钱,却生病;身体很好,然而穷。一面赚着钱,则一面在赔本。刚以为这样就好了,而还没有好的事立刻跟着一件一件地出来。人类所做的事,无瑕的事是没有的,譬如即使极其愉快的旅行,在长路中,一定要带一两件失策,或者什么苦恼,不舒服的事。于是人类就假想了毫无这样缺陷的圆满具足之境,试造出天国或极乐世界来,但是这样的东西,在这地上,是没有的。

在真爱人生,而加以享乐,赏味,要彻到人间味的底里的艺术家,则这样各种的缺陷,不就是一种 beautiful spot 么?

性格上,境遇上,社会上,都有各样的缺陷。缺陷所在的处所,一定现出不相容的两种力的纠葛和冲突来。将这纠葛这冲突,从纵,从横,从上,从下,观看了,描写出来的,就是戏曲,就是小说。倘使没有这样的缺陷,人生固然是太平无事了,但同时也就再没有兴味,再没有生活的功效了罢。正因为有暗的影,明的光这才更加显著的。

有一种社会改良论者,有一种道德家,有一种宗教家,是无法可救的。他们除了厌恶缺陷,诅咒罪恶之外,什么也不知道。因为对于缺陷和罪恶如何给人生以兴味,在人生有怎样的大的 necessity(必要)的事,都没有觉察出。是不懂得在粉汁里加盐的味道的。

酸素和水素造成的纯一无杂的水,这样的东西,如果是有生命的活的自然界中,是不存在的。倘是科学家在试验管中造出来的那样的水,我们可是不愿意尝。水之所以有甘露似的神液(nectar)似的可贵的味道者,岂不是正因为含着细菌和杂质的缘故么? 不懂得缺陷和罪恶之美的人们,甚至于用了牵强的计策,单将蒸馏水一般淡而无味的饮料,要到我们这里来硬卖,而且想从人生抢了"味道"去。可恶哉他们,可诅咒哉他们!

听说,在急速地发达起来的新的都会里,刑事上的案件就最多。这就因为那样的地方,跳跃着的生命的力,正在强烈地活动着的缘故。我们是与其睡在天下太平的死的都会中,倒不如活在罪的都会而动弹着的。月有丛云,花有风,月和花这才有兴趣。叹这云的心,嗟这风的心,从此就涌出人生的兴味,也生出"诗"来。兼好法师喝破了"仅看花好月圆者耶"之后,还说——

男女之情,亦岂独谓良会耶? 怀终不得见之忧;山盟竟破;独守

长夜;遥念远天;忆旧事于芜家;乃始可云好色。(《徒然草》第一百三十七段)

不料这和尚,却是一个很可谈谈的人。

小心地不触着罪恶和缺陷,悄悄地回避着走的消极主义,禁欲主义,保守思想等,在人类的生活方法上,其所以为极卑怯,极屠头,而且无聊的态度者,就是这缘故。说是因为要受寒,便不敢出门的半病人似的一生,岂不是谁也不愿意送的么?

因为路上有失策,有为难,所以旅行才有趣。正在不如意这处所,有着称为"人生"这长旅的兴味的。正因为人类是满是缺陷的永久的未成品,所以这才好。一看见小结构地整顿成就了的贤明的人们之类,我们有时竟至于倒有反感会发生。比起天衣无缝来,鹑衣百结的一边,真不知道要有趣多少哩。

五、诗人勃朗宁

你们中间,可有谁可以拿石头来打这犯了奸淫的妇人的么?这样说的基督,是认得了活的真的人类了的诗人,艺术家;而且也是可为百世之师的大的思想家。较之一听到女教员和人私通,便仿佛教育界也已堕落了似的,嚷嚷起来的那些贤明的伪善者等辈,是差得远的殊胜伟大的人物。

人是活物;正因为是活着的,所以便不完全,有缺陷。一到完全之域,生命已经就灭亡。说出"创造的进化"来的哲学者也曾说过这事,诗人勃朗宁也反反覆覆地将这意思咏叹了许多次了。

善和恶是相对的话,因为有恶,所以有善的。因为有缺陷,所以有发达;惟其有恶,而善这才可贵。倘没有善和恶的冲突,又怎么会有进化,怎么会有向上呢?"现在的生活,是我们的结局,或者还是显示或爬或攀的人们的脚的出发点呢?看起来,这里有着各样的障碍。要在从低跳向高,却将绊脚的石头当作阶段的人,罪恶和障碍是不足惧的。"(勃朗宁作《环与书》第十卷《教王篇》，四〇七行以下。）因为有黑暗，故有光明；有夜，故有昼。惟其有恶，这才有善。没有破坏，也就没有建设的。现在的缺陷和不完全，在这样的意义上，确是人生的光荣。勃朗宁这样地想。对于人生的事实，始终总不是静底地看，而要动底地看的人，不失信于流动无碍的生命现象的勇猛精进的人，所当达到的结论，岂非正是这个么？

光愈强，就和强度相应，那影也更其暗。美的脸上的 beautiful spot，用淡墨是不行的，总须比漆还要黑。人的性，是因为于善强，所以于恶也强。我们的生命，是经过着这善恶明暗之境，不断地无休无息地进转着的。

我不犯罪，所以好；诱惑是不敢接近的。说着这类的话，始终仅安于消极的态度的人们，使勃朗宁说起来，就是比恶人更其无聊得多的下等的人类。还有，无论在东洋，在西洋，教人"知足"的人们都不少，但是一到知足了的时候，或则其人真是满足了的时候，生命之泉可就早经干涸了。必须有不安于现在的缺陷和不完全，而不住地神往的心，希求的心，在人生才始有意义。在《弗罗连斯的古画》(Old Pictures in Florence)这一篇中，咏吉倭多(Giotto)道，"到了完全之域者，只有灭亡而已。"咏乐人孚格勒尔(Abt Vogler)则云，"地有破片的弧，全圆是在天上。"咏文艺复兴期的学者则云，"将'现在'给狗子罢，给人则以'永劫'。"这作者勃朗宁，在英国近代诸诗人中，是抱着最为男性底的壮快的人生观的人。和他同时的诗人而受了神明一般敬重的迪仪生(A. Tennyson)等辈，早经忘却了的今日，勃朗宁的作品虽然那辞句很是晦涩难解，而崇拜的人却日见其多者，就因为一个勇猛的理想主义的战士的态度，惹动了飞跃着的今人的心的缘故。

一不经意，拉出了勃朗宁这些人来，笔墨出轨到莫名其妙的地方去了，但是总而言之，正因为在"现在"有缺陷，大家嚷着"怎么办"这一点上，有着生活的意义的。即使明知是徒然，而还要希求的心，虽然苦恼，虽然惨痛，但倘没有这心，人生即无意味。缺陷的难得之味，也就在此。便是旅行去访名胜，名胜也许无聊到出于意料之外，然而在走到为止的路上，是有旅行的真味的。便是恋爱，也正在相思和下泪的中途有意味，一到了

称为结婚这一个处所,则竟有人至于说,这已经是恋爱的坟墓了。与谢野夫人的新歌集《火之鸟》中有句云:

> 并微青的悲哀也收了进去,挣得丰饶了的爱的赋彩。
>
> 想到人间身之苦呀的时候,落下来的泪的甜味。

使雩俄(V. Hugo)说起来,则所谓人者,都受着五十年或六十年的死刑的缓办的,这缓办的期间,就是我们的一生。一休禅师也说过使人耽心的事,以为门松是冥途的行旅的一里冢,但在一个一个经过这些一里冢的路程上,不就有人生的兴味么?(译者注:门松是日本新年的门外装饰;一里冢是古时记里数的土堆,一里一个,或用树;今已无。)

艺术之类也如此。完成了的艺术,没有瑕疵,但也没有生命,只有死而已。因为已经嵌在定规里,一动也不能动的缘故。根本底改造的要求,即由此发生。去看雁治郎这些人的技艺,觉得巧是巧的。然而那也只能终于那么样,已经到了尽头的事,不是谁都看得出来么?砚友社以来的明治小说,自然主义绝不费力地取而代之者,就因为尾崎红叶的作品已经成了完璧了。

六、近代的文艺

将文艺上的古典派和罗曼派之差,亚克特美(académie)风和近代风之异,都用了这缺陷之美的事来一想,颇有趣的。

以希腊罗马的艺术为模范的古典派,是有着绝对美的理想的。那作品,是在寻求那不失整齐和均衡,严整的一丝不乱的完璧。是用了冷的理智来抑制情热,著重于艺术上的规范和法则的无瑕的作品。和这反对而起来的罗曼派的文艺,则是不认一切法则和权威的自由奔放的艺术。从古典派的见地说,则这是连形制之类也全不整顿的满是瑕疵的杂乱的艺术品。罗曼派的头儿沙士比亚(W. Shakespeare)的戏曲,就和希腊的古典剧正反对,是形制歪斜的不整的作品。"解放"的艺术,前途当然在这里;缺点是多的,唯其多,生命的力也显现得比较的强;其中所描写的自然和人生,都更加鲜明地跃动着。

与其是无瑕而完美的水晶,倒不如寻求满是瑕疵的金刚石的,是罗曼派。好在光的强烈。岂但闹 beautiful spot 的乱子而已么,说是无论是痘疤,是痣,是瞎眼,是独眼,什么都无妨,只愿意有那洋溢着"生命感"的有着活活泼泼的力的面貌。

然而一到比罗曼派更进一步的近代派的文艺,则就来宝贵这瑕疵,宝贵这缺陷,就要将这作为出售的货色,所以彻底得很。亚克特美风的人们装出不以为然的脸相,也非无故的。

心醉之后看人,虽痘疤也是笑靥。将痘疤单看作痘疤的时候,就是还没有彻骨地心醉着的证据。在真爱人生,要彻到人间味的底里去的近代人,则就在这丑秽的黑暗面和罪恶里,也有美,看见诗。因为在较之先前的古典派的人们,专以美呀善呀这些一部分的东西为理想,而不与丑和恶对面者尤其深远的意义上,就被人生的缺陷这东西惹动了心的缘故。以生命感,以现实感为根柢的前世纪后半以后的近代文艺,倘不竟至于此,是不满足的。

所以,自然派就将丑猥的性欲的事实,毫无顾忌地写了出来,赞美那罪和恶和丑,在文艺上创始了新的战栗的"恶之华"之诗人波特来尔(C. Baudelaire),被奉为恶魔派的头领了。确是斐列特力克哈理生(Frederic Harrison)罢,见了罗丹(A. Rodin)的巴尔札克(H. de Balzac)像,嘲为"污秽的崇拜"(Faulkult)。倘给他看了后期印象派的绘画,不知道会说出什么来。

石头都要用毛刷来扫得干干净净的西洋人,未必懂得庭石的妙味罢。倘不是乖僻得出奇,并且将不干净的苔藓,当作宝贝的日本人,便不能领会得真的庭石的趣味。社会的缺陷和人类的罪恶,不就是这不干净的苔藓的妙味么?

所谓饮馔的通人,是都爱吃有臭味的东西的。倘若对于有臭味的东西不见得吃得得意,则无论是日本肴馔,是西洋肴馔,都未必真实地赏味着罢。

听说从日本向西洋私运东西的时候,曾有将货物装在泽庵渍物(**译者注:用糠加盐所腌之萝卜。泽庵和尚所发明,故云**)的桶的底里的奸人。因为西洋的税关吏对于那泽庵渍物的异臭,即掩鼻辟易,桶底这一面就不再检查了。不能赏味那糠糟和泽庵渍物的气味者,纵使谈论些日本肴馔,也属无聊。还有,在西洋人,也吃各种有臭味的东西。便是 caviare(**译者注:盐渍的鱼子**),大抵的日本人也就挡不住。我想,倘不能对于那一看就觉得脏的称为 Roquefort 的干酪(cheese)之类,味之若有余甘者,是未必有共论西洋饮馔的资格的。

文艺家者,乃是活的人间味的大通人。倘不能赏鉴罪恶和缺陷那样的有着臭味的东西,即不足与之共语人间。四近的官僚呀教育家呀和尚呀这一辈,应该知道,倘不再去略略修业,则对于文艺的作品等,是没有张嘴的资格的。

七、聪明人

我所趁着的火车,拥挤得很利害。因为几个不懂事的车客没有让出坐位来的意思,遂有了站着的人了。这是炎热的八月的正午。

我的邻席上是刚从避暑地回来似的两个品格很好的老夫妇。火车到了一个大站,老人要在这里下车去,便取了颇重的皮包,站立起来。看车窗外面,则有一班不成样子的群众互相推排,竞奔车门,要到这车子里来乘坐。

老人将皮包搁在窗框上,正要呼唤搬运夫的时候,本在竞奔车门的群众后面的一个三十岁上下的洋装的男人,便囊囊地走近车窗下,要从老人的手里来接皮包。我刚以为该是迎接的人了,而老人却有些踌躇,仿佛不愿意将行李交给漠不相识的这男子似的。忽然,那洋装男人就用左手一招呼那边望得见的搬运夫,用右手除下自己戴着的草帽来,轻舒猿臂,将这放在老人原先所坐的位置上。老人对着代叫搬运夫的这男人道了谢,夫妇于是下车去了。

车里面，现在是因为争先恐后地拥挤进来的许多车客之故，正在扰嚷和混乱，但坐位总是不够，下车的人不过五六个，但上来的却有二三十人罢。

于是，那洋服的三十岁的男人，随后悠悠然进来了。我的隔邻而原是老人的坐位上，本来早已堂堂乎放着一顶草帽的，所以即使怎样混杂，大家也对于那草帽表着敬意，只有这一处还是空位。三十岁男人便不慌不忙将草帽搁在自己的头上，使同来的两个艺妓坐在这地方。说一句"多谢"或者什么，便坐了下去的艺妓的发油的异臭，即刻纷纷地扑进我的鼻子来。

踏人的脚，脚被人踏，推人，被人推，拼死命挤了进来的诸公，都鹄立着。

也许有些读者，要以为写些无聊的事罢，但是人间的世界，始终如此，我想，再没有别的，能比在火车和电车中所造成的社会的缩图更巧妙的了。

奋斗的结果，终于遭了鹄立之难的人们，也许要大受攻击，以为捣乱，或者不知道礼仪。假使那时误伤了谁，就碰在称为"法律"这一种机器上，恐怕还要问罪。而洋装的三十岁男人却正相反，也见得是悠扬不迫的绅士底态度罢，也可以说是帮助老人的大可佩服的男儿罢，而且在艺妓的意中也许尊为恳切的大少罢。将帽子飞进车窗去，于法律呀规则呀这些东西，都毫无抵触。他就这样子，巧妙地使那应该唾弃的利己心得了满足了。诚然是聪明人！

我对于这样的聪明人，始终总不能不抱着强烈的反感。

嚷着劳动问题呀，社会问题呀，从正面尽推尽挤的时候，就在这些近旁，不会有什么政客呀资本家呀的旧草帽辗转着的么？

我常常这样想：抢了厨刀，做了强盗，而陷于罪者，其实是质朴，而且可爱的善人；至少也是纯真的人。可恶得远的东西，真真可憎的东西，岂不是做了大臣，成了富翁，做了经理，尤其甚者，还被那所谓"世间"这昏瞆东西称为名流么？伊孛生（H. Ibsen）写在《社会之柱》（英译 *The Pillars of Society*）里的培尔涅克似的人物,日本的社会里是很多;但是培尔涅克似的将罪恶告白于群众之前者,可有一个么？他们不入牢狱,而在金殿玉楼中扬威。倘以为这是由于各人的贤愚和力量之差,那可大错了;也不独是运的好坏之差。其实,是因为人类的社会里,有大缺陷,有大漏洞的缘故。

所谓"盖棺论定"这等话,诳人罢了。如果那判断者仍是人们,仍是世间的时候,也还是不行。用了往昔的宗教信徒的口吻说起来,则倘不是到了最后的审判这一日,站在神的法庭上,会明白什么呢？

对于我们的彻底底本质底的第一义底生活,真能够完完全全地,作为准则的道德,法律,制度和宗教,在人类的文化发达的现今的程度上,是还未成就的。或者永远不成就也难说。就用随时敷衍的东西,姑且对付过去的,是现在的人类生活。劳工资本关系,治安警察法,陪审制度,妇女问题,将这些东西玩一通,能成什么事？倘不是再费上帝的手,就请将"人"这东西从新改造一通,是到底不见得能成气候的。

虽然这样,——不,惟其这样,人生是有趣的,有意味的。于我们,有着生活的功效的。思想生活和艺术生活的根源,也即从这里发生。再说一回:看缺陷之美罢!

八、呆　子

将"好人物","正直者",这样体面的称呼,当作"愚物","无能者"这些极其轻蔑的意义来使用的国语,大约只有日本话罢。我们还应该羞,还应该夸呢,恰如 home 或 gentleman 这类言语,英语以外就没有,而盎格鲁索逊人种即以此为夸耀似的？

想起来,现今的日本,是可怕的国度。倘不像前回所说那样,去坐火车时,将旧草帽先行滚进去,就会如我辈一样困穷,或则受人欺侮;尤其甚者,还有被打进监牢里去的呢。我想,真是当祸祟的时代,生在祸祟的国度里了。

无论看那里，全是绝顶聪明人。日本今日第一必要的人物，也不是谋士，也不是敏腕家，也不是博识家，这样的多到要霉烂了。最望其有的，只是一直条的热烈而无底的呆子。倘使迭阿该纳斯（Diogenes）而在现今的日本，就要大白天点了怀中电灯，遍寻这样的呆子了罢。

特地出了王宫，弃了妻子，走进檀特山去的释迦，是大大的呆子。被加略的犹大所卖，遭着给家狗咬了手似的事情之后，终于处了磔刑的基督，也是颇大的呆子。然而这样的呆子之大者，不独在日本，就是现今的世界上，也到底没有的。纵使有，也一动不得动罢。不过从乡党受一些那是怪人呀偏人呀疯子呀之类的尊称，驯良地深藏起来而已罢。然而，我想，不得已，则但愿有个嘉勒尔（Th. Carlyle），或伊孛生，或者托尔斯泰那样程度的呆子。不，即使不过一半也好，倘有两三个，则现今的日本，就像样地改造了罢，成了更好的国度了罢，我想。

所谓呆子者，其真解，就是踢开利害的打算，专凭不伪不饰的自己的本心而动的人；是决不能姑且妥协，姑且敷衍，就算完事的人。是本质底地，彻底底地，第一义底地来思索事物，而能将这实现于自己的生活的人。是在炎炎地烧着的烈火似的内部生命的火焰里，常常加添新柴，而不怠于自我的充实的人。从聪明人的眼睛看来，也可以见得愚蠢罢，也可以当作任性罢。单以为无可磋商的古怪东西还算好，也会被用 auto-da-fé 的火来烧杀，也会像尼采（F. Nietzsche）一样给关进疯人院。这就因为他们是改造的人，是反抗的人，是先觉的人的缘故。是为人类而战斗的 Prometheus 的缘故。是见得是极其危险的恶党了的缘故。是因为没有在因袭和偶像之前，将七曲的膝，折成八曲的智慧的缘故。是因为超越了所谓"常识"这一种无聊东西了的缘故。是因为人说右则道左，人指东则向西，真是没法收拾了的缘故。而这也就是豫言者之所以为豫言者，大思想家之所以为大思想家；而且委实也是伟大的呆子之所以为伟大的呆子的缘故。

这样的大的呆子，未必能充公司人员；倘去做买卖，只好专门折本罢。

官吏之类,即使半日也怎么做？要当冥顽到几乎难于超度的现今的教育家,那是全然不可能的。然而试想起来,世界总专靠着那样的大的呆子的呆力量而被改造。人类在现今进到这地步者,就因为有那样的许多呆子之大者拼了命给做事的缘故。宝贵的大的呆子呀！凡翻检文化发达的历史者,无论是谁,都要将深的感谢,从衷心捧献给这些呆子的！

并且又想,democratic 的时代,决不是天才和英雄和豫言者的时代了。现在是群集的时代;是多众的时代;是将古时候的几个或一个大人物所做的事业,聚了百人千人万人来做的时代。我们在现今这样的时代里,徒然翘望着释迦和基督似的超绝的大呆子的出现,也是无谓的事。应该大家自己各各打定主意,不得已,也要做那千分之一或者万分之一的呆子。这就是自己认真地以自己来深深地思索事物;认真地看那像书样子的书;认真地学那像学问样子的学问,而竭了全力去做那变成呆子的修业去。倘不然,现今的日本那样的国度,是无可救的。

我虽然自己这样地写;虽然从别人,承蒙抬举,也正被居然蔑视为呆子,受着当作愚物的待遇;悲哀亦广哉,在自己,却还觉得似乎还剩着许多聪明的分子。很想将这些分子,刮垢除痂一般扫尽,从此拼了满身的力,即使是小小的呆子也可以,试去做一番变成呆子的工夫。倘不然,当这样无聊的时代,在这样无聊的国度里,徒然苟活,就成为无意义的事了。

艺术的表现

（这一篇,是大正八年［一九一九］秋,在大阪市中央公会堂开桥村青岚两画伯的个人展览会时,所办的艺术讲演会中的讲演笔记。）

因为是特意地光降这大阪市上到现在为止还没有前例的纯艺术的集会的诸位,所以今天晚上我所要讲的一些话,也许不过是对着释迦说法;但是,我的讲话,自然是豫期着给我同意的。

世间的人们无论看见绘画,或者看见文章,常常说,那样的绘画,在实际上是没有的。向来就有"绘空事"这一句成语,就是早经定局,说绘画所描出来的是虚假。那么长的手是没有的;那花的瓣是六片,那却画了八片,所以不对的:颇有说着那样的话,来批评绘画的人。这在不懂得艺术为何物的世间普通的外行的人们是常有的事,总之,是说:所谓艺术,是描写虚假的东西。便是艺术家里面,有些人似乎也在这么想,而相信科学万能的人们,则常常说出这样的话来。曾经见过一个植物学家,去看展览会的绘画,从一头起,一件一件,说些那个树木的叶子,那地方是错的,这个花的花须是不真确的一类的话,批评着;但是,我以为这也是太费精神的多事的计较。关于这事的有名的话,法兰西的罗丹的传记中也有这样一件故事:一个南美的富翁来托罗丹雕刻,作一个肖象,然而说是因为一点也不像,竟还给罗丹了。罗丹者,不消说得,是世界的近代的大艺术家。他所作的作品,在完全外行人的眼里,却因为说是和实物不相像,终于落第了。这样的事,是指示着什么意义呢?倘使外面底地,单写一种事象,就是艺术的本意,则只要挂着便宜的放大照相就成。较之艺术家注上了自己的心血的风景画,倒是用地图和照片要合宜得多了。看了面貌,照样地描出来,是不足重轻的学画的学生都能够的。这样的事,是无须等候堂堂的大艺术家的手腕,也能够的。倘若向着真的艺术家,托他要画得像,那大概说,单是和实物相像的绘画,是容易的事的罢。但一定还要说,可是照了自己的本心,自己的技俩,艺术底良心,却敢告不敏,照相馆的伙计一般的事,是不做的。到这里,也许要有质问了:那么,艺术者,也还是描写虚假的么? 不论是绘画,是文章,都是描写些胡说八道的么? 艺术者,是从头到底,描写真实的。绘画的事,我用口头和手势,有些讲不来,若就文章而论,则例如看见樱花的烂缦,就说那是如云,如霞一类的话。而且,实际上,也画上一点云似的,或者远山霞似的东西,便说道这是满朵的樱花盛开着,确是虚假的。但是,比起用了显微镜来调查樱花,这"花之云"的一边,却表现着真的感得,真的"真"。与其一片一片,描出樱花的花瓣来,在我们,倒不如如云如霞,用淡墨给我们晕一道的觉得"真";对谁都是"真"。比如,说人的相貌,较之记述些那人的鼻子,这样的从上到下,向前突出着若干英寸这类话,倒不如说那人的鼻子是像尺八(**译者注:似洞箫,上细下大**)的,却更有艺术底表现。所谓"像尺八"者,从文章上说,是因为用着一个 Simile,所以那"真"便活现出来了。所谓支那人者,是极其善于夸张的。只要大概有一万兵,就说是百万的大军,所以,支那的战记之类,委实是干得不坏。总而言之,谎话呵,讲大话也是说谎之一种,说道"白发三千丈",将人当呆子。什么三千丈,一尺也不到的。但是,一听到说道三千丈,总仿佛有很长的拖着的白发似的感得。那是大谎,三千丈……也许竟是漫天大谎罢。虽然也许是大谎,但这却将或一意义的"真",十分传给我们了。

在这里,我仿佛弄着诡辩似的,但我想,除了说是"真"有两种之外,也没有别的法。就是,第一,是用了圆规和界尺所描写的东西,照相片上的真。凡那些,都是从我们的理智的方面,或者客观底,或者科学的看法而来的设想,先要在我们的脑子里寻了道理来判断,或者来解剖的。譬如,在那里有东西像是花。于是我们既不是瞥见的刹那间的印象,也不是感情,却就研究那花是什么:樱花,还是什么呢? 换了话说,就是将那东西分析,解剖之后,我们这才捉住了那科学底的"真"。也就是,用了我们的理智作用为主而表现。终于就用了放大镜或显微镜,无论怎么美观的东西,不给它弄成脏的,总归不肯休歇。说道不这样,就不是真;艺术家是造漫天大谎的。那样的人们,总而言之,那脑子是偏向着一面而活动的;总之,那样意义的真,就给它称作科学底"真"罢。那不是我们用直觉所感到的真,却先将那东西杀死,于是来解剖,在脑子里翻腾一通,寻出道理来。譬如,水罢,倘说不息的川流,或者甘露似的水,则无论在谁的脑子里,最初就端底地,艺术底地,豁然地现了出来。然而科学者却将水来分析为 H_2O,说是不这样,便不是真;甘露似的水是没有的,那里面一定有许多霉菌哩。一到被科学底精神所统治而到了极度的脑,不这样,是不肯干休的。至于先前说过的白发三千丈式的真呢,我说,称它为艺术上的真。在这是真,是 true 这一点上,是可以和前者比肩,毫无逊色的。倘有谁说是谎,就可以告状。决没有说谎,到底是真;说白发三千丈的和说白发几尺几寸的,一样是真。这意思,就是说,这是一径来触动我们的感,我们的直感作用的,并不倚靠三段论法派的道理,解剖,分析的作用,却端底地在我们的脑子里闪出真来,——就以此作为表现的真。一讲道理之类,便毁坏了。无聊的诗歌,谈道理和说明,当然自以为那也算是诗歌的罢,但那是称为不成艺术的豕窠的。我们的直感作用,或者我们的感,或者感情也可以,如果这说是白发三千丈,听到说那人的鼻子像尺八,能够在我们的脑里有什么东西瞥然一闪,则作为表现的真,就俨然地写着了。

那么,要这么办,得用怎样的作用才成呢?这是要向着我们的脑,给一个刺戟,就是给一种暗示的。被那刺戟和暗示略略一触,在这边的脑里的一种什么东西便突然燃烧起来。在这烧着的刹那间,这边的脑里,就发生了和作家所有的东西一样的东西,于是便成为所谓共鸣。然而在世间也有古怪的废人,有些先生们,是这边无论点多少回火,总不会感染的。那是无法可施。但倘若普通的人们,是总有些地方流通着血,总有些地方藏着泪的;当此之际,给一点高明的刺戟或暗示,就一定著火;这时候,所谓艺术的鉴赏,这才算成立了。这刺戟,倘在绘画,就用色和形;在文学,是用言语的;音乐则用音:那选择,是人们的自由,各种的艺术,所用的工具都不一样。总之,是工具呵。所以,有时候,就用那称为"夸张"的一种战术,那是,总而言之,艺术家的战术之一罢了。将不到一寸或五分的东西,说道三千丈,那就是艺术家的出色的战法。这样的战法,是无论那一种艺术上都有的。要说到这战法怎样来应用,那安排,就在使读者平生所有的偏向着科学底真而活动的脑暂时退避;在这退避的刹那间,一边的直感的作用就昂然地抬起头来。换了话来说,也就是作家必须有这样的手段,使人们和那作品相对的时候,能暂时按下了容受科学底论理底的真,用显微镜来看,用尺来量的性质。总而言之,凡是文学家或画家,将读者和鉴赏家擒住的手段,是必要的。总之,这暗示这一种东西,也和催眠术一样,倘是拙劣的催眠术,对谁也不会见效,在拙劣的艺术家,技巧还未纯熟的艺术家的作品里,就没有催眠术的暗示的力量。即使竭力施行着催眠术,对手可总不睡;当然不会睡的,那就因为他还有未曾到家之处的缘故。所以,凡有作品,作为艺术而失败的时候,总不外两个原因。就是,用了暗示来施行了催眠术之后,将读者或看画的人,拉到作者这一边来了之后,却没有足以暂时按下那先前所说的容受科学上的真的头脑的力量,这就是作家的力量的不足。否则,这回可是鉴赏者这一边不对了,那是无论经过了多么久,总不能逃脱了道理或者推论,解剖,分析的作用,放不下计算尺的人们。这一节,现代的人们和先前的人们一比较,质地却坏得多了。于是当科学万能的思想统治了一时的世间的时候,极端的自然主义或写实主义就起来了。这是由于必要而来的。然而一遇到这样的人们,就是即使善于暗示的大天才,无论怎样巧妙地行术,也是茫无所觉,只有着专一容受那科学上的真的脑子的先生们,却实在无法可想,所谓无缘的众生难于救度,这除了逐出艺术的圈子之外,再没有别的法。这一族,是名之曰俗物的。倘说到作家何以擒不住观者和读者呢? 有两样:就是刚才说过的擒住的力的不足的时候,和对手总不能将这容受的时候。从先前起,用了很大的声音,说着古怪的话,诸位也许觉得异样罢,那是照相呵,照相师呀,人相书呀,或者是寒暑表到了多少度呀。今天并不说:今天热得很哪……用了寒暑表呀,水银呀那类工具,解剖分析了,表出华氏九十度摄氏若干度来,但是,这倘不是先用了脑里所有的那称为寒暑表这一种知识,在脑里团团地转一通,便不懂得。然而芜村的句子说——

犊鼻裈上插着团扇的男当家呀。

赤条条的家主只剩着一条犊鼻裈,在那里插着团扇,这么一说,就即此浮出伏天的暑热的真来。那么,这两者的差异在那里呢? 就是科学底的真和作为表现的"真",两者之间的差异在那里呢,要请大家想一想。作为科学的"真"的时候,被写出的真是死掉了的;没有生命,已经被杀掉了。在被解剖,被分析的刹那间,那东西就失却生命了。至于作为艺术上的表现的"真"的时候,却活着。将生命赋给所描写的东西,活跃着的。作为表现的艺术的生命,就在这里。将水分析,说是 H_2O 的刹那间,水是死了;但是,倘若用了不息的川流呀,或者甘露似的水呀,或者别的更其巧妙的话来表现,则那时候,活着的特殊的水,便端底地浮上自己的脑里来。换了话来说,就是前者是杀死了而写出,然而作为表现的真,是使活着而写出的。也就是,为要赋给生命的技巧。所谓技巧者,并非女人们搽粉似的专做表面底的细工,乃是给那东西有生命的技巧。一到技巧变成陈腐,或者嵌在定型里面时,则刺戟的力即暗示力,便失掉了。他又在弄这玩意儿哩,谁也不再来一顾。一到这样,以作为表现而论,便完全失败,再没有一点暗示力了。因为对于这样的催眠术,谁也不受了。

那么,这使之活着而写出的事,怎么才成呢? 又从什么地方,将那样的生命捉了来呢? 比如用瓶来说,那就说这里有一个瓶罢。将这用油画好好地画出的时候,那静物就活着。倘使不活着,就不是艺术底表现。要说到怎么使这东西活起来,那就在通过了作家所有的生命的内容而表现。倘不是将作家所有的生命的内容,即生命力这东西,移附在所描写的东西里,就不成其为艺术底表现。那么,就和科学者的所谓寒暑表几度,H_2O 之类,成为一伙儿了。所以即使画相同的山,相同的水,艺术家所写出来的,该是没有一个相同。这就因为那些作家所有的生命的内容,正如各人的面貌没有相同的一样,也都各样的。假使将科学者的所谓"真",外面底地描写起来,那也就成为 impersonal,非个人底了。倘用科学者们心目中那样的尺来量,则一尺的东西,无论谁来量,总是一尺。毫不显出个性。因为在科学者所传的"真"里,并没有移附着作家的生命这东西,所以无论谁动手,都是一尺,倘说这一尺的东西有一尺五寸,那就错了;精神有些异样了。将这作为死物,外面底地来描写,则是 impersonal,几乎没有差异的。所谓作家的生命者,换句话,也就是那人所有的个性的人格。再讲得仔细些,则说是那人的内底经验的总量,就可以罢。将那人从出世以来,各种各样地感得,听到,做过的一切体验的总量,结集起来的东西,也就是那人所有的特别的生命,称为人格,或者个性,就可以的。所以,用了圆规和界尺,画出来的匠气的绘画上,并不显有人格的力,和科学底表现是同一的东西;用了机器所照的照相也一样。照相之所以不成为艺术品者,就因为经了称为机器这一件 impersonal 的东西所写的缘故;就因为所表出的,并不是有血液流通着的人类在感动之后,所见的东西的缘故。所以,写实主义呀,理想主义呀,虽然有各样的名目,但这既然是艺术品,就不过是五十步百步之差。依着时代的关系,倘非科学底的真,便不首肯的人们一多,因为没有法,文学者这一面也就为这气息所染,和科学底态度相妥协了。总之,是作家所有的个人的生命,移附在那作品上的,德国的美学家,是用了"感情移入"这字来说明的。例如,即使是一个这样的东西(指着水注),也用了作家自己所有的感情,注入在这里面而描写,那时候,这才成为艺术底。所以见了樱花,或则说是如云如霞,或则用那全然不同的表现方法罢。这就是作家在自己的作品上显出感情的地方。因此庸俗的人们便画庸俗的画,这样的人和作品之间,所以总有同一的分子者,就为此。字这一种东西,在东洋是成为冠冕堂皇的艺术的,西洋的字,个性并不巧妙地现出,然而日本的字,向来就说是"写出其人的气象"的,因为和汉的字,俨然有着其人的个性的表现,显现着生命,所以那是堂皇的美术。然而西洋的字体似的机械底的有着定规形状的东西,是全不成为艺术的。

于是艺术者,就成了这样的事,即:表现出真的个性,捕捉了自然人生的姿态,将这些在作品上给与生命而写出来。艺术和别的一切的人类活动不同之点,就在艺术是纯然的个人底的活动。别的事情,一出手就是个人底地闹起来,那是不了的。无论是政治,是买卖,是什么,一开手就是个人底地,那是不了的;然而独有艺术,却是极度的个人底活动。就是将自己的生命即个性,赋给作品。倘若模拟别人,或者嵌入别人所造的模型中,则生命这东西,就被毁坏了,所以这样的作品,以艺术而论,是不成其为东西的。最要紧的,第一是在以自己为本位,毫不伪饰地,将自己照式照样地显出来。正如先前斋藤君(画家斋藤与里氏)的话似的,自由地显出自己来的事,在艺术家,是比什么都紧要;假使将这事忘却了,或者为了金钱,或者顾虑着世间的批评而作画的时候,则这画家,就和涂壁的工匠相同。从头到底,总是将自己的生命照式照样地显出,不这样,就不成艺术。须是作者所有的这个性,换了话说,就是其人的生命,和观览玩味的人们的生命之间,在什么地方有着共通之点,这互相响应了,而鉴赏才成立;于是也生出这巧妙,或这有趣之类的快感来。

我以为这回所开的个人展览会的意义,也就在这样的处所。这一节,先前斋藤君的演说里,似乎讲得很详细了,所以不再多说;但是,称为政府那样的东西,招集些人们,教他们审查,作为发表的机关那样的,在或一意义上束缚个性的方法,是无聊的方法,以真的艺术而论,是没有意思的。我对了来访的客人们,尝说这样的坏话。将自己家里所说的坏话,搬到公会的场上来,虽然有些可笑,但是文部省美术展览会呀,帝国美术展览会呀,要而言之,就像妓女的陈列一般的东西。诸位之中,曾有对女人入过迷的经验的,该是知道的罢,艺术的鉴赏,就和迷于女人完全一样。对手和自己之间,在什么地方,脾气帖然相投;脾气者,何谓也,谁也不知道。然而,和对手的感情和生命,真能够共鸣,所谓受了催眠术似的,这才是真真入了迷。陈列妓女的展览会里,有美人,也有丑妇,聚集了各种各样的东西,来举行美人投票一般的事。这是一等,这是二等,特选呀,常选呀,虽是这么办,和真真入迷与否的问题,是没交涉的。假使吉原的妓女陈列是风俗坏乱,则说国家所举行的展览会是艺术坏乱,也无所不可罢。在这一种意义上,作家倘若真是尊重自己的个性,则还是不将作品送到那样的地方去,自己的画,就自己一个任意展览的好罢。如果理想底地,彻底底地说,则艺术而不到这地步,是不算真的。如果没有陈列的地方,在自己家里的大门口,屋顶上,都不要紧。要而言之,先前也说过,审查员用了自己的标准,如上一等二等之类的样样的等级,以及做些别的事,乃是愚弄作者的办法。从我们鉴赏者这一面看起来,即使说那是经过美人投票,一等当选了的美人,也并不见得佩服,不过答道,哼,这样的东西么?如此而已。与其这个,倒不如丑妇好,一生抱着睡觉罢。倘不到这真真入迷的心情,则艺术这东西,是还没有真受了鉴赏的。总而言之,个性之中,什么地方,总有着牵引这一边,共鸣的或物存在。换句话,就是帖然地情投意合。要之,我们倘不是以男女间的迷恋一般的关系,和艺术相对,是不中用的。倘不这样,要而言之,不过是闲看妓女的陈列而已。这一回,桥村,青岚两君的作品的个人展览会开会了,而且这还开在向来和艺术缘分很远的大阪,在这样的意义上,我以为实在是非常愉快的事。于是,为要说一说自己的所感,就到这里来了;但因为今晚又必须趁火车回到京都去,所以将话说得极其简单了。

苦闷的象征①

［日本］厨川白村

第一　创作论

一、两种力

　　有如铁和石相击的地方就迸出火花,奔流给磐石挡住了的地方那飞沫就现出虹采一样,两种的力一冲突,于是美丽的绚烂的人生的万花镜,生活的种种相就展开来了。"No struggle, no drama"者,固然是勃廉谛尔(F. Brunetière)为解释戏曲而说的话,然而这其实也不但是戏曲。倘没有两种力相触相击的纠葛,则我们的生活,我们的存在,在根本上就失掉意义了。正因为有生的苦闷,也因为有战的苦痛,所以人生才有生的功效。凡是服从于权威,束缚于因袭,羊一样听话的醉生梦死之徒,以及忙杀在利害的打算上,专受物欲的指使,而忘却了自己之为人的全底存在的

---

① 《苦闷的象征》为文艺论文集,作者为日本文艺理论家厨川白村(1880—1923),全书分为四个部分:创作论、鉴赏论、关于文艺的根本问题的考察,以及文艺的起源。鲁迅翻译该书第一、第二两部分,译文陆续发表于 1924 年 10 月 1 日至 31 日《晨报副刊》,1925 年 3 月出版,为"未名丛刊"之一,由北京大学新潮社刊行,1926 年 4 月 3 日改由北新书局出版。本书收录第一部分"创作论"。——编者注

那些庸流所不会觉得,不会尝到的心境——人生的深的兴趣,要而言之,无非是因为强大的两种力的冲突而生的苦闷懊恼的所产罢了。我就想将文艺的基础放在这一点上,解释起来看。所谓两种的力的冲突者——

二、创造生活的欲求

将那闪电似的,奔流似的,蓦地,而且几乎是胡乱地突进不息的生命的力,看为人间生活的根本者,是许多近代的思想家所一致的。那以为变化流动即是现实,而说"创造的进化"的伯格森(H. Bergson)的哲学不待言,就在勖本华尔(A. Schopenhauer)的意志说里,尼采(F. Nietzsche)的本能论超人说里,表现在培那特萧(Bernard Shaw)的戏曲《人与超人》(*Man and Superman*)里的"生力"里,嘉本特(E. Carpenter)的承认了人间生命的永远不灭的创造性的"宇宙底自我"说里,在近来,则如罗素(B. Russell)在《社会改造的根本义》(*Principles of Social Reconstruction*)上所说的冲动说里,岂不是统可以窥见"生命的力"的意义么?

永是不愿意凝固和停滞,避去妥协和降伏,只寻求着自由和解放的生命的力,是无论有意识地或无意识地,总是不住地从里面热着我们人类的心胸,就在那深奥处,烈火似的焚烧着,将这炎炎的火焰,从外面八九层地遮蔽起来,巧妙地使全体运转着的一副安排,便是我们的外底生活,经济生活,也是在称为"社会"这一个有机体里,作为一分子的机制(mechanism)的生活。用比喻来说:生命的力者,就像在机关车上的锅炉里,有着猛烈的爆发性,危险性,破坏性,突进性的蒸汽力似的东西。机械的各部分从外面将这力压制束缚着,而同时又靠这力使一切车轮运行。于是机关车就以所需的速度,在一定的轨道上前进了。这蒸汽力的本质,就不外乎是全然绝去了利害的关系,离开了道德和法则的轨道,几乎胡乱地只是突进,只想跳跃的生命力。换句话说,就是这时从内部发出来的蒸汽力的本质底要求,和机械的别部分的本质底要求,是分明取着正反对的方向的。机关车的内部生命的蒸汽力有着要爆发,要突进,要自由和解放的不断的倾向,而反之,机械的外底的部分却巧妙地利用了这力量,靠着将他压制,拘束的事,反使那本来因为重力而要停止的车轮,也因了这力,而在轨道上走动了。

我们的生命,本是在天地万象间的普遍的生命。但如这生命的力含在或一个人中,经了其"人"而显现的时候,这就成为个性而活跃了。在里面烧着的生命的力成为个性而发挥出来的时候,就是人们为内底要求所催促,想要表现自己的个性的时候,其间就有着真的创造创作的生活。所以也就可以说,自己生命的表现,也就是个性的表现,个性的表现,便是创造的生活了罢。人类的在真的意义上的所谓"活着"的事,换一句话,即所谓"生的欢喜"(joy of life)的事,就在这个性的表现,创造创作的生活里可以寻到。假使个人都全然否定了各各的个性,将这放弃了,压抑了,那就像排列着造成一式的泥人似的,一模一样的东西,是没有使他活着这许多的必要的。从社会全体看,也是个人若不各自十分地发挥他自己的个性,真的文化生活便不成立,这已经是许多人们说旧了的话了。

在这样意义上的生命力的发动,即个性表现的内底欲求,在我们的灵和肉的两方面,就显现为各种各样的生活现象。就是有时为本能生活,有时为游戏冲动,或为强烈的信念,或为高远的理想,为学子的知识欲,也为英雄的征服欲望。这如果成为哲人的思想活动,诗人的情热,感激,企慕而出现的时候,便最强最深地感动人。而这样的生命力的显现,是超绝了利害的念头,离了善恶邪正的估价,脱却道德的批评和因袭的束缚而带着一意只要飞跃和突进的倾向:这些地方就是特征。

三、强制压抑之力

然而我们人类的生活,又不能只是单纯的一条路的。要使那想要自由不羁的生命力尽量地飞跃,以及如心如意地使个性发挥出来,则我们的社会生活太复杂,而人就在本性上,内部也含着太多的矛盾了。

我们为要在称为"社会"的这一个大的有机体中,作为一分子而生活着,便只好必然地服从那强大的机制。使我们在从自己的内面迫来的个性的要求,即创造创作的欲望之上,总不能不甘受一些什么迫压和强制。尤其是近代社会似的,制度法律军备警察之类的压制机关都完备了,别一面,又有着所谓"生活难"的恐吓,我们就有意识地或无意识地,总难以脱离这压抑。在减削个人自由的国家至上主义面前低头,在抹杀创造创作生活的资本万能主义膝下下跪,倘不将这些看作寻常茶饭的事,就实情而论,是一天也活不下去的。

在内有想要动弹的个性表现的欲望,而和这正相对,在外却有社会生活的束缚和强制不绝地迫压着。在两种的力之间,苦恼挣扎着的状态,就是人类生活。这只要就今日的劳动——不但是筋肉劳动,连口舌劳动,精神劳动,无论什么,一切劳动的状态一想就了然。说劳动是快乐,那已经是一直从前的话了。可以不为规则和法规所执缚,也不被"生活难"所催促,也不受资本主义和机械万能主义的压迫,而各人可以各做自由的发挥个性的创造生活的劳动,那若不是过去的上世,就是一部分的社会主义论者所梦想的乌托邦的话。要知道无论做一个花瓶,造一把短刀,也可以注上自己的心血,献出自己的生命的力,用了伺候神明似的虔敬的心意来工作的社会状态,在今日的实际上,是绝对地不可能的事了。

从今日的实际生活说来,则劳动就是苦患。从个人夺去了自由的创造创作的欲望,使他在压迫强制之下,过那不能转动的生活的就是劳动。现在已经成了人们若不在那用了生活难的威胁当作武器的机械和法则和因袭的强力之前,先舍掉了像人样的个性生活,多少总变一些法则和机械的奴隶,甚而至于自己若不变成机械的妖精,便即栖息不成的状态了。既有留着八字须的所谓教育家之流的教育机器,在银行和公司里,风采装得颇为时髦的计算机器也不少。放眼一看,以劳动为享乐的人们几乎全没有,就是今日的情形。这模样,又怎能寻出"生的欢喜"来?

人们若成了单为从外面逼来的力所动的机器的妖精,就是为人的最大苦痛了;反之,倘若因了自己的个性的内底要求所催促的劳动,那可常常是快乐,是愉悦。一样是搬石头种树木之类的造花园的劳动,在受着雇主的命令,或者迫于生活难的威胁,为了工钱而做事的花儿匠,是苦痛的。然而同是这件事,倘使有钱的封翁为了自己内心的要求,自己去做的时候,那就明明是快乐,是消遣了。这样子,在劳动和快乐之间,本没有工作的本质底差异。换了话说,就是并非劳动这一件事有苦患,给与苦患的毕竟不外乎从外面逼来的要求,即强制和压抑。

生活在现代的人们的生活,和在街头拉着货车走的马匹是一样的。从外面想,那确乎是马拉着车罢。马这一面,也许有自以为自己拉着车走的意思。但其实是不然的。那并非马拉着车,却是车推着马使它走。因为倘没有车和轭的压制,马就没有那么地流着大汗,气喘吁吁地奔走的必要的。在现世上,从早到晚飞着人力车,自以为出色的活动家的那些能手之流,其实是度着和那可怜的马匹相差一步的生活,只有自己不觉得,得意着罢了。

据希勒垒尔(Fr. Von Schiller)在那有名的《美底教育论》(*Briefe über die Aesthetische Erziehung des Menschen*)上所讲的话,则游戏者,是劳动者的意向(Neigung)和义务(Pflicht)适宜地一致调和了的时候的活动。我说"人惟在游玩的时候才是完全的人"[①]的意思,就是将人们专由自己内心的要求而动,不受着外底强制的自由的创造生活,指为游戏而言。世俗的那些贵劳动而贱游戏的话,若不是被永远甘受着强制的奴隶生活所麻痹了的人们的谬见,便是专制主义者和资本家的专为自己设想的任意的胡言。想一想罢,在人间,能有比自己表现的创造生活还要高贵的生活么?

没有创造的地方就没有进化。凡是只被动于外底要求,反覆着妥协和降伏的生活,而忘却了个性表现的高贵的,便是几千年几万年之间,虽在现在,也还反覆着往古的生活的禽兽之属。所以那些全不想发挥自己本身的生命力,单给因袭束缚着,给传统拘囚着,摹拟些先人做过的事,而坦然生活着的人们,在这一个意义上,就和畜生同列,即使将这样的东西

---

① 拙著《出了象牙之塔》一七四页《游戏论》参照。——译者注

聚集了几千万,文化生活也不会成立的。

然而以上的话,也不过单就我们和外界的关系说。但这两种的力的冲突,也不能说仅在自己的生命力和从外部而至的强制和压抑之间才能起来。人类是在自己这本身中,就已经有着两个矛盾的要求的。譬如我们一面有着要彻底地以个人而生活的欲望,而同时又有着人类既然是社会底存在物(social being)了,那就也就和什么家族呀,社会呀,国家呀等等调和一些的欲望。一面既有自由地使自己的本能得到满足这一种欲求,而人类的本性既然是道德底存在物(moral being),则别一面就该又有一种欲求,要将这样的本能压抑下去。即使不被外来的法则和因袭所束缚,然而却想用自己的道德,来抑制管束自己的要求的是人类。我们有兽性和恶魔性,但一起也有着神性;有利己主义的欲求,但一起也有着爱他主义的欲求。如果称那一种为生命力,则这一种也确乎是生命力的发现。这样子,精神和物质,灵和肉,理想和现实之间,有着不绝的不调和,不断的冲突和纠葛。所以生命力愈旺盛,这冲突这纠葛就该愈激烈。一面要积极底地前进,别一面又消极底地要将这阻住,压下。并且要知道,这想要前进的力,和想要阻止的力,就是同一的东西。尤其是倘若压抑强,则爆发性突进性即与强度为比例,也更加强烈,加添了炽热的度数。将两者作几乎成正比例看,也可以的。稍为极端地说起来,也就不妨说,无压抑,即无生命的飞跃。

这样的两种力的冲突和纠葛,无论在内底生活上,在外底生活上,是古往今来所有的人们都曾经验的苦痛。纵使因了时代的大势,社会的组织,以及个人的性情,境遇的差异等,要有些大小强弱之差,然而从原始时代以至现在,几乎没有一个不为这苦痛所恼的人们。古人曾将这称为"人生不如意"而叹息了;也说"不从心的是人间世"。用现在的话来说,这便是人间苦,是社会苦,是劳动苦。德国的厌生诗人来瑙(N. Lenau)虽曾经将这称为世界苦恼(Weltschmerz),但都是名目虽异,而包含意义的内容,总不外是想要飞跃突进的生命力,因为被和这正反对的力压抑了而生的苦闷和懊恼。

除了不耐这苦闷，或者绝望之极，否定了人生，至于自杀的之外，人们总无不想设些什么法，脱离这苦境，通过这障碍而突进的。于是我们的生命力，便宛如给磐石挡着的奔流一般，不得不成渊，成溪，取一种迂回曲折的行路。或则不能不尝那立马阵头，一面杀退几百几千的敌手，一面勇往猛进的战士一样的酸辛。在这里，即有着要活的努力，而一起也就生出人生的兴味来。要创造较好，较高，较自由的生活的人，是继续着不断的努力的。

所以单是"活着"这事，也就是在或一意义上的创造，创作。无论在工厂里做工，在帐房里算帐，在田里耕种，在市里买卖，既然无非是自己的生活力的发现，说这是或一程度的创造生活，那自然是不能否定的。然而要将这些作为纯粹的创造生活，却还受着太多的压抑和制驭。因为为利害关系所烦扰，为法则所左右，有时竟看见显出不能挣扎的惨状来。但是，在人类的种种生活活动之中，这里却独有一个绝对无条件地专营纯一不杂的创造生活的世界。这就是文艺的创作。

文艺是纯然的生命的表现；是能够全然离了外界的压抑和强制，站在绝对自由的心境上，表现出个性来的唯一的世界。忘却名利，除去奴隶根性，从一切羁绊束缚解放下来，这才能成文艺上的创作。必须进到那与留心着报章上的批评，算计着稿费之类的全然两样的心境，这才能成真的文艺作品，因为能做到仅被在自己的心里烧着的感激和情热所动，像天地创造的曙神所做的一样程度的自己表现的世界，是只有文艺而已。我们在政治生活，劳动生活，社会生活之类里所到底寻不见的生命力的无条件的发现，只有在这里，却完全存在。换句话说，就是人类得以抛弃了一切虚伪和敷衍，认真地诚实地活下去的唯一的生活。文艺的所以能占人类的文化生活的最高位，那缘故也就在此。和这一比较，便也不妨说，此外的一切人类活动，全是将我们的个性表现的作为加以减削，破坏，蹂躏的了。

那么，我在先前所说过那样的从压抑而来的苦闷和懊恼，和这绝对创造的文艺，究竟有着怎样的关系呢？并且不但从创作家那一面，还从鉴赏那些作品的读者这一面说起来，人间苦和文艺，应该怎样看法呢？我对于这些问题,当陈述自己的管见之前,想要作为准备,先在这里引用的,是在最近的思想界上得了很大的势力的一个心理学说。

四、精神分析学

在觉察了单靠试验管和显微镜的研究并不一定是达到真理的唯一的路,从实验科学万能的梦中,将要醒来的近来学界上,那些带着神秘底,思索底(speculative),以及罗曼底(romantic)的色采的种种的学说,就很得了势力了。即如我在这里将要引用的精神分析学(Psychoanalysis),以科学家的所说而论,也是非常异样的东西。

奥地利的维也纳大学的精神病学教授弗罗特(S. Freud),和一个医生叫作勃洛耶尔(J. Breuer)的,在一千八百九十五年发表了一本《歇斯迭里的研究》(*Studien über Hysterie*),一千九百年又出了有名的《梦的解释》(*Die Traumdeutung*),从此这精神分析的学说,就日见其多地提起学术界思想界的注意来。甚至于还有人说,这一派的学说在新的心理学上,其地位等于达尔文(Ch. Darwin)的进化论之在生物学。——弗罗特自己夸这学说似乎是歌白尼(N. Coppernicus)地动说以来的大发见,这可是使人有些惶恐。——但姑且不论这些,这精神分析论著想之极为奇拔的地方,以及有着丰富的暗示的地方,对于变态心理,儿童心理,性欲学等的研究,却实在开拓了一个新境界。尤其是最近几年来,这学说不但在精神病学上,即在教育学和社会问题的研究者,也发生了影响;又因为弗罗特对于机智,梦,传说,文艺创作的心理之类,都加了一种的解释,所以在今日,便是文艺批评家之间,也很有应用这种学说的人们了。而且连 Freudian Romanticism 这样的奇拔的新名词,也听到了。

新的学说也难于无条件地就接受。精神分析学要成为学界的定说,大约总得经过许多的修正,此后还须不少的年月罢。就实际而言,便是从我这样的门外汉的眼睛看来,这学说也还有许多不备和缺陷,有难于立刻首肯的地方。尤其是应用在文艺作品的说明解释的时候,更显出最甚的牵强附会的痕迹来。

弗罗特的所说，是从歇斯迭里病人的治疗法出发的。他发见了从希腊的息波克拉第斯（Hippokrates）以来直到现在，使医家束手的这莫名其妙的疾病歇斯迭里的病源，是在病人的阅历中的精神底伤害（Psychische Trauma）里。就是，具有强烈的兴奋性的欲望，即性欲——他称这为Libido——，曾经因了病人自己的道德性，或者周围的事情，受过压抑和阻止，因此病人的内底生活上，便受了酷烈的创伤。然而病人自己，却无论在过去，在现在，都丝毫没有觉到。这样的过去的苦闷和重伤，现在是已经逸出了他的意识的圈外，自己也毫不觉得这样的苦痛了。虽然如此，而病人的"无意识"或"潜在意识"中，却仍有从压抑得来的酷烈的伤害正在内攻，宛如液体里的沉滓似的剩着。这沉滓现在来打动病人的意识状态，使他成为病底，还很搅乱他的时候，便是歇斯迭里的症状，这是弗罗特所觉察出来的。

对于这病的治疗的方法，就是应该根据了精神分析法，寻出那是病源也是祸根的伤害究在病人的过去阅历中的那边，然后将他除去，绝灭。也就是使他将被压抑的欲望极自由地发露表现出来，即由此取去他剩在无意识界的底里的沉滓。这或者用催眠术，使病人说出在过去的阅历经验中的自以为就是这一件的事实来；或者用了巧妙的问答法，使他极自由极开放地说完苦闷的原因，总之是因为直到现在还加着压抑的便是病源，所以要去掉这压抑，使他将欲望搬到现在的意识的世界来。这样的除去了压抑的时候，那病也就一起医好了。

我在这里要引用一条弗罗特教授所发表的事例：

有一个生着很重的歇斯迭里的年青的女人。探查这女人的过去的阅历，就有过下面所说的事。她和非常爱她的父亲死别之后不多久，她的姊姊就结了婚。但不知怎样，她对于她的姊夫却怀着莫名其妙的好意，互相亲近起来，然而说这就是恋爱之类，那自然原是毫不觉到的。这其间，她的姊姊得病死去了。正和母亲一同旅行着，没有知道这事的她，待到回了家，刚站在亡姊的枕边的时候，忽而这样想：姊姊既然已经死掉，我就可以和他结婚了。

弟、妹和嫂嫂、姊夫结婚，在日本不算希罕，然而在西洋，是看作不伦的事的。弗罗特教授的国度里不知怎样；若在英吉利，则近来还用法律禁止着的事，在戏曲小说上就有。对于姊夫怀着亲密的意思的这女人，当"结婚"这一个观念突然浮上心头的时候，便跪在社会底因袭的面前，将这欲望自己压抑阻止了。会浮上"结婚"这一个观念，她对于姊夫也许本非无意的罢。——这一派的学者并将亲子之爱也看作性的欲望的变形，所以这女人许是失了异性的父亲的爱之后，便将这移到姊夫那边去。——然而这分明是恋爱，却连自己也没有想到过。而且和时光的经过一同，那女人已将这事完全忘掉；后来成了剧烈的歇斯迭里病人，来受弗罗特教授的诊察的时候，连曾经有过这样的欲望的事情也想不起来了。在受着教授的精神分析治疗之间，这才被叫回到显在意识上来，用了非常的情热和兴奋来表现之后，这病人的病，据说即刻也全愈了。这一派的学说，是将"忘却"也归在压抑作用里的。

弗罗特教授的研究发表了以来，这学说不但在欧洲，而在美洲尤其引起许多学子的注目。法兰西泊尔陀大学的精神病学教授莱琪（Régis）氏有《精神分析论》之作，瑞士图列息大学的永格（C. J. Jung）教授则出了《无意识的心理·性欲的变形和象征的研究，对于思想发达史的贡献》。前加拿大托隆德大学的教授琼斯（A. Jones）氏又将关于梦和临床医学和教育心理之类的研究汇聚在《精神分析论集》里。而且由了以青年心理学的研究在我国很出名的美国克拉克大学总长荷耳（G. Stanley Hall）教授，或是也如弗罗特一样的维也纳的医士亚特赍（A. Adler）氏这些人之手，这学说又经了不少的补足和修正。

但是，从精神病学以及心理学看来，这学说的当否如何，是我这样 layman 所不知道的。至于精细的研究，则我国也已有了久保博士的《精神分析法》和九州大学的榊教授的《性欲和精神分析学》这些好书，所以我在这里不想多说话。惟有作为文艺的研究者，看了最近出版的摩兑勒氏的新著《在文学里的色情的动机》①以及哈佛氏从这学说的见地,来批评美国近代文学上写实派的翘楚,而现在已经成了故人的荷惠勒士的书②;又在去年,给学生讲沙士比亚(W. Shakespeare)的戏曲《玛克培斯》(Macbeth)时,则读珂略德的新论③;此外,又读些用了同样的方法,来研究斯忒林培克(A. Strindberg),威尔士(H. C. Wells)等近代文豪的诸家的论文④。我就对于那些书的多属非常偏僻之谈,或则还没有丝毫触着文艺上的根本问题等,很以为可惜了。我想试将平日所想的文艺观——即生命力受了压抑而生的苦闷懊恼乃是文艺的根柢,而其表现法乃是广义的象征主义这一节,现在就藉了这新的学说,发表出来。这心理学说和普通的文艺家的所论不同,具有照例的科学者一流的组织底体制这一点,就是我所看中的。

五、人间苦与文艺

从这一学派的学说,则在向来心理学家所说的意识和无意识(即潜在意识)之外,别有位于两者的中间的"前意识"(Preconscious, Vorbewusste)。即使这人现在不记得,也并不意识到,但既然曾在自己的体验之内,那就随时可以自发底地想到,或者由联想法之类,能够很容易地拿到意识界来:这就是前意识。将意识比作戏台,则无意识就恰如在里面的后台。有

① *The Erotic Motive in Literature*. By Albert Mordell. New York,Boni and Liveright. 1919. ——译者注
② *William Dean Howells*:*A Study of the Achievement of a Literary Artist*. By Alexander Harvey. New York,B. W. Huebsch. 1917. ——译者注
③ *The Hysteria of Lady Macbeth*. By I. H. Coriat. New York,Moffat,Yard and Co. 1912. ——译者注
④ August Strindberg, a Psychoanalytic Study. By Axel Johan Uppvall. *Poet Lore*, Vol. XXXI, No. 1. Spring Number,1920.
   H. G. Wells and His Mental Hinterland. By Wilfrid Lay. *The Bookman*(New York),for July 1917. ——译者注

如原在后台的戏子,走出戏台来做戏一样,无意识里面的内容,是支使着意识作用的,只是我们没有觉察着罢了。其所以没有觉察者,即因中间有着称为"前意识"的隔扇,将两者截然区分了的缘故。不使"无意识"的内容到"意识"的世界去,是有执掌监视作用的监督(censor,Zensur)俨然地站在境界线上,看守着的。从那些道德,因袭,利害之类所生的压抑作用,须有了这监督才会有;由两种的力的冲突纠葛而来的苦闷和懊恼,就成了精神底伤害,很深地被埋葬在无意识界里的尽里面。在我们的体验的世界,生活内容之中,隐藏着许多精神底伤害或至于可惨,但意识地却并不觉着的。

然而出于意外的是无意识心理却以可骇的力量支使着我们。为个人,则幼年时代的心理,直到成了大人的时候也还在有意无意之间作用着;为民族,则原始底神话时代的心理,到现在也还于这民族有影响。——思想和文艺这一面的传统主义,也可以从这心理来研究的罢,永格教授的所谓"集合底无意识"(the collective unconscious)以及荷耳教授的称为"民族心"(folk-soul)者,皆即此。据弗罗特说,则性欲决不是到春机发动期才显现,婴儿的钉着母亲的乳房,女孩的缠住异性的父亲,都已经有性欲在那里作用着,这一受压抑,并不记得的那精神底伤害,在成了大人之后,便变化为各样的形式而出现。弗罗特引来作例的是莱阿那陀达文希①。他的大作,被看作艺术界中千古之谜的《穆那里沙》(*Mona Lisa*)的女人的微笑,经了考证,已指为就是这画家莱阿那陀五岁时候就死别了的母亲的记忆了。在俄国梅垒什珂夫斯奇(D. S. Merezhkovski)的小说《先驱者》(英译 *The Forerunner*)中,所描写的这文艺复兴期的大天才莱阿那陀的人格,现经精神病学者解剖的结果,也归在这无意识心理上,他那后年的科学研究热,飞机制造,同性爱,艺术创作等,全都归结到由幼年的性欲的压抑而来的"无意识"的潜势底作用里去了。

---

① Sigmund Freud, *Eine Kindheitserinnerung des Leonardo da Vinci*. Leipzig und Wien, Deuticke. 1910. ——译者注

不但将莱阿那陀,这派的学者也用了这研究法,试来解释过沙士比亚的《哈谟列德》(*Hamlet*)剧,跋格纳尔(R. Wagner)的歌剧,以及托尔斯泰(L. N. Tolstoi)和来瑙。听说弗罗特又已立了计画,并将瞿提(W. von Goethe)也要动手加以精神解剖了。如我在前面说过的乌普伐勒氏在克拉克大学所提出的学位论文《斯忒林培克研究》,也就是最近的一例。

说是因了尽要满足欲望的力和正相反的压抑力的纠葛冲突而生的精神底伤害,伏藏在无意识界里这一点,我即使单从文艺上的见地看来,对于弗罗特说也以为并无可加异议的余地。但我所最觉得不满意的是他那将一切都归在"性底渴望"里的偏见,部分底地单从一面来看事物的科学家癖。自然,对于这一点,即在同派的许多学子之间,似乎也有了各样的异论了。或者以为不如用"兴味"(interest)这字来代"性底渴望";亚特赍则主张是"自我冲动"(Ichtrieb),英吉利派的学者又想用哈弥耳敦(W. Hamilton)仿了康德(I. Kant)所造的"意欲"(conation)这字来替换他。但在我自己,则有如这文章的冒头上就说过一般,以为将这看作在最广的意义上的生命力的突进跳跃,是妥当的。

着重于永是求自由求解放而不息的生命力,个性表现的欲望,人类的创造性,这倾向,是最近思想界的大势,在先也已说过了。人认为这是对于前世纪以来的唯物观决定论的反动。以为人类为自然的大法所左右,但支使于机械底法则,不能动弹的,那是自然科学万能时代的思想。到了二十世纪,这就很失了势力,一面又有反抗因袭和权威,贵重自我和个性的近代底精神步步的占了优势,于是人的自由创造的力就被承认了。

既然肯定了这生命力,这创造性,则我们即不能不将这力和方向正相反的机械底法则,因袭道德,法律底拘束,社会底生活难,此外各样的力之间所生的冲突,看为人间苦的根柢。

于是就成了这样的事,即倘不是恭喜之至的人们,或脉搏减少了的老人,我们就不得不朝朝暮暮,经验这由两种力的冲突而生的苦闷和懊恼。换句话说,即无非说是"活着"这事,就是反覆着这战斗的苦恼。我们的生活愈不肤浅,愈深,便比照着这深,生命力愈盛,便比照着这盛,这苦恼也不得不愈加其烈。在伏在心的深处的内底生活,即无意识心理的底里,是蓄积着极痛烈而且深刻的许多伤害的。一面经验着这样的苦闷,一面参与着悲惨的战斗,向人生的道路进行的时候,我们就或呻,或叫,或怨嗟,或号泣,而同时也常有自己陶醉在奏凯的欢乐和赞美里的事。这发出来的声音,就是文艺。对于人生,有着极强的爱慕和执著,至于虽然负了重伤,流着血,苦闷着,悲哀着,然而放不下,忘不掉的时候,在这时候,人类所发出来的诅咒,愤激,赞叹,企慕,欢呼的声音,不就是文艺么? 在这样的意义上,文艺就是朝着真善美的理想,追赶向上的一路的生命的进行曲,也是进军的喇叭。响亮的闳远的那声音,有着贯天地动百世的伟力的所以就在此。

生是战斗。在地上受生的第一日,——不,从那最先的第一瞬,我们已经经验着战斗的苦恼了。婴儿的肉体生活本身,不就是和饥饿霉菌冷热的不断的战斗么? 能够安稳平和地睡在母亲的胎内的十个月姑且不论,然而一离母胎,作为一个"个体底存在物"(individual being)的"生"才要开始,这战斗的苦痛就已成为难免的事了。和出世同时呱的啼泣的那声音,不正是人间苦的叫唤的第一声么? 出了母胎这安稳的床,才遇到外界的刺激的那瞬时发出的啼声,是才始立马在"生"的阵头者的雄声呢,是苦闷的第一声呢,或者还是恭喜地在地上享受人生者的欢呼之声呢? 这些姑且不论,总之那呱呱之声,在这样的意义上,是和文艺可以看作那本质全然一样的。于是为要免掉饥饿,婴儿便寻母亲的乳房,烦躁着,哺乳之后,则天使似的睡着的脸上,竟可以看出美的微笑来。这烦躁和这微笑,这就是人类的诗歌,人类的艺术。生力旺盛的婴儿,呱呱之声也闳大。在没有这声音,没有这艺术的,惟有"死"。

用了什么美的快感呀,趣味呀等类非常消极底的宽缓的想头可以解释文艺,已经是过去的事了。文艺倘不过是文酒之宴,或者是花鸟风月之乐,或者是给小姐们散闷的韵事,那就不知道,如果是站在文化生活的最高位的人间活动,那么,我以为除了还将那根柢放在生命力的跃进上来作解释之外,没有别的路。读但丁(A. Dante),弥耳敦(J. Milton),裴伦

(G. G. Byron),或者对勃朗宁(R. Browning),托尔斯泰,伊孛生(H. Ibsen),左拉(E. Zola),波特来尔(C. Baudelaire),陀思妥夫斯奇(F. M. Dostojevski)等的作品的时候,谁还有能容那样呆风流的迂缓万分的消闲心的余地呢? 我对于说什么文艺上只有美呀,有趣呀之类的快乐主义底艺术观,要竭力地排斥他。而于在人生的苦恼正甚的近代所出现的文学,尤其深切地感到这件事。情话式的游荡记录,不良少年的胡闹日记,文士生活的票友化,如果全是那样的东西在我们文坛上横行,那毫不容疑,是我们的文化生活的灾祸。因为文艺决不是俗众的玩弄物,乃是该严肃而且沉痛的人间苦的象征。

六、苦闷的象征

据和伯格森一样,确认了精神生活的创造性的意大利的克洛契(B. Croce)的艺术论说,则表现乃是艺术的一切。就是表现云者,并非我们单将从外界来的感觉和印象他动底地收纳,乃是将收纳在内底生活里的那些印象和经验作为材料,来做新的创造创作。在这样的意义上,我就要说,上文所说似的绝对创造的生活即艺术者,就是苦闷的表现。

到这里,我在方便上,要回到弗罗特一派的学说去,并且引用他。这就是他的梦的说。

说到梦,我的心头就浮出一句勃朗宁咏画圣安特来亚的诗来:

——Dream? strive to do,and agonize to do,and fail in doing.

——Andrea del Sarto

"梦么? 抢着去做,拼着去做,而做不成。"这句子正合于弗罗特的欲望说。

据弗罗特说,则性底渴望在平生觉醒状态时,因为受着那监督的压抑作用,所以并不自由地现到意识的表面。然而这监督的看守松放时,即压抑作用减少时,那就是睡眠的时候。性底渴望便趁着这睡眠的时候,跑到意识的世界来。但还因为要瞒过监督的眼睛,又不得不做出各样的胡乱的改装。梦的真的内容——即常是躲在无意识的底里的欲望,便将就近的顺便的人物事件用作改装的家伙,以不称身的服饰的打扮而出来了。这改装便是梦的显在内容(manifeste Trauminhalt),而潜伏着的无意识心理的那欲望,则是梦的潜在内容(latente Trauminhalt),也即是梦的思想(Traumgedanken)。改装是象征化。

听说出去探查南极的人们,缺少了食物的时候,那些人们的多数所梦见的东西是山海的珍味;又听说旅行亚非利加的荒远的沙漠的人夜夜走过的梦境,是美丽的故国的山河。不得满足的性欲冲动在梦中得了满足,成为或一种病底状态,这是不待性欲学者的所说,世人大抵知道的罢。这些都是最适合于用弗罗特说的事,以梦而论,却是甚为单纯的。柏拉图的《共和国》(Platon's *Republica*)摩耳的《乌托邦》(Th. More's *Utopia*),以至现代所做的关于社会问题的各种乌托邦文学之类,都与将思想家的欲求,借了梦幻故事,照样表现出来的东西没有什么不同。这就是潜在内容的那思想,用了极简单极明显的显在内容——即外形——而出现的时候。

抢着去做,拼着去做,而做不成的那企慕,那欲求,若正是我们伟大的生命力的显现的那精神底欲求时,那便是以绝对的自由而表现出来的梦。这还不能看作艺术么? 伯格森也有梦的论,以为精神底活力(Energie spirituel)具了感觉底的各样形状而出现的就是梦。这一点,虽然和欲望说全然异趣,但两者之间,我以为也有着相通的处所的。

然而文艺怎么成为人类的苦闷的象征呢? 为要使我对于这一端的见解更为分明,还有稍为借用精神分析学家的梦的解说的必要。

作为梦的根源的那思想即潜在内容,是很复杂而多方面的,从未识人情世故的幼年时代以来的经验,成为许多精神底伤害,积蓄埋藏在"无意识"的圈里。其中的几个,即成了梦而出现,但显在内容这一面,却被缩小为比这简单得多的东西了。倘将现于一场的梦的戏台上的背景,人物,事件分析起来,再将各个头绪作为线索,向潜在内容那一面寻进去,在那里便能够看见非常复杂的根本。据说梦中之所以有万料不到的人物和事件的配搭,出奇的 anachronism(时代错误)的凑合者,就因为有这压缩作用(Verdichtungsarbeit)的缘故。就像在演戏,将绵延三四十年的事象,仅用三四时间的扮演便已表现了的一般;又如罗舍谛(D. G. Rossetti)的诗《白船》(White Ship)中所说,人在将要淹死的一刹那,就于瞬间梦见自己的久远的过去的经验,也就是这作用。花山院的御制有云:

在未辨长夜的起讫之间,

梦里已见过几世的事了。

(《后拾遗集》十八)

即合于这梦的表现法的。

梦的世界又如艺术的境地一样,是尼采之所谓价值颠倒的世界。在那里有着转移作用(Verschiebungsarbeit),即使在梦的外形即显在内容上,出现的事件不过一点无聊的情由,但那根本,却由于非常重大的大思想。正如虽然是只使报纸的社会栏热闹些的市井的琐事,邻近的夫妇的拌嘴,但经沙士比亚和伊孛生的笔一描写,在戏台上开演的时候,就暗示出在那根柢中的人生一大事实一大思想来。梦又如艺术一样,是一个超越了利害道德等一切的估价的世界。寻常茶饭的小事件,在梦中就如天下国家的大事似的办,或者正相反,便是惊天动地的大事件,也可以当作平平常常的小事办。

这样子,在梦里,也有和戏曲小说一样的表现的技巧。事件展开,人物的性格显现。或写境地,或描动作。弗罗特称这作用为描写(Darstellung)①。

所以梦的思想和外形的关系,用了弗罗特自己的话来说,则为"有如将同一的内容,用了两种各别的国语来说出一样。换了话说,就是梦的显在内容者,即不外乎将梦的思想,移到别的表现法去的东西。那记号和联

————

① 关于以上的作用,详见 Sigm. Freud, *Die Traumdeutung*, S. 222-273. ——译者注

络,则我们可由原文和译文的比较而知道"①。这岂非明明是一般文艺的表现法的那象征主义(symbolism)么?

或一抽象底的思想和观念,决不成为艺术。艺术的最大要件,是在具象性。即或一思想内容,经了具象底的人物,事件,风景之类的活的东西而被表现的时候;换了话说,就是和梦的潜在内容改装打扮了而出现时,走着同一的径路的东西,才是艺术。而赋与这具象性者,就称为象征(symbol)。所谓象征主义者,决非单是前世纪末法兰西诗坛的一派所曾经标榜的主义,凡有一切文艺,古往今来,是无不在这样的意义上,用着象征主义的表现法的。

在象征,内容和外形之间,总常有价值之差。即象征本身和仗了象征而表现的内容之间,有轻重之差,这是和上文说过的梦的转移作用完全同一的。用色采来说,就和白表纯洁清净,黑表死和悲哀,黄金色表权力和荣耀似的;又如在宗教上最多的象征,十字架,莲花,火焰之类所取义的内容等,各各含有大神秘的潜在内容正一样。就近世的文学而言,也有将伊孛生的《建筑师》(英译 *The Master Builder*)的主人公所要揭在高塔上的旗子解释作象征化了的理想,他那《游魂》(英译 *Ghosts*)里的太阳则是表象那个人主义的自由和美的。即全是借了简单的具象底的外形(显在内容),而在中心,却表显着复杂的精神底的东西,理想底的东西,或思想,感情等。这思想感情,就和梦的时候的潜在内容相当。

象征的外形稍为复杂的东西,便是讽喻(allegory)、寓言(fable)、比喻(parable)之类,这些都是将真理或教训,照样极浅显地嵌在动物谭或人物故事上而表现的。但是,如果那外形成为更复杂的事象,而备了强的情绪底效果,带着刺激底性质的时候,那便成为很出色的文艺上的作品。但丁的《神曲》(*Divina Commedia*)表示中世的宗教思想,弥耳敦的《失掉的乐园》(*Paradise Lost*)以文艺复兴以后的新教思想为内容,带到沙士比亚的

---

① op. cit. S. 222. ——译者注

《哈谟列德》来暗示而且表象了怀疑的烦闷,而真的艺术品于是成功。[①] 照这样子,弗罗特教授一派的学者又来解释希腊梭孚克里斯(Sophokles)的大作,悲剧《阿迭普斯》,立了有名的 OEDIPUS COMPLEX(阿迭普斯错综)说;又从民族心理这方面看,使古代神话传说的一切,都归到民族的美的梦这一个结论了。

在内心燃烧着似的欲望,被压抑作用这一个监督所阻止,由此发生的冲突和纠葛,就成为人间苦。但是,如果说这欲望的力免去了监督的压抑,以绝对的自由而表现的唯一的时候就是梦,则在我们的生活的一切别的活动上,即社会生活,政治生活,经济生活,家族生活上,我们能从常常受着的内底和外底的强制压抑解放,以绝对的自由,作纯粹创造的唯一的生活就是艺术。使从生命的根柢里发动出来的个性的力,能如间歇泉(geyser)的喷出一般地发挥者,在人生惟有艺术活动而已。正如新春一到,草木萌动似的,禽鸟嘤鸣似的,被不可抑止的内底生命(inner life)的力所逼迫,作自由的自己表现者,是艺术家的创作。在惯于单是科学底地来看事物的心理学家的眼里,至于看成"无意识"的那么大而且深的这有意识的苦闷和懊恼,其实是潜伏在心灵的深奥的圣殿里的。只有在自由的绝对创造的生活里,这受了象征化,而文艺作品才成就。

人生的大苦患大苦恼,正如在梦中,欲望便打扮改装着出来似的,在文艺作品上,则身上裹了自然和人生的各种事象而出现。以为这不过是外底事象的忠实的描写和再现,那是谬误的皮相之谈。所以极端的写实主义和平面描写论,如作为空理空论则弗论,在实际的文艺作品上,乃是无意义的事。便是左拉那样主张极端的唯物主义的描写论的人,在他的著作《工作》(Travail),《蕃茂》(La Fécondité)之类里所显示的理想主义,不就内溃了他自己的议论么? 他不是将自己的欲望的归着点这一个理

[①] 我的旧作《近代文学十讲》(小板)五五〇页以下参照。
Silberer,*Problems of Mysticism and Its Symbolism*. New York,Moffat,Yard and Co. 1917.这一部书也是从精神分析学的见地写成的,关于象征和寓言和梦的关系,可以参照同书的 Part I,Sections I,II;Part II,Section I. ——译者注

想,就在那作品里暗示着么？如近时在德国所唱道的称为表现主义（Expressionismus）的那主义,要之就在以文艺作品为不仅是从外界受来的印象的再现,乃是将蓄在作家的内心的东西,向外面表现出去。他那反抗从来的客观底态度的印象主义（Impressionismus）而置重于作家主观的表现（Expression）的事,和晚近思想界的确认了生命的创造性的大势,该可以看作一致的罢。艺术到底是表现,是创造,不是自然的再现,也不是摹写。

倘不是将伏藏在潜在意识的海的底里的苦闷即精神底伤害,象征化了的东西,即非大艺术。浅薄的浮面的描写,纵使巧妙的技俩怎样秀出,也不能如真的生命的艺术似的动人。所谓深入的描写者,并非将败坏风俗的事象之类,详细地,单是外面底地细细写出之谓;乃是作家将自己的心底的深处,深深地而且更深深地穿掘下去,到了自己的内容的底的底里,从那里生出艺术来的意思。探检自己愈深,便比照着这深,那作品也愈高,愈大,愈强。人觉得深入了所描写的客观底事象的底里者,岂知这其实是作家就将这自己的心底极深地抉剔着,探检着呢。克洛契之所以承认了精神活动的创造性者,我以为也就是出于这样的意思。

不要误解。所谓显现于作品上的个性者,决不是作家的小我,也不是小主观。也不得是执笔之初,意识地想要表现的观念或概念。倘是这样做成的东西,那作品便成了浅薄的做作物,里面就有牵强,有不自然,因此即不带着真的生命力的普遍性,于是也就欠缺足以打动读者的生命的伟力。在日常生活上,放肆和自由该有区别,在艺术也一样,小主观和个性也不可不有截然的区别。惟其创作家有了竭力忠实地将客观的事象照样地再现出来的态度,这才从作家的无意识心理的底里,毫不勉强地,浑然地,不失本来地表现出他那自我和个性来。换句话,就是惟独如此,这才发生了生的苦闷,而自然而然地象征化了的"心",乃成为"形"而出现。所描写的客观的事象这东西中,就包藏着作家的真生命。到这里,客观主义的极致,即与主观主义一致,理想主义的极致,也与现实主义合一,而真的生命的表现的创作于是成功。严厉地区别着什么主观,客观,理想,现实之间,就是还没有达于透彻到和神的创造一样程度的创造的缘故。大自然大生命的真髓,我以为用了那样的态度是捉不到的。

即使是怎样地空想底的不可捉摸的梦,然而那一定是那人的经验的内容中的事物,各式各样地凑合了而再现的。那幻想,那梦幻,总而言之,就是描写着藏在自己的胸中的心象。并非单是摹写,也不是摹仿。创造创作的根本义,即在这一点。

在文艺上设立起什么乐观,厌生观,或什么现实主义,理想主义等类的分别者,要之就是还没有触到生命的艺术的根柢的,表面底皮相底的议论。岂不是正因为有现实的苦恼,所以我们做乐的梦,而一起也做苦的梦么?岂不是正因为有不满于现在的那不断的欲求,所以既能为梦见天国那样具足圆满的境地的理想家,也能梦想地狱那样大苦患大懊恼的世界的么?才子无所往而不可,在政治科学文艺一切上都发挥出超凡的才能,在别人的眼里,见得是十分幸福的生涯的瞿提的阅历中,苦闷也没有歇。他自己说,"世人说我是幸福的人,但我却送了苦恼的一生。我的生涯,都献给一块一块叠起永久的基础来这件事了。"从这苦闷,他的大作《孚司德》(Faust),《威绥的烦恼》(Werthers Leiden),《威廉玛思台尔》(Wilhelm Meister),便都成为梦而出现。投身于政争的混乱里,别妻者几回,自己又苦闷于盲目的悲运的弥耳敦,做了《失掉的乐园》,也做了《复得的乐园》(Paradise Regained)。失了和毕阿德里契(Beatrice)的恋,又为流放之身的但丁,则在《神曲》中,梦见地狱界,净罪界和天堂界的幻想。谁能说失恋丧妻的勃朗宁的刚健的乐天诗观,并不是他那苦闷的变形转换呢?若在大陆近代文学中,则如左拉和陀思妥夫斯奇的小说,斯忒林培克和伊孛生的戏曲,不就可以听作被世界苦恼的恶梦所魔的人的呻吟声么?不是梦魔使他叫唤出来的可怕的诅咒声么?

法兰西的拉玛尔丁(A. M. L. de Lamartine)说明弥耳敦的大著作,以为《失掉的乐园》是清教徒睡在《圣书》(Bible)上面时候所做的梦,这实在不应该单作形容的话看。《失掉的乐园》这篇大叙事诗虽然以《圣书》开头的天地创造的传说为梦的显在内容,但在根柢里,作为潜在内容者,则是苦闷的人弥耳敦的清教思想(Puritanism)。并不是撒但和神的战争以及伊甸的乐园的叙述之类,动了我们的心;打动我们的是经了这样的外形,传到读者的心胸里来的诗人的痛烈的苦闷。

在这一点上,无论是《万叶集》,是《古今集》,是芜村,芭蕉的俳句,是西洋的近代文学,在发生的根本上是没有本质底的差异的。只有在古时候的和歌俳句的诗人——戴着樱花,今天又过去了的词臣,那无意识心理的苦闷没有像在现代似的痛烈,因而精神底伤害也就较浅之差罢了。既经生而为人,那就无论在词臣,在北欧的思想家,或者在漫游的俳人,人间苦便都一样地在无意识界里潜伏着,而由此生出文艺的创作来。

我们的生活力,和侵进体内来的细菌战。这战争成为病而发现的时候,体温就异常之升腾而发热。正像这一样,动弹不止的生命力受了压抑和强制的状态,是苦闷,而于此也生热。热是对于压抑的反应作用;是对于 action 的 reaction。所以生命力愈强,便比照着那强,愈盛,便比照着那盛,这热度也愈高。从古以来,许多人都曾给文艺的根本加上各种的名色了。沛得(Walter Pater)称这为"有情热的观照"(impassioned contemplation),梅垒什珂夫斯奇叫他"情想"(passionate thought),也有借了雪莱(P. B. Shelley)《云雀歌》(Skylark)的末节的句子,名之曰"谐和的疯狂"(harmonious madness)的批评家。古代罗马人用以说出这事的是"诗底奋激"(furor poeticus)。只有话是不同的,那含义的内容,总之不外乎是指这热。沙士比亚却更进一步,有如下面那样地作歌。这是当作将创作心理的过程最是诗底地说了出来的句子,向来脍炙人口的:

> The poet's eye, in a fine frenzy rolling,
>
> Doth glance from heaven to earth, from earth to heaven;
>
> And as imagination bodies forth
>
> The forms of things unknown, the poet's pen
>
> Turns them to shapes, and gives to airy nothing
>
> A local habitation and a name.
>
> ——*Midsummer Night's Dream*, Act v. Sc. i.

> 诗人的眼,在微妙的发狂的回旋,
>
> 瞥闪着,从天到地,从地到天;
>
> 而且提出未知的事物的形象来,作为想象的物体,
>
> 诗人的笔即赋与这些以定形,
>
> 并且对于空中的乌有,
>
> 则给以居处与名。
>
> ——《夏夜的梦》,第五场,第一段。

在这节的第一行的 fine frenzy,就是指我所说的那样意思的"热"。

　　然而热这东西,是藏在无意识心理的底里的潜热。这要成为艺术品,还得受了象征化,取或一种具象底的表现。上面的沙士比亚的诗的第三行以下,即可以当作指这象征化具象化看的。详细地说,就是这经了目能见耳能闻的感觉的事象即自然人生的现象,而放射到客观界去。对于常人的眼睛所没有看见的人生的或一状态"提出未知的事物的形象来,作为想象的物体";抓住了空漠不可捉摸的自然人生的真实,给与"居处与名"的是创作家。于是便成就了有极强的确凿的实在性的梦。现在的 poet 这字,语源是从希腊语的 poiein = to make 来的。所谓"造"即创作者,也就不外乎沙士比亚之所谓"提出未知的事物的形象来,作为想象的物体,即赋与以定形"的事。

　　最初,是这经了具象化的心像(image),存在作家的胸中。正如怀孕一样,最初,是胎儿似的心像,不过为 conceived image。是西洋美学家之所谓"不成形的胎生物"(abortive conception)。既已孕了的东西,就不能不产出于外。于是作家遂被自己表现(self-expression or self-externalization)这一个不得已的内底要求所逼迫,生出一切母亲都曾经验过一般的"生育的苦痛"来。作家的生育的苦痛,就是为了怎样将存在自己胸里的东西,炼成自然人生的感觉底事象,而放射到外界去;或者怎样造成理趣情景兼备的一个新的完全的统一的小天地,人物事象,而表现出去的苦痛。这又如母亲们所做的一样,是作家分给自己的血,割了灵和肉,作为一个新的创造物而产生。

又如经了"生育的苦痛"之后,产毕的母亲就有欢喜一样,在成全了自己生命的自由表现的创作家,也有离了压抑作用而得到创造底胜利的欢喜。从什么稿费名声那些实际底外底的满足所得的不过是快感(pleasure),但别有在更大更高的地位的欢喜(joy),是一定和创造创作在一处的。

四

近代美术史潮论①

[日本]板垣鹰穗

序　言

　　将从法兰西大革命起,直到现代的欧洲近世的美术史潮,作为全体,总括底地处理起来,是历史学上的极有深趣——但同时也极其困难——的题目。在这短短的时期内,有着眩眼的繁复而迅速的思潮的变迁。加以关涉于这样的创造之业的国民的种类,也繁多得很。说是欧洲的几乎全土,全都参与了这醒目的共同事业,也可以的。于是各民族的地方色彩和时代精神的各种相,也就各各随意地,鲜明地染出那绚烂的众色来,所以从历史的见地,加以处理,便觉到深的感兴。但有许多困难,随伴着这时代的处理法,大约也就为了这缘故罢。

　　在总括底地处理着这时代的现象的向来的美术史中,几乎在任何尝试上,都可以窥见的共通的倾向,是那把握的方法,只计及于便宜本位。

---

① 该书为美术史论著,作者为日本文艺理论家板垣鹰穗(1894—1966)。该著作对18世纪后期至20世纪初这一百余年的欧洲美术做了一个简明的概述。原著附有140幅插图。鲁迅于1928年2月11日完成该著作的翻译。上海《北新》半月刊在1928年1月第2卷第5期至该年10月第22期上连载;原著插图直至1929年3月的第3卷第6期刊毕。1929年北新书局以期刊原版重校印行单行本。本书收录序言和第一部分。——编者注

这不消说,从中也有关于整理史料的办法等,有着许多可以感谢的功绩的工作,然而根据了一种根本概念或原理,统一底地叙述下去的,却几于绝无。但在最近,自从德奥的学界,通行了以"艺术意欲"为基础的美术史上的考察以来,近代美术的处理法,也采用着新的方法了。如勘密特的著书《现代的美术》,便是其一的显著的示例。

这书出来的时候,我于勘密特的处理法之新,感到了兴味。对于这书的内容,虽然怀着许多不满和异议,但也起了试将这加以绍介的心思。将本书的论旨,抄译下来,作为那时计画才成的"岩波美术丛书"的一编,便出于这意思。但是,有如在那本译书的序文上已经批评着一样,勘密特的办法,在将艺术意欲论,来适用于近代美术史潮的方法上,固然是巧妙的,然而对于计量各个作家的伟大和意义,我以为犯着颇大的错误。太只尊重那伏流于美术思潮的底下的意欲,是一般艺术意欲论者的通弊,这一点,勘密特也一样的。

抱着竭力补正这样的勘密特的著作的缺点,就用这题目,照了自己的意见,试来做过一回的希望(?)的我,二三年来,便在讲义之际,也时时试选些关于这问题的题目。这时,适值有一个美术杂志来托做一年的连载文字了,我便想,总之,且试来写写如上的问题的一部分罢。然而那时的我的心情,要对于每月的连载,送去一定分量的文稿,是不容易的。于是回绝了杂志那一面,而单就自己的兴之所向,写起稿来。这一本寡陋的书的成就,大概就由于那样的事情。

这不待言,不过是一个肄习。是割舍了许多材料,只检取若干显著的史实,一面加以整顿的尝试。将无论从那一方面看,无不在极其复杂的关系上的这时代的丰富的史料,运用得十分精熟,在现今的我,是不可能的。

本书的出版,是正值困于一般经济界的销沉和豫约书的续出的出版界混乱时代。然而出版所大镫阁,却将我的任性而奢侈的计画,什么都欣然答应了。这一节,是尤应该深谢经理田中氏的尽力的。此外,关于插图的选择,则感谢友人富永总一君的援助。

　　还有,当本书刊行之际,想到的事还多。觉得从先辈诸氏和友人诸君常常所受的援助,殊为不少。从中,尤所难忘者,是当滞留巴黎时,儿岛喜久雄氏所给与的恳切的指导。在这里再一表我的谢意。

　　　　　　　　　　　　昭和二年秋,著者记于上落合。

一　民族与艺术意欲

一

　　"艺术意欲"（Kunstwollen）这句话，在近时，成为美术史论上的流行语了。首先将一定的意义，给与这 Kunstwollen 而用之于历史学上的特殊的概念者，大抵是维纳系统的美术史家们。但是，在这一派学者们所给了概念的内容上，却并无什么一致和统一。单是简单地用了"艺术意欲"这句话所标示的意义内容，即各各不同。既有以此指示据文化史而划分的一时代的创造形式的人，也有用为一民族所固有的表现样式的意义的学者。维纳系统的学者们所崇仰为他们的祖师的理克勒（Alois Riegl），在那可尊敬的研究《后期罗马的美术工艺》（*Spätrömische Kunst-Industrie*）上，为说明一般美术史上的当时固有的历史底使命计，曾用了艺术意欲这一个概念，来阐明后期罗马时代所特有的造形底形式观。又，现代的流行儿渥令该尔（Wilhelm Worringer），则在他的主著《戈谛克形式论》（*Formproblem der Gotik*）中，将上面的话，用作"与造形上的创造相关的各民族的特异性"一类的意思。还有，尤其喜欢理论的游戏的若干美学者们，则将原是美术史上的概念的这句话，和哲学上的议论相联结，造成了对于历史上的事实的考察，毫无用处的空虚的概念。载在迪梭亚尔的美学杂志上的巴诺夫斯奇（Panofsky）的《艺术意欲的概念》（Der Begriff des Kunstwollens）便是一个适例。但是，总而言之，倘说，在脱离了美学者所玩弄的"为议论的议论"，将这一句话看作美术史上的特殊的概念，而推崇"艺术意欲"，作为历史底考察的主要标准的人们，那共通的信念，根据是在竭力要从公平的立脚点，来懂得古来的艺术底作品这一种努力上，是可以的。他们的设计，是在根本底地脱出历来的艺术史家们所容易陷入的缺点——即用了"永远地妥当"的唯一的尺度，来一律地测定，估计历代的艺术这一种独断——这一节。倘要懂得"时代之所产"的艺术，原是无论如何，有用了产生这艺术的时代所通用的尺度来测定的必要的。进了产出这样的艺术底作品的民族和时代之中，看起来，这才如实地懂得那特质和意义。要公平地估计一件作品时，倘不站在产出这作品的地盘上，包在催促创造的时代的空气里，是不行的——他们是这样想。在上文所说的理克勒的主著中，对于世人一般所指为"没有生气的时代的产物"，评为"硬化了的作品"的后期罗马时代的美术，也大加辩护，想承认其特殊的意义和价值。想从一个基本底的前提——在艺术史底发展的过程上，是常有着连续底的发达，常行着新的东西的创造的——出发，以发见那加于沉闷的后期罗马时代艺术上的历史底使命。想将在过去的大有光荣的古典美术中所未见，等到后来的盛大的基督教美术，这才开花的紧要的萌芽，从这沉闷的时代的产物里拾取起来。想在大家以为已经枯死了的时代中，看出有生气的生产力。理克勒的炯眼在这里所成就的显赫的结果，其给与于维纳派学徒们的影响，非常之大。而他的后继者之一的渥令该尔，为阐明戈谛克美术的特质起见，又述说了北欧民族固有的历史底使命，极为欧洲大战以后的，尤其是民族底自觉正在觉醒的——与其这样说，倒不如说是爱国热过于旺盛的——现代德国的社会所欢迎。

　　从推崇"艺术意欲"的这些历史论思索起来，首先疑及的，是当评量艺术上的价值之际，迄今用惯了的"规准"的权威。是超越了时代精神，超越了民族性的绝对永久的"尺度"的存在。历史学上的这新学说——在外形上——是和物理学上的相对性原理相像的。在物理学上，关于物体运动的绝对底的观测，已经无望，一切测定，都成了以一个一定的观点为本的"相对底"的事了，美术史上的考察也如此，也逐渐疑心到绝对不变的地位和妥当的尺度的存在。于是推崇"艺术意欲"的人们，便排除这样的绝对底尺度的使用，而别求相对底尺度，要将各时代各民族的艺术，就各各用了那时代，那民族的尺度来测定它。对于向来所常用的那样，以希腊美术的尺度来量埃及美术，或从文艺复兴美术的地位来考察中世美术似的"无谋"的尝试，开手加以根本底的批评了。他们首先，来寻求在测定上必要的"相对底尺度"。要知道现所试行考察的美术,在那创造之际的时代和民族的艺术底要求。要懂得那时代,那民族所固有的艺术意欲。

这新的考察法,可以适应到什么地步呢? 又,他们所主张的尝试,成功到什么地步了呢? 这大概是美术史方法论上极有兴味的问题罢。还有,这对于以德国系美术史论上有正系的代表者之称的威勒夫林(Heinrich Wölflin)的"视底形式"(Sehform)为本的学说,站在怎样的交涉上呢,倘使加以考察,想来也可以成为历史哲学上的有趣的题目。关于这些历史方法论上,历史哲学上的问题,我虽有拟于不远的时宜,陈述卑见的意向,但现在在这里没有思索这事的余闲,也并无这必要。在此所能下断语者,惟自从这样的学说,惹了一般学界的注意以来,美术史家的眼界更广大,理解力也分明进步了。在先前只以为或一盛世的余光的地方,看出了新的历史底使命。当作仅是颓废期的现象,收拾去了的东西,却作为新样式的发现,而被注目了。不但这些。无论何事,都从极端之处开头的这一种时行的心理,驱遣了批评家,使它便是对于野蛮人的艺术,也尊敬起来。于是黑人的雕刻,则被含着兴味而考察,于东洋的美术,则呈以有如目下的褒辞。希腊和意大利文艺复兴的美术,占着研究题目的大部分的时代已经过去,关于戈谛克,巴洛克的著述多起来了。历史家应该竭力是公平的观察者,同时也应该竭力是温暖的同情者,而且更应该竭力是锐利的洞察者——这几句说旧了的言语,现在又渐渐地使美术史界觉醒起来了。

但是,我在这里搬出长的史论上的——在许多的读者,则是极其闷气的——说话来,自然并非因为从此还要继续麻烦的议论。也不是装起了这样的议论的家伙,要给我的不工的叙述,以一个"确当的理由"。无非因为选作本稿的题目的近世欧洲的美术史潮——作为说明的手段——是要求这一种前提的。时代文化的特性和民族底的色彩,无论在那一个时期,在那里的美术,无不显现,自不待言,但在近代欧洲的美术史潮间,则尤其显现于浓厚而鲜明,而又深醲,复杂的姿态上。而且为对于这一期间的美术史潮的全景,画了路线,理解下去起见,也有必须将这宗美术史上的基础现象,加以注意的必要的。

二

凡文化的诸相,大抵被装着它的称为"社会"这器皿的样式拘束着。形成文化史上的基调的一般社会的形态,则将那时所营的文化底创造物的大体的型模,加以统一。纵有程度上之差,但无论是哲学,是艺术,这却一样的。这些文化的各各部门——不消说得——固然照着那文化的特异性,各各自律底地,遂行着内面底的展开。但在别一面,也因了外面底的事情,常受着或一程度的支配。而况在美术那样,在一般艺术中,和向外的社会生活关系特深的东西,即尤其如此。在这里,靠着本身的必然性,而内面底地,发现出自己来的力量,是有的。但同时,被统御着一般社会的大势的基调——与其这样说,倒不如说是更表面底的社会上的权威——所支配着的情形,却较之别的文化为更甚。美术家常常必需促其制作的保护者。而那保护者,则多少总立在和社会上的权威相密接的关系上。不但如此,许多时候,这保护者本身,便是在当时社会上的最高的权威。使斐提亚斯和伊克谛努斯做到派第诺神祠的庄严者,是雅典的政治家贝理克来斯;使密开朗改罗完成息斯丁礼堂的大作者,是英迈的教皇求理阿二世,就像这样,美术底创造之业的背后,是往往埋伏着保护者的。至少,到十九世纪的初头为止,有这样的事。

但从十九世纪的初头——正确地说,则从发生于一七八九年的法兰西大革命前后的时候起,欧洲文化的型模,突然变化起来了。从历来总括底地支配着一般社会的权力,得了解放的文化的诸部门,都照着本身的必然性,开始自由地来营那创造之业。因为一般文化的展开,是自律底的,美术也就从外界的权威解放出来,得行其自由的发展。正如支配中世的文化者,是基督教会,支配文艺复兴的文化者,是商业都市一样,对于十七世纪的文化,加以指导,催进的支配者,是各国的宫廷。而尤是称为"太阳王"的路易十四世的宫廷。现在且仅以美术史的现象为限,试来一想这样的史上历代的事实。中世纪的美术,在兰斯和夏勒图尔的伽蓝就可见,是偏注于寺院建筑的。养活文艺复兴的美术家们者,就像在斐连垂的美提希氏一样,大抵是商业都市国家的富裕的豪门。十七世纪的美术家,则从环绕着西班牙,法兰西的宫廷的贵族中,寻得他们的保护者。在路易十四世的拘束而特尚仪式的宫廷里,则生出大举的历史画和浓厚的装饰画来。作为从其次的摄政期起,以至路易十五世在位中,所行的极意的放纵的官能生活的产物,则留下了美艳而轻妙的罗珂珂的艺术。大革命是即起于其直后的。绕着布尔蓬王朝的贵族们,算是最后,从外面支配着美术界的权力,骤然消失了。以查柯宾党员,挥其铁腕的大辟特,则封闭了原是宫廷艺术的代表底产物的亚克特美。这一着,乃是最后的一击,断绝了从来的文化的呼吸之音的。

那么,在大革命后的时代,所当从新经营的美术底创造之业,凭什么来指导呢? 从他律底的威力,解放了出来的美术家们,以什么为目标而开步呢? 当美术底创造,得了自由的展开之际,则新来就指导者的位置的,乃是时代思想。时代思想即成为各作家的艺术底信念,支配了创造之业了。这在统法兰西大革命前后的时期中,首先是古典主义的艺术论。于是罗曼谛克的思想,写实主义,印象主义,便相继而就了指导者的位置。仰绥珊,戈庚,望诃霍,蒙克,诃特赉,玛来斯为开祖的最近的时代思潮,要一句便能够代表的适宜的话,是没有的,但恐怕用"理想主义"这一语,也可以概括了罢。属于这一时代的作家的主导倾向,在一方面,是极端地观念主义底,而同时在他方面,则是极端地形式主义底的。

然而在这里,有难于忽视的一种极重要的特性,现于近世欧洲的美术史潮上。就是——欧洲的几乎全土,同时都参与着这新的经营了。法兰西,德意志,英吉利三国,是原有的,而又来了西班牙,意太利,荷兰那样睡在过去的光荣里的诸邦,还要加些瑞士,瑙威,俄罗斯似的新脚色。于是就生出下面那样兴味很深的现象来——领导全欧文化的时代思想,虽然只有一个,但因了各个国度,而产物的彩色,即有不同。美术底创造的川流,都被种种的地方色,鲜明地染着色彩。时代思想的纬,和民族性的经,织出了美术史潮的华丽的文锦来。时代文化的艺术意欲,和民族固有的艺术意欲,两相交叉。因此,凡欲考察近世的美术史潮者,即使并非维纳派的学徒,而对于以深固的艺术意欲为本据的两种基础现象,却也不能不加以重视了。

三

但在大体上,形成近世欧洲美术史潮的基调者,是法兰西。从十八世纪以来,一向支配着欧洲美术界的大势的国民,是法兰西人。而这国民所禀赋的民族性底天分,则是纯造形底地来看事物的坚强的力。便是路易十三世时,为走避首都的繁华的活动,而永居罗马的普珊,他的画风虽是浓重的古典主义底色彩,但已以正视事物的写实底的态度,为画家先该努力的第一义务了。逍遥于宾谛阿丘上,向了围绕着他的弟子们所说的艺术的奥义,就是“写实”。域多的画,是绚烂如喜剧的舞台面的,而他的领会了风景的美丽的装饰底效果者,是往卢森堡宫苑中写生之赐。表情丰富的拉图尔的肖像,穆然沉著的夏尔檀的静物,大辟特所喜欢的革命底的罗马战士,安格尔的人体的柔软的肌肤,陀拉克罗亚的强烈的色彩,即都出于正视事物的坚强之力的。卢梭,果尔培,穆纳,顺次使写实主义愈加彻底,更不消说了。便是那成了新的形式主义的祖师的绥珊,也就在凝视着物体的面的时候,开拓了他独特的境地。

委实不错,法兰西的画家们,是不大离开造形的问题的。为解释“美术”这一个纯造形上的问题计,他们常不抛弃造形的地位。纵使时代思潮怎样迫胁地逼着威力,他们也忠实地守着自己的地盘。纵有怎样地富于魅力的思想,也不能诱惑他们,使之忘却了本来的使命。经历了几乎三世纪之久的时期——至少,到二十世纪的初头为止——法兰西的美术界,所以接续掌握着连绵的一系的统治权者,就因为这国民的性向,长于造形底文化之业的缘故。

然则法兰西以外的国民怎样呢？尤其是常将灿烂的勋绩，留在各种文化底创造的历史上的德意志民族，是怎样呢？承法兰西的启蒙运动之后，形成了十八世纪末叶以来思想界的中心底潮流的，是德意志。在艺术的分野，则巴赫以来的音乐史，也几乎就是德意志的音乐史。南方的诸国中，虽然也间或可见划分时代的作家，但和光怪陆离的德意志的音乐界，到底不能比并。——和这相反，在造形底的文化上，事情是全两样的。音乐和美术，也许带着性格上相反的倾向的这两种的艺术，对于涉及创造之业的国民，也站在显然互异的关系上的罢。从北方民族中，也叠出了美术史上的伟人。望蔼克兄弟，调垒尔，望莱因——只要举这几个氏名，大约也就够作十分的说明了。……

远的过去的事且放下。为使问题简单起见，现在且将考察的范围，只限于近代。在这里，也从北方民族里，有时产出足以划分时代的作家。而这些作家，还发挥着南方美术界中所决难遇见的独自性。那里面，且有康斯台不勒似的，做了法兰西风景画界的指导者的人。但是，无论如何，那些作家所有的位置，是各个底。往往被作为欧洲美术界的基调的法兰西所牵引。北欧的美术界所站的地盘，常常是不安定的。一遇时代的潮流的强的力，便每易于摇动。（照样的关系，翻历史也知道。在十六世纪后半的德意志，十七世纪末的荷兰等，南方的影响，是常阻害北方固有的发达的。）

就大概而言，北欧的民族，在造形上的创造，对于时代思潮的力，也易于感到。那性格的强率，并不像法兰西国民一样，在实际上和造形上的"工作"上出现，却动辄以泼刺的思想上和观念上的"意志"照样，留遗下来。这里是所以区分法德两国民在美术界的一般的得失的机因。北欧民族——特是德意志民族，作为美术家，似乎太是"思想家"了。现在将问题仅限于美术一事的范围而言——则法兰西人在大体上，是好的现实主义者。北欧的人们却反是，时常是不好的理想主义者。为理想家的北欧人，是常常忠实于自己的信念的。而往往太过于忠实。他们屡次忘却了自己是美术家，容易成为作画的哲学者。崇奉高远的古典主义的凯思典斯，是全没有做过写生的事的。不用模特儿,只在头里面作画。陶醉于罗曼谛克思想的拿撒勒派的人们,则使美术当了宗教的奴婢。吃厌了洛思庚的思想的拉斐罗前派,怪异的诗人画家勃来克,宜讲浓腻的自然神教的勃克林。——还有在一时期间,支配了德意志画界的许多历史哲学者们的队伙!

　　自然,生在法兰西的作家之中,也有许多是时代的牺牲者。有如养在"中庸"的空气中的若干俗恶的时行作家,以及将印象派的技巧,做成一个教义,将自己驱入绝地的彩点画家等,是从法兰西精神所直接引导出来的恶果。同时,在北欧的人们里,也有几个将他们特有的观念主义,和造形上的问题巧妙地联结起来的作家。望诃霍的热烈的自然赞美,蒙克的阴郁的人生观不侯言,玛来斯的高超的造形上的理想主义,勖温特的可爱的童话,莱台勒的深刻的历史画,也无非都是只许北欧系统的画家所独具的才能的发露。正如谛卡诺的色彩和拉斐罗的构图,满是意太利风一样,仓勃兰德和调垒尔的宗教底色彩,也无处不是北欧风。北欧的人们自从作了戈谛克的雕刻以来,是禀着他们固有的长处的。但他们的特性,却往往容易现为他们的短处。如近时,在时代思想之力的压迫底的时代,则这样的特性作为短处而出现的时候即更其多。他们的坚强的观念主义,动辄使画家忘却了本来的使命。就只有思想底的内容,总想破掉了造形上的形,膨张出来。但在幸运的时候,则思想和造形也保住适宜的调和,而发现惟北欧人才有的长处。

五

壁下译丛[①]

思索的惰性[②]

［日本］片山孤村

正如物理学上有惰性的法则一样，在精神界，也行着思索的惰性（Denktraegheit）这一个法则。所谓人者，原是懒惰的东西，很有只要并无必需，总想耽于安逸的倾向；加以处在生存竞争剧烈的世上，为口腹计就够忙碌了，再没有工夫来思索，所以即使一想就懂的事，也永远不想，从善于思索的人看来，十分明白的道理，也往往在不知不识中，终于不懂地过去了。世上几多的迷信和谬见，即由此发生，对于精神文明的进步，加了不少的阻害。

聚集着聪明的头脑的文坛上，也行着这法则。尤其是古人的格言和谚语中，说着漫天大谎的就不少，但因为历来的脍炙人口，以及其人的权威和措辞的巧妙这些原因，便发生思索的惰性，至于将这样的谎话当作真

---

① 《壁下译丛》收录译者于 1924 年至 1928 年间翻译的 25 篇文艺论文和随笔，于 1929 年 4 月由北新书局出版。该书收录了十位作家的论文，这十位作家为片山孤村、开培尔、厨川白村、岛崎藤村、有岛武郎、武者小路实笃、金子筑水、片上伸、青野季吉和昇曙梦。除开培尔外，其余九位都为日本作家。本书收录其中 4 篇论文。——编者注

② 本篇译于 1925 年，发表于 1925 年 10 月 30 日《莽原》周刊第 28 期。原作者片山孤村（即片山正雄，1879—1933）为日本文艺评论家。——编者注

理。又，要发表一种思想，而为对偶之类的修辞法所迷，不觉伤了真理的时候也有；或则作者本知道自己的思想并非真理，只为文章做得好看，便发表了以欺天下后世的时候也有的。并非天才的诗人，徒弄奇警之句以博虚名的文学者，都有这弊病。对于眩人目睛的绚烂的文章，和使人出惊的思想，都应该小心留神地想一想的。例如有一警句，云是"诗是有声之画，乃无声之诗。"这不但是几世纪以来，在文人墨客间被引证为金科玉律的，就在现今，也还支配着不爱思索的人们的头脑。但自从距今约百四十年前，在莱洵(G. E. Lessing)的《洛康》(Laokoon)上撕掉了这骈句的假装之后，突然不流行了。然而，就在撕掉假装的这莱洵的言论中，到现在，也显露了很难凭信的处所。靠不住的是川流和人事。说些这种似乎高明的话的我，也许竟说着非常的胡说。上帝是一位了不得的嘲笑家。

现今在文明史和文艺批评上做工夫的人们中，因为十分重视那文艺和国民性的关系之余，大抵以为文艺是国民精神的反映，大文学如但丁(Dante Alighieri)，沙士比亚(W. Shakespeare)，瞿提(J. W. Goethe)，希勒垒尔(Fr. Schiller)等，尤其是该国民的最适切的代表者，只要研究这些大文学，便自然明白那国民的性格和理想了。而国民自己，也相信了这些话，以为可为本国光荣的诗人和美术家及其作品，是体现着自己们的精神的，便一心一意地崇拜着。

这一说，究竟是否得当的呢？我想在这里研究一番。

大概，忖度他人的心中，本不是容易事；而尤其困难的，则莫过于推究过去的国民的精神状态。现今之称为舆论者，真是代表着或一社会全体，或者至少是那大部分的意见的么？很可疑的。一国民的文艺也一样，真是代表着那国民的精神的么？也可疑的。在德国，也因为一时重视那俗谣的长所，即真实敦厚之趣之余，遂以为俗谣并非成于一人之手，也不是何人所作，是自然地成就的；但那所谓国民文学是国民的产物，国民特有的事业之说，岂不是也和这主张俗谣是自然成立的话，陷了同一的谬误么？为什么呢？因为文艺上的作品，是成于个人之手的东西，多数国民和这是没有关系的。而诗人和艺术家，又是个性最为发达的天才，有着和常人根本底地不同的精神,在国民的精神底地平线上,崭然露出头角。这样的天才,究竟具备着可做国民及时代的代表者的资格没有呢?据我的意见,则以为国民的代表底类型倒在那些不出于地平线以上的匹夫匹妇。那么,在文艺上,代表国民底精神,可称为那反响的作品,也应该大概是成于被文学史家和批评家先生骂为粗俗,嘲为平凡,才在文学史的一角里保其残喘的小文学家之手的东西了。例如,在现代的明治文学里,可称为国民底(不是爱国底之意)精神的代表,国民的声音者,并非红叶露伴的作品,而倒是弦斋的《食道乐》罢。这一部书,实在将毫无什么高尚的精神底兴味,唯以充口腹之欲为至乐,于人生中寻不出一点意义的现代我国民的唯物底倾向,赤条条地表现出来了。弦斋用了这部书,一方面固然投国民的俗尚,同时在别方面也暴露了国民的"下卑根性"而给了一个大大的侮辱。"武士虽不食,然而竹牙刷"那样的贵族思想,到唯物底明治时代,早成了过时的东西了。弦斋的《食道乐》,是表现这时代的根性的胜利的好个的象征。

反之,高尚的艺术底作品,则并非国民底性情的反响;而且,能懂得者,也仅限于有多少天禀和教育的比较底少数的国民。这样的文学,要受国民的欢迎,是须得经过若干岁月的。而且因为是同国民的产物,则不得不有若干的民族底类似。这类似之点,即所以平均国民与艺术家的天禀和理想的高低;那作品,是国民的指导者,教育者,而决不是代表者。所以那作品而真有伟大的感化及于国民的时候,则国民受其陶冶,到次期,诗人艺术家便成为比较底国民底了。但是,至于说伟大的天才,完全地代表国民的精神,则自然是疑问。然而,即此一点,也就是天才的个性人格,成为天才的本领,有着永远不朽的价值的原因。因为理想的天才,是超然于时间之外的,所以时代生天才一类的话,又是大错特错的根基,在伟人的传记等类,置重于时代,试行历史底解释者,多有陷于牵强附会的事。我之所谓伟人,是精神底文明的创造者之谓,并不是马上的英雄和政治家。

复次,以"正义者最后之胜利也"这一句暧昧的话所代表的道德底世界秩序,即"善人昌恶人灭"这一种思想,和历史上的事实是不合的。文艺上的作品也一样,并不是只有优良者留传于后。荷马(Homeros)之所以传至几千年之后者,因为他在许多史诗中占着最优胜的地位之故;沙士比亚之所以不朽者,因为那内容有着不朽的思想之故:这些议论,是从西洋的文学史和明治文坛的批评家先生们讲给听到耳朵也要聋聩了的。但是仔仔细细地想起来,总觉得是可疑的议论。只看希腊的文明史,有着不朽的价值的天才和作品,不传于后世者就很多。那传下来的,也许又不过是几百分之一。靠了这么一点的材料,而纵论希腊的文明是怎样的,所谓Classic者是这样的,惟希腊实不胜其惶恐之至。而况解释之至难者如过去的精神状态,竟以为用二三句修辞的文句就表现出来,则实在大胆已极了。倒不如尼采(Fr. Nietzsche)的《从音乐精神的悲剧的诞生》(*Die Geburt der Tragoedie*)和朗革培恩(J. Langbehn)的《为教育家之伦勃兰德》(*Rembrandt als Erzieher*)那样,不拘泥于史实,却利用了史实,而倾吐自家胸中块垒的,不知道要有趣而且有益到多少。因为历史底事实的确正,是未必一定成为真理的保证的。例如,即使史料编纂的先生们,证明了辨庆和儿岛高德都是虚构的人物,其于国民的精神,并无什么损益;他们依然是不朽的。所以,我相信,阿染和久松,比先前的关白太政大臣还要不朽。我自然是承认历史的价值的,但从这方面,倒想来提倡非历史底主义。

据勃兰兑斯(G. Brandes)最近的论文集中的一篇文章说,则希腊悲剧作家的名字之传世者约有三百五十,而残存着著作的仅有三人。这就是遏息罗斯(Aeschylos),梭孚克来斯(Sophokles),欧里辟台斯(Euripides),而虽是这些诗人的作品,残存者也不够十分之一。叙情诗人(女)珂林那(Korinna),是曾经五次胜过宾达罗斯(Pindaros)的,但残存的诗,不过是无聊的断片。罗马的史家挞实图斯(Tacitus)的著作,所以残留至今者,据说是因为皇帝挞实图斯和史家同姓,误信为史家的子孙,在公共图书馆搜集挞实图斯的著作,且使每年作钞本十部的缘故。虽然如此,但假使十五世纪时德国遏司忒法伦的一个精舍里不发见那著作的残余,则流传者也许要更其少。十六世纪时出版的法国滑稽剧,是千八百四十年在邻国柏林的一个屋顶室的柜子里发见,这才知道有这样的东西的。便是有名的《罗兰之歌》,也在千八百三十七年才发见钞本,经过了八百年而到人间来。更甚的例,则如希腊罗马的诗稿的羊皮纸,因为牢固,于券契很有用,所以竟有特地磨去了诗句,用于借票的。同样的例,在美术品也颇多。如莱阿那陀(Leonardo da Vinci)的《圣餐之图》,是最为有名的。

举起这样的例来,是无限的,所以在这里便即此而止。就是,文艺上的不朽,决非确实的事,大诗人和大杰作之传于后世者,多是偶然的结果,未必与其价值相关。反之,平平凡凡的作品却山似的流传后世者颇不少。

又据勃兰兑斯氏之所说,则多数的图书文籍,不但是被忘却,归于消灭而已,因为纸张的粗恶,自然朽腐了。所以倘不是屡屡印行的书,则即使能防鼠和霉,也还是自然化为尘土。然而,这是人类的幸福。否则,我们也许要在纸张中淹死。交给法国一个国民图书馆里的法国出版的图书,据说是每日六十部;但是,新闻杂志还在外。千八百九十四年巴黎所出的日刊报章,是二千二百八十七种。凡这些,都是近世人类的日日的粮,而又日日消去的。不,这虽然是太不相干的话,但倘以为我们所生存的地球,我们生存的根源的太阳,都不过是有着有限的生命,则不朽的事业,也就是什么也没有的事。

总而言之,在现下的文坛上,徒弄着粗枝大叶的,抽象底议论和偏向西洋的文明论的人们之中,很有不少的僻见;尤其是对于"国民","文学","天才","时代"等的关系,虽然是失礼的话,实在间或有闹着给孩子玩刀子似的危险的议论的。什么困难的事,本来是什么也没有的,因为被思索的惰性所麻痹了的结果,这才会到这样。还有,对于文明史,文学史,哲学史等的真相,即这些果有人类的"精神史"之实么? 关于这事,原也想试来论一论的,但这一回没有余暇,所以就此搁笔了。

(一九〇五年作。)

——译自《最近德国文学的研究》。

从浅草来^①

[日本]岛崎藤村

在卢梭《自白》中所发见的自己

《大阪每日新闻》以青年应读的书这一题目,到我这里来讨回话。那时候,我就举了卢梭的《自白》回答他。这是从自己经验而来的回话,我初看见卢梭的书,是在二十三岁的夏间。

在那时,我正是遇着种种困苦的时候,心境也黯然。偶尔得到卢梭的书,热心地读下去,就觉得至今为止未曾意识到的"自己",被它拉出来了。以前原也喜欢外国的文学,各种各样地涉猎着,但要问使我开了眼的书籍是什么,却并非平素爱读的戏曲,小说或诗歌之类,而是这卢梭的书。自然,这时的心正摇动,年纪也太青,不能说完全看过了《自白》;但在模胡中,却从这书,仿佛对于近代人的思想的方法,有所领会似的,受了直接地观察自然的教训,自己该走的路,也懂得一点了。卢梭的生涯,此后就永久印在我的脑里;和种种的烦闷,艰难相对的时候,我总是仗这壮胆。倘要问我怎么懂了古典派的艺术和近世文学的差别,则与其说是由于那时许多青年所爱读的瞿提和海纳,我却是靠了卢梭的指引。换了话说,就是那赏味瞿提和海纳的文学的事,也还仗着卢梭的教导。这是一直从前的话。到后来,合上了瞿提和海纳,而翻开法国的弗罗培尔,摩泊桑,俄国的都介涅夫,托尔斯泰等。在我个人,说起来,就是烦闷的结果。将手从瞿提的所谓"艺术之国"离开,再归向卢梭了;而且,再从卢梭出发了。听说,《波跋黎夫人》的文章,是很受些卢梭《自白》的感化的,但我以为

---

① 本篇由日本知名作家岛崎藤村(1872—1943)所作,为文学性比较突出的随笔,1925 年 12 月 5 日、8 日、12 日发表于《国民新报副刊》。——编者注

弗罗培尔和摩泊桑,不骛于左拉似的解剖,而继承着卢梭的烦闷的地方,却有趣。更进了深的根柢里说,则法兰西的小说,是不能一概评为"艺术底"的。

卢梭的对于自然的思想,从现在看来,原有可以论难的余地。我自然也是这样想。但是,那要真的离了束缚而观"人生"的精神之旺盛,一生中又继续着这工作的事,却竟使我不能忘。恰如涉及枝叶的研究,虽然不如后来的科学者;又如在那物种之源,生存之理,遗传说里,虽然包含着许多矛盾,但我们总感动于达尔文的研究的精神一般。

我觉得卢梭的有意思,是在他不以什么文学者,哲学者,或是教育家之类的专门家自居的地方;是在他单当作一个"人"而进行的地方;一生中继续着烦闷的地方。卢梭向着人的一生,起了革命;那结果,是产生了新的文学者,教育家,法学家。卢梭是"自由地思想的人们"之父;近代人的种子,就在这里胚胎。这"自由地思想的人们"里,不单是生了文学哲学等的专门家,实在还产出了种种人。例如托尔斯泰,克鲁巴金这些人走的路,我以为乃是卢梭开拓出来的。人不要太束缚于分业底的名义,而自由地想,自由地写,自由地做,诚然是有意思。生在这样境地里的青年,我以为现在的日本,也还是多有一些的好罢。

看卢梭的《自白》,并没有看那些所谓英雄豪杰的传记之感。他的《自白》,是也如我们一样,也失望,也丧胆的弱弱的人的一生的纪录。在许多名人之中,觉得他仿佛是最和我们相近的叔子。他的一生,也不见有不可企及的修养。我们翻开他的《自白》来,到处可以发见自己。

青年的书

青年是应当合上了老人的书,先去读青年的书的。

新　生

新生,说说是容易的,但谁以为容易得到"新生"? 北村透谷君是说"心机妙变"的人,而其后是悲惨的死。以为"新生"尽是光明者,是错误的。许多光景,倒是黑暗而且惨淡。

密莱的话

"非多所知道,多所忘却,则难于得佳作。"是密莱的话。这实在是至言。密莱的绘画所示的素朴和自恣,我以为决不是偶然所能达到的。

单纯的心

我希望常存单纯的心;并且要深味这复杂的人间世。古代的修士,粗服缠身,摆脱世累,舍家,离妻子,在茅庵里度那寂寞的生涯者,毕究也还是因为要存这单纯的心,一意求道之故罢。因为这人间世,从他们修士看来,是觉得复杂到非到寂寞的庵寺里去不可之故罢。当混杂的现在的时候,要存单纯的心实在难。

一　日

没有 Humor 的一日,是极其寂寞的一日。

可怜者

我想,可怜悯者,莫过于不自知的一生了。芭蕉门下的诗人许六,痛骂了其角,甚至于还试去改作他的诗句。他连自己所改的句子,不及原句的事也终于不知道。

言　语

言语是思想,是行为,又是符牒。

专门家

人不是为了做专门家而生的。定下专门来,大抵是由于求衣食的必要。

泪与汗

泪医悲哀,汗治烦闷。泪是人生的慰藉,汗是人生的报酬。

伊孛生的足迹

Ibsen 虽有"怀疑的诗人"之称,但直到晚年,总继续着人生的研究者的那样的态度,却是惊人。他并不抛掉烦闷,也不躲在无思想的生活里;虽然如此,却又不变成摩泊桑和尼采似的狂人。就像在暗淡的雪中印了足迹,深深地,深深地走去的 Borkman 一样。伊孛生的戏曲,都是印在世上的他的足迹。

近来偶尔在《帝国文学》上看见栗原君所绍介的耶芝的《象征论》,其中引有威廉勃来克的话:"幻想或想象,是真实地而且永久不变地,实在的东西的表现。寓言或讽喻,则不过单是因了记忆之力而形成的。"见了这勃来克的话,我就记起伊孛生的"Rosmersholm"来。那幽魂似的白马,也本是多时的疑问,那时我可仿佛懂得了。

听说有将伊孛生比作一间屋子的女优,也有比作窗户的批评家。但在我们,倒觉得有如大的建筑物。经过了好多间的大屋子,以为是完了罢,还有门。一开门,还有屋。也有三层楼,四层楼,也有那 Baumeister Solness 自己造起,却由此坠下而死的那样的高塔。

伊孛生的肖像,每插在书本子中,杂志上也常有。但伊孛生的头发和眼睛,当真是在那肖像上所见似的人么?无论是托尔斯泰,是卢梭,都还要可亲一点。这在我委实是无从猜想。

批 评

每逢想到批评的事,我就记起 Ruskin。洛思庚所要批评的,不单是 Turner 的风景画;他批评了泰那的心所欲画的东西。

至今为止,批评戏剧的人是仅仅看了舞台而批评了。产生了所谓剧评家。这样的批评,已经无聊起来。此后的剧评,大概须是看了舞台以外的东西的批评才是。如果出了新的优伶,则也会出些新的剧评家的罢。而且也如新的优伶一样的努力的罢。

文学的批评,如果仅是从书籍得来的事,也没有意味。其实,正确的判断,单靠书籍是得不到的。正如从事于创作的人的态度,在那里日见其改变一般,批评家的态度也应该改变。

秋之歌

今年的六月,什么地方都没有去旅行,就在这巷中,浸在深的秋的空气里。

这也是十月底的事。曾在一处和朋友们聚会,谈了一天闲天。从这楼上的纸窗的开处,在凌乱的建筑物的屋顶和近处的树木的枝梢的那边,看见一株屹立在沉静的街市空中的银杏。我坐着看那叶片早经落尽了的,大的扫帚似的暗黑的干子和枝子的全体,都逐渐包进暮色里去。一天深似一天的秋天,在身上深切地感到了。居家的时候,也偶或在窒人呼吸似的静的空气里,度过了黄昏。当这些时,家的里面,外边,一点起灯火来,总令人仿佛觉有住在小巷子中间一样的心地。

对着向晚的窗子,姑且口吟那近来所爱读的 Baudelaire 的诗。将自己的心,譬作赤热而冻透的北极的太阳的《秋》之歌的一节,很浮到我的心上。波特莱尔所达到的心境,是不单是冷,也不单是热的。这几乎是无可辨别。我以为在这里,就洋溢着无限的深味。

倘说,这是孤独的诗人只是枭一般闪着两眼,于一切生活都失了兴味,而在寂寞和悲痛的底里发抖罢? 决不然的。

"你,我的悲哀呀,还娴静着。"他如此作歌。

波特莱尔的诗,是劲如勇健的战士的双肩,又如病的女人的皮肤一般 delicate 的。

对于袭来的"死"的恐怖,我以为可以窥见他的心境者,是《航海》之歌。他是称"死"为"老船长"的。便是将那"死",也想以它为领港者;于是直到天堂和地狱的极边,更去探求新的东西:他至于这样地说,以显示他的热意。他有着怎样不挫的精神,只要一读那歌,也就可以明白的罢。

Life

使 Life 照着所要奔驰地奔驰罢。

生　活

上了年纪,头发之类渐渐白起来,是没有法想的,——但因为上了年纪,而成了苛酷的心情,我却不愿意这样。看 Renan 所作的《耶稣基督传》,就说,基督的晚年,有些酷薄的模样了。年纪一老,是谁也这样的。但便是还很年青的人,也有带着 Harsh 的调子;即使是孩子,有时也有这情形。

无论做了怎样的菜去,"什么,这样的东西吃得的么?"这样说的姑,小姑,是使新妇饮泣的。

什么事都没有比那失了生活的兴味的可怕。专是"不再有什么别的么,不再有什么别的么"地责人。高兴的时候,倒还不至于这样,单是无求于人而能生活这一端,也就觉得有意思,有味。例如身体不大健康时,无论吃什么东西都无味,但一复原,即使用盐鱼吃茶淘饭也好。

爱　憎

愿爱憎之念加壮。爱也不足;憎也不足。固执和乱斥,都不是从泉涌似的壮大的爱憎之念而来的。于事物太淡泊,生活怎么得能丰富?

听说航海多日而渴恋陆地者,往往和土接吻。愿有爱憎之念到这样。

生的跳跃

在一篇介绍伯格森的文章里,看见"生的跳跃"这句话。

问我们为什么要创作,一时也寻不出可以说明这事的简单而适当的话来。为面包么,似乎也不尽是为此而创作。倘说是艺术底本能,那不过就是这样。为了要活的努力,那自然是不错的。但是,再没有说得明细一点的话了么?

"生的跳跃"这句话,虽然有着阴影,但和创作时候的或一种心情却相近。

历　史

对于现代愈研究,就愈知道没有写在过去的历史上的事情之多。愈读过去的历史,就愈觉得现代的实相,也只能或一程度为止,记在历史上。

现今的教育,太偏重了历史上的人物了。虽说古人中极有杰出的人物,但要而言之,总是过去的人,是和我们没有什么直接的交涉的人。虽说也有所谓"尚友古人"的事，但这是以能照见自己为限的。在我们，即使常觉得平平凡凡，在四近走着的男男女女，却比古昔的大人物们更紧要。这样互相生活着，真不知道有怎样地紧要。

爱

世人惟为爱而爱。知爱之意义者，是艺术家的本分。

思　想

我们做梦，迨醒时，仿佛做了许多时候了。而其实我们的做梦，不是说，不过是在极短时中么？我们的思想，也许是这样。虽然我们似乎从早到晚，都不断地在思想。

社　会

社会是靠了晚餐维持着的。

静物的世界

有所谓静物的世界者，称为 still life，是有趣味的话。倘使容许我的空想，则这世间也有静物的地狱在。在这地狱里，无论达尔文或卢梭，即都与碟子或苹果没有什么不同。

自　由

人在真的自由的时候，是不努力而自由的时候。借了 Oscar Wilde 的口吻说，则就是不单止于想象，而将这实现的时候。

河

在或人,河是有着一定之形和色的川流。在或人,是既无定形,也无定色,流动而无涯际的。在这样的人的眼中,也有通红色火焰一般颜色的河。就是一样的河,也因了看的人而有这样的差异。

虚伪的快感

悲莫悲于深味那虚伪的快感的时候。

东坡的晚年

K先生是我在共立学校时代教英文的先生之一。他在千曲川起造山房的时候,早经是种植花树,豫备娱老的人了。就在那山房里,从先生听到苏东坡的话。说是东坡的晚年,流贬远域,送着寂寞的时光,然而受了朝夕所见的花树的感化,他的书体就一变了。先生还抚着银髯,对我添上几句话道:

"这样的话,是真实的么?"

对照了虽然年迈,也还是压抑不住的先生的雄心,这些话很不容易忘却。

人生的精髓

摩泊桑研究着弗罗培尔时,有这样的有趣的话:

"弗罗培尔并不想说人生的意义,他是单想传人生的精髓的。"

这不是很有深味的话么?这话里面,自然也一并含着"并不想说人生的或一事件"的意思。

——摘译。

关于艺术的感想①

[日本]有岛武郎

○

我想，以表现派，未来派，立体派这些形式而出现的艺术上的运动，是可以从各种意义设想的。关于这些，且一述我的感想。

○

曰未来派，曰立体派，曰表现派，其间各有主张；倘要仔细地讲，则不妨说，甚至于还有不能一概而论的冲突点在。但是，倘使说，这些各流派，都不满于先前的艺术的立脚点，于是以建立新的出发点的抱负，崛然而起，在这一点却相一致，那是很可以的。

然则所谓先前的艺术的立脚点，是怎样的呢？一言以蔽之，可以用印象主义来表明。若问什么是印象主义，则可以说，就是曾将一大变化给与近代的思想样式的那科学底精神，直到艺术界的延长。所谓科学底精神者，即以实证底轨范的设定，来替代空想底轨范的设定的事。换了话说，是打破了前代的理想主义底的考察法，采用现实主义底的考察法。再换了话说，则为成就了论理法的首尾颠倒。在前代，是先行建立起一种抽象底前提，从这里生出论理过程，而那结论则作为轨范，作用于人间生活的现状的。但至近代，却和这完全相反，论理先从现在的人间生活的实状出发，于是生出轨范，作为归纳底结论。这样的内部生活的变化，在实生活

---

① 本文作者为日本近代著名作家有岛武郎（1878—1923），为白桦派代表人物之一。——编者注

的上面,在思想生活的上面,都成了重大的影响,是无疑的。

这怎样地影响了呢？这是就如谁都说过一样:前代的神——人力以上的一种不可思议的实在或力——归于灭亡,而支配人生的人间底的轨范,揭示出来了。人已不由人间以上之力,换一句话,即在人间只能看作偶然或超自然之力所支配,而为一见虽若偶然,但在彻底的考察之下,却是自然,是必然的力所支配了。就是奇迹匿了影,而原因结果的理法,则作为不可去掉的实在,临于人间之上了。在这里,早没有恐怖和信仰和祈念,而谛观和推理和方法得了胜。人们先前有怀着自然外的不可思议之力,不知何时将降临于他们之上的恐怖的必要,今则已经释放;先前有对于这样的威力,应该无条件底地,盲目底地服从的要求,今则已从心中弃却;于是也就从一心祈愿,以徼倖自己的运命的冲动独立了。但对于人神都无可如何的自然律,却生了一种谛观,以为应该决心拼出自己,一任这力的支使;然而推理底地,深解了这自然律,使自己和这相适应的手段和方法,也讲究起来了。这便是科学底精神。

这确是人间生活史的一个大飞跃。因为人们将自从所谓野蛮蒙昧时代以来,携带下来的无谓的一种迷信,根本底地破坏了。前代的人,假定为自然的背后有着或一种存在,凭了他们的空相和经验的不公平的取舍,将可以证明这假定的材料,搜集堆积起来。当此之际,现代人却不探望自然的背后,而即凝视着自然这东西了。这在人类,确乎是一个勇毅的回旋运动。

这大的变化,即被艺术家的本能和直观所摄取,而成了自然主义。从理想主义(即超自然主义)而成为自然主义了。除了直视自然的诸相之外,却并无导人间的运命于安固之道。纵令不能导于安固,除了就在这样的态度上之外,也没有别的法。于是自然主义的艺术观,自己给自己以结论。先将自然的当体,照样地看取罢,这是艺术家的态度。所谓照样地看取自然的当体者,也就是将自然给与人间的印象,照样地表现出来。在这意义上,即也可以说,自然主义和印象主义,是异语同意的。

但印象主义在本身里,就有破绽的萌芽。就是,为这主义的容体的那自然,一看虽然似乎和人间相对峙,有着不变之相,其实却不过就是人间的投影。正如谁都知道,并非神造人,而是人造了神一样,也并非自然将印象给与人间,乃是人从自然割取了印象。可以说,人心之复杂而难于看透,是在自然之复杂而难于看透以上的。其实,人并非和自然相对峙。人与自然,是在不离无二的状态中。人割取了自然的一片,而跨在这上面;在这里面看见自己;只在这里面是自己。这之外,更没有所谓人。那人割取那一片,这人割取这一片。所以人类全体共通的自然的印象这东西,其实是无论那里都不存在的,这也如前代人的超越底实在一般,不过是一个概念。凡概念,一到悟出这是概念的时候,便决不能做艺术的对象了。于是现代人便陷在不得不另寻并非概念的艺术对象的破绽里。

现代人所寻作这对象的,是在自然中看见人自己;是将自然,也就是自己这一个当体表现出来。艺术家可以摆在眼前,眺望着的对象(无论这是神或是自然),却没有。倘可以强名之为对象,则只有也就是自然的艺术家自己;只有自己解剖。然而自己解剖自己时候的态度,要用医生解剖病体似的样子,是不行的。倘自己要使自己离开自己,则就在这瞬间,自己便即灭亡,只剩下称为自然的一个概念。这样的态度,不过是印象主义的重演。因此,艺术家要说出自己的印象时,只好并不解剖自己,而仅是表现。即凭着自己而生的自己照式照样,便是艺术。假如看得“自然者,如此使人发笑”的是印象主义,则“自然如此笑着”的事,便是正在寻求的艺术主义,也就是正在寻求的艺术,俱不外乎表现。虽在印象主义的艺术上,倘无表现,艺术固然是不成立的。但这表现,不过是为要给与印象起见的一种手段,一个象征。而在表现主义的艺术,则除表现之外,什么也没有。就是这表现一味,成为艺术的。

懂得这立脚点,则称为未来派,立体派,表现派之类的立脚点,也就该可以懂得了。并不敢说:未来派的艺术,是和印象艺术逆行的。而且还主张:继承着印象主义旺盛时所将成就的事实,使那进境更加彻底。然而印象派的艺术,不但竭力反对“作为被现实的一部所拘的奴隶,不达于纯化之境,不能离开有限的客观性,只得做着翻译的勾当”,将色彩的解剖,推广到形体的解剖而已,并且成就了色彩和形态的内部底统合,又在将心热的燃烧,表现于作品全体之处,看见了使命。一到立体派,则主张着和所谓印象派艺术根本底地不能相容的事,大呼道:化学家以为相同的一杯蒲陶酒,而在爱酒者的舌上,却觉得是种种味道不同的蒲陶酒,这怎么否认呢? 所痛斥的,是:出于科学底精神,概念底地规定了的可诅咒的空间和色彩的观念,不过徒然表示事物的现象。所力说的,是:事物的本质,只有仗着全然抛掉了那些概念,只凭主观的色彩和空间的端的的表现,才能实现出来。未来派是以流动为表现的神髓的,立体派是以本质为表现的神髓的,这虽是不同之处,但两派都是反抗近代的科学底精神,竭力要凭了主观的深刻的彻底,端的地捉住事物的生命,却互有相符合的共通点的。至于表现派之最强有力地代表着上述的倾向,则在这里已经无劳絮说。这些流派,正如名称所表示的一样,是不再想由外部底的印象,给事物以生命,而要就从生命本身出来的直接的表现的。

谁都容易明白,这些所有流派的趋向,是个性对于先前一切轨范的叛逆。是久被看作现象的一分子的个性,作为独立的存在,发表主张,以为可以俨存于一个有机底的统合之中的喊声。是对于君临着个性的轨范,个性反而想去君临它的叛逆。

这伟大的现代的精神底运动,要达到怎样的发达,收得怎样的成就,赢得怎样的功绩,是谁也不知道。然而,至少,那根柢之深,并不如人们在当初所设想似的浮浅,则我是信而不疑的。为什么呢? 因为我相信出现于艺术界的如上的现象,不会仅止于艺术界的缘故。科学本身——酝酿了科学底精神的科学本身,就已经为这倾向所动了。哲学已为这倾向所动。国家和个人的关系,已为这倾向所动。传统和生活的关系,已为这倾向所动。原理的相对性,即此。现象的流动观,即此。无政府底倾向,即此。虚无底倾向,即此。将这些倾向,当作仅是一时底的偶然的现象者,在我看来,是对于现代人所怀抱的憧憬和苦恼,太打了浅薄的误算了。

○

表现主义的勃兴,我以为又可以从别一面来观察的。这就是看作暗示着可以萌生于新兴阶级(我用这一句话,来指那称为所谓第四阶级者)中的艺术。

人们仿佛愁着新兴阶级一勃兴,艺术便要同时破产似的。我却以为这是愚蠢的杞忧。愁着这样事情的人,一定是对于艺术这句话,懂得很肤浅的。将艺术这一句话,我所想的,是在更其本质底的意味上。依我想,则凡是有人之处,就有艺术。所以无论怎样的人,形成着生活的基调——只要那人并非几乎失了生命力的人——那地方一定不会没有与其人相称的艺术,和生活一同生出来的。

如果我的臆测,算作没有错,则表现主义的艺术,在竭力要和历来的艺术相乖离的一点上,和现代的支配阶级的生活,是悬隔了的艺术。生出这样艺术来的艺术家本身,也许并非故意的罢,然而总显得在不知不识之间,对于将来的时代,做着一种准备。有如上述一样,他们是深信着惟有对于先前的艺术的一切约束,从各节竭力解放了自己,这才可以玉成自己的,而在实际上,也有了这样的结果。他们要从向来没有用过的视角,来看事物。这样的视角,是谁曾有过的视角呢? 这是明明白白,希腊人未曾有,罗马人未曾有,基督教徒未曾有,中世的诸侯和骑士未曾有,近世的王侯和贵族未曾有,现代的资本家和 Diletantt(游玩艺术的人)也未曾有。那些人们,已经各有各自的艺术了,也都在我们的眼前,但无论拿那一个来看,都不是和表现派艺术相等的东西。表现派的艺术,在这些人们,恐怕是异邦的所产罢。

那么,表现主义是在那里生着他的存在的根的呢? 在我,是除了豫想为新兴的第四阶级之外,再寻不出别的处所。将表现主义,看作新兴阶级就要产出的艺术的先驱的时候,我觉得这便含着种种深的意义,进逼而来了。这里有着新的力,有着新的感觉,有着新的方向,这些在将来要怎样地发达,成就怎样的工作,不能不说是值得注意的。

但我还要进一步。现在所有的表现主义的艺术,将来果可以成为世界底的艺术的基础么?究竟怎样呢?一到这里,我可不能不有些怀疑了。在我,则对于现在的表现主义,正有仿佛对于学说宣传时代的社会主义之感。虽说,从乌托邦底的社会主义,到了哲学底的,终于成为科学底的社会主义了,然而作为学说的社会主义,总不能就是第四阶级本身的社会主义(希参看《宣言一篇》)。虽说,这主义怎样地成为科学底了,然而在真的第四阶级的人们,恐怕还不过全然是一个乌托邦罢。这无非是一种对于新兴阶级的仅是摸索的尝试。和这一样,我们的表现主义,也就是在并非第四阶级的园圃中,人工底地造成的一株庭树。至少,从我看来,是这样的。克鲁巴金和马克斯的学说,在第四阶级——有时还可以有害——有所暗示的事,也许是有的罢,但真的第四阶级的生活,却并不顾及这样的东西,慢虽然慢,正向着该去的地方走。表现主义的艺术也一样,一到或一处,我恐怕会因了样子完全不同的艺术的出现,而遇到逆袭的。不能作伪的是人的心。非其人,不会生出其人的东西来的。

（一九二一年作。）
——译自《艺术与生活》。

关于知识阶级[①]

［日本］青野季吉

安理巴比塞(Henri Barbusse)在一九二一年所出的小本子里,有称为《咬着白刃》而侧注道"寄给知识阶级"的。在那里面,当他使用"知识阶级"这一句话的时候,特地下文似的声明着:——

"知识阶级——我是以此称思想的人们,不是以此称知趣者,吹牛者,拍马者,精神的利用者。"

这几句话,诚然是激越的,然而当巴比塞要向知识阶级扳谈时,不能不有这几句声明的心情,我以为很可以懂得。

他虽说知识阶级,但在这里,是大抵以思想家和文学者为对象的。可知在法国的思想界和文学界,知趣者,吹牛者,拍马者,精神的利用者是怎样地多了。所以他便含着一种愤激,这么说。

然而这是法国的文坛和思想界的事。日本的文坛和思想界又怎样呢?我读着巴比塞的声明,实在禁不住苦笑。因为在我的眼里,知趣者,吹牛者,拍马者,精神的利用者,都一一以固有名词映出来了。

所谓知趣者,是怎样的一伙呢? 先是这样的。无产者的文学运动也已经很减色,从这方面,是不会出头的了,还是想一点什么新奇的技巧,使老主顾吃一惊罢。总而言之,只要能这样,就好。于是想方法,造新感觉,诌新人生的一伙便是。其实,译为"知趣者"的,是 amateur,意思是"善于凑趣的人"。日本的一伙,可是"善于凑趣"呢,固然说不定,然而是善于想去凑趣的人们,却确凿的。

其次是吹牛者。这是可以用不着说明的,但姑且指示一点在这里。吓人地摆着艺术家架子,高高在上,有一点想到的片言只语,便非常伟大似的来夸示于世——其实大抵是文学青年之间——的人们;以及装着只

---

①　本篇译于 1927 年 12 月,最初发表于 1928 年 1 月《语丝》周刊第 4 卷第 4 期。——编者注

有自己是一切的裁判官的脸相,摆出第一位的大作家模样,自鸣得意的人们;以及什么也不懂,却装着无所不懂的样子,一面悠然做着甜腻的新闻小说的人们,便是这一伙。

一说到拍马者,读者大概立刻懂得的罢。吹牛者的周围,倘没有这一种存在物,那牛便吹不大,于是跑来了,聚集了。以数目而论,这似乎要算最多。其中的消息,我不很知道,但如讨了一个旧皮包便赞美作家,绍介了文稿便献颂辞为谢之类,是这一伙之中的最为拙劣的罢。

最后,精神的利用者,却有些烦难。在这范畴之内,是可以包括许多种类的人们的,但从中只举出最为代表底的来罢。在近时,我得了和一个"知名"的文学者谈天的机会。他侃侃而谈,主张罗兰主义,而大讲社会主义的"低劣"的缘由。姑且算作这也好罢,然而又为什么不如罗兰那样,去高揭了那精神主义,直接呼唤国民,发起一种国民底运动的呢?无论是罗兰,是甘地,都并非单是谈谈那精神主义,后来便去上戏园,赴音乐会的。惟其如此,罗兰主义这才成了问题,生了同名异义。总之,像这样的文学者,就是在这范畴里的典型底的人。

倘从文坛和思想界,除掉了那些要素,一想那所剩下的,以及巴比塞之所谓思想的人们,这是成了怎样凄凉的文坛和思想界呵。我以为其实凄凉倒是真的,现在的样子,是过于热闹了,然而这是一点也没有法子可想的事。

但巴比塞是对于怎样的人们,称为思想的人(ponseur)的呢?倘若不加考查,就没有意义。据他所说,这是混沌的生命中所存在的观念(idée)的翻译者(traducteur)。于是成为问题的,便是什么是"观念"了。巴比塞有时也用"真理"这字,来代观念。总而言之,在混混沌沌的生活,生命里面的,一个发展底的法则,就是这。在人类之前,将这翻译出来的,是思想的人们,是巴比塞所要扳谈的对象。

我们所要扳谈的人,而在日本的文坛和思想界上所不容易寻到的,实在就是这样的思想的人们,这样的"知识阶级"。

（一九二六年三月作。）

——译自《转换期的文学》。

六

文艺与批评①

[苏联]卢那卡尔斯基

艺术是怎样地发生的②

在言语的广泛的意义上，Art 云者，是指一切的智力而言。Artistic 的外交官，Artistic 的鞋匠之类，也可以说得。德意志人和法兰西人，是将 Art 解释为这字的原来的意义"艺术"的，而且将这"艺术"，通常分为四种，例如，音乐，绘画，雕刻和建筑就是。然而这分类法，是不能说是全对的，为什么呢，因为最大的艺术之一，是诗，而且如演剧，舞蹈等，也决不应该忘却其为艺术。但可以归入艺术的范畴中者，还不止这些，例如，装身具，陶器，家具之类的制作，也应该是兴味很深的艺术。

"且住，"读者会要说罢，"你扩大了艺术的范围，将各种的手工，也从新加进艺术里去了。"

但是，诸君，那却正是这样的。其实，手工和艺术之间，是一点差别也

---

① 《文艺与批评》为鲁迅编译的苏联文艺批评家卢那卡尔斯基（通译卢纳察尔斯基，1875—1933）的论文集，共收论文 6 篇。译文从多位日本译者的译作转译，于 1929 年 10 月由上海水沫书店出版，列入"科学的艺术论丛书"。本书收录其中 2 篇论文以及鲁迅的一篇译后附记。——编者注

② 本文由鲁迅从日本金田常三郎译著《托尔斯泰与马克斯》的附录里转译。——编者注

没有的。

一切艺术的基础，是手工，而一切手工人，就应该是真的艺术家。不但如此，说人们是能制作神像的，然而这也不外乎手工底制作品，和别人的制作可以成为更真实的艺术底作品的靴者比较起来，不过造成了与其说是有用，倒是有害的，可怜相的美术品罢了。

在这一端，是应该将我们所抱的理解，弄个明白的。

世间往往将美术称为"自由艺术"，以作工业底制作品的对照，而在这中间，放入"工艺"这东西去。这个差别，是在什么地方呢？人类所制作的一切，为此而耗了时光和精力的一切，是都为了充足人类的或种要求而作的东西。生命本身，即使人类所要求的一切东西，为了自己保存和进化，在所必要。

食物，衣服，住居，家庭，武器，道具等，于维持生命，是必要的。假使人类只产生以维持自己的生命为目的的东西，那么，他是制作者，是生产者，这之际，说什么美术，那简直是废话。在这时候，可以也有 Art 的，但那是技巧的意思，仗这技巧，而人类能够在最短时期内，用最小的劳力和最少的材料，收得最大的效果。Art 者，是被表现于制作品本来的目的和那坚实之中的。这决不是自由艺术，也不是美术。

然而人们，譬如说，制造那用以烹调食物的壶。他做了那壶，整好形状，用药来烧好。于是一切过程仿佛见得完了似的，但是，他——最蒙昧的野蛮人和在文化的发明期的我们的祖先也就这样——却将这好像完成了的壶，加以修饰，例如，律动底地（即放着或种一定的间隔），用了洋红那样的东西，画上或种的条纹和斑点去。装在这样地做好了的壶里的食物，决不会因为施了彩色，便好吃起来的。然而呀，倘使那彩色，并非出于人类的一种要求，那么，人类怕未必来费这样多事的工夫了罢。惟和保存生命相关联的第一要求，得到充足，而后别的新的要求，这才发生的事，是分明的事实。

是的，人类是为了生存之外，还为了享乐人生，尝味快乐而活着的。

自然于较适生活者的死后，动物型式的完成过程中，试行有机体的一切自由的,广泛的表现,在这里面,便含有快乐感了。在关于种类保存的兴味之中,藏着一定的有机体的最大的力,那最为强有力的行为。

有机体是极其微妙的机械,那全部或一部,停止了活动,或者那活动缓慢了的时候,便不得不受障害,而连别的部分,也非忽然蒙其影响不可的。和这相反,倘若全机关完全地在活动,而且那活动又是适宜的分量,则给我们以爽朗的欢喜。人类是在寻求着这样的欢喜,一面使自己的生活更泼剌,将那内容更加深造的。单调的,不活泼的生存,令人类无聊,给以和生病一样的苦恼。还有,人类为要使自己的生活更有意义,使这更其高尚,使那官能更加丰富,使环境成为美丽,做着种种的努力。这个人类的行为,就是艺术底行为。

人生一切的复杂,微妙,强固,都是人生的装饰。我们过于活动,过于思索的时候,我们便疲劳,然而太不做事了,则又非觉得无聊不可,那么,我们执其中庸,不就好么?

然而这是不能说是全对的。不,人类愿意许多的刺戟,而同时也寻求安静。在这里不能有那样的境界。那么,怎么办,便可以避掉极度的疲劳呢?大抵,没有秩序的刺戟,效果是相关地少,跟着这没有秩序的刺戟之后而来的,是兴奋,疲劳,烦乱。反之,倘用适当的,组织底的方法,人类(理论底地,我们是可以下面那样地说的)是能够享乐无限的刺戟的。

到这里,便成了艺术者,在将秩序整然的刺戟,给予人类,是最好的东西了,赏玩者和听者所耗的知觉精力的一定量,由大部分的刺戟而适当地被恢复。试取听觉刺戟,即音乐的例,来检讨此说罢。音乐的世界,是充满着非常之多的浓淡(nuance)的,但我们听音愈多,就愈增加愉悦感么,决不如此。噪音即使怎样地丰富,也不过增添疲劳和难听。但倘若音乐并非单单的噪音,是谐调底东西,则诸君于各种噪音和成为音乐底调音之区别,便会立刻弄明白的罢。而在所谓一切的听觉刺戟之中,音乐底调音,是立刻,而且最先,由所给与的愉悦感而消失了。我们称这为"纯粹的音"。

调音和一切的音一样,是有空气的波而生的律动,是震动的阶列。噪音中的押音,是不规则的,混乱的,但调音中的这个,则是规则底的,相互之间,有一定的平均的间隔。

我们的神经组织,对于规则底地发生出来的结果,是容易地养成习惯,容易地知觉那些的,而我们的知觉,便将那"容易"承受进去,当作愉悦。假使小孩子用了风琴,乱七八糟地按出种种的音谱,那么,由此而生者除了疲劳和兴奋之外,怕不能再有什么东西罢。但是,倘在一种整齐的顺序上,奏起音谱来,则由此一定会忽然发生或种愉悦之感。音乐艺术家的事业,即在不绝地保住我们的感兴,可以容易地知觉,而为了那容易,则发见那使音的内容更加丰富的音的连续。这内容和整齐的音的连续,名曰"旋律"(melody)。

音不但互相连续而已,也同时响鸣,而这共鸣音,则有种种。有一种音,在我们的耳朵里,交互地,规则整齐地作响,觉得好像不入调。别一种音,则互相连结,添力,相支,益臻丰富,这称为"和音"(accord)。能发生耳闻而觉得快感的这和音的法则,称为"谐调的法则"。

这样地,选择了声音,加以组合,将大的听觉底要素,给与知觉,则听觉器官便和那构造及性质相应,规则底地活动起来,于是发生那称为"形式化的音乐美"的快感。然而这还不能说是音乐的全部。那只还是形体而已,我们应该探究其蕴奥。

人类,是知道声音之中,含有或种意义的。而且比什么都在先,人类自己就知道着这一事。他于不知不识之间,不绝地在发音,并且藉此以表现自己的思想和感情。从人类所造的音之中,又生出有着缀音的言语。这些言语,则正确地表现或种的内容,于是成为涉及诗歌范围的完成品。

但人类,是并不没有意义地将言语来发音的,他将称为"抑扬法"(intonation)的带着种种表现的言语来发音,而这些无意义的抑扬,则往往有不藉言语,已足表现感情的时候。这些音,在言语的对照的那心意之先,就和我们的感情并无关系地,独立了来说话。号泣,号叫,怒号,欢声,惊愕,踌躇——凡这些,是最雄辩的言语。人类一逢不幸,是悲哀地低下了最后的音,啜泣着诉说的罢。模仿了沉郁的精神状态的诸相,造了出来的音,即所谓"短音阶"(minor tone)。快活的人,则或是响亮地,或用中断底的喊声,或用律动底的吟诵体说话,他先就生气弥漫,略略高声地说,于是那音里,就愈加添起力量来。以这音为基础而成的,是那"长音阶"(major tone)。然而对于人类所发的音的强弱,要一一给以名目,是不可能的。人有了余暇,想用什么来消遣,而又并无一定要做的事的时候,便想自由地表现自己的感情,试去从新传给别人,而且尽其所能,要强有力地,高妙地,并且很有兴趣地令人听受。他在这时候,便选择口所能发的一切的音,即纯粹的调音,一面寻求着这些音的自然地给与最大快感的旋律和谐调,一面施行着这些音的组合——于是在这些音上,加以表白悲哀,喜悦等,人类所愿意讲述,作深刻的回想的一切感情的抑扬。想别人的感情,为这所动。由这样而发生的,是"歌唱"。倘若角力,打猎,劳动之类的动底的事,是以快乐为目的的自由的东西,则从这样子的事所发生者,是舞蹈和演剧。一切艺术,是形式化了的,换了话来说,便是人类化了的复现底现象。是依照知觉机关和动作,以及人类的知觉作用的构成的要求,因而形成了的现象。

但是,人生未必一定由艺术而美化。人类可以由这样的过程而创作,站在和现实很相悬隔的环境中,同时,除描写现实之外,人类又能够描写人类之所希望,而且适宜于人类的理想。

故艺术者,不但和形式美一同,有心理底求心力(求心底感情表现),也有社会教化底的力,因为是描写理想(或者是用讽刺画以鞭恶),对于人类的行为,给以反省的。凡以充足人类的主要欲求,而且无此则存在且不可能的主要欲求为目的的一切行为,名之曰产业。这当然,也和生产主体本身的生产行为相关联。

纯艺术者,以给以组织化的刺戟,因而提高并且调节知觉机能,使之丰富为唯一的目的的一切的行为。然而,以消费为目的的生产,同时也是喜悦的源泉,成为给与美的形式的原因的。美的原则应用于人类日常生活的时候,艺术这才与生活觌面。于是见到"艺术产业"的发生。

人类,是作为自然之性,描写理想的。就是,人类一面照了美的匀称,磨炼着自己的一切的器官,以及自己的全肉体,一面怀着理想,要使在这环境中的自己的存在充实,并且依了包容着所谓"精神"的有机体,头脑,神经系统之所要求,来改造这世界。这,是希望到处看见美的世界的理想,是在那世界里常是幸福,毫无拘束,也不无聊,而且也没有苦恼的人类的理想。

要以人类为自然的指导者的艺术底企图,归根结蒂,是成着创造这理想世界的基础的。而且,全人类的艺术,也应该如生命本身一样,永久地生长,创造出有进化的构成体来。然而我们还站在不幸的,不愉快的路程上。

艺术往往成为富豪的娱乐家伙而堕落,俗化。社会本身,有时候,则艺术家本身,也堕落而走着邪路,造出并非真的艺术底的,技巧底艺术的刺戟来。这在有着强健的,新鲜的精神的人们,正是嫌恶。

资产阶级的社会制度,尤其将艺术恶用,使他商品化。

社会主义主张艺术的自由,对于艺术,期待着伟大的全人类底事业。

各世纪,各民族,尤其重要的是各阶级,在反映各各的制作上的活的灵魂的艺术上,是各有各各的特殊性的。无产阶级,被弄穷了的这阶级,一向对于人类的艺术创造,没有能够挥着双手,参加在一起,但从今以后,我们从这阶级,却可以期待许多的东西了。

托尔斯泰之死与少年欧罗巴[①]

生长于现今正作主宰的老年欧罗巴的怀中，而正在发展的少年欧罗巴，未来的欧罗巴，一闻那维系着古代的好传统和未来的好希望的巨人之死，便热烈地——虽然还不能说是完全融洽——呼应了。这是毫不足怪的。谁能不敬重艺术家托尔斯泰呢？

但是，在少年欧罗巴的盛大的托尔斯泰崇拜之中，在思索底的人们里，也写着许多的文章，即使未必能唤起惊奇之念，但至少，是引向认真的思想的。

造成少年欧罗巴的建筑物的脊梁，基础的圆柱，那自然，是马克斯主义的广泛深远的潮流。这一方面的理论家们，因为依据了纯净的严格，将自己们所承认的纯正的真理，从一切的混杂，一切别的文化底潮流(即使这是亲近的，怀着同感的)区别开来，便屡屡被讥为炫学。近来，关于托尔斯泰的教义——首先，是关于教义，并非关于艺术——在这世界里，已经接到了颇辛辣的否定底的意见，且加指摘，以为他是有着使自己成为和科学底社会主义的正反对之点的。无产阶级思想的表明者和那前卫底分子，将默默地径走过托尔斯泰的墓旁呢，还是不过冷冷地显示自己和这人并无关系呢，这是可以想到的事件。然而这样的事件却并不发生。

自然，无产阶级对于美底价值，不能漠不相关，是并无疑义的。无产阶级无论在怎样的阶级，时代，社会的艺术里，都曾将这看出。然而在许多俄国劳动者发来的电报之中，所说的不仅是关于作为艺术家的托尔斯泰，不，较多的倒是作为社会实行家的托尔斯泰。

从在国会中的社会民主党的党派所发的电报，也是一样的意思。而且不但以自己之名，却用世界无产阶级之名，表了吊意的党派，是不错的。

---

① 本文由鲁迅从日本杉本良吉的译文《马克斯主义者之所见的托尔斯泰》转译。——编者注

实在,考茨基(K. Kautsky)写着关于作为值得崇高的荣誉的伟大作家的托尔斯泰,同时也分明怀着不只是单单的艺术底一天才这一种意见。

莱兑蒲尔在有责任的议会的演说上,关于作为军国主义之敌的托尔斯泰,就是,关于这个处所,也陈述了他的社会底教义,而且这样地起誓道:"来讲这伟人的事,是自以为光荣的。"

做着奥地利国会的议长的反犹太主义者,拒绝对于托尔斯泰的尊崇,为了他的名誉,做一场最初的雄辩的演说的,是社会主义者。

在法兰西议会里的托尔斯泰纪念会之际的大脚色,迦莱斯(Jean Jaurès)的说明,也许是更加精密了。"在荒野上,有着'生之泉'。人们常常去寻它。在这泉,是交错着无量数的许多路。托尔斯泰是这样的生之泉。质素的基督,教徒们和我们社会主义者,是走着不同的路的,但我们在叫作莱夫·托尔斯泰这爱之泉的旁边,大家会见了。"

将向着我们的同胞的这去世了的伟人,表示社会主义世界所取的敏感的,有爱情的态度的记录,无涯际地继续下去,固然也好罢。然而关于托尔斯泰的教义和声名不下于他的马克斯的教义的根本底对立,却谁也不愿说,而也不能说。对于重要的这一致,遮了眼睛,是不行的。不加分析,而接近托尔斯泰主义去,是不行的。因为他不是人类的前卫的全然同盟者,同时也不是敌人。

其实,科学底社会主义,是由于现在组织的苛刻的矛盾状态而生的。莱夫·托尔斯泰也将这些苛刻的矛盾,天才底地加以张扬。社会主义将这些矛盾的解决,求之于使因阶级,国家而生的人类的区别,告一结局那样的调和的社会组织,靠着劳动的组织之中。莱夫·托尔斯泰也一样地寻求调和的组织,一样地描写人们的劳动的协和的将来,一样地排斥阶级差别,一样地爱下层社会,而嫌恶上流社会(自然,这嫌恶,并非对于个个,而是对于金权政治,贵族政治的原理这东西本身的)。

科学底社会主义,将个人主义看作置基础于私有财产之上的社会底无政府状态的一种。

社会主义豫言着集团主义,同志底感情,广泛的,英雄底的世界观,对于狭小的小店商人底的那些,将获胜利,而排斥着个人主义。自有其丰富而紧张的个性的莱夫·托尔斯泰,个人主义的苦闷者的莱夫·托尔斯泰,是将自己的一生,献于和个人主义的争斗了。

科学底社会主义,将国家看作分离着的利己主义者们和阶级底矛盾的社会的自然的组织。

托尔斯泰对于国家,也抱着一样的意见,先见到倘在别样的条件之下,国家是将成为无用的东西。

惟这些,是两者的思想底建筑物之间的最重要的类似点。

自然,那差异,也是根本底的。

科学底社会主义,是现实底。

科学底社会主义,将个人主义,私有财产,资本等,看作在人类文化发达上的不可避的局面。因为要从这苦楚的局面脱出,社会主义则惟属望于现在社会的内底的力量的发展;或则客观底地,将这些的相互关系剖明;或则竭力尽瘁于将以未来的理想的负担者而出现的阶级的自觉。科学底社会主义是主张从人类进到现在了的道上,更加前进的;是主张一面助成着旧世界的破坏,新世界的成熟,而积极底地,参加于文化生活的一切方面的。

作为社会哲学者的托尔斯泰——却是清水似的理想主义者。他竟锋利地将神圣的聪明的理想,和罪深的愚昧的现实相对立。为自己的爱的理想,探求了那外面底形式的他,也在过去的事物上,自然底经济关系的平凡的真理上,借用着这形式。他主张从人类进化的大路断然离开,而跳到一种新的轨道上去。据他的意见,他是不相信那前去参加着现实的愚劣邪恶的混乱的,这一种意义的人类的积极性的。首先,应该学习不做那一看好像自然,而其实是有害的许多事。这事情,并不如有些人们所想,就是表明着托尔斯泰的教义是消极底。他的教义,是积极底的。然而是观念底地,积极底的。托尔斯泰将言语的力量看得很大,至于以为可以靠不断的言语的说教,先将无智的人类的醉乱的行列阻止,然后使这行列,和赞美歌一同,跟在进向平和与爱的王国去的整齐的行列的后面。

在这里,也生出别的根本底的不同来。

和个人主义战斗,马克斯是用社会底道程,即社会构成的改造的,但托尔斯泰却用个人主义底道程。在他,是只要个性将自己本身牺牲,在自己的身中,在自己的怀中,将自己的个人主义,烧以爱之火,作为那结果,全社会便变了形状了。

托尔斯泰——是豫言者。他和那对于使游牧民的性情,因而堕落的文明的潮流,曾经抗斗的以色列的豫言者们,是血族的弟兄。他们也曾将人们叫回,到真理去,到人性去,到小私有财产底牧歌——在这里,所有物已经不是所有物,是为神的法则所统,而是神的临时的颁赏——去。托尔斯泰的社会上的教师显理·乔治(Henry George),以摩西的法则为最好的律例,赠了赞歌,是不亦宜哉的。托尔斯泰者——和那凭着新旧约所赞美的平等之名,虽引弓以向教会,也所不惧,而对于蓄财的增加,筑了堤堰的伟大的异端者,是血族的弟兄。他和那在旧的组织之中,不知不觉将回忆加以理想化,而持着人道底的态度的圣西门(St. Simon),布鲁东(Proudhon),嘉勒尔(Carlyle),洛思庚(Ruskin)等,反对着资本主义之不正的新的斗士,是血族的弟兄。

然而,假如科学底社会主义的同人,虽然不赞成这样的人们,而对于他们,还不得不献尊敬的贡品者,这不可忘记,乃是因为同人之中,用了像托尔斯泰所有的那样无比的武器,就是艺术底天才的武器,武装着的人,一个也没有的缘故。我们且停止将作为艺术家的托尔斯泰,从作为思想家的托尔斯泰拉开罢。其实,是内底平安的渴望,要解决那强有力的个性的矛盾的欲求,其实,是对于自己和周围的人们的凭着真理和真实和公明之名的冷酷——使托尔斯泰成了艺术的巨人的。他的艺术作品,一无例外,都是道德底,哲学底论说。他常常,对于新的,客观底地是极有价值的,但为他所不懂的东西,打下自己的铁槌去,要打碎一切。但是,看罢——这些打击,并不足为害。

有可活的运命者,是不会因批评而死的。而旧的世界,却反而因为托尔斯泰的强有力的讽刺的箭,而颤抖,动摇了。他用了美的光,将虚伪的观念和颓废的居心,加以张扬,照耀。然而这样的文字,也不过呼起深的怜悯来。对于在自己里面的自己的阶级和自己的传统的狭隘,不能战胜的伟大灵魂的误谬,在这里,我们就极容易觉察。但托尔斯泰将对于个个的目的的平庸的,好的本质的胜利,以及人类和宇宙的一致,却用了他以前的怎样的诗人也做不到的,征服一切那样的热情,加以赞美的。

这力量,即所以使托尔斯泰在理念和感情两方面,较之他的一切伟大的侪辈,升得更高。惟此之故,所以在一切的这些,经济底地反动底的革命家们中,在这些没有发见直向自己的理想之路的爱与和谐的骑士们中,在这些,实在虽是朋侪,而被误解为仇敌的人们中,托尔斯泰遂较之别的什么人,都为较近于欧罗巴社会的前卫底的阶级的前卫底的人们的心脏。

少年欧罗巴,那自然,要比我写在篇首那样的潮流为更广。而且已经,自然——有着两个作家,作为这少年欧罗巴的正当的代表者而出现,他们已将托尔斯泰在精神的王国中的位置和所谓空间底之大,比谁都高明地下了定义了。其一个,年纪也较老,在那作为艺术家的灵魂中,也有着许多文化底老衰的毒,但是,虽然如此,他却凭了多样的,有光辉的天禀的别方面,和现在的,在我们的文明化了的世界里,惟我们所独有的最年青最新鲜的东西,非常相近的。我在这里是说亚那托尔·法朗士(Anatole France)。别的一个,应该算进那一面的阵营里去,是颇为暧昧的。但他也由那灵魂的超群的琴弦,和新的音乐,将来社会的音乐相呼应——那是该尔哈德·好普德曼(Gerhart Hauptmann)。

法朗士在托尔斯泰之中,看见了伟大的先见者;还抱着这样的意见,以为在市人的脑中,被想作带疯的乌托邦似的他的教义中的许多东西,乃是作为很完成了的人类生活的一种形式的敏感的豫觉而出现的。和这同时,他——这是最重要的事——还将托尔斯泰来比荷马(Homeros)。

将一种散文诗似的东西,呈之托尔斯泰的好普德曼,是加了两个别样的名目:萨服那罗拉(Savonarola)和佛陀。

读者诸君,和这些文化界的三明星同时相接的人,是应该怎样伟大呢,试来加以想象罢。荷马——这是客观性本身,是用了灿灿之明,使现实反映出来的直觉底的天性,是在现实在那财宝之中,为了反照,而见得更加伟大,辉煌,安静这一个意义上,将现实改变形容的直觉底的天性。萨服那罗拉呢,恐怕是完全相反的本质,就是,热情底的主观主义,直到了恍惚境的空想主义,要将一切的客观底美,隶属于主观底道德,形式——灵魂的欲求的最明白的表现罢。他的世界里的事故,总见得是有些苍白,丑恶,偶然的。但相反,他却将"失掉了平心的运命到伟大地步,和几乎失掉了情热的乔辟泰"(译者注——荷马的形容。重译者按:乔辟泰是希腊的大神),变为满于爱的——同时也是较之正在死刑的缢架上,苦着就死的人的模样,不能变得更好的那样可怕的——神的意志了。

倘若在和以上的两极的同距离之处,能够发见天才,那自然,是佛陀了。他对于生活的美之前的欢喜,对于紧张的斗争底的意志的激发,都取一样的态度;对于竟愚蠢到想以各种嬉戏来诱佛陀的幻的摩耶(重译者按:摩耶夫人是佛母),对于在自己的方向,最为崇高的一切的情热,也一样地送以哀怜和嫌恶的微笑。

触到荷马和萨服那罗拉和佛陀——这事,那意义,就是说无限。

自然,托尔斯泰并没有荷马那样的淳朴底的客观性,也没有透明那样的平静,也没有艺术家底率直。

诚然,荷马并不是一个人,是将年纪青青的民族的尝试,聚集在自己的六脚诗中的代代的诗人们(他们互相肖似着)的集合体。但是,从托尔斯泰的许多诗底表现里,他的创造,就如自然的创造一般,在他,也有着好像那形象这东西,就贯通着客观底实在的一切美和力之中那样的辉煌的真理的太阳,直接底的明观力,吹拂着弥满的生命的风。托尔斯泰又如实地包含着全民众的内面外面的两生活。在那表现的广阔之点,令人想到荷马。

自然,托尔斯泰在那说教之点,热情底地,是不及萨服那罗拉。在他,没有暗黑之火,没有遭遇灵感,遭遇恶魔的恍惚境。

但无论如何,非常类似之点的存在,是无可疑的。在无论怎样的地上权力的禁止之前也不跌绊;向着真理和公正之探求的那毫不宽假的强直;

对于神的那热烈的爱;从这里流出来的那信仰的公式的保守者的否定;对于兼顾二者的精神底的,凭着永远的生命的充实之名的,外面底文化生活的单纯化的那欲求;并未排斥艺术,但只准作为宗教底道德的仆从的那态度:就都是的。

而应当注目的事,是恰如萨服那罗拉的宗教底道德主义,在那说教之中,却并未有妨于他之登雄辩术的绝顶,以及他虽然跪在传道士波契藉黎的足下,也并未有妨于他描写许多的杰作,并且生活于别的艺术底巨人蒲阿那罗谛(译者注——是密开朗改罗)的心中一样,托尔斯泰的宗教底道德主义和他的美的一切一面性,也没有妨害他写《复活》和其他的杰作。自然,不消说得,萨服那罗拉和托尔斯泰,在对于艺术的那宗教底态度上,纵使是怎样一面底的罢,——他们却依然站着,较之"为艺术的艺术"的论究者,还是决然,作为拔群的艺术家。

托尔斯泰恰如活着而已经知道了涅槃的境地的佛陀一般,既非亚细亚式地善感,也不是不知道悲哀。然而托尔斯泰的神,总显得仿佛一切东西,都娇憨地沉没融化下去的辉煌的深渊模样。托尔斯泰的爱,常常很带着对于平静的渴望,以及对于人生的一切问题,困难的一面底解决的渴望的性质。

所以托尔斯泰不是荷马,不是萨服那罗拉,也不是佛陀。然而在这无涯际的灵魂中,却有使法朗士和好普德曼想起上述的三巨人来的血族的类似点。再说一回罢,同时触着三个的项上的事——那意义,就是说,是伟大的人。

在托尔斯泰之中,集中着许多各样的有价值的东西。因此,裁判他的时候,裁判者也会裁判了自己。我对于少年意大利,尤其愿意用一用这方法。

我自然并非说,加特力教底的,保守底的,有产者底的旧的意大利,"可尊敬的"月刊杂志和大新闻的意大利,知道了托尔斯泰之死,没有说什么聪明的好的话。然而由那旧的意大利的理论家们说了出来的有限的聪明的,好的话,却全落在平平常常的赞辞里了。惟巴比尼(Giovanni

Papini），则将我们检阅少年意大利军在托尔斯泰的墓前行进时，可以由我们给以有名誉的位置的好赞辞，写在那论文里。

托尔斯泰之死，即成了诚实的，而且全然灿烂的论文的基因。这论文，是增加巴比尼的名誉的，较之凭了同一的基因而作的意大利中的所有文章为更胜。假使纸面能有余地，我们是高兴地译出那全篇来的罢。但我们只能耐一下，仅摘出一点明白的处所。巴比尼是将意大利的一切御用记者们，堂堂地骂倒了——

　　"凡平常的公牛一般的愚钝，事件是关于牛和驴子的时候，几乎就不注意，一旦出了事，便立刻在你们的前面，满满摆开不精致的角来。

　　"可以借百科辞典之助，用了一等葬仪公司的骈文一般的文体，颠来倒去，只说些催起一切呕吐那样的，应当羞愧的，'旧账'底的唠叨话的么？我停止了拼命来竭力将圣人的出家，一直扯落到家庭口角的突然的一念去的唠叨话罢。但是，对于文笔小商人们利用了这机会，而向托尔斯泰抛上笑剧演员和游艺家的绰号的事，怎么能不开口呢？假使托尔斯泰是空想家，是游艺家的事，能慰藉值得你们的侮辱的偏隘，那么，我们又何言乎了。然而对于装着无暇和年迈的空想家相关的认真的人们的脸，而在唠叨的你们，却不能宽恕的。托尔斯泰是吐露了难以宽容的思想。但这在你们，是'愚蠢的事'，——你们即使怎样地挤尽了那小小的脑浆，也不能一直想到这处所的——。

　　"即使怎么一来，能够想到这处所了，你们也没有足以吐露它的勇气罢。——假使因此而永远的生命，便在你们之前出现。我来忠告一下。虽然很有使你们的新裤子的叠痕，弄得乱七八遭的危险性，但总之，跪到那写了愚蠢事情的作家，说了不可能的事的使徒的他的灵前去罢。"

巴比尼在这暴风雨般的进击之后，陈述着作为理想底的人类的生活的托尔斯泰的生活的内面底意义。他将自己的许多的思想，综合在下文似的数行中——

　　"这——是人呀。看哪——这,是人呀! 他的生活的开始,是英雄底,战斗底,充满着事件。那是委身于赌博和情欲,然而战斗不止的封建底的人的生活。然而从这兵士里,出现了艺术家。他,艺术家,开始了创造者的神圣的生活,他,使全世界的死者们复生,将灵魂插入数百新的创造之中,使大众的良心振动,给一切国民读,登一切人之上,终至于见到世界上没有和自己并行者了。自此以后,乃从艺术家之后,出现了使徒,豫言者,人类的救世主,温和的基督教徒,现世的幸福的否定者。

　　"他在获得了所遗留下来的那么多的东西之后,怎么能不将一切东西,全都辞退呢?"

巴比尼的论文的这处所,令人想起黑格尔(Hegel)的宗教哲学中的有名的处所。就是,伟大的哲学者,是将人的一生,分为下文的四阶段,而描写着的。

尚未觉醒的未来,开始逍遥起来的淳朴的幼年时代。生命的加强了的欢喜和伴着难制的热情的苦恼的,浑浊的,苦闷的青年期。

有平静的信念的伴着创造底劳役的成年期。获得了在一切个别底的事物之上的普遍性的认识的老年期,拥抱一切,否定了个人主义的残滓,好像温情的教师的老年期。

这和由安特来夫(Andreev)所表现的《人的一生》,全不是两样的东西! 其实,老年是往往并非作为灵魂的神性化的第四的最高阶段而显现的,——这屡屡,是力的可悲的分解,是肉体的不可避的溃灭,同时是灵魂之向废墟的转化。然而,老人的灿烂的典型,密开朗改罗(Michelangelo),瞿提(Geothe),雩俄(Hugo),托尔斯泰——是显示着黑格尔的结构,较之极度可悲的变体底的现实,尤为可信的。

刚在地上萌芽了的社会主义的机关志《少年意大利》的少年作家们,也向托尔斯泰挥上了臂膊。说,他是早在先前死掉了的了。老年者,是永远的死,而托尔斯泰的哲学,是这伟大的天才的腐败的结果,是心理的老衰,云云。但是应该和这些尚未成熟的少年们,一并宽恕了这样的裁判。他们是充满着力的。

倘若刚刚将脚踏上了第一阶段的他们,已经懂得了第四阶段的心理,那么这不是好事情。论文《对于托尔斯泰之死的生命的回答》的作者,青年安契理斯(D'Ancelis),对于作为艺术家的托尔斯泰,是抱着尊敬之念的。他和一般的人类的成长相比较,而认知托尔斯泰的不可测之高,以为大概惟有被托尔斯泰所裁判了的莎士比亚,在自己所创造的世界的丰富这一点上,和他为近,更以下文那样的话,结束了文章——

> "这使徒,也是正当的,而且是嘉勒尔底意义上的'英雄'。他作为英雄而生,作为英雄而死了。然而人类并无需宣说生活之否定的英雄。
>
> "却反对地,必需强有力的,不屈的艺术家。惟这个,是寻问这老人的苦闷之迹的时候,所以感到我们的心脏的跳动,恰如在年迈的父亲的卧榻之侧的儿子的心脏一样的原因。"

这实在是可以据以收束小论的很好的记录。

附录 《托尔斯泰之死与少年欧罗巴》译后附记①

第一篇论文,是托尔斯泰死去的翌年——一九一一年——二月,在 *Novaia Zhizni* 所载,后来收在《文学底影象》里的;现在从《马克斯主义者之所见的托尔斯泰》中杉本良吉的译文重译。重译这篇文章的意思,是极简单的——

---

① 本文最初与《托尔斯泰之死与少年欧罗巴》的译文一起,发表于 1929 年 2 月 15 日《春潮》月刊第 1 卷第 3 期,但未随该译文一同收入《文艺与批评》单行本。——编者注

一、托尔斯泰去世时,中国人似乎并不怎样觉得,现在倒回上去,从这篇里,可以看见那时欧洲文学界有名的人们——法国的 Anatole France,德国的 Gerhart Hauptmann,意大利的 Giovanni Papini,还有青年作者 D'Ancelis——的意见,以及一个科学底社会主义者——本论文的作者——对于这些意见的批评,较之由自己一一搜集来看更清楚,更省力。

二、借此可以知道时局不同,立论便往往不免于转变,豫见的事,是非常之难的。这一篇上,作者还只将托尔斯泰判作非友非敌,不过一个并不相干的人;但到一九二四年的讲演(译载《奔流》七及八本上),却已认为虽非敌人的第一阵营,而是"很麻烦的对手"了,这大约是多数派已经握了政权,于托尔斯泰派之多,渐渐感到统治上的不便的缘故。到去年,托尔斯泰诞生百年纪念时,同作者又有一篇文章叫作《托尔斯泰记念会的意义》,措辞又没有演讲那么峻烈了,倘使这并非因为要向世界表示苏联未尝独异,而不过内部日见巩固,立论便也平静起来:那自然是很好的。

从译本看来,卢那卡尔斯基的论说就已经很够明白,痛快了。但因为译者的能力不够和中国文本来的缺点,译完一看,晦涩,甚而至于难解之处也真多;倘将仂句拆下来呢,又失了原来的精悍的语气。在我,是除了还是这样的硬译之外,只有"束手"这一条路——就是所谓"没有出路"——了,所余的惟一的希望,只在读者还肯硬着头皮看下去而已。

一九二九年一月二十日,鲁迅译讫附记。

鲁迅译事年表^①

1903 年

6 月,译述历史小说《斯巴达之魂》的前半部分发表于《浙江潮》第 5 期 (6 月 15 日),后半部分发表于《浙江潮》第 9 期(11 月 8 日),署"自树"。

6 月 15 日,据日译本转译的法国作家雨果的小说《哀尘》发表于《浙江潮》第 5 期,署"庚辰译"。

10 月,据日本翻译家井上勤译本转译的法国作家儒勒·凡尔纳小说《月界旅行》由日本东京进化社出版,署"美国培伦原著,中国教育普及社译印"。

1904 年

译《世界史》(原作者不明)、儒勒·凡尔纳的《北极探险记》,以及《物理新诠》(原作者不明)中"世界进化论"与"元素周期则"二章。未发表,译文亡佚。

1906 年

3 月,据日译本译述的儒勒·凡尔纳的小说《地底旅行》由上海普及书

---

① 经查阅多种资料,本年表尽可能详细地列出了鲁迅各项译事的具体信息,但因一些资料记录不全,部分信息如某些原作的作者名、具体翻译日期等缺失,敬请读者谅解。

局、南京启行书局发行,署"英国威男著,之江索士译演"。

4 月后,据日译本转译的美国路易斯·托仑的科幻小说《造人术》发表于上海《女子世界》第 4、5 期合刊,署"索子译",后被收入《译丛补》。

1907 年

完成《摩罗诗力说》(介于译述和创作之间),1908 年 2 月和 3 月发表于《河南》月刊第 2、3 号,其中部分参考材料由周作人译出。

10 月,由周作人从英语翻译的英国作家哈葛德和安度阑合撰的小说《红星佚史》由商务印书馆出版,其中穿插的 16 首诗歌由鲁迅和周作人合作完成,后被收入《译丛补》。

1908 年

8 月 5 日,所译奥匈人爱弥耳·赖息的论文《裴彖飞诗论》(译自赖息用英文写的专著《匈牙利文学:历史的与批评的研究》第二十七章"裴多菲,匈牙利诗歌天才的化身",由周作人口译,鲁迅笔述)发表于《河南》月刊第 7 号,署"令飞译",后被收入《译丛补》。

1909 年

3 月、7 月,与周作人合译的《域外小说集》(两册)在东京出版,署"会稽周氏兄弟纂译"。

4 月,译安德列耶夫的短篇小说《红笑》,未译完,译稿亡佚。

1911 年

2 月,译《地质学》。

1913 年

5 月、8 月,所译《艺术玩赏之教育》发表于《教育部编纂处月刊》第 1 卷第 4 册、第 7 册,署"译日本文学士上野阳一氏著论"。

10 月、11 月,所译《社会教育与趣味》发表于《教育部编纂处月刊》第 1
卷第 9 册、第 10 册,署"译日本文学士上野阳一氏著论"。

11 月,所译《儿童之好奇心》发表于《教育部编纂处月刊》第 1 卷第 10
册,署"译日本文学士上野阳一氏著论"。

1914 年

2 月 1 日,所译德国诗人海涅的《Heine 的诗》发表于《中华小说界》月
刊第 2 期,后被收入《译丛补》。

1915 年

3 月,所译日本学者高岛平三郎的关于儿童教育的论文《儿童观念界
之研究》被收入《全国儿童艺术展览会纪要》。

1919 年

10 月,译完日本小说家有岛武郎的小说《与幼小者》,后被收入《现代
日本小说集》一书。

1920 年

1 月 18 日,译完日本作家武者小路实笃的《一个青年的梦》,该剧本从
1919 年 8 月 2 日开始翻译,陆续在北京《国民公报》上连载(直至 10 月 25
日);后改在 1920 年 1 月—4 月的《新青年》第 7 卷第 2—5 号发表完毕。
1922 年由商务印书馆出版,1927 年 7 月由北新书局再度刊行,列为"未名
丛刊"之一。

9 月 1 日,所译德国哲学家尼采的《察拉图斯忒拉的序言》发表于《新
潮》月刊第 2 卷第 5 期,署"唐俟译"。

10 月 30 日,译完俄国作家阿尔志跋绥夫的小说《幸福》,并作《译者附
记》,后发表于《新青年》第 8 卷第 4 号(12 月 1 日),并被收入《现代小说译
丛》一书。

1921 年

4 月 11 日,译完日本作家森鸥外的小说《沉默之塔》,次日作《译后记》,后发表于《晨报》第 7 版《小说栏》(4 月 21 日—24 日),并被收入《现代日本小说集》一书。

4 月 18 日,译完阿尔志跋绥夫的中篇小说《工人绥惠略夫》。7 月—12 月,该译稿在《小说月报》第 12 卷第 7—9、11、12 号发表;1922 年 5 月,由商务印书馆出版;1927 年 6 月,该译本又由北新书局列入"未名丛刊"重新出版。

4 月 28 日,译完阿尔志跋绥夫的小说《医生》,后发表于《小说月报》第 12 卷号外《俄国文学研究》(9 月)并被收入《现代日本小说集》一书。

6 月 8 日,译完日本作家芥川龙之介的小说《罗生门》,后发表于《晨报》第 7 版《小说栏》(6 月 14 日—17 日)并被收入《现代日本小说集》一书。

6 月 30 日,译完日本作家菊池宽的小说《三浦右卫门的最后》,后发表于《新青年》第 9 卷第 3 号(7 月 1 日)并被收入《现代日本小说集》一书。

7 月 11 日,从德文转译芬兰作家亚勒吉阿的小说《父亲在亚美利加》,后发表于《晨报》第 7 版《小说栏》(7 月 17—18 日)并被收入《现代小说译丛》一书。

8 月 17 日,从德文转译芬兰女作家明那·亢德的短篇小说《疯姑娘》,次日作《译后附记》;从德文转译保加利亚作家伐佐夫的短篇小说《战争中的威尔珂》,22 日又作《译后附记》。这两篇译作稍后均发表于《小说月报》第 12 卷第 10 号("被损害民族的文学号",10 月 10 日)并均被收入《现代小说译丛》一书。

9 月 8 日,译完安德列耶夫的短篇小说《黯淡的烟霭里》,并作《译后记》,后直接被收入《现代小说译丛》一书。

9 月 10 日,据日文本《天明前之歌》一书译出俄国盲诗人和童话作家爱罗先珂的童话《池边》,并作《译后附记》,后发表于《晨报》(9 月 24—26 日),正文还被收入《爱罗先珂童话集》。

9 月 10 日,译完安德列耶夫的短篇小说《书籍》,并作《译后附记》,后直接被收入《现代小说译丛》一书。

9月16日,译完爱罗先珂的童话《狭的笼》,后发表于《新青年》第9卷第4号(8月1日),正文后被收入《爱罗先珂童话集》。

10月4日,译完爱罗先珂的童话《春夜的梦》,后发表于《晨报副刊》(10月25日),正文后被收入《爱罗先珂童话集》。

10月10日,所译捷克作家凯拉绥克的《近代捷克文学概观》和从德国文学史家凯尔沛来斯的《文学通史》中摘译的《小俄罗斯文学略说》发表于《小说月报》第12卷第10号("被损害民族的文学号"),署"唐俟译"。

10月16日,译完日本作家中根弘所作的报告《盲诗人最近时的踪迹》,发表于当日《晨报副刊》("爱罗先珂号"),署"风声译"。

11月2日,译完俄国作家契里珂夫的短篇小说《连翘》,后被收入《现代小说译丛》一书。

11月10日,译完爱罗先珂的童话《鱼的悲哀》,后发表于《妇女杂志》第8卷第1号(1922年1月1日),后被收入《爱罗先珂童话集》。

11月25日,所译爱罗先珂的童话《雕的心》发表于《东方杂志》第18卷第22号,后被收入《爱罗先珂童话集》。

12月,译完爱罗先珂的童话《古怪的猫》,后发表于上海《民国日报》副刊《觉悟》第3版(1922年1月1日)并被收入《爱罗先珂童话集》。

12月,译完契里珂夫的短篇小说《省会》,后被收入《现代小说译丛》一书。

12月1日,译爱罗先珂的童话《世界的火灾》,后发表于《小说月报》第13卷第1号(1922年1月10日),后被收入《爱罗先珂童话集》。

12月26日,译完爱罗先珂的童话《两个小小的死》,后发表于《东方杂志》第19卷第2号(1922年1月25日),后被收入《爱罗先珂童话集》。

1922 年

1月,译完爱罗先珂的童话《为人类》,后发表于《东方杂志》第19卷第3号(2月10日),后被收入《爱罗先珂童话集》。

2月1日,所译俄国作家迦尔洵的短篇小说《一篇很短的传奇》发表于《妇女杂志》第8卷第2号(2月1日),后被收入1929年4月上海朝花社出版的《近代世界短篇小说集(1):奇剑及其他》。

4月2日,所译爱罗先珂口述之《俄国的豪杰》一诗发表于《晨报副刊》。

5月,与周作人、周建人合译的《现代小说译丛》(其中鲁迅译9篇)由商务印书馆出版,为"世界丛书"之一。

5月1日,译完日本作家江口涣的《忆爱罗先珂华希理君》,后发表于《晨报副刊》(5月14日)。

5月15日,译完爱罗先珂的童话剧《桃色的云》,自当日起至6月25日连载于《晨报副刊》。1923年7月28日由北京新潮社印行,为该社"文艺丛书"之一。1926年改由北新书局出版,1934年由上海生活书店印行。

7月,所译爱罗先珂的《爱罗先珂童话集》由商务印书馆出版,列入"文学研究会丛书"。

7月5日,译爱罗先珂的童话《小鸡的悲剧》,后发表于《妇女杂志》第8卷第9号(1922年9月1日),后被收入《幸福的船》。

1923 年

1月6日,所译爱罗先珂《观北京大学学生演剧和燕京女校学生演剧的记》发表于《晨报副刊》。

3月10日,所译爱罗先珂的童话《爱字的疮》发表于《小说月报》第14卷第3号,并被收入《幸福的船》。

6月,与周作人合译的《现代日本小说集》由商务印书馆出版,列为"世界丛书"之一,署"周作人编译",内有鲁迅翻译的6位作家的11篇小说。

1924 年

9月22日,开始译日本文艺理论家厨川白村的文艺论著《苦闷的象征》,10月10日完成。译文于10月1日—31日连载于《晨报副刊》。1925

年 3 月,《苦闷的象征》出版单行本①,列为"未名丛刊"之一,由北京大学新潮社出版并代售。1926 年 4 月 3 日,改由北新书局出版。

10 月 31 日,译完厨川白村的文论《西班牙的剧坛将星》,并作《译者附记》,发表于《小说月报》第 16 卷第 1 号(1925 年 1 月 10 日),后被收入《壁下译丛》。

12 月 5 日,译完厨川白村的文论《观照享乐的生活》,并作《译后附记》,发表于《京报副刊》(12 月 9 日—13 日),后被收入《出了象牙之塔》。

12 月 7 日,所译荷兰小说家穆尔塔图里的杂文《高尚生活》发表于《京报副刊》。

12 月 16 日,所译穆尔塔图里的杂文《无礼与非礼》发表于《京报副刊》。

1925 年

1 月,译匈牙利诗人裴多菲诗五首,前两首最初发表于《语丝》周刊第 9 期(1 月 12 日),后三首最初发表于《语丝》周刊第 11 期(1 月 26 日),均署"L. S.译",被收入《集外集》。

1 月 16 日,译完厨川白村的论文《现代文学之主潮》,并作《译者附记》,发表于《民众文艺》第 6 号(1 月 20 日),后被收入《出了象牙之塔》一书。

1 月 24 日—2 月 28 日,译厨川白村的论文《出了象牙之塔》,连载于《京报副刊》(2 月 14 日—3 月 11 日),后被收入《出了象牙之塔》一书。

3 月 15 日,所译日本作家伊东干夫的《我独自行走》一诗最初发表于《狂飙》周刊第 16 期。

4 月 14 日,所译日本作家和评论家鹤见祐辅的杂文《自以为是》发表

---

① 关于鲁迅所译《苦闷的象征》单行本的出版时间,原先多数学术论著都认为是 1924 年 12 月,因为《苦闷的象征》版权页上标注的就是这个时间。但是在 1925 年 1 月和 2 月的鲁迅日记中还有多条校阅《苦闷的象征》的记载,据学者考证(张杰:《鲁迅杂考二则》,《新闻学史料》2005 年第 4 期),该书的出版时间为 1925 年 3 月。该出版时间也参考了王家平在《〈鲁迅译文全集〉翻译状况与文本研究》中的观点。

于《京报副刊》,后被收入《思想·山水·人物》。

4月25日,所译鹤见祐辅的杂文《徒然的笃学》发表于《京报副刊》,后被收入《思想·山水·人物》。

6月1日,所译日本学者长谷川如是闲的杂文《圣野猪》发表于《旭光》旬刊第4号,后被收入《译丛补》。

6月30日,所译鹤见祐辅的随笔《北京的魅力》发表于《民众周刊》第26号,至29号发表完毕,连载四周,后被收入《思想·山水·人物》。

7月24日,所译日本作家金子筑水的文论《新时代与文艺》发表于《莽原》周刊第14期,后被收入《壁下译丛》。

8月7日,所译厨川白村的论文《从艺术到社会改造》开始在《民报副刊》上连载(共连载于第3—6、9—12号),后被收入《苦闷的象征》。

10月12日,译完俄国作家拉菲勒·开培尔的文论《小说的浏览与选择》,并作《译者附记》,发表于《语丝》第49—50期(10月19日、10月26日),后被收入《壁下译丛》。

10月30日,所译日本作家片山孤村的杂文《思索的惰性》发表于《莽原》周刊第28期,后被收入《壁下译丛》。

11月29日,译完片山孤村的杂文《自然主义之理论及技巧》,未单独发表,后被收入《壁下译丛》。

12月,所译厨川白村的文艺论著《出了象牙之塔》单行本由北京未名社出版,列为"未名丛刊"之一。

12月,所摘译日本作家岛崎藤村的杂文《从浅草来》发表于《国民新报副刊》12月5日、12月8日、12月12日,后被收入《壁下译丛》。

1926 年

1月7日,所译长谷川如是闲的杂文《岁首》发表于《国民新报副刊》,署"杜裴译"。

1月25日,所译厨川白村的文艺论文《东西之自然诗观》发表于《莽原》半月刊第2期,后被收入《壁下译丛》。

3月16日，译完日本文艺评论家中泽临川、生田长江合撰之《罗曼罗兰的真勇主义》，并作《译后记》，后发表于《莽原》半月刊第7、8期合刊(1926年4月25日)并被收入《译丛补》。

5月10日，所译有岛武郎的论文《生艺术的胎》发表于《莽原》半月刊第9期，后被收入《壁下译丛》。

6月25日，所译有岛武郎的杂文《小儿的睡相》、武者小路实笃的论文《论诗》发表于《莽原》半月刊第12期，后分别被收入《译丛补》和《壁下译丛》。

7月7日，译完鹤见祐辅的随笔《所谓怀疑主义者》，发表于《莽原》半月刊第14期(7月25日)，后被收入《思想·山水·人物》。

8月，所译俄国作家托洛茨基的杂文《亚历山大·勃洛克》最初收录于北新书局出版的《十二个》长诗前。

8月25日，所译武者小路实笃的论文《在一切的艺术》发表于《莽原》半月刊第16期，后被收入《壁下译丛》。

9月10日，所译武者小路实笃的杂文《凡有艺术品》、阿尔志跋绥夫的杂文《巴什庚之死》发表于《莽原》半月刊第17期，后分别被收入《壁下译丛》和《译丛补》。

9月25日，所译有岛武郎的杂文《以生命写成的文章》发表于《莽原》半月刊第18期，后被收入《壁下译丛》。

12月7日，所译鹤见祐辅的随笔《说幽默》发表于《莽原》半月刊第2卷第1期，后被收入《思想·山水·人物》。

1927年

1月5日，译武者小路实笃的论文《文学者的一生》，后发表于《莽原》半月刊第2卷第3期(2月10日)并被收入《壁下译丛》。

1月6日，译日本学者铃木虎雄的论文《运用口语的填词》，后发表于《莽原》半月刊第2卷第4期(2月25日)并被收入《译丛补》。

5月31日，译鹤见祐辅的随笔《读的文章和听的文字》，后发表于《莽原》半月刊第 2 卷第 13 期(7 月 10 日)并被收入《思想·山水·人物》。

6 月 1 日,译鹤见祐辅的杂文《书斋生活及其危险》,并作《译者附记》,后发表于《莽原》半月刊第 2 卷第 12 期(6 月 25 日)并被收入《思想·山水·人物》。

6 月 21 日,译鹤见祐辅的杂文《专门以外的工作》,后发表于《语丝》周刊第 142—143 期(8 月 1 日、8 月 8 日)并被收入《思想·山水·人物》。

7 月 15 日,所译鹤见祐辅的杂文《善政和恶政》发表于《北新》周刊第 39—40 期,后被收入《思想·山水·人物》。

8 月 1 日,所译鹤见祐辅的杂文《人生的转向》发表于《北新》周刊第 41—42 期,后被收入《思想·山水·人物》。

8 月 17 日,所译鹤见祐辅的杂文《闲谈》发表于《北新》周刊第 43—44 期,后被收入《思想·山水·人物》。

9 月 1 日,所译鹤见祐辅的杂文《断想》发表于《北新》周刊第 45—46 期、第 2 卷第 1—5 期并被收入《思想·山水·人物》。

11 月 26 日,译完苏联作家毕勒涅克的杂文《信州杂记》,并作《译后记》,后发表于《语丝》周刊第 4 卷第 2 期(12 月 24 日)并被收入《译丛补》。

12 月,译完有岛武郎的杂文《卢勃克和伊里纳的后来》,并作《译后记》,后发表于《小说月报》第 19 卷第 1 号(1928 年 1 月 7 日)并被收入《壁下译丛》。

12 月,译完日本作家青野季吉的论文《关于知识阶级》,后发表于《语丝》周刊第 4 卷第 4 期(1928 年 1 月 7 日)并被收入《壁下译丛》。

1928 年

1 月,所译荷兰作家望·蔼覃的童话《小约翰》由北京未名社出版,列为"未名丛刊"之一。

1 月—10 月,所译日本文艺理论家板垣鹰穗的美术史专著《近代美术史潮论》连载于上海《北新》半月刊(第 2 卷第 5—22 期)。

5 月,所译鹤见祐辅的随笔集《思想·山水·人物》由北新书局出版。

6月2日,译俄国尼古拉·布哈林的论文《苏维埃联邦从 Maxim Gorky 期待着什么?》,后发表于《奔流》月刊第 1 卷第 2 期(7 月 20 日)并被收入《译丛补》。

6月20日,所译西班牙作者巴罗哈的小说《跋世珂族的人们》发表于《奔流》创刊号,后被收入《山民牧歌》。

7月20日,所译俄国尼可莱·叶夫里耶夫的杂文《生活的演剧化》发表于《奔流》第 1 卷第 2 期,后被收入《译丛补》。

8月20日,所译有岛武郎的论文《伊孛生的工作态度》发表于《奔流》第 1 卷第 3 期,后被收入《壁下译丛》。

9月,译完法国路易·腓立普的短篇小说《捕狮》,10 月发表于《大江月刊》创刊号,后被收入《译丛补》并被编入上海朝花社出版的《近代世界短篇小说集(1):奇剑及其他》。

9月20日,从日文转译的苏联作家左琴科的短篇小说《贵家妇女》及所作《译者附记》发表于《大众文艺》月刊第 1 卷第 1 期,后被收入《译丛补》并被编入《近代世界短篇小说集(1):奇剑及其他》。

9月20日,译完路易·腓立普的小说《食人人种的话》,并作《译者附记》,后发表于《大众文艺》月刊第 1 卷第 2 期(10 月 20 日),后又被收入《译丛补》并被编入《近代世界短篇小说集(1):奇剑及其他》。

10月1日,所译苏联文艺评论家卢那卡尔斯基的论文《艺术与阶级》发表于《语丝》周刊第 4 卷第 40 期,后被收入《资本论》。

10月2日,所译日本学者黑田辰男的论文《关于绥蒙诺夫及其代表作〈饥饿〉》和苏联作家绥蒙诺夫的日记体小说《饥饿》发表于《北新》半月刊第 2 卷第 23 期,前者后被收入《译丛补》。

10月9日,译完日本文艺理论家片上伸的论文《北欧文学的原理》,并作《译者后记》,论文发表于《大江月刊》11 月号,《译者后记》未发表,后均被收入《壁下译丛》。

10月27日,译完苏联作家雅各武莱夫(通译雅柯夫列夫)的小说《农夫》,并作《译者附记》,发表于《大众文艺》月刊第 1 卷第 3 期(11 月 20

日),1929 年 4 月被编入《近代世界短篇小说集(2):在沙漠上及其他》。

11 月 8 日,译完苏联作家伦支的小说《在沙漠上》,并作《译者附识》,发表于《北新》半月刊第 3 卷第 1 期(1929 年 1 月 1 日),后被收入《竖琴》并被编入《近代世界短篇小说集(2):在沙漠上及其他》。

11 月 15 日,译完苏联"同路人"作家理定的小说《竖琴》,并作《译者附记》,后发表于《小说月报》第 20 卷第 1 期(1929 年 1 月 10 日)并被收入《竖琴》。

11 月 20 日,译完苏联作家斐定的小说《果树园》,并作《译者附记》,后发表于《大众文艺》月刊第 1 卷第 4 期(12 月 20 日)。

11 月 30 日,所译尼可莱·叶夫里耶夫的论文《关于剧本的考察》(署"葛何德译")、从日译本《动物诗集》转译的法国诗人亚波里耐尔的短诗《跳蚤》(署"封余译")、所译日本画家蕗谷虹儿的诗歌《坦波林之歌》及所作《译者附记》发表于《奔流》月刊第 1 卷第 6 期,后均被收入《译丛补》。

12 月 13 日,发表所译日本评论家千叶龟雄的论文《一九二八年世界文艺界概观》,署"L. S. 译",连载于《朝花》周刊第 2—8 期(1928 年 12 月—1929 年 1 月),后被收入《译丛补》。

12 月 27 日,从日语转译的法国作家让·科克多的杂文《〈雄鸡和杂馔〉抄》与所作《译者前记》发表于当日出版的《朝花》周刊第 4 期及 1929 年 1 月出版的第 6 期,后被收入《译丛补》。

12 月 30 日,从日语转译的苏联驻日本大使馆代理大视迈斯基的演讲"LEOV TOLSTOI"、从日语转译的苏联文艺理论家李沃夫·罗迦契夫斯基的论文"LEOV TOLSTOI"、卢那卡尔斯基的论文《托尔斯泰与马克斯》前半(署名"许霞"),以及所译日本文艺评论家藏原惟人的杂文《访革命后的托尔斯泰故乡记》《苏俄的文艺政策——观念形态战线和文学》,发表于《奔流》月刊第 1 卷第 7 期托尔斯泰诞辰百年纪念增刊。第一、二、四篇后被收入《译丛补》,第三篇后被收入《文艺与批评》,第五篇后被收入《文艺政策》并改题为《观念形态战线和文艺——一九二五年一月第一回无产阶级联邦作家大会的决议》。

1929 年

1月,所编辑的《蕗谷虹儿画选》出版,为上海朝花社所编美术专刊《艺苑朝华》之一(第1期第2辑),其中的配诗后被收入《译丛补》。

1月,译蕗谷虹儿的诗画集《悲凉的微笑》中的七行诗《岸呀、柳呀》,未曾在期刊上发表,后被收入《译丛补》。译诗手稿现存于北京鲁迅博物馆。

1月2日,译完苏联雅科夫列夫的中篇小说《十月》前三部分,并作《译者识》。译文前两部分(《莫斯科闹了起来》和《布尔乔亚已经开门了》)发表于《大众文艺》月刊第1卷第5期(1月20日),第三部分发表于该刊第1卷第6期(2月20日)。

1月20日,译卢那卡尔斯基的论文《托尔斯泰之死与少年欧罗巴》,并作《译者附记》,后发表于《春潮》月刊第1卷第3期(2月15日)并被收入《文艺与批评》。

2月14日,译完片上伸的论文《现代新兴文学的诸问题》,4月由大江书铺出版单行本,为"文艺理论小丛书"之一。

4月,译文集《壁下译丛》由北新书局出版。

4月,《近代世界短篇小说集(1):奇剑及其他》由上海朝花社编印,内有鲁迅译文5篇。除《一篇很短的传奇》《捕狮》《贵家妇女》《食人人种的话》外,还收录了由日文版转译的左琴科短篇小说《波兰姑娘》。

4月4日,由日译本转译的巴罗哈的小说《往诊之夜》发表于《朝花周刊》第14期,后来还编入译者所译的巴罗哈小说集《山民牧唱》。

4月20日,由日译本转译的苏共中央发布的决议《关于文艺领域上的党的政策》发表于《奔流》第1卷第10期。

4月22日,译完由日译本转译的卢那卡尔斯基的无产阶级文论集《艺术论》,6月由上海大江书铺出版,列入"艺术理论丛书"。

4月25日,由日译本转译的巴罗哈的杂文《面包店时代》及所作《译者附记》发表于《朝花》周刊第17期,后来还作为附录编入《山民牧唱》。

4月25日,译完片上伸的论文《新时代的预感》,后发表于《春潮》月刊第1卷第6期(5月10日)并被收入《译丛补》。

5月20日,所译卢那卡尔斯基的论文《苏维埃国家与艺术》发表于《奔流》第2卷第1期和此后的第5期(12月20日),后被收入《文艺与批评》。

6月19日,译完俄国早期马克思主义理论家蒲力汗诺夫(通译普列汉诺夫)的《论文集〈二十年间〉第三版序》,并作《译者附记》,后发表于《春潮》月刊第1卷第7期(7月15日)。

6月20日,所译日本诗人野口米次郎的随笔《爱尔兰文学之回顾》发表于《奔流》月刊第2卷第2期,后被收入《译丛补》。

6月21日,所译日本文艺理论家山岸光宣的论文《表现主义的诸相》发表于《朝花旬刊》第1卷第3期。

9月,《近代世界短篇小说集(2):在沙漠上及其他》由上海朝花社编印,内有鲁迅译文4篇。除《农夫》和《在沙漠上》,还收录了由日译本转译的巴罗哈短篇小说《放浪者伊利沙辟台》和《跋司珂族的人们》。

9月15日,所译苏联文学批评家罗迦契夫斯基的论文《人性的天才——迦尔洵》发表于《春潮》月刊第1卷第9期。

10月,所译卢那卡尔斯基的无产阶级文论集《文艺与批评》由上海水沫书店出版。

11月,所译德国女作家至尔·妙伦的童话集《小彼得》(原名《小彼得的朋友们讲的故事》)由上海春潮书局出版,署"许霞译,鲁迅校改"。

11月18日,译完理定的《自传》及《著作目录》,并作《译者附记》,发表于《奔流》第2卷第5期(12月20日)。

11月29日,译完苏联"同路人"作家扎米亚京的短篇小说《洞窟》,1930年7月18日作《译者附记》,后发表于《东方杂志》第28卷第1号(1931年1月10日)并被收入《竖琴》。

12月3日,译完苏联作家高尔基的短篇小说《恶魔》,并作《译者附记》,后发表于《北新》半月刊第4卷第1、2期合刊(1930年1月16日)并被收入《译丛补》。

12月20日,所译苏联文学史家李沃夫-罗家切夫斯基的论文《契诃夫与新文艺》、俄国作家拉扎列夫(笔名:尼古拉·确木努易)的《青湖记游

(遗稿)》,以及由日本翻译家尾濑敬止编译的《文艺战线》转译的理定《VI.
G.理定自传》发表于《奔流》第 2 卷第 5 期("译文专号"),后均被收入《译
丛补》。

1930 年

1 月 1 日,据藏原惟人的日译本转译的苏联作家法捷耶夫的长篇小说
《溃灭》(单行本改题为《毁灭》)第一部及第二部发表于《萌芽月刊》第 1—5
期(1 月 1 日、2 月 1 日、3 月 1 日、4 月 1 日、5 月 1 日)及《新地月刊》第 1
期(6 月 1 日)。12 月 26 日,译完第三部。

2 月 10 日,所译苏联"同路人"作家毕力涅克的短篇小说《苦蓬》发表
于《东方杂志》第 27 卷第 3 号。

2 月 15 日,所译蒲力汗诺夫的论文《车勒芮绥夫斯基的文学观》发表
于《文艺研究》季刊第 1 卷第 1 本。

3 月 1 日,所译日本岩崎昶的论文《现代电影与有产阶级》发表于《萌
芽月刊》第 1 卷第 3 期,后被收入《二心集》。

4 月 10 日,所译日本学者本庄可宗的论文《艺术与哲学·伦理》收录
于上海神州国光社初版的《文艺讲座》第一册,后被收入《译丛补》。

6 月,从藏原惟人和外村史郎译本转译的《文艺政策》由上海水沫书店
出版,在《奔流》月刊第 1 卷第 1—5 期上连载(1928 年 6 月 20 日、7 月 20
日、8 月 20 日、9 月 20 日、10 月 20 日),并被列入"科学的艺术论丛书"。

7 月,所译蒲力汗诺夫的《艺术论》由上海光华书局出版,并被列入"科
学的艺术论丛书"。

9 月,所译日本翻译家尾濑止敬所作传记的节译本《〈浮士德与城〉作
者小传》被收入上海神州国光社出版的单行本《浮士德与城》(柔石译),后
被收入《译丛补》。

9 月 10 日,从德文本转译的匈牙利作家安多·加保的论文《无产阶级
革命文学论》发表于《世界文化》创刊号,后被收入《译丛补》。

1931 年

1 月 10 日,所译扎米亚京的短篇小说《洞窟》发表于《东方杂志》第 28 卷第 1 号。

3 月,所译爱罗先珂的童话集《幸福的船》由上海开明书店出版。

8 月 5 日,所译德国作家路特威锡·棱的杂文《世界无产阶级革命作家对中国白色恐怖及帝国主义干涉的抗议》发表于《文学导报》半月刊第 1 卷第 2 期。

8 月 5 日,所译奥地利诗人翰斯·迈伊尔的诗歌《中国起了火》发表于《文学导报》半月刊第 1 卷第 2 期,后被收入《译丛补》。

9 月 30 日,所译法捷耶夫的长篇小说《毁灭》由上海大江书铺出版,译者署名"隋洛文",立即遭到查禁。11 月 26 日,又以"三闲书屋"的名义,用大江版纸型自费印行。

10 月,从德国辑译的《新俄新小说家三十人集》附录里的《〈静静的顿河〉作者小传》被收入上海神州国光社出版的苏联杰出作家唆罗诃夫(通译肖洛霍夫)的长篇小说《静静的顿河》(贺非译)第 1 卷卷首,并被收入《译丛补》。

10 月 20 日,所译苏联作家绥甫林娜的短篇小说《肥料》发表于《北斗》月刊第 1 卷第 2 期。

11 月 4 日,据《新俄新小说家三十人集》中何涅克德文本转译苏联"同路人"作家左祝黎的小说《亚克与人性》,后被收入《竖琴》。

11 月 15 日,译唆罗诃夫的小说《父亲》,后被收入《一天的工作》。

11 月 20 日,据德文本及日文本转译卢那卡尔斯基的剧本《被解放的堂·吉诃德》第一幕发表于《北斗》月刊第 1 卷第 3 期,未完,署"隋洛文译"。

12 月 20 日,所译德国学者巴林的论文《梅令格的〈关于文学史〉》发表于《北斗》月刊第 1 卷第 4 期,署"丰瑜译",后被收入《译丛补》。

1932 年

5 月 30 日，译完苏联作家孚尔玛诺夫的小说《革命的英雄们》，后被收入《一天的工作》。

7 月，译完《〈士敏土〉代序》，被收入董绍明、蔡咏裳夫妇译革拉特珂夫的长篇小说《士敏土》(新生命书局再版插图本)卷首，署"隋洛文译"，后被收入《译丛补》。

8 月 27 日，译完日本翻译家上田进的论文《苏联文学理论及文学批评的现状》，后发表于《文化月报》第 1 卷第 1 期(11 月 15 日)，署"洛文译"，后被收入《译丛补》。

9 月 13 日，译完苏联作家 V.英倍尔的小说《拉拉的利益》、A.雅柯夫列夫的短篇小说《穷苦的人们》(1933 年 1 月 10 日发表于《东方杂志》第 30 卷第 1 号)，后均被收入《竖琴》。

9 月 18 日，译完苏联作家 F.班菲洛夫与 V.伊连珂夫的小说《枯煤·人们和耐火砖》，后被收入《一天的工作》。

9 月 19 日，从德文本转译苏联作家 A.聂维洛夫的小说《我要活》，后发表于《文学月报》第 1 卷第 3 期(10 月 15 日)；从日文本转译苏联作家 N.略悉珂的小说《铁的寂静》、从日文本转译苏联作家 S.玛拉式庚的小说《工人》。这三部作品后均被收入《一天的工作》。

1933 年

1 月，所译苏联"同路人"短篇小说集《竖琴》由上海良友图书印刷公司出版，被列入"良友文学丛书"之一。

2 月，所译雅各武莱夫的小说《十月》由上海神州国光社出版，被列入鲁迅所编的"现代文艺丛书"。

3 月，所译苏联短篇小说集《一天的工作》由上海良友图书印刷公司出版，被列入"良友文学丛书"。

11 月 1 日，所译德国学者毗哈的论文《海纳与革命》发表于《现代》月刊第 4 卷第 1 期，后被收入《译丛补》。

1934 年

3 月 1 日,所译巴罗哈的短篇小说《山中笛韵》发表于《文学》月刊第 2 卷第 3 期("翻译专号")。

7 月 7 日,译完高尔基的杂文《我的文学修养》,后发表于《文学》月刊第 3 卷第 2 期(8 月 1 日),署"许遐译",后被收入《译丛补》。

8 月 5 日,所译奥地利女作家莉莉·珂贝《赠〈新语林〉诗及致〈新语林〉读者辞》发表于《新语林》半月刊第 3 期,署"张禄如译",后被收入《译丛补》。

9 月,开始译高尔基《俄罗斯的童话》(共 16 篇),1935 年 4 月完成。前 2 篇发表于《译文》月刊第 1 卷第 2 期(1934 年 10 月 16 日);第 3 篇发表于《译文》月刊第 1 卷第 3 期(1934 年 11 月 16 日);第 4—6 篇发表于《译文》月刊第 1 卷第 4 期(1934 年 12 月 16 日);第 7—9 篇发表于《译文》月刊第 2 卷第 2 期(1935 年 4 月 16 日),均署"邓当世译"。后 7 篇未能继续刊登,后与已发表过的 9 篇同印入单行本,于 1935 年 8 月由上海文化生活出版社出版,被列入"文化生活丛刊"。

9 月 16 日,所译俄国作家果戈理的《鼻子》、日本作家立野信的论文《果戈理私观》(署"邓当世译")、德国画家格罗司的论文《艺术都会的巴黎》(署"菇纯译")发表于《译文》月刊第 1 卷第 1 期,后均被收入《译丛补》。

10 月 16 日,所译法国作家纪德的杂文《描写自己》(署"乐雯译")及所作《译者附记》、所译日本作家石川涌的杂文《说述自己的纪德》(署"乐雯译")、俄国作家萨尔蒂诃夫–谢德林的小说《饥馑》(署"许遐译")、巴罗哈的短篇小说《山民牧唱》之序文发表于《译文》月刊第 1 卷第 2 期,后均被收入《译丛补》。

11 月 2 日,译完俄国作家契诃夫的短篇小说《假病人》《簿记课副手日记抄》和《那是她》,总题为《奇闻三则》,并作《译后附记》,后发表于《译文》月刊第 1 卷第 4 期(12 月 16 日)并被收入《坏孩子和别的奇闻》。

11 月 16 日,所译巴罗哈的短篇小说《会友》,发表于《译文》月刊第 1 卷第 3 期,后被收入《山民牧唱》。

1935 年

1 月 12 日,译完苏联班台莱耶夫的童话《表》,最初载于《译文》月刊第 2 卷第 1 期(3 月 16 日)。4 月 10 日,重校该译文。7 月,该译作由上海文化生活书店出版单行本。

1 月 15 日,译完契诃夫的短篇小说《暴躁人》和《坏孩子》,总题为《奇闻二则》,并作《译者附记》,发表于《译文》月刊第 1 卷第 6 期(2 月 16 日),后被收入《坏孩子和别的奇闻》。

2 月 15 日,根据德文本,并参照日文本和英文本开始转译果戈理的长篇小说《死魂灵》第一部,10 月 6 日译完。11 月,该译作由上海文化生活出版社出版单行本。

2 月 16 日,所译巴罗哈的短篇小说《少年别》发表于《译文》月刊第 1 卷第 6 期。

3 月 24 日,译完契诃夫的小说《波斯勋章》《难解的性格》和《阴谋》,总题为《奇闻三则》,并作《译后附记》,4 月 16 日发表于《译文》月刊第 2 卷第 2 期(但刊登时删去了《波斯勋章》),这几篇之后都被收入《坏孩子和别的奇闻》。

4 月 15 日,所译巴罗哈的短篇小说《促狭鬼莱哥羌台奇》发表于《新小说》月刊第 1 卷第 3 期。

8 月 16 日,从德文本转译的罗马尼亚作家索陀威奴的小说《恋歌》发表于《译文》月刊第 2 卷第 6 期,后被收入《译丛补》。

9 月 16 日,所译伐佐夫的小说《村妇》发表于《译文》终刊号,后被收入《译丛补》。

1936 年

2 月 25 日,开始翻译《死魂灵》第二部(残稿三章)。3 月 16 日,所译第二部第一章发表于《译文》月刊新 1 卷第 1 期。5 月 15 日译完《死魂灵》第二部第三章。5 月 16 日,所译第二部第二章及《译后附记》发表于《译文》月刊新 1 卷第 3 期。10 月 16 日,所译第二部第三章发表于《译文》月刊第 2 卷第 2 期。

4 月 8 日,所译契诃夫小说《波斯勋章》发表于《大公报》副刊《文艺》第 124 期上。

6 月,所译契诃夫早期短篇小说八篇由上海联华书局出版,封面题为《坏孩子和别的小说八篇》。1938 年复社版《鲁迅全集》第 18 卷中编者把译著改名为《坏孩子和别的奇闻》。

6 月,所译日本学者刘米达夫的自然科学论述《药用植物》辑入《药用植物及其他》一书,由商务印书馆出版,并被列入"中学生自然研究丛书"。

10 月 19 日,在上海逝世,享年 55 岁。

1938 年

所译果戈理的长篇小说《死魂灵》第一部和第二部(第一章至第三章)合在一起,由上海文化生活出版社出版。

所译巴罗哈的短篇小说集《山民牧唱》被收入 1938 年的《鲁迅全集》第 18 卷刊行。

8 月,《鲁迅全集》(20 卷,其中 11—20 卷为译文)由上海复社以"鲁迅全集出版社"名义出版。

1958 年

12 月,《鲁迅译文集》(10 卷)由人民文学出版社出版。

1973 年

12 月,1938 年版 20 卷本《鲁迅全集》由人民文学出版社重新排印出版。

2008 年

4 月,《鲁迅译文全集》(8 卷)由福建教育出版社出版。

图书在版编目(CIP)数据

中华翻译家代表性译文库. 鲁迅卷 / 卢巧丹编. —
杭州:浙江大学出版社,2020.10
ISBN 978-7-308-19897-4

Ⅰ.①中… Ⅱ.①卢… Ⅲ.①鲁迅(1881—1936)—
译文—文集 Ⅳ.①I11

中国版本图书馆 CIP 数据核字(2020)第 003263 号

中華譯學館

中华翻译家代表性译文库·鲁迅卷

卢巧丹 编

出 品 人　褚超孚
总 编 辑　袁亚春
丛书策划　张　琛　包灵灵
责任编辑　董　唯
责任校对　许晓蝶　黄静芬
封面设计　闰江文化
出版发行　浙江大学出版社
　　　　　(杭州市天目山路 148 号　邮政编码 310007)
　　　　　(网址:http://www.zjupress.com)
排　　版　浙江时代出版服务有限公司
印　　刷　浙江印刷集团有限公司
开　　本　710mm×1000mm　1/16
印　　张　29
字　　数　403 千
版 印 次　2020 年 10 月第 1 版　2020 年 10 月第 1 次印刷
书　　号　ISBN 978-7-308-19897-4
定　　价　88.00 元

中華譯學館·中华翻译家代表性译文库

许　钧　郭国良　总主编

第一辑